JN289006

THE HANDBOOK of
PORTFOLIO MATHEMATICS
Formula for Optimal Allocation & Leverage
by Ralph Vince

ラルフ・ビンスの資金管理大全

最適なポジションサイズとリスクで
リターンを最大化する方法

ラルフ・ビンス[著]
長尾慎太郎[監修] 山下恵美子[訳]

Pan Rolling

THE HANDBOOK OF PORTFOLIO MATHEMATICS : Formula for Optimal Allocation
& Leverage
by Ralph Vince

Copyright © 2007 by Ralph Vince. All rights reserved.

Japanese traslation published by arrangement with John Wiley & Sons International
Rights, Inc. through The English Agency(Japan)Ltd.

【免責事項】
この本で示してある方法や技術、指標が利益を生む、あるいは損失につながることはないと仮定してはなりません。過去の結果は必ずしも将来の結果を示すものではありません。この本の実例は、教育的な目的でのみ用いられるものであり、この本に書かれた手法・戦略による売買を勧めるものではありません。

監修者まえがき

　ラルフ・ビンスの著作『Portfolio Management Formulas（『投資家のためのマネーマネジメント』［パンローリング］)』が翻訳されたのは2005年のことであった。この書籍は（原書も訳書も）当時さまざまな批評にさらされた。ある人はそれを絶賛し、また別の人は机上の空論だと言って非難した。ビンスの著作は本書を含めて複数あるが、そのいずれもがこうして熱狂的な支持者と批判者の両者を同時に持つことになった。それは見方を変えて言えば、それらの書籍が紛れもなくトレードの世界に大きな影響をもたらしたことの証明でもある。

　ビンスの一連の著作に対してどういった見方をとるかは、評価する側の立場の違いや、知識や経験、問題意識のレベルによって異なるであろう。だがここで間違いなく言えることは、彼はこれらの書籍をたぐいまれなる情熱を持って書き、その結果、書かれた内容はほかのどこにも見られない独創的なものであるということだ。実際、ビンスの記述を細かく見ていけば数学的な解釈や表現に違和感を覚える個所も散見されるし、実質的には同じことを少し表現を変えて繰り返し解説しているケースも多く、冗長な印象はぬぐえない。

　しかし、ほとんどの相場書が、トレードの世界をトレード手法の優劣の観点からのみ俯瞰・解説しているのに対し、同じトレードシステムでもマネーマネジメント如何によって結果がまったく異なってくるという概念を紹介したうえで、どんなトレード手法にも数学的に最適なマネーマネジメントが存在しうるというビンスの主張は、それまでそういった観点からの考察について想像だにできなかった多くのトレーダーにとって、文字どおり革命的な意識の変化をもたらした。

　つまり、ここにおいて私たちトレーダーにとって重要なのは、ビンスの記述の細部が正しいか正しくないかの評論ではなく、彼の提起す

る"Optimal-f"をはじめとした概念の何たるかを知り、その方向で自分自身の資金運用のあり方を考察するという、新しい「ものの見方、考え方」の獲得なのである。そうした思索、検証の過程を経ることで、私たちは個々のトレードシステムに対する評価や実践法に関して、それまでとはまったく異なった見地に至るだろう。そこはビンスのもたらした概念の補助なくしては、ほとんどの人が到達しえない高みであり、そこではトレードにおいて他者とは異なったゲームが可能になるだろう。

　本書はビンスのこれまでの著作の集大成と言っても良い『The Handbook of Portfolio Mathematics』の邦訳である。読者におかれては存分にビンスの世界を味わっていただきたい。他の追随を許さない名著の邦訳を世に出せることは、関係者一同の誇りとするところであり、できるかぎり多くの人が本書を読み、個々人のトレードの世界観が劇的に変化することを期待している。

　最後に、翻訳に当たっては以下の方々に心から感謝の意を表したい。本書の出版は翻訳者の山下恵美子氏なくしてはあり得なかった。数学的な理論を背景にトレードの世界を解説した書籍の翻訳に関しては山下氏以上の人は存在しないと信じる。今回も翻訳の労をお取りいただいたことを感謝している。そして阿部達郎氏にはいつもながら丁寧な編集・校正を行っていただいた。また、本書が発行される機会を得たのはパンローリング社社長の後藤康徳氏の慧眼と出版に対する情熱に負うところが大きい。今後とも良書を出版し続けてもらえることを願うものである。

2009年2月

　　　　　　　　　　　　　　　　　　　　　　　　　　長尾慎太郎

「戦いのさなかに領土を拡大すべきではない。それは不要な危険を冒すことにほかならない。私が恐れているのは、敵の陰謀に巻き込まれることではない。われわれ自身が自ら過ちを犯すことである」

ペロポネソス戦争中にペリクレスがアテナイ市民を前に行った演説より（トゥキュディデス著『ペロポネソス戦役史』）

目次

監修者まえがき　　　　　　　　　　　　　　1
序文　　　　　　　　　　　　　　　　　　11
はじめに　　　　　　　　　　　　　　　　17

第1部　理論編

第1章　確率過程とギャンブル理論　　　27
独立試行と従属試行　　　　　　　　　　　30
期待値　　　　　　　　　　　　　　　　　32
事象列、起こり得る結果、正規分布　　　　35
起こり得る結果と標準偏差　　　　　　　　38
ハウスアドバンテージ　　　　　　　　　　45
ゼロを下回る期待値は必ず破産を招く　　　48
バカラ　　　　　　　　　　　　　　　　　50
ナンバーズ　　　　　　　　　　　　　　　52
パリミューチュエル方式　　　　　　　　　53
確率過程における連勝と連敗　　　　　　　58
従属性の有無　　　　　　　　　　　　　　59
ランテスト、Zスコア、信頼度　　　　　　63
線形相関係数　　　　　　　　　　　　　　71

第2章　確率分布　　　　　　　　　　　87
確率分布の基礎　　　　　　　　　　　　　87
分布を説明するための統計量　　　　　　　89
分布のモーメント　　　　　　　　　　　　92
正規分布　　　　　　　　　　　　　　　　99
中心極限定理　　　　　　　　　　　　　101
正規分布の各種統計量　　　　　　　　　103
正規確率　　　　　　　　　　　　　　　109
正規分布関数の高次導関数　　　　　　　116
対数正規分布　　　　　　　　　　　　　119
一様分布　　　　　　　　　　　　　　　123

ベルヌーイ分布　　　　　　　　　　　　　124
　　二項分布　　　　　　　　　　　　　　　　126
　　幾何分布　　　　　　　　　　　　　　　　132
　　超幾何分布　　　　　　　　　　　　　　　135
　　ポアソン分布　　　　　　　　　　　　　　136
　　指数分布　　　　　　　　　　　　　　　　141
　　カイ二乗分布　　　　　　　　　　　　　　144
　　カイ二乗「検定」　　　　　　　　　　　　145
　　スチューデント分布　　　　　　　　　　　149
　　多項分布　　　　　　　　　　　　　　　　153
　　安定パレート分布　　　　　　　　　　　　155

第3章　利益の再投資と幾何的成長　　　　161
　　トレーディングで得た利益を再投資すべきか否か　161
　　再投資プランにとって良いシステムかどうかを測定する
　　　──幾何平均　　　　　　　　　　　　　168
　　幾何平均の概算値　　　　　　　　　　　　173
　　ベストな再投資方法　　　　　　　　　　　177

第4章　オプティマルf　　　　　　　　　　189
　　最適固定比率　　　　　　　　　　　　　　189
　　非対称レバレッジ　　　　　　　　　　　　191
　　ケリーの公式　　　　　　　　　　　　　　193
　　幾何平均によるオプティマルfの求め方　　197
　　これまでのまとめ　　　　　　　　　　　　201
　　スプレッドシートによる幾何平均の求め方　204
　　幾何平均トレード損益　　　　　　　　　　205
　　オプティマルfのもっと簡単な求め方　　　206
　　オプティマルfの利点　　　　　　　　　　208
　　なぜオプティマルfを知る必要があるのか　211
　　ドローダウンおよび最大損失額とfとの関係　224
　　オプティマルfから外れすぎるとどうなるか　227
　　オプティマルfの等化　　　　　　　　　　237

放物線補間法によるオプティマル f の求め方	246
次のステップ	251
シナリオプランニング	253
シナリオスペクトル	269

第5章　オプティマル f の性質　273

トレードを始めたばかりのスモールトレーダーのためのオプティマル f	273
幾何閾値	275
口座資産は分割勘定にすべきか一括勘定にすべきか	280
それぞれのプレーは無限に繰り返されるものと仮定する	283
同時賭け（ポートフォリオトレーディング）における効率ロス	287
一定の目標に達するまでにかかる時間と分割 f の問題点	291
トレーディングシステムの比較	296
最大損失に対する過敏性	298
逆正弦定理とランダムウォーク	300
ドローダウンの長さ（期間）	305
推定幾何平均（結果の分散が幾何的成長に与える影響）	306
トレーディングの基本式	311
オプティマル f はなぜ最適なのか	313

第6章　成長の法則、効用、有限流列　317

期待平均複利成長の最大化	319
効用理論	331
期待効用理論	332
効用選好関数の性質	333
古典的な効用関数に代わる理論	337
あなたの効用選好関数はどういった関数か	339
効用と新しい枠組み	344

第7章　古典的ポートフォリオ構築法　349
現代ポートフォリオ理論　349
マーコビッツモデル　350
問題の定義　354
行対等行列による連立1次方程式の解き方　371
得られた結果が意味するもの　377

第8章　平均分散ポートフォリオの幾何学　389
資本市場線　389
幾何的効率的フロンティア　396
制約のないポートフォリオ　405
最適ポートフォリオにおけるオプティマル f の重要性　412
議論の締めくくり　417

第9章　レバレッジスペースモデル　425
この新しい枠組みが優れているわけ　426
複数同時プレー　441
古い枠組みとの比較　443
数学的最適化　446
目的関数　448
数学的最適化と根（解）の探求　459
最適化手法　460
遺伝的アルゴリズム　465
遺伝的アルゴリズムに関する注意点　471

第10章　レバレッジスペース・ポートフォリオの幾何学　473
希薄化　473
再配分　487
ポートフォリオ保険とオプティマル f　491
アクティブな資産の上限と委託証拠金による制約　499

目次

ｆのシフトと堅牢なポートフォリオの構築	502
再配分によるトレーディングプログラムの調整	503
勾配トレーディングと継続的優位	506
ｎ＋１次元地形のピークから左側へのシフトに関する留意点	515
ドローダウンの管理と新しい枠組み	525

第２部　実践編

第11章　プロたちのテクニック　535
　共通点　536
　相違点　537
　長期トレンドフォロワーのその他の特徴　539

第12章　レバレッジスペース・ポートフォリオモデルの現実世界への応用　551

あとがき　601
訳者あとがき　603

序文

　すべての原点はそこにある。どれほど時間がたとうと、私の心がそこから離れることはない。プログラマーやトレーダー、エンジニアやギャンブラー、ノースフィールドパークの競馬狂やウォレンズビル感化院の囚人たちとの興味深い会話——その会話の内容を数式として記述したいと思ったのが本書を書こうと思ったそもそもの始まりだった。

　まず初めに断っておくが、私はギャンブルは嫌いである。リスクを冒す必要のないところでわざわざリスクを冒すことも嫌いである。また、何物も生み出さず、何物にも貢献することなく報酬を得ようとする考え方も嫌いである（もっと嫌なのは、人の労働に課税すること）。また私は利子を請求・回収することは道徳的に善悪の判断がつけられるものではないと思っているが、人にこういった感覚が備わっていないことにも憤りを感じる。

　本書を書くに当たってまず行ったのは、前三作の内容を必要に応じて改良しながらまとめるという作業である。それが本書の第1部である。前三作のアイデアのもとをたどれば、良き友人であり、元雇用主でもあるラリー・ウィリアムズにたどり着く。ラリーはあくことを知らないリサーチャーである。特にケリー基準とそのトレーディングへの応用方法の研究は、私がこれらの本を書くに当たって大きなヒントを与えてくれた。つまり、前三作は、私が巨人の肩の上に乗っていたからできたことにほかならない。そしてケリー基準をベースに何年にもわたって研究を重ねた末に生まれたものが、本書で紹介する従来モデルをしのぐ新しいポートフォリオモデルである。

　私が意図的にマーケットから離れてから数年たつが、皮肉にも、マーケットを離れたことで、マーケットにいたときよりも業界の全体像がより鮮明に見えるようになった。私のマーケットに対する考え方を

追究し、意見し、あら探しをする人はいまだに多いが、そのお陰で私の視野は広がり、だれが今何をどのように行っているのかが、まるで走馬灯を見ているかのごとく、はっきりと見えるようになった。

本書は、マーケットに対する私の拡大した視野を読者と共有したいとの思いで著したものである。

だれが何をしているのかを知っているとはいえ、本書では他人の秘密を明かすことはしない。彼らは自分の目標を達成するために日々努力している人々だ。本書では、彼らがやっていることの概要を述べるにとどめる。また彼らの共通点に着目し、それをわれわれの手法と比較・検討することで、何らかの確かな結論を導き出せればと願っている。

私はすでにマーケットを離れ、今はソフトウエア開発に専念している。私が今取り組んでいるのは、産業用機械部品のパラメトリック手法による形状生成用ソフトウエアと、自然言語を理解し、私に代わってリサーチを行い、推論を導き、その結果を私とディスカッションできるような「賢い」ロボット用ソフトウエアの開発である。嫌になるほどの失敗を繰り返しながらあるひとつの目標を目指すという意味では、マーケットに携わっていたときと同様にやりがいのある作業である。

本書の最終章では、静寂に包まれた薄暗い「破産」モルグに足を踏み入れ、それを数学的かつ概念的に解剖しながら、現実世界への適用について考えた。そしてついに、破産という概念が現実世界と見事に結びついたのである。

現実世界というと、理論よりも簡単なことであるかのような間違ったイメージを持つ人がいるが、けっしてそうではない。私の言う現実世界とは、前三作の概念を現実世界に応用するというチャレンジを意味する。つまり、前三作の概念を破産やドローダウンと関連づけて考えるということである。マネーマネジャーも個人トレーダーもリターンの最大化を目的としない効用選好関数を持つ傾向がある。さらに、

自分の効用選好関数がどんな関数であるのかをはっきり言えるトレーダー、ファンドマネジャー、機関投資家に私はいまだかつて会ったことがない。これは、理論とそれの現実世界への応用の間に隔たりがあることを示す良い例である。

　これまでリスクはリターンの分散（またはセミバリアンス）という理論的枠組みのなかで定義されてきた。しかし、これは（一定の状況下では）望ましいリスク指標とはならないことが多い。リスクとは、あなたの頭が討ち落とされて手渡される、つまりあなたが壊滅させられる確率のことを言うのである。それは、ごくわずかなケースを除き、リターンの分散ではない。リターンのセミバリアンスでもなければ、効用選好関数で決定されるものでもない。要するに、リスクとは破産確率のことなのである。この場合の破産とは、資産が最低バリアラインに達するかそのラインを割り込むことを意味する。トレーダー、ファンドマネジャー、機関投資家にとってのリスクとは、資産が最低バリアラインに達したために破産する確率を意味するのである。リターンの分散が問題となるわずかなケースにおいてでさえ、リスクとは基本的には資産が最低バリアまで減少することを意味するのである。

　そこで私が感じたのは、オプティマル f の枠組みを、リスクの現実世界におけるこの普遍的な定義の下で適用する方法の必要性であり、この十数年にわたって私はその方法を模索してきた。つまり、オプティマル f を破産リスク、さらにはより馴染みがあり現実世界への応用性の高いドローダウンリスクと関連づけて応用するにはどうすればよいかを私はこの十数年にわたって考えてきたわけである。

　リターンとその分散のみに着目するという簡単な方法に比べれば、一定水準のドローダウンに対するリターンを最大化することを目指すわけだから、概念的に難しく思えるのは当然である。しかし、ドローダウンを一定水準に抑えながら成長を最大化することがあなたの望みなら、本書はあなたにとってチャレンジする価値のあるものである。

そうでなければ、楽な道を選べばよい。

　本書は前三作の内容を単にまとめただけのものではない。ポートフォリオの各構成要素間の相関（および、その考え方が**なぜ**悪いのか）といった、新たな概念も採り入れた。また、第11章では、本書で提示した概念についてポートフォリオマネジャーたちが今までにやってきたこと（やってこなかったこと）を検証し、第12章では新たな枠組みであるレバレッジスペース・ポートフォリオモデルをそれまでの章の内容をベースに任意のドローダウンの発生確率と関連づけることで、現実世界に応用可能な優れたポートフォリオモデルへと発展させた。

　本書に書いてあることは、けっして絶対的なものではなく、私からのひとつのアイデアの提示と受け取ってもらいたい。私は完全無欠ではなく、過ちを犯すひとりの人間に過ぎない。本書を書いた真の目的は、私が魅力的だと感じることを読者諸氏にも研究してもらいたいと思ったからにほかならない。本書はそのためのヒントだと思ってもらいたい。私の感じた喜びを読者諸氏と共有できたら、それ以上の喜びはない。本序文の冒頭でも述べたように、すべての原点はそこにある。そこ──つまり、マーケットに関する数式、資産配分とレバレッジに関する数式に対して関心を持ったこと──がすべての始まりなのである。関心を持たなければ何も始まらない。自分の関心を具現化する対象として私はマーケットに固執するわけではない。天気のような動的システムでもよいわけである。その昔、偉大な科学者が質量と運動に関心を持ち、その関係を数式で記述したいと考え研究に取り組んだ。その結果、大原理が生まれた。要するに私が読者に訴えたいのはこの精神なのである。

　歓喜──これこそが私のモチベーションであり、読者諸氏と共有したいものである。前述したように、私は巨人の肩の上に乗っている。本書の概念をさらに研究したい人にとって、私の肩が彼らの乗る肩になれればと願っている。

本書はこのテーマについて私が25年にわたって取り組んできたことを集大成したものである。本書の出版に当たっては多くの人のお世話になった。あえて名前を出すことはしないが、この場を借りて感謝の意を表したい。

　しかし、ひとりだけ私が恩義を感じざるを得ない人がいる。その人の名前だけは出させていただく——レジーン。本書をあなたに捧げる。

　2006年8月　オハイオ州シャグリンフォールズにて

ラルフ・ビンス

はじめに

　本書は２部から構成されている。当初は、前三作を１冊にまとめることを目指していたため、本書の第１部は前三作のまとめになっている。

　前三作をまとめるに当たっては、内容を再編成するとともに書き直しや加筆した部分もあるが、読者がロジックの流れに沿って理解できるように、ギャンブル理論や統計学といった基本に始まり、ケリー基準、オプティマルfを経て、最終的に複数の同時ポジションに対するレバレッジスペース・ポートフォリオモデルへと導いていくという順序でまとめた。

　レバレッジスペース・ポートフォリオモデルはポートフォリオの配分とレバレッジを決定するためのモデルである。配分とレバレッジは通常は異なるものとして扱われることが多いが、このモデルでは同義である。つまり、**配分**とはポートフォリオを構成する複数の要素間の**相対的な**レバレッジのことである。したがって、本書では**レバレッジ**と言えば、それは**配分**を意味し、**配分**と言えば**レバレッジ**を意味すると考えてもらいたい。

　同様に、**マネーマネジメント**と**ポートフォリオ構築**も通常は必ずしも同じことを意味するとは限らないが、本書では同義である。また、債券ポートフォリオ、商品ファンド、あるいはチームでカジノに乗り込むブラックジャックプレーヤーなど、リスクを伴う活動で集合的に実行されるものは、本書ではすべて**配分**と言う。

　本書ではこれらの概念を幾何学的観点から見ていくが、概念そのものが変わるわけではない。第１部はリターンを最大化するための配分とレバレッジについて、理論を中心に話が進行するため、当然ながら数学的要素が多い。

第1部の内容は10〜20年前に想起したアイデアをまとめたものである。そのとき私はまだ若かった。「それをどう応用するのか」という質問が多く寄せられた。（私にとって）あまりにも分かりきった質問に当惑し、「そのまま」と答える以外になかった。
　本書で述べているように、対数効用選好関数は、予想されるリスクに対するリターンを最大化したいと思う人が採用する効用関数である。
　対数関数以外の**効用選好関数**を選択する人もいるが、それは人間の非健全性と弱さを証明するものにほかならない。対数関数以外の効用関数を採用する人は、**効用選好**を正当化する学術界の策略にまんまと乗せられたリスクテイカーであり、強迫観念にとりつかれたギャンブラーだと、若かりしころの私は思っていた。
　年齢を重ねた今（といっても、年とともにそれほど丸くなったわけではないようだが。まだ前三作を書いたころの自分は健在だ）、効用選好関数が対数関数ではないという制約の下で最適配分とレバレッジを達成するという問題に取り組むという柔軟さも出てきた。
　少し前のパラグラフで述べたように、対数効用選好関数の定義に照らせば、健全な（学術界では「健全な」の代わりに「合理的な」という言葉を用いる。これら2つの言葉の微妙な違いはこの議論と密接な関係がある）人というのは、自分に有利なゲームではレバレッジをオプティマル f 水準まで上げ、不利なゲームではプレー数を最小限に抑える人、ということになる。カジノに行って、その旅行で失ってもよいと思えるお金の全額をひとつのプレーに賭けるような人は、強迫観念にとりつかれたギャンブラーではない。しかし、こんな人はいるだろうか。これほどの自制心を持った人はいるだろうか。つまり効用関数として対数関数を採用する人はいるだろうか。
　この答えが第2部にある。本書の第2部は第1部で説明した概念の「現実世界への応用」である。なぜなら、人々の効用選好関数は対数関数ではないからだ。

つまり、第2部は、人間の弱さと非健全性とを考慮したうえで、第1部の概念を応用するときに発生する数学的問題に対する回答を示したものである。私にとってこれほどエキサイティングでチャレンジングな作業はない。

さきほどの、「それをどう応用するのか」という質問をしてきた人たちは、この業界のプロたちである。結局、彼らの顧客は対数関数以外の効用選好関数を持つ個人たちなのである。したがって、質問をしてきた人たちは、その顧客の効用選好関数を反映した効用選好関数を持っている（あるいは、長い間顧客のいない）ことに私は気づいた。

彼らの多くは長年にわたって高い実績を上げてきた人々ばかりだ。当然ながら、私は彼らの配分、レバレッジ、トレーディング手法に大きな関心を持った。

第2部では彼らの典型的な手法を紹介している。本書の最終章にある概念は、彼らのなかの最高ランキングに属するマネジャーたちでさえ、きわめて原始的な形でしか採用していない。彼らと私との間には残念ながら考え方にまだまだ大きなギャップがあることを感じざるを得ない。

これまで私は「理論ばかりで、実践的ではない」と批判されてきた。第1部は確かに理論の話ではあるが、これらの理論はすべて、ポートフォリオの構築を最適ポジションサイズという観点で、つまり、オプティマルｆアプローチで考えるために不可欠なものばかりである。第1部は前三作の単なる書き写しにはしたくなかったため、前三作を出版したあとで明らかになった新たな概念も加えた。

第2部は、前三作にはないまったく新しい内容である。この業界には歩合制外務員として入った私だが、今思えばそれは私にとって非常にラッキーだった。立場上、この業界の人々のやり方を数多く観察する機会に恵まれたからである。後にはプログラミング能力のおかげで、

前三作の執筆が可能になっただけでなく、この業界の多くのプロたちに接し、彼らの手法を目の当たりにする機会にも恵まれた。つまり、彼らの手法をリバースエンジニアリングすることができる立場にあったわけである。おかげで、この業界の人々の配分、レバレッジ、トレーディング手法の全体像が見えてきた。第2部は、この業界を高い位置から鳥観することで生まれたものであり、第1部の理論を現実世界に応用可能なものにしたい、つまり、対数関数以外の効用関数を持つ人々が使えるものにしたいという私の強い願望から生まれたものである。

　これまで私が書いてきたことは多くの批判にさらされてきたが、私はそれらの批判を真摯に受け止め、問題解決のチャンスととらえてきた。アイデアが批判されるということは、彼らが私のアイデアに関心を持ち、改善、あるいは彼らが間違いだと思う部分（私は自分のアイデアが正しいことには確信があるので、彼らが正しいと思うか間違っていると思うかはあまり気にしない）については修正しようと試みている何よりの証拠である。意識的にそうしたわけではないが、本書はこれらの批判のいくつかに対する回答にもなっている。
　私に対する最大の批判は、理論ばかりで実用性がない、というものである。私がこれまでの書籍で、ドローダウンという現実世界においてきわめて重要な概念をほとんど無視してきたという点では彼らの批判は的を射ていると言わざるを得ない。良くも悪くも、個人投資家も機関投資家も効用関数として対数関数を採用してはいないようである。しかし、ドローダウンの制約の下では、ほとんどすべての効用関数は対数関数である。つまり、彼らは一定のドローダウンの範囲内でリターン・リスク比率を最大化しようとしているわけである。この問題点は10年以上たった今、ようやく本書で解決された。
　2番目に多かった批判は、オプティマルfでトレーディングするの

は危険すぎる、というものである。私の知るかぎり、オプティマルｆでトレードしたことのあるプロのファンドはない。一般投資家のなかにはオプティマルｆでトレードしたことがある人はいるが、ただひとつのマーケットで短期間だけというのがほとんどだ。その結果、大きなドローダウンに遭遇してパニックに陥ることになる。オプティマルｆでトレードすることを彼らに躊躇させていたのは、効用選好関数云々の問題というよりも、むしろこのドローダウン問題だったのである。

　ということは、著者がこれまで10年以上にわたって取り組んできたのは、このドローダウン問題を解決することであり、本書ではドローダウンについて詳しく議論されるのではないか、と思った読者は正しい。われわれは本書でドローダウンという概念を従来の枠組みを超えて議論する。

　お察しのとおり、3番目に多かった批判は、オプティマルｆ、つまりレバレッジスペースモデルはドローダウンを無視している、というものである。この問題も本書の第12章で解決されている。ただし、ドローダウンは非従属試行を連続して行ったときに発生する多くの順列のひとつにすぎない。したがってドローダウンはそういうものとして考えてもらいたい。

　そして最後の批判は、計算が複雑すぎる、というものである。人は、手動ででも行えるような簡単な解法を望むものである。少ない努力で即座に答えを得られるような近道をしたいと思うのが人間である。

　残念ながら、レバレッジスペースモデルではそれは不可能である。人々の要望とはほど遠いと言ってもよい。最終章では、回答を導き出すのに何百万回という計算（実際には何十億という計算が必要だが、そこから必要数だけ標本を抽出しても何百万回という数になる）が必要になる。

　しかし、一見複雑な計算もコンピューターを使ってブラックボッ

ス化してしまえば簡単である。どのような計算がどのように行われているのかを理解しさえすれば、あとはマシンに任せればよい。われわれが簡単な計算を手動でやるよりもむしろ速いくらいである。シナリオ、その結果、発生確率（シナリオスペクトル間におけるシナリオの同時発生確率）を入力すれば、理想的な構成比率——つまり、一定水準のドローダウンの範囲内で対数効用選好関数を満足する、ポートフォリオの構成要素の最適な配分比率とレバレッジ——をコンピューターがはじき出してくれる。

　ある書物が現実世界で適用できるものであるためには、本書のようにトレーディングの数理について書かれたものでなければならない。トレード手法について書かれた本を現実世界に適用するのは不可能である。本書はトレード手法について書かれたものではなく、われわれのコントロールの及ばない、リスクを伴う一連の結果を扱うときに、基本的な数学法則がわれわれにどのように作用しているかについて書かれたものである。われわれがコントロールできるのはわれわれに対する相対的な影響力のみなのである。トレーディングにおいて数学がわれわれに常に作用しているというのは、こういう意味である。

　実は私はトレーディングについてはあまり詳しくはない。学術研究者でもなければ、トレーダーでもない。素晴らしいトレーダーたちに囲まれた環境で仕事をしていただけであって、私が素晴らしいトレーダーであったというわけではない。

　本書を手にしたあなたはおそらくはトレーダーだろう。自分の知識と本書の**アウトサイダー的**なアイデアとを融合させることでパフォーマンスを向上させることが、本書を手にした理由だろう。本書の数式は複雑に思えるかもしれないが、私を責めないでほしい。私も好きで複雑な数式を作ったわけではない。できれば２＋２のような簡単な数式にしたかった。

　あなたはトレードするとき、本書にあるような数式に沿ってやらな

ければならないことは本能的に分かっているはずだ。しかし、具体的にどういった数式を使えばよいのかが分からないというのがあなたの現状である。例えば、次の期間における任意の大きさのドローダウンの発生確率を一定の範囲内に抑えながらリターンを最大化したいと思っているとしよう。しかし、これまでのあなたはどういった公式を使えばよいかは分からなかった。だが、本書を手にした今、あなたはその公式を手に入れたことになる。だから、多少難しくても私を責めないでほしい。これらの公式こそがあなたの求めているものなのだから。あなたがこれらの公式のことを知ろうと知るまいと、あなたがトレードするときにはこれらの公式はあなたに作用しているのである。これまで私は理論ばかりで実用性に欠けるという批判を浴びてきた。本書では、これらの公式と、これらの公式を使わない人がやっていることを比較するが、これらの公式はトレードを始めた途端にだれの上にも作用し始めることだけは忘れないでもらいたい。私に対する過去の批判はまさにこの考え方の違いに起因するものである。

　例えば、サーブラインに近づいて私のバックハンドを受けようとしているあなたには、9.8 m/s^2の重力が働いている。あなたのサーブした球が相手側のコートに入ろうと入るまいと、その球には9.80665 m/s^2の重力が働いている。あなたが知ろうと知るまいと、この事実は変わらない。これは、どうすれば物事をうまくやれるかという話ではなく、物事はこのようになっているというメカニズムについての話である。あなたは特定の数式によって定義された世界のなかで活動しているのである。それは、あなたがそれらの数式を自分の仕事のなかに導入することができるとか、導入することができないからそれらの数式は無効だという意味ではない。おそらく仕事のなかにそれらの数式を導入することはできるだろう。もし「あなたの仕事」のほかの部分を犠牲にすることなくそれらの数式を導入できるのであれば、今より悪くなることがないことは明らかだ。

本書の数式もまったく同じである。おそらくこれらの数式はあなたのゲームに導入することができるだろう。そして、あなたのゲームのほかの部分を犠牲にすることなく導入することができれば、今よりも悪くなることはない。しかし、導入することができなければ、これらの数式は無効ということになるのだろうか。プロのテニスプレーヤーがたとえ9.8 m/s^{2}の重力が働いていることを知らないで最初のサーブを打ったとしても、9.8 m/s^{2}の重力が働いているという事実に変わりはないのである。

　本書はトレーディングにおける配分とレバレッジについて私が知っていることをまとめた前三作の内容に、この十数年かけて風味づけして完成させたものである。ほかのどんなものに対してもそうだが、私は自分のやることをこよなく愛する人間である。この題材に対する私の情熱が読者諸氏に伝わることを願っている。しかし、抽象概念というものは息吹を与えなければ死んでいるも同然である。これらの概念が生命を持った実体になるかどうかは、読者諸氏にかかっている。読者諸氏にはこれらの概念に真剣に取り組み、実践に応用し、批評してもらいたい。あなたが返してくるボレーを私は待っている。

第1部
理論編

第1章
確率過程とギャンブル理論

The Random Process and Gambling Theory

　簡単なコイン投げを考えてみよう。空中にコインを投げたとき、表が出るか裏が出るかを確実に言い当てることはできない。しかしコイン投げを何度も繰り返しているうちに、ある程度の確からしさで結果を予測することができるようになる。

　こういった事実を踏まえたうえで、これから議論に入っていきたいと思う。

　確率過程の議論を進めながら、いくつかの原理を導き出していくが、まずは次の原理について考えてみよう――**確率過程においては、起こる事象を予測することはできないが、それぞれの事象が起こり得る確率は事前に知ることができる（こういった確率を表にまとめたものを確率分布表という）**。

　ピエール＝シモン・ラプラス（1749～1827年）は、ある事象の起こる確率を、起こり得る事象の総数に対する、その事象が起こり得る場合の数の比として定義した。したがってコイン投げの場合、裏が出る確率は、1（コインにおける裏の数）を2（起こり得る事象の総数　表と裏）で割ればよいので、0.5になる。ここに示したコイン投げの例では、結果が表になるか裏になるかは言い当てることはできないが、表が出る確率は0.5で、裏が出る確率も0.5であることは分かっている。この例からも分かるように、**確率分布表の各値は0（考察対象となっ**

ている事象が起こる可能性がない場合）と１（その事象が確実に起こる場合）の間の値をとる。

　ところで、確率からオッズを計算したり、その逆の計算をしなければならないことはよくある。オッズは確率の裏返しであり、確率はオッズの裏返しである。いわばこれら２つは表裏一体の関係にあると言える。では、その計算方法を見てみよう。オッズが分かっているとき、それから確率を求める式は次のように表すことができる。

　　確率＝その事象が起こるオッズ÷（その事象が起こるオッズ＋その事象が起こらないオッズ）　　　　　　　　　　　　　　(1.01)

　例えば、ある馬のオッズが４対１（４：１）であるとすると、その馬の勝率は次のように計算できる。

　　勝率＝１÷(1＋4)＝１÷５＝0.2

　したがって、オッズが４：１の馬は勝率が0.2と言い換えることができる。では、オッズが５対２（５：２）の場合はどうだろう。この場合の勝率は、

　　勝率＝２÷(2＋5)＝２÷７＝0.2857142857

となる。

　これとは逆に、確率からオッズを計算する式は次のように表すことができる。

　　オッズ（Ｘ対１のＸに相当する値）＝(1÷確率)－１　　　(1.02)

したがって、前に出てきたコイン投げの場合、表が出る確率が0.5なので、オッズは次のように計算できる。

　　オッズ ＝ (1 ÷ 0.5) − 1 ＝ 2 − 1 ＝ 1

　オッズの式から得られる値は、「オッズ対1」の「オッズ」の値であることに注意しよう。したがってこのコイン投げの例では、オッズは1対1である。

　オッズは通常「オッズ対1」の形で表されるが、先の例題のように「5：2」のような形で表すことも可能なのだろうか。確率からオッズを計算して確認してみることになる。

　　オッズ ＝ (1 ÷ 0.2857142857) − 1 ＝ 3.5 − 1 ＝ 2.5

　計算ではオッズは2.5対1になったが、これは5対2のオッズとまったく同じことを意味する。これまで見てきてすでにお分かりのように、だれかがオッズの話をしていたら、それはつまり確率の話をしているのと同じなのである。

　ところで、確率に潜む不確実さというものはどう扱えばよいのだろう。人間にとって不確実さほど受け入れがたいものはなく、ほとんどの人が苦手とする部分だ。われわれの住むこの世界は精密科学が支配する世界であり、確率でしか表せないような事象は理解できないと信じ込む傾向がわれわれ人間にはある。精密科学と同様、古典物理学もまた量子物理学が登場するまでは揺るぎない確かなものと信じられてきた。古典物理学の世界では、観測した現象のほとんどは公式を使って説明することができた。これらの公式の正しさは論理的にも実証的

にも証明されていた。したがって結果は現象が起こる前に正確に計算することができた。ところが量子物理学の登場とともに、それまで厳密だと考えられてきた科学は、物理現象を確率に還元するものでしかなくなったのである。これが多くの人々を混乱させたのは言うまでもない。

私は値動きのランダムウォーク理論の信奉者ではないし、市場に関連するすべてのものがランダムであると読者に認めさせようとも思わない。少なくとも今のところは……。市場にランダム性はあるのか、あるいは、ないのか。こういった市場のランダム性を考えることは、量子物理学に勝るとも劣らぬ魅力を感じさせる。しかし今のところは、コイン投げやカジノ賭博といった、ランダムであると確信できるものの確率過程を中心に話を進めることにする。まずは確率過程を理解すること。応用についてはそのあとで考える。確率過程が市場などほかの分野にも応用できるかどうかは、まずは確率過程をしっかり理解しなければ議論のしようがない。

そこで、必然とも言える疑問が生じる。「ランダム系列はいつ始まり、いつ終わるのか」。実は、ランダム系列に終わりはない。ブラックジャックのテーブルはあなたがその場を去ったあとでも続行されるし、カジノでテーブルをあちこちと移り回ったとしても、あなたは確率過程から逃れることはできない。1日カジノから遠ざかれば、確率過程は一時的に途切れるかもしれないが、あなたのリターンに影響を及ぼし続けることに変わりはない。そこで、起こり得る事象がX個の確率過程を考えるときは、有限の長さを想定するものと考えてもらいたい。

独立試行と従属試行

確率過程は2つのカテゴリーに分類することができる。1つは、事

象の起こる確率が常に一定の試行である。こういった試行を、独立試行、または復元サンプリングという。この代表例がコイン投げである。コインを投げるたびごとの確率は、その前に投げたときの結果とは無関係に、50対50で一定である。たとえ、その前の5回の結果がすべて表だったとしても、次に投げたときに表が出る確率には何の影響も及ぼさず、表が出る確率は0.5で変わらない。

　もうひとつの確率過程は、前の事象が次の事象の確率に影響を及ぼすため、事象ごとに確率が変わってくるような試行である。こういった試行を、従属試行、または非復元サンプリングといい、その代表例がブラックジャックである。ブラックジャックではカードが1枚引かれると、次にカードを引くときのトランプ札の組の組み合わせは前に引いたときとは違ってくる。新しいトランプ札の組をシャッフルし、カードが1枚引かれるとする。そのカードがダイヤのエースだったとしよう。このカードが引かれる前は、エースを引く確率は52分の4または0.07692307692だったが、エースが1枚引かれたので、それを元に戻さないとすると、次にエースを引く確率は51分の3または0.05882352941になる。

　こういった従属試行はランダムな試行ではないと主張する人もいるが、結果が事前に分からないという意味ではランダムと言えるので、ここでは議論上、こういった試行もランダムな試行として扱うことにする。その試行が独立試行なのか従属試行なのかを調べるには、結果を確率分布表にしてみるのが一番よい。独立試行であるか従属試行であるかは、事象の起こる確率が**一定**（独立試行）か、あるいは**可変**（従属試行）かによって決まると考えることにしよう。実は、これら2つのプロセスの違いはこの点だけなのである。

　この世に存在するすべてのものは確率で表すことができる。実際に行う前にその結果が分かるような試行は確率が1であるため、数学的にはランダムな試行とは言えない。例えば、52枚のトランプ札があっ

たとしよう。そこから51枚の札が引かれ、引かれた札がすべて分かっている場合、残りの札が何であるかは1の確率で（確実に）言い当てることができるため、これはランダムな試行ではない。独立試行については、当面は簡単なコイン投げだけを考えることにする。

期待値

（**注** 本書で示される期待値の定義は一般的な期待値とは異なるが、原文のとおりとした）

ここで、これから必要になる期待値について説明しておこう。期待値はプレーヤーズエッジ（プレーヤーに有利な場合）、またはハウスアドバンテージ（カジノに有利な場合）と呼ばれることもある。

$$期待値 = (1 + A) \times P - 1 \qquad (1.03)$$

ただし、
P＝勝率
A＝勝ったときにもらえる額または負けたときに失う額

具体例としてコイン投げの場合を考えてみよう。コインを投げて表が出れば2ドルもらえ、裏が出れば1ドル支払わなければならないとすると、1回投げるごとの期待値は次のように計算できる。

$$期待値 = (1 + 2) \times 0.5 - 1 = 3 \times 0.5 - 1 = 1.5 - 1 = 0.5$$

つまり、コインを1回投げるごとに平均で50セントの儲けを期待できるということである。

上の公式は、起こり得る結果が2つしかない試行の期待値を計算するためのものである。では、起こり得る結果が3つ以上ある場合はど

うなるのだろうか。次の公式は、起こり得る結果が無数にある場合の期待値を計算するための式である。この式は、前述のコイン投げのように、起こり得る結果が2つしかないような場合にも対応できるため、期待値を計算する式としては次の一般式のほうが利用価値は高い。

$$期待値 = \sum_{i=1}^{N} (P_i \times A_i) \quad (1.03a)$$

ただし、
P＝勝率または敗率
A＝勝ったときにもらえる額または負けたときに失う額
N＝起こり得る結果の数

式を見ると分かるように、期待値を計算するには、それぞれの利益または損失に、その利益を得られる確率またはその損失を被る確率を掛け、それらの積をすべて足し合わせればよい。

それでは、ペイオフレシオ（損益比率）が2：1のコイン投げの期待値を後者の一般式を使って計算してみよう。

期待値 = (0.5 × 2) + (0.5 × (−1)) = 1 + (−0.5) = 0.5

つまり、コインを1回投げるごとに平均で50セントの儲けを期待できるということであり、前の式の結果に一致する。

もうひとつ例を挙げよう。例えば、3つの数字のなかから出る数字を言い当てるゲームをしているとしよう。それぞれの数字が現れる確率は同じ（0.33）だが、3つの数字のうち、ある数字を間違って言った場合は1ドル、別のひとつを間違って言った場合は2ドル支払わなければならず、正しい数字を言い当てると3ドルもらえる。この場合

の期待値（ME）は次のように計算できる。

$$ME = (0.33 \times (-1)) + (0.33 \times (-2)) + (0.33 \times 3)$$
$$= -0.33 - 0.66 + 0.99$$
$$= 0$$

また、ルーレットゲームでひとつの数字に賭けた場合の期待値は次のようになる。

$$ME = ((1 \div 38) \times 35) + ((37 \div 38) \times (-1))$$
$$= (0.02631578947 \times 35) + (0.9736842105 \times (-1))$$
$$= (0.9210526315) + (-0.9736842105)$$
$$= -0.05263157903$$

つまり、ルーレットゲーム（アメリカン・ダブルゼロ）でひとつの数字に1ドル賭けた場合、1回につき平均で5.26セント損をすることになる。賭け金を5ドルに増やせば、1回の平均損失は26.3セントに増える。注意してもらいたいのは、**賭け金が異なれば金額換算した期待値は違ってくるが、賭け金のパーセンテージで表した期待値は賭けた金額によらず一定**という点である。

連続して賭けた場合の期待値は、それぞれの賭けに対する期待値を足し合わせたものになる。例えば、ルーレットゲームでひとつの数字に最初は1ドル、2回目は10ドル、3回目は5ドル賭けたとすると、期待値は次のようになる。

$$ME = (-0.0526) \times 1 + (-0.0526) \times 10 + (-0.0526) \times 5$$
$$= -0.0526 - 0.526 - 0.263$$
$$= -0.8416$$

つまり、1回につき平均で84.16セント損をするということになる。

（独立試行という想定の下で）それまでの勝ち数または負け数によってベットサイズを変えるシステムを作ろうとしても失敗する運命にあることは、この原理からよく理解できたと思う。期待値が負の場合には、何度賭けても敗者にしかなれないのである。

事象列、起こり得る結果、正規分布

コインを1つ投げた場合の確率を表にすると、起こり得る結果が2つ（表または裏）の確率分布表になることはすでに見てきたとおりである。この場合の期待値は、起こり得る結果の期待値を合計したものになる。そこで今度は、コインを2つ投げた場合の確率について考えてみよう。起こり得る結果を表にすると次のようになる。

コイン1	コイン2	確率
表	表	0.25
表	裏	0.25
裏	表	0.25
裏	裏	0.25

これは、両方とも表が出る確率が25％、両方とも裏が出る確率が25％、一方が表で他方が裏になる確率が50％と表現することもできる。これを表にすると次のようになる。

組み合わせ	確率	
表表	0.25	*
表裏	0.50	**
裏裏	0.25	*

右端の星印は、その組み合わせには何通りの異なる組み合わせ方があるかを示している。例えば、この表で表裏に星印が2つ付いているのは、コイン1が表でコイン2が裏の場合と、その逆の場合が考えられるため、異なる組み合わせ方としては2通りあるからである。この表には星印が全部で4つあるが、これはコインを2つ投げたときの結果の異なる組み合わせが4通りあることを示している。

　コインを3つ投げた場合の表は次のようになる。

組み合わせ	確率	
表表表	0.125	*
表表裏	0.375	***
表裏裏	0.375	***
裏裏裏	0.125	*

同様に、コインを4つ投げた場合の表は次のようになる。

組み合わせ	確率	
表表表表	0.0625	*
表表表裏	0.25	****
表表裏裏	0.375	******
表裏裏裏	0.25	****
裏裏裏裏	0.0625	*

また、コインを6つ投げた場合の表は以下の通りである。

組み合わせ	確率	
表表表表表表	0.0156	*
表表表表表裏	0.0937	******
表表表表裏裏	0.2344	***************
表表表裏裏裏	0.3125	*******************
表表裏裏裏裏	0.2344	***************
表裏裏裏裏裏	0.0937	******
裏裏裏裏裏裏	0.0156	*

　星印の数を縦軸にとってグラフ化すると、正規分布またはガウス分布と呼ばれる馴染みのある釣鐘状の曲線が得られる（**図1.1**を参照。コイン投げの結果は統計学的に厳密に言えば正規確率関数には従わず、むしろ二項分布［ベルヌーイ分布またはコイン投げ分布とも呼ばれる］に従う。しかし、N［試行回数］が増えると、二項分布は［確率が0にも1にも近くない値であることを仮定した場合］極限形として、正規分布に近づく。これは、正規分布が左から右に向かって連続する分布であるのに対し、二項分布はそうではなく、また正規分布は常に左右対称になるが、二項分布は必ずしも左右対称にはならないというそれぞれの分布の特徴による。本書でコイン投げの結果を正規分布とみなすのは、扱っているのが有限個のコイン投げであること、それをコイン投げの母集団とみなしていること、そして確率が常に0.5であることによる。さらに、試行回数Nにある事象が起こる確率を掛けたものと、試行回数Nに余事象の確率を掛けたものが、いずれも5よりも大きいとき、二項分布は正規分布で近似することができる点にも注目したい。本書で例に挙げたコイン投げは、ある事象が起こる確率［表または裏の出る確率］が0.5で、起こらない［余事象の］確率も0.5になるので、Nが11以上であれば正規分布で近似することができる）。

37

最後にコインを10個投げた場合の表を見てみよう。

組み合わせ	確率	
表10	0.001	*
表9　裏1	0.01	**********
表8　裏2	0.044	*****（45通り）
表7　裏3	0.117	*****（120通り）
表6　裏4	0.205	*****（210通り）
表5　裏5	0.246	*****（252通り）
表4　裏6	0.205	*****（210通り）
表3　裏7	0.117	*****（120通り）
表2　裏8	0.044	*****（45通り）
表1　裏9	0.01	**********
裏10	0.001	*

投げるコインの数が増えるほど、すべてが表またはすべてが裏になる確率は小さくなることに注意しよう。コインが２つの場合、両方とも表または裏が出る確率は0.25だったが、コインが３つだと0.125、４つの場合は0.0625、６つになると0.0156、10個の場合には0.001とどんどん減少していく。

起こり得る結果と標準偏差

したがって、ひとつのコインを４回投げたとき、起こり得る事象列は全部で16通りである。

1．表　表　表　表
2．表　表　表　裏

図1.1　正規確率関数

3. 表　表　裏　表
4. 表　表　裏　裏
5. 表　裏　表　表
6. 表　裏　表　裏
7. 表　裏　裏　表
8. 表　裏　裏　裏
9. 裏　表　表　表
10. 裏　表　表　裏
11. 裏　表　裏　表
12. 裏　表　裏　裏
13. 裏　裏　表　表
14. 裏　裏　表　裏

15. 裏　裏　裏　表
16. 裏　裏　裏　裏

ここでいう「事象列」とは、確率過程において起こり得る事象の、順序を考慮した場合の組み合わせを意味する。任意の状況において起こり得る事象列全体の集合を**標本空間**という。4フリップのコイン投げは、4つのコインを一斉に投げてもよいし、ひとつのコインを4回投げてもよい（つまり、集合平均＝時間平均が成り立つ）。

事象列の裏表表裏と表表裏裏について考えてみよう。均等賭け（毎回1単位を賭ける）の人にとってはどちらの場合も結果は同じだが、均等賭けでない場合、これら2つの事象列の最終結果は大幅に異なる場合もある。均等賭けの場合、4フリップのコイン投げでは、起こり得る事象の組み合わせは5通りしかない。すなわち、

表が4
表が3、裏が1
表が2、裏が2
表が1、裏が3
裏が4

の5通りである。

しかし、4フリップのコイン投げでは起こり得る事象列は全部で16通りである。これは、均等賭けでない人にとっては懸念材料になる。均等賭けをしていない人のことをここでは「システム」プレーヤーと呼ぶことにする。これまでにやってみてうまくいったと思える理論に基づいて賭け金を変える彼らの手法は、まさに「システム」そのものだからだ。

ひとつのコインを 4 回投げると、得られる事象列は起こり得る16通りの事象列のいずれかになる。同じコインをもう 4 回投げると、得られる事象列はおそらくは前とは違ったものになるだろう（ただし、1÷16＝0.0625の確率で前と同じ事象列になる）。ゲームテーブルに行って、4 つの連続したプレーを観ていると、事象列は16通りの事象列のいずれかになるが、組み合わせとしては 5 通りしかないことが分かる。それと同時に、**それぞれの事象列（順列）が起こる確率は一律に0.0625だが、それぞれの組み合わせが起こる確率は一律ではない**ことも分かる。

事象の組み合わせ	確率
表表表表	0.0625
表表表裏	0.25
表表裏裏	0.375
表裏裏裏	0.25
裏裏裏裏	0.0625

ほとんどの人は順列と組み合わせとの違いを理解していないため、これらを同じものだと思い込んでしまう。これはよくある誤解であり、この誤解が大きな問題に発展する場合もある。特殊な確率分布である釣鐘状の曲線、すなわち**正規分布、に従うのは組み合わせのほうである（事象列ではない）。**すべての確率分布に共通する面白い性質が**標準偏差**という統計量である。

コイン投げをはじめとする簡単な二項ゲーム（起こり得る結果が 2 つのゲーム）の正規確率分布の標準偏差（SD）は、次式で表わされる。

$$SD = N \times \sqrt{\frac{P \times (1-P)}{N}} \tag{1.04}$$

ただし、
P＝その事象（例えば、表が出る）が起こる確率
N＝試行回数

例えば、コイン投げを10回行った場合（すなわち、N＝10）の標準偏差は次のように計算することができる。

$$\begin{aligned} SD &= 10 \times \sqrt{0.5 \times (1-0.5) \div 10} \\ &= 10 \times \sqrt{0.5 \times 0.5 \div 10} \\ &= 10 \times \sqrt{0.25 \div 10} \\ &= 10 \times \sqrt{0.025} \\ &= 10 \times 0.158113883 \\ &= 1.58113883 \end{aligned}$$

図1.2を見てみよう。分布曲線上に描かれた中心線は、分布のピークの位置を表す。コイン投げの場合、表と裏が同数出るところで分布はピークを迎える。したがって、コインを10回投げた場合の分布の中心線は、表が5回、裏が5回の位置に来る。正規確率分布では、全事象のおよそ68.26％が±1標準偏差の範囲内に入る。また±2標準偏差の範囲内に入る事象は95.45％であり、±3標準偏差の範囲内に入る事象は99.73％にものぼる。コインを10回投げた場合で考えてみると、1標準偏差はおよそ1.58である。したがって、表（または裏）の出る回数が3.42（5－1.58）回から6.58（5＋1.58）回の間になる確率は68％ということになる。また表（または裏）が7回出た場合は、期待した結果からのズレが1標準偏差を上回ることになる（ただし、期

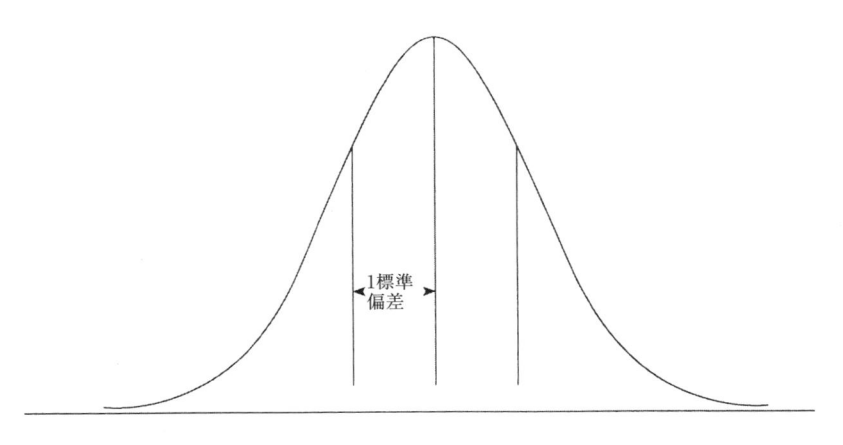

図1.2　正規確率関数（図に示した直線は、中心線と＋1および－1標準偏差を表す）

待した結果とは、「表が5回で裏が5回」を意味する）。

　もうひとつ面白い現象に注目してみよう。コイン投げの例では、コインを投げる回数が増えるほど、表と裏が同じ回数だけ出る確率は減少する。コインを2つ投げた場合、表と裏が同じ数だけ出る確率は0.5だったが、コインが4つに増えると、表と裏が同じ数だけ出る確率は0.375に減少し、コインが6つになると0.3125、コインが10個の場合では0.246という具合に減少していった。この現象から言えることは、**試行回数が増えるにつれて、実際の結果が期待した結果に一致する確率は減少する**ということである。

　（本書で言う）期待値とは、1回の賭けにおいて平均でどの程度の利益または損失が出るかを示すものである。しかし、利益や損失のバラツキは期待値からは分からない。例えば、コイン投げの例では、表または裏が出る確率は50対50ということが分かっているので、コインをN回投げれば、表が出る回数はおよそ（1÷2）×N回で、裏が出る回数もおよそ（1÷2）×N回になるだろうということが予想できる。負けたときの損失と勝ったときの利益が同額だとすると、Nがどんな

に大きくなろうと、期待値は0である。

　また、得られる結果が期待した結果から1標準偏差ずれる確率が68％になることも分かっている。試行回数が10回（N＝10）のとき、標準偏差は1.58、試行回数が100回（N＝100）のときは5、試行回数が1000回（N＝1000）のときはおよそ15.81、そして試行回数が1万回のときの標準偏差は50である。

試行回数（N）	標準偏差	標準偏差/N（％）
10	1.58	15.8％
100	5	5.0％
1,000	15.81	1.581％
10,000	50	0.5％

　Nが増えると、標準偏差も増えることに注目しよう。これはつまり、一般に信じられているのとは逆に、**長時間プレーを続けるほど、儲かる回数や損をする回数そのもので見た期待値から遠ざかる**ことを意味する。しかし、Nに対する比率で見た標準偏差は、Nが増えるにつれて減少する。これは、**長時間プレーを続けるほど、全試行数Nに対する比率で見た期待値に近づく**ことを意味する。これを、数学的に正しい形で表わした「平均の法則」という。つまり、連続して何回も（N回）賭けた場合、Tを利益または損失総額、Eを期待した利益または損失とすると、Nが増えれば増えるほどT÷NはE÷Nに近づくと同時に、EとTとの差は拡大するということである。

　図1.3は、コインを60回投げるゲームにおける確率過程をグラフ化したものである。グラフ上の線は、±1、±2の標準偏差を表す。標準偏差の線は内側にどんなに曲がろうと、外側に向かって永久に広がり続けていることに注目してもらいたい。これが先ほど述べた「平均の法則」である。

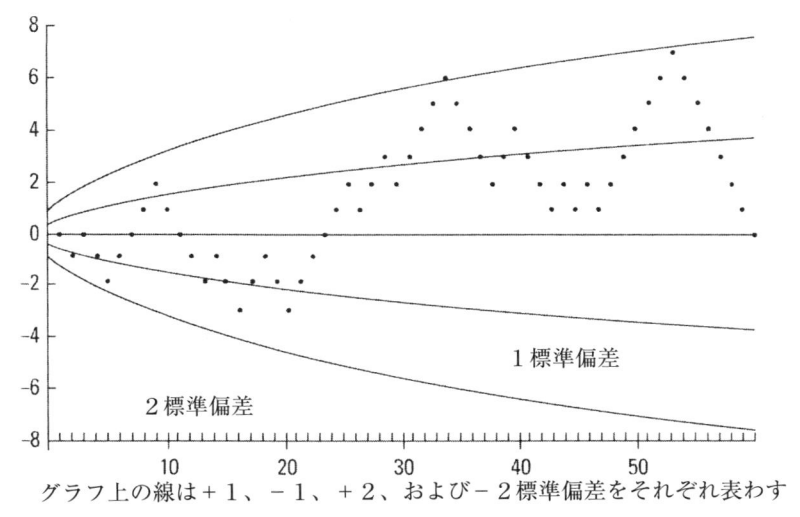

図1.3　確率過程──60回のコイン投げ結果（グラフ上の線は１標準偏差および２標準偏差を表わす）

グラフ上の線は＋１、－１、＋２、および－２標準偏差をそれぞれ表わす

ハウスアドバンテージ

　次に、ハウスアドバンテージが存在する場合について考えてみよう。ここでもコイン投げを例にとって説明する。これまで見てきたのは、カジノ側にもプレーヤー側にも特に有利なルールが設けられていない公平なゲーム、すなわち「フェア」なゲームでコイン投げを60回試行する場合についてであった。では、カジノ側に５％のアドバンテージがある場合はどうなるのだろうか。これは例えばコイン投げで言えば、勝ったときには１ドル儲かるが、負ければ1.10ドルの損になるようなシナリオである。

　図1.4も前と同じように、60回のコイン投げゲームをグラフ化したものだが、今回は５％のハウスアドバンテージが含まれている。＋側の標準偏差が下方に曲がり始めている（そして、最終的にはゼロを下

図1.4　5%のハウスアドバンテージがあるときの60回のコイン投げ結果

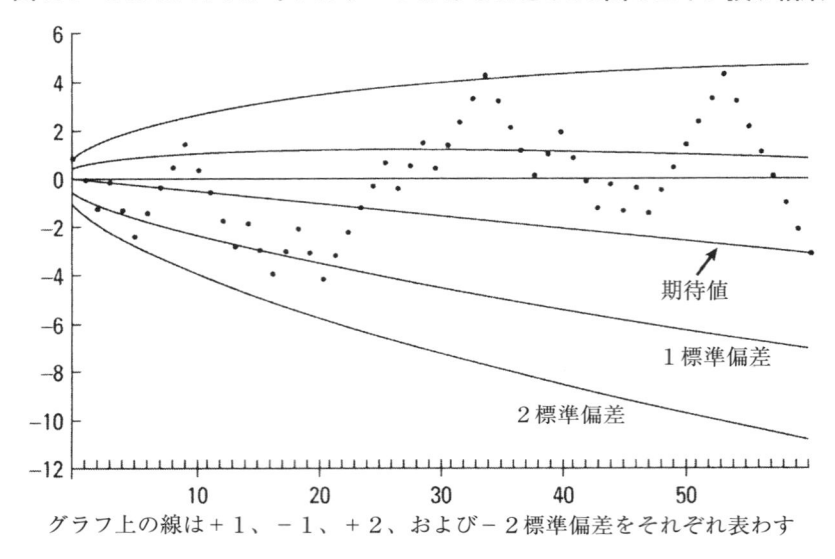

グラフ上の線は＋1、－1、＋2、および－2標準偏差をそれぞれ表わす

回る）のを見ると分かるように、こういったシナリオでは、プレーヤーが破産するのは必至だ。

期待値が負のゲームを続けるとどうなるかを調べてみよう。

試行回数（N）	標準偏差	期待値	＋1〜－1標準偏差
10	1.58	－0.5	＋1.08〜－2.08
100	5.00	－5	0〜－10
1,000	15.81	－50	－34.19〜－65.81
10,000	50.00	－500	－450〜－550
100,000	158.11	－5,000	－4,842〜－5,158
1,000,000	500.00	－50,000	－49,500〜－50,500

ここにはエルゴード性の原理が働いている。つまり、1人がカジノに行き、1回につき1ドル賭ける行為を100万回続けるのと、100万人がカジノに行き1ドルずつ一斉に賭けるのとは同じことを意味する

ということである。100万ベットの場合、カジノが損をし始めるのは、期待値から何と100標準偏差も離れてからである。平均の法則によって、逆にいえばプレーヤーが儲かる可能性はほとんどないということになる。スポーツ賭博と同様、カジノゲームの多くでは5％以上のハウスアドバンテージが設けられている。トレーディングは基本的にはゼロサムゲームだが、手数料、スリッページといったプレーヤー側にかかる負担の合計が5％を超えることも珍しくなく、そういった意味ではハウスアドバンテージがあるシナリオと同じようなものである。

次に、100回のコイン投げゲームの統計量を、5％ハウスアドバンテージがある場合とない場合について考えてみよう。

中心からの標準偏差	50対50のフェアゲーム	5％ハウスアドバンテージゲーム
＋3	＋15	＋10
＋2	＋10	＋5
＋1	＋5	0
0	0	－5
－1	－5	－10
－2	－10	－15
－3	－15	－20

表を見ると分かるように、結果の99.73％がその範囲に含まれる3標準偏差では、フェアゲームの場合は＋15から－15単位の間の損益だが、5％ハウスアドバンテージのある場合は＋10から－20単位の間の損益になる。次に結果の95％がその範囲に含まれる2標準偏差を見てみよう。フェアゲームでは＋10単位から－10単位の間の損益だが、5％ハウスアドバンテージのある場合は＋5から－15単位の間の損益になる。結果の68％がその範囲に含まれる1標準偏差の場合はどうだろ

う。フェアゲームでは、最大利益は＋5単位で、最大損失も－5単位だが、5％ハウスアドバンテージのある場合は、得るものは何もないが最大損失は10単位にもなってしまう。5％ハウスアドバンテージの下でも、試行回数が100回を超えた場合は儲かる見込みはないわけではないが、儲かるためには、1標準偏差よりも良い結果を出さなければならないだろう。しかし正規分布では、1標準偏差を上回る結果を出す確率はわずか15.87％しかない。

　前の例に戻ろう。0標準偏差、すなわち、中心線そのものでは、5％ハウスアドバンテージがある場合の損失はハウスアドバンテージに等しく、50対50フェアゲームでは損失は0である。つまり、フェアゲームでは勝つ見込みもないが、負けることもないということになるが、5％のハウスアドバンテージゲームでは平均で（0標準偏差で）5％の損失、すなわち試行回数100回ごとに5単位の損失を出すことになる。つまり、**独立試行を想定した場合の均等賭けでは、損失はハウスアドバンテージに等しいのである**。

ゼロを下回る期待値は必ず破産を招く

　ここからもうひとつの原理を導き出すことができる。すなわち、**期待値が負のゲームでは、どんなマネーマネジメント理論を駆使しても、絶対に勝てない。賭けを続ければ、どんなマネーマネジメント手法を使っても、敗者になることは明白であり、どんなに大きな元手があっても、間違いなく一文無しになる**ということである。

　これは一種の警告と言えるかもしれない。負の期待値（数値の大きさは問題ではない）は、家庭崩壊を招いたり人を自殺や殺人に追い込むといった、賭け手が予想もしなかったありとあらゆる事件を引き起こしてきた。期待値が負のときに賭けをすることがいかに採算のとれないものであるかは、以上の例でお分かりいただけたのではないだろ

うか。期待値がどんなに小さな負の値でも、負であることに変わりはなく、結局は最後の1セントまで持っていかれるのが落ちである。これまでこのプロセスに打ち勝つ数学的手法がいろいろ模索されてきたが、すべて徒労に終わっている。これは独立試行か従属試行かとはまったく無関係なので、その点は誤解のないように注意してもらいたい。要するに、賭けの合計が負の期待値であれば、必ず敗者になる、ということなのである。

一例を挙げよう。例えば、10回の賭けのうち1回だけエッジが与えられる従属試行の場合、10回の賭けの合計が正の期待値になるようにするためには、エッジのある回には十分な賭け金を賭けなければならない。エッジのないほかの9回の平均損失が10セントで、エッジのある1回では10セントの儲けが期待できるとすれば、ゼロサムゲームにもっていくだけでも、エッジのある回には9倍を上回る賭け金を賭けなければならないことになる。賭け金がそれを下回れば、依然として負の期待値の状態にあるため、プレーを続ければ一文無しになることはほぼ確実だ。

負の期待値のゲームに参加した場合、その負の期待値に応じた分だけの元手を失うだけだと勘違いしている人は多い。例えば、ルーレットゲームの期待値が−5.26％であることが分かっている場合、ほとんどの人は、カジノに行ってルーレットゲームをしたときの平均損失が元手の5.26％だと考えてしまうようだ。これは非常に危険な誤解である。実際には、元手の5.26％の損失を出すのではなく、**賭け金総額**の5.26％の損失を出すのである。例えば、500ドル持ってルーレットゲームに参加するとしよう。毎回20ドルずつ賭けて500回プレーすると、賭け金の合計は1万ドルになる。その5.26％の損失が出るとすれば、損失は526ドルになり、元手を上回ってしまうのだ。

賢明な賭け方はただひとつ。期待値が正のときだけ賭けることである。これからおいおい分かってくると思うが、期待値が負のときには

必ず敗者になるが、期待値が正であれば必ず勝者になれるかといえば、そうではない。勝つためには賭けるべき適正な賭け金というものが存在するのだ。これについては後の章で詳しく議論する。今のところは、期待値が正のときだけ賭ける、ということだけを覚えておこう。

　ただしカジノ賭博では、期待値が正の状態になるのは、ブラックジャックで出たカードを覚えることができ、かつ非常に優れたプレーヤーであり、かつ適正金額を賭けることができるときだけである。ブラックジャックについては良書がたくさん出回っているのでここではこの程度にとどめておこう。

バカラ

　カジノに行ってギャンブルはしてみたいが、ブラックジャックのようにルールを覚えるのは面倒だという人にお勧めなのが、バカラだ。バカラはカジノゲームのなかでは負の期待値が最も小さいゲームである。つまり、ほかのゲームに比べると、損をするペースが緩やかということである。バカラの各確率は以下のとおりである。

　バンカーが勝つ確率　　45.842%
　プレーヤーが勝つ確率　44.683%
　引き分けになる確率　　 9.547%

　バカラでは引き分けはプッシュとして扱われる（その手はなかったものとして、賭け金は戻される）ので、引き分けをなくしたときの確率は次のようになる。

　バンカーが勝つ確率　　50.68%
　プレーヤーが勝つ確率　49.32%

それでは、期待値を計算してみよう。プレーヤーサイドの期待値は次のようになる。

$$\begin{aligned} ME &= (0.4932 \times 1) + ((1 - 0.4932) \times (-1)) \\ &= (0.4932 \times 1) + (0.5068 \times (-1)) \\ &= 0.4932 - 0.5068 \\ &= -0.0136 \end{aligned}$$

これはつまり、プレーヤーに対するハウスのアドバンテージが1.36％であることを意味する。

次はバンカーサイドの期待値を計算してみよう。バンカーサイドは勝ったときだけ5％の手数料を払うので、期待値は次のようになる。

$$\begin{aligned} ME &= (0.5068 \times 0.95) + ((1 - 0.5068) \times (-1)) \\ &= (0.5068 \times 0.95) + (0.4932 \times (-1)) \\ &= 0.48146 - 0.4932 \\ &= -0.01174 \end{aligned}$$

つまり、手数料を考慮した場合のバンカーに対するハウスのアドバンテージは1.174％である。

お分かりのように、プレーヤーの負の期待値はバンカーのそれよりも大きいので、プレーヤーに賭けるのは得策ではない。

プレーヤーのディスアドバンテージ	−0.0136
バンカーのディスアドバンテージ	−0.01174
プレーヤーに対するバンカーのエッジ	0.00186

つまり、およそ538手（1÷0.00186）後には、バンカーにはプレーヤーに対して1単位のアドバンテージがつくというわけである。そして、プレーを続ければ続けるほどこのアドバンテージは増大する。

　といっても、バンカーの期待値が正というわけではない。バンカーの期待値もプレーヤーの期待値も負であることに変わりはないが、バンカーの期待値の負の度合いがプレーヤーほど大きくないというだけの話である。したがって、1手ごとにバンカーに1単位賭けると、およそ85手（1÷0.01174）ごとに1単位損をするのに対し、1手ごとにプレーヤーに1単位賭けると、およそ74手（1÷0.0136）ごとに1単位損をすることになる。確かにほかのゲームに比べれば、損をする**ペース**はゆっくりだが、損失額の**累積速度**もゆっくりかといえば、必ずしもそうとは言えない。というのは、ほとんどのバカラテーブルでは、賭け金の最低額が25ドルと決められているからである。したがって、1手ごとにバンカーに1単位賭けると、85手後の予想損失はおよそ25ドル（25ドル×85×0.01174）になる。

　これをルーレットゲーム（赤か黒かに賭ける場合を想定）と比較してみよう。ただし、期待値は−0.0526、賭け金の最低額は2ドルとする。この場合、85スピン後の予想損失はおよそ9ドル（2ドル×85×0.0526）である。もうお分かりかと思うが、期待値は賭け金総額の関数にもなっているのである。バカラと同じように、1スピンごとに25ドルを賭けると、バカラの予想損失が25ドル（85手後）であるのに対し、ルーレットの場合の予想損失は112ドル（85スピン後）になる。

ナンバーズ

　最後に、ナンバーズの確率について考えてみよう。バカラが金持ちのゲームだとすれば、ナンバーズは貧しい人のゲームと言えよう。確

率が何ともお粗末なのだ。000から999までの数字の中から3桁の数字をひとつ選ぶゲームを想定しよう。その数字に1ドル賭けるとする。その日の数字として選ばれる数字は通常、操作が不可能で、よく知られた数字である。例えば、その日の株式市場の出来高の最後の5桁から最初の3桁を選んだ数字、といった具合だ。プレーヤーは数字が当たらなければ賭けた1ドルを損するだけだが、万一当たった場合には700ドルもらえるので、正味の儲けは699ドルになる。したがって、ナンバーズの期待値は次のように計算できる。

$$\begin{aligned}
ME &= (699 \times (1 \div 1000)) + ((-1) \times (1 - (1 \div 1000))) \\
&= (699 \times 0.001) + ((-1) \times (1 - 0.001)) \\
&= (699 \times 0.001) + ((-1) \times 0.999) \\
&= -0.3
\end{aligned}$$

つまり、賭け金1ドル当たり30セント損をするということである。これは、キーノを含むどんなカジノゲームよりも悲惨な期待値だ。ルーレットのようなゲームの期待値もけっして良いとは言えないが、ナンバーズの期待値はそれのおよそ6倍も悪いのである。ナンバーズよりも期待値の悪いギャンブルは、フットボール賭博と州営宝くじだけである。

パリミューチュエル方式

　期待値が最悪のゲームは、おそらくはパリミューチュエル系と呼ばれるゲームだろう。パリミューチュエルの文字どおりの意味は、「内輪で賭ける」である。パリミューチュエル方式は、1700年代、フランスの香水業者であるムッシュー・オラーが始めたものだ。ブックメーカーも兼業していたムッシュー・オラーは、賭けを請け負ったあかし

として、香水のビンをチケットの半券代わりに客に渡した。彼は客に代わって賭けをし、最終売上げから自分の取り分を差し引いた残額を勝者に配分した。今では、このパリミューチュエル方式を採用したゲームは、州営宝くじからフットボール賭博、ナンバーズから競馬と、多種多様だ。期待値が最悪のゲームの集まりと言っても過言ではないだろう。ところが、こういったパリミューチュエルゲームでも期待値が正の状態になる場合が多々あるのだ。

先ほどのナンバーズで考えてみよう。賭け金総額を概算するには、平均払い戻し総額を（1－胴元取り分）で割ればよい。ナンバーズの場合、胴元取り分は30％なので、1－0.3＝0.7となり、1を0.7で割ると1.42857が得られる。平均払い戻し総額を例えば1400ドルとすると、賭け金総額は1400×1.42857＝2000ドル（およそ）と計算できる。したがって、パリミューチュエルゲームで期待値が正になる状態を見つけるには、まず賭け金総額を知る、あるいは少なくともその概算額を知ることから始まる。

次に、その賭け金総額を起こり得る組み合わせの総数で割る。これによって、各組み合わせに賭けられた平均賭け金総額を割り出すことができる。ナンバーズの場合、起こり得る組み合わせは1000通りなので、先ほどの例を使えば、賭け金の概算総額2000ドルを起こり得る組み合わせの総数1000で割ると、各組み合わせに賭けられた平均賭け金総額は2ドルと計算できる。

次は、自分が選んだ数字に賭けられた賭け金総額を計算する。これには内部情報が必要になる。しかしここでの目的は、ナンバーズをはじめとするギャンブルに勝つ方法を示すのではなく、リスク・リワードのトレードオフ問題を含む状況にアプローチするための正しい考え方を示すことにあるので、とりあえずはこの情報は入手可能であると仮定する。さて、各数字に賭けられた平均賭け金総額と、自分の選んだ数字にかけられた賭け金総額が分かったとすると、この平均賭け金

総額を自分の選んだ数字に賭けられた賭け金総額で割ると、自分の選んだ数字のベットサイズに対する、各数字の平均ベットサイズの倍率が分かる。

　どの数字にも勝つチャンスが平等にあり、賭け金総額は、平均賭け金総額に起こり得る組み合わせの総数を掛けたものなので、自分の数字に賭けられたベットサイズが平均ベットサイズよりも少ないほうが有利であることが分かる。仮に倍率が1.5倍であったとすると、各数字に賭けられた平均賭け金総額が、自分の選んだ数字に賭けられた賭け金総額の1.5倍ということである。

　倍率が分かったところで、次はいよいよ実際の期待値を計算してみよう。期待値を計算するには、倍率に量（1－胴元取り分）を掛ければよい。ここでいう胴元取り分とはパリミューチュエル手数料（カジノ側が総収入つまり賭け金総額から抜き取る金）のことである。ナンバーズの場合、胴元取り分は30％なので、1から胴元取り分を引くと0.7になる。そして、例えば倍率を1.5倍とすると、それに0.7を掛けると1.05になる。最後に、この1.05から1を引いて得られた値が期待値である。すなわち、期待値は1.05－1＝0.05＝5％である。したがって、この例におけるシチュエーションでは、ゲームを何度も続けると、平均で賭け金の5％の利益が期待できるということになる。

　しかし、これにはただし書きがつく。ナンバーズの勝率は1000分の1、すなわち0.001なので、この例のシチュエーションで毎回1ドルずつ賭けて1000回プレーすると、5％の利益、すなわち50ドルの利益を期待できる。ただしそのためには、この例で与えられたようなパラメーターが常に存在していなければならない。ナンバーズの場合は1000回プレーすることが可能なので、この期待値は実現可能である。

　同じことを、700万を超える組み合わせ数のある州営宝くじで行うとするとどうなるだろう。共同出資するか、毎回2つ以上の数字に賭けられるだけの大金がなければ、生きているうちに700万本を超える

宝くじを買うことは不可能だろう。あなたの選んだ番号が当選するまでには、平均で700万本の宝くじを買わなければならないので、ナンバーズの例で示したような正の期待値など考えても無意味である。払い戻し金を手にするまで生きている可能性はほとんどないのだから。

　期待値が意味のあるもの（正の期待値を想定）であるためには、数学的に勝つ見込みを十分得られるほどの試行を、生きているうちに（または、あなたの想定する適切な期間内に）行うことができなければならない。必要な平均試行回数は、起こり得る組み合わせ数をあなたが1回にプレーする組み合わせ数で割った値になる。これをNと呼ぶことにしよう。このNに1回の試行にかかる時間を掛けたものが、その期待値が意味のあるものになるまでにかかる時間である。例えば、700万分の1の確率で、週1回宝くじを買うとすると、その期待値が意味のあるものになるのを見届けるには、あなたはおよそ700万週（およそ、13万4615年）生きていなければならないことになる。700万の組み合わせの中から1回につき1万本の宝くじを買った場合は、その1万本の宝くじのひとつが当たるまでにかかる平均時間を考えればよいことになるが、それでも、その期待値が出るまでには700週（700万÷1万、およそ13.5年）もかかってしまう。

　これまでに説明してきた手順は、ほかのパリミューチュエル方式のギャンブルにも同じように適用できる。ゲームによっては内部情報を必要としないものもある。パリミューチュエルの代表例である競馬がそれに当たる。ただしここでは、ある馬に単勝で賭けられた賭け金を単勝賭け金の総額で割ったものが、その馬の真の勝率を表すものと仮定する。例えば、単勝賭け金の総額が2万5000ドルで、選んだ馬の単勝賭け金を2500ドルとすると、その馬の勝率は0.10になるということである。したがって、同じ馬、同じ馬場状態、同じ騎手といった具合に、同じ条件でレースを100回行った場合、その馬は10％の確率で勝つと考えてよい。

以上のことを前提に、選んだ馬の複勝賭け金の、複勝賭け金総額に対する割合が、その馬の単勝掛け金の、単勝賭け金総額に対する割合よりもうんと低くなる状況を見つけだすことでレースに勝つ方法について考えてみよう。例えばある馬が１着になる確率をＸとすると、通常は３着以内に入る確率はＸよりも低くはならないはずだ（ただし、前述したようにＸはその馬が１着になる真の確率であると仮定する）。しかし、もしその馬が３着以内に入る確率が１着になる確率よりも低ければアノマリーが生まれるため、それを利用すれば必勝法を編み出せるかもしれない。

　今までの話をまとめると、特定の馬に複勝式で賭けた場合の期待値は次の公式で表すことができる。ただし、胴元取り分も考慮に入れるものとする。理論的には、期待値が正になる状況のときだけ賭ければよい。

$$((W_i \div \Sigma W) \div (S_i \div \Sigma S)) \times (1 - 胴元取り分) - 1 \qquad (1.03b)$$

ただし、
W_i ＝ｉ番目の馬の単勝賭け金
ΣW ＝単勝賭け金の総額（すべての馬に単勝式で賭けた場合の賭け金の合計）
S_i ＝ｉ番目の馬の複勝賭け金
ΣS ＝複勝賭け金の総額（すべての馬に複勝式で賭けた場合の賭け金の合計）
ｉ＝あなたの選んだ馬

　これはギャンブルなので、賭け金の計算にはケリーの公式を使えばよいことを思い出した読者もいることだろう（ケリーの公式については第４章で詳しく説明する）。だが、話はそれほど簡単ではない。適

切な賭け金を決定するには反復収束計算が必要になるからである。複勝賭け金が増えれば、当然ながら期待値と払い戻し金も変わってくる。ただし、確率は（$W_i \div \Sigma W$）で決まっているので変わらない。ケリーの公式は払い戻し金の関数なので、払い戻し金が変われば賭け金を計算し直さなければならない。つまり、正しい賭け金が決まるまでには忍耐強く何度も計算を繰り返さなければならないわけである。

賭博予想システムやトレーディングシステムと同じように、前述の公式は、あなたが思うほど簡単なものではない。競馬場に行って実際にやってみるとそれがよく分かるはずだ。賭け金総額が60秒かそこらごとに変わるなかで、公式の計算をし、列に並んで馬券を買う。しかもこれを、レースが始まる前の数秒以内にやるのだ。勝つためのどんなシステムも、リアルタイムで使うのは、紙の上で見るよりはるかに難しいものなのである。

確率過程における連勝と連敗

独立試行を想定した均等賭けでは、損失がハウスアドバンテージに等しいことはすでに見てきたとおりである。この法則を何とか打破しようと、ギャンブラーたちは、連敗中よりも連勝中に利益を増やしたり、あるいは連敗もそろそろ終わりに近いと思えるときには賭け金を増やし、連勝に陰りが見え始めたときには賭け金を減らしたりできるような賭け方を模索する。しかし、ここでもうひとつ重要な原理を紹介しよう。それは、**次に起こる事象が予測できないのと同じように、連勝や連敗も予測できない**（従属事象か独立事象かは無関係）、というものである。しかし長くやっていると、どれくらいの長さの連勝や連敗が起こるのかは、それまでの確率から予測できるようになる。

コインを投げて、裏が出たと仮定しよう。今、連続回数は１回である。もう一度投げたときに再び裏が出る確率は50％で、裏が出れば連

続回数は2回になる。しかし、表が出る確率も50%なので、もし表が出れば連続回数は1回でストップする。3回目も状況はまったく同じである。この論理に従ってコインを1024回投げ続けると、次のような表が得られる。

連続回数	起こる頻度	連続回数1回と比べたときの頻度	確率
1	512	1	0.50
2	256	1/2	0.25
3	128	1/4	0.125
4	64	1/8	0.0625
5	32	1/16	0.03125
6	16	1/32	0.015625
7	8	1/64	0.0078125
8	4	1/128	0.00390625
9	2	1/256	0.001953125
10	1	1/512	0.0009765625
11+	1	1/1024	0.00048828125

　このパターンはこの先もどんどん続き、数字はどんどん小さくなっていく。

　これは予想パターンであることに注意しよう。コイン投げを1024回行ったときの実際のパターンは、これに似てはいるが、まったく同じではない。この1024回のコイン投げのパターンは、50対50のフェアゲームのときのパターンである。ハウスアドバンテージが設けられたゲームでは、そのアドバンテージの大きさによってパターンはゆがんでくる。

従属性の有無

　前述のとおり、コイン投げは独立試行である。つまり、コインを投げる前に発生する事象の確率を正確に計算でき、コインを投げるたび

59

ごとの確率は変わらない。これに対して試行にはブラックジャックのように従属試行のものもある。こういった従属試行における事象も、カードを引く前に正確な確率を計算できるが、カードを引くたびごとの確率は常に一定というわけではない。しかし試行のなかには、次の結果が前の結果に従属するかどうかが分からないものもある。その一例がトレーディングシステムによるトレーディングで、システムが生みだす一連のトレード（連続してトレードを行った場合の損益結果）の間には従属性があるかどうかは分からない。このタイプの問題を扱うには別のツールが必要になる。

　次の図は、コインを連続して投げた場合の結果を示したものである。ただし、（＋）は勝ちを表わし、（－）は負けを表わすものとする。

＋＋－－－－－－－＋－＋－＋－－－＋＋＋－＋＋＋－＋＋＋

　これをトレーディングに置き換えると、合計28トレードのうち、勝ちトレードが14回、負けトレードが14回である。勝ったときの儲けが１ドルで、負けたときの損失を１ドルとすると、この一連のトレードの正味損益は０ドルである。

　さてここで、あなたが幼児に戻ったと仮定しよう。コイン投げには実際には従属性はないが、当然ながら、コイン投げに従属性があるかどうかを、幼児のあなたは知らない。しかし、このコイン投げの結果を見た途端、次のようなルールを導き出すことができるはずだ。すなわち、「２回続けて負けたらそれ以上賭けるな。サイドラインに行って勝ちが出始めるまで待て」。この新しいルールに従っていれば、結果は次のようになっていただろう。

＋＋－－＋－＋－－＋＋－＋＋＋－＋＋＋

つまり、この新しいルールに従っていれば、勝ちが12回、負けが8回で、正味で4ドルの利益が得られたということである。あなたはこの新しいルールは絶対だと確信する。事象列（ここでは一連のトレードがこれに当たる）と組み合わせ（組み合わせで考えると、これはブレイクイーブンゲームになる）とが違うことを、幼児のあなたはまだ知らない。

　ここには大きな問題がひとつある。それは、あなたがこの一連のコイン投げに従属性があるかどうかを知らないということである。**従属性がなければ、一連の勝ち負けの結果だけを基にパフォーマンスを改善しようとしても無意味であり、おそらくは百害あっても一利もない**（定常分布と非定常分布とは区別しなければならない。定常分布とは、確率分布が変わらないような分布を言う。例えば、常に0.0526のディスアドバンテージがあるルーレットのようなカジノゲームがこれに当たる。一方、非定常分布とは、期待値が時間とともに変化するような分布のことである［実際には、確率分布全体が時間とともに変化する］。これの良い例がトレーディングである。トレーディングは、カジノで酔っ払ってゲームをはしごするようなものだ。5ドルチップ（期待値は－0.0526）を持ってルーレットで遊んだかと思えば、次はふらふらと、カードの組がたまたまプレーヤーに2％のアドバンテージとなっているようなブラックジャックのテーブルでプレーする。当然ながら、彼のプレー結果の分布も不安定で、期待値も結果分布も大きく変動する。これとは逆に、ひとつのテーブルでひとつのゲームに集中するような場合、結果分布は安定する。こういった状態を「定常的」と言う。システムトレーディングの結果は実際には非定常分布に従う。トレーダーが「資産カーブに基づくトレーディング」を有利に行えるようなテクニックは多分あると思うが、そういったテクニックは本書の範囲を越えているのでここでは扱わない。したがって本書では、非定常分布に従う事象も定常分布に従うものと仮定するが、この2つが根本的

に異なることだけは知っておいてもらいたい)。理由はこれからおいおい分かってくるだろう。

　これはコイン投げなので、実際には1回ごとの試行に従属性はなかった。つまり、次のコイン投げの結果は、前のコイン投げの結果とは独立している(影響されない)ということである。したがって、この28回のコイン投げの事象列は完全にランダムなものだったわけである。(それぞれの事象列が発生する確率はすべて等しいことを思い出してもらいたい。また、正規分布に従うのは事象の組み合わせであり、分布は期待値のところでピークになる。この場合の最終結果、すなわち期待値は、「正味損益がゼロになる」ことを意味する)。次に示す28回のコイン投げの事象列もまたランダムで、この事象列が発生する確率はほかのどの事象列が発生する確率とも同じである。

　－－＋－－＋－－＋－－＋－－＋－－＋＋＋＋＋＋＋

　前回と同様、この事象列の正味損益もゼロである。先ほどのあなたのルールをこれに適用すると、結果は次のようになる。

　－－－－－－－－－－－－－－＋＋＋＋＋＋＋

　つまり、負け14回、勝ち7回で、正味損失は7ドルである。

　繰り返すが、(定常プロセスにおいては)従属性がなければ、一連の勝ち負けの結果だけを基にパフォーマンスを改善しようとしても無意味であり、百害あっても一利もないことを銘記しておいてもらいたい。

ランテスト、Ｚスコア、信頼度

　システムトレードによる一連のトレードのように、従属性があるかどうかが分からないような事象については、ランテストをやってみるのがよい。ランテストとは、システムトレードの連勝と連敗のＺスコアを求めることである。これからＺスコアの求め方を見ていくことにしよう。まず、最低30のトレードデータが必要である。これには統計学的に明確な理由がある。Ｚスコアは正規確率分布を前提とするものである（この例では、連勝および連敗が正規確率分布に従うと仮定する）が、試行数が30を下回ると正規分布のいくつかの特徴は無効になる。つまり、特定の統計的尺度が十分に有効になるような正規確率分布の形状を得るためには、最低30の試行が必要なのである。

　Ｚスコアとは、データが正規確率分布の平均から何標準偏差の範囲内にあるかを示したものである。例えば、Ｚスコアが１の場合、あなたがテストしているデータは平均から１標準偏差の範囲内にあるということになる（ちなみに、このデータはきわめて標準的なデータ）。Ｚスコアが分かったら、次にそれを信頼度に換算する。正規確率関数の曲線と１標準偏差の線とｘ軸とで囲まれる部分の面積は、曲線とｘ軸とで囲まれる全面積の68％であることはすでに述べたとおりである。Ｚスコアは平均から何標準偏差離れているかを表わし、信頼度はその標準偏差の間の面積が全体の面積に対してどれくらいの割合を占めているかを表わしていることによって、これら２つの量は次の表のように対応づけることができる。

信頼度	Zスコア
99.73%	3.00
99%	2.58
98%	2.33
97%	2.17
96%	2.05
95.45%	2.00
95%	1.96
90%	1.64
85%	1.44
80%	1.28
75%	1.15
70%	1.04
68.27%	1.00
65%	0.94
60%	0.84
50%	0.67

　最低30のトレードデータを使って、実際にZスコアを計算してみることにしよう。われわれがやろうとしていることは、任意のシステムから期待できる連勝数または連敗数を求めることである。われわれがテストしているシステムの連勝数または連敗数は期待値と一致するのだろうか。そうでない場合、各トレード間に従属性がある——つまり、あるトレード結果は前のトレード結果に従属する——と仮定できるだけの高い信頼度がそのシステムにはあるのだろうか。こういったことを調べていく。

　ランテストの方法とシステムのZスコアの求め方を、手順に沿って

見ていこう。

1．一連のトレードについて、次のデータを集める。
　A．全トレード数。これをNと呼ぶ。
　B．勝ちトレード数と負けトレード数。これらの値からXを計算する（ただし、X＝2×勝ちトレード数×負けトレード数）。
　C．一連のトレードにおけるラン数。これをRとする。

具体例を見てみよう。トレードとしては以下のものを想定する。

　－3　＋2　＋7　－4　＋1　－1　＋1　＋6　－1　0
　－2　＋1

正味利益は＋7で、全トレード数は12である。したがって、N＝12（簡単にするため、最低30のトレードが必要というルールには従っていない）。損益の大きさについては、今のところは考えず、勝ちトレード数、負けトレード数、連勝数および連敗数だけを考える。したがって、トレード結果は＋符号と－符号の簡単な列として表わすことができる。ただし、損益0のトレードは負けトレードとみなす。したがって、トレード結果を表わす先ほどの列は、次のように簡単化することができる。

　－＋＋－＋－＋＋－－－＋

列を見ると分かるように、勝ちトレード数が6で、負けトレード数も6である。したがって、X＝2×6×6＝72。また、ラン数は8なので、R＝8である。ここでいう**ラン**とは、その列を左から右に（すなわち、発生順に）読むときに符号が変わる時点、と定義する。ただ

し、スタート時点を1つとしてカウントする。したがって、この列におけるランは以下のとおりである。

```
 － ＋ － ＋ － ＋ ＋ － － － ＋
 1 2   3 4 5 6   7       8
```

2．次の式を解く。

N×(R − 0.5) − X

この例の数値を入れて計算すると次のようになる。

12×(8 − 0.5) − 72 = 12×7.5 − 72 = 90 − 72 = 18

3．次の式を解く。

X×(X − N)÷(N − 1)

この例の数値を入れて計算すると次のようになる。

72×(72 − 12)÷(12 − 1)
= 72×60÷11
= 4320÷11
= 392.727272

4．ステップ3で得られた値の平方根をとる。この例における計算値は次のようになる。

$\sqrt{392.727272} = 19.81734775$

5．ステップ2の値をステップ4の値で割る。これがZスコアの値になる。この例におけるZスコアは次のように計算できる。

$18 \div 19.81734775 = 0.908295107$

6．信頼度を求める。Zスコアから信頼度を求める式は以下のとおりである。

$$信頼度 = 1 - (2 \times (X \times 0.31938153 - Y \times 0.356563782 \\ + X \times Y \times 1.781477937 - Y^2 \times 1.821255978 \\ + Y^2 \times X \times 1.330274429) \times 1\sqrt{(EXP(Z^2) \times 6.283185307)}\ )$$

ただし、
$X = 1.0 \div (((ABS(Z)) \times 0.2316419) + 1.0)$
$Y = X^2$
$Z = Z$スコア
EXP() = eを底とする指数関数
ABS() = 絶対値関数

この式から得られる値は、両側検定の信頼度である。両側検定の信頼度から片側検定の信頼度を求めるには次式を用いる。

$信頼度 = 1 - (1 - A) \div 2$

ただし、
$A = $ 両側検定の信頼度

Ｚスコアが負のとき、信頼度を求めるには－符号を取って正にすればよい、つまり、絶対値で考えればよいということである。Ｚスコアが負になるということは、正の従属性のあることを意味する。つまり、連勝や連敗が正規確率関数が示すものより少ないということであり、したがって、勝ちは勝ちを生み、負けは負けを生む。逆に、正のＺスコアは負の従属性を意味する。つまり、連勝や連敗が正規確率関数が示すものより多いということになり、今度は、勝ちは負けを生み、負けは勝ちを生む。

　許容できる信頼度で従属性の存在が確認できた場合、その従属性の根底にある原因を理解していなくても、従属性があるものとしてやり方を変えることで、トレーディングにおいてより良い意思決定が行えるようになる。従属性の原因が分かっている場合は、従属性が有効に作用するとき、しないときはどんなときなのかや、その従属性の度合いがいつ変化するのかを、もっと正確に予測することができる。

　ランテストを行うことで、各試行間に何の従属性もない真にランダムな列で一般的に予想される連続数（連勝または連敗）と比較して、あなたの列に含まれる連続数が多いのか少ないのかを知ることができる。この例で用いた列の信頼度は比較的低いため、各試行間に従属性はないものと仮定することができる。

　では、許容できる信頼度とはどの程度の数値を言うのだろう。このテストからは、従属性があるともないとも、正確には言えない。したがって、どの程度の信頼度を許容できる信頼度とみなすかは、個人の判断に任せられる。統計学者によれば、一般に信頼度は90％台の後半の数値にするのが望ましいようだ。しかしなかには、従属性があると想定するためには、99％を上回る信頼度でなければならないとする者もいれば、95.45％（２標準偏差）程度でもよいとする者もいる。

　しかし現実的には、95.45％を上回る信頼度を示すシステムなど、

まず、ないと思って間違いはないだろう。ほとんどのシステムでは、信頼度は90％を下回るのが一般的だ。しかし、たとえ90％から95.45％程度の信頼度のシステムが見つかったとしても、金塊を探し当てたというわけではない。大きな違いを出すために利用できる従属性のあることを仮定するためには、どんなに低く見積もっても95.45％は必要だ。

少し前のことだが、ブローカーの友人が資産カーブの変動を組み込んだ彼のマネーマネジメントのアイデアをプログラミングしてほしいと言ってきた。私は何はともあれ、まず各トレード間に従属性があるかどうかを調べた。すでにお分かりのように、定常プロセスでは、従属性のあることが非常に高い信頼度で証明されないかぎり、資産カーブに基づいてトレーディングのやり方を変えても無意味であり、場合によっては有害なこともあるのだ。

私が友人のために作成したシステムのＺスコア（423トレードのデータを使用）は－1.9739だった。つまり、信頼度に換算すれば95％を超えることになる。これはほかのトレーディングシステムに比べれば悪くはないが、統計学的には従属性の信頼度として許容できるものではない。Ｚスコアがマイナスということは、このシステムでは勝ちが勝ちを生み、負けが負けを生むということである。とりあえずはこれで十分だろうということで、早速システムを使ってみた。私はシステムに、負けたあとはすべてのトレードをパスし、やれば勝てたと思われるトレードまでパスしたら、その次からトレードを再開するように命令した。結果は次のとおりである。

	ルール導入前	ルール導入後
利益合計	$71,800	$71,890
総トレード数	423	360
勝ちトレード数	358	310
勝率	84.63％	86.11％

1トレードの平均損益	$169.74	$199.69
最大ドローダウン	$4,194	$2,880
最大連敗数	4	2
4連敗	2	0
3連敗	1	0
2連敗	7	4

　上の表の計算値には1トレードごとにかかる手数料50ドルとスリッページは含まれていない。表から分かるように、このシステムのルール導入前のパフォーマンスは素晴らしいものだ。非の打ち所がないので、どこをどう改善すればよいのか分からなかったが、従属性のあることを見いだしそれを利用することで、システムは著しく改善された。このシステムの信頼度は95％をわずかに上回る程度だったが、これほど信頼度の高い先物トレーディングシステムを見つけるのは難しいだろう。しかし統計学的に言えば、この信頼度は従属性が存在することを仮定できるほど高いとは言えない。現実的には難しいかもしれないが、できれば信頼度が90％台後半のシステムを使うのが理想的である。

　これまでは、最後のトレードが勝ったか負けたかという観点だけで従属性を見てきた。今度は、一連のトレード結果が従属性を示しているかどうかを判断する方法について見ていきたいと思う。従属性を調べるランテストでは勝率と敗率は自動的に組み込まれる。しかし、連勝および連敗を調べて従属性の有無を調べるこのランテストでは、勝ち負けの順序だけを考慮し、勝った額や負けた額は考慮しなかった。システムが真に独立したものであると言えるためには、勝ち負けが互いに独立しているだけでなく、勝った額や負けた額もまた独立していなければならない。勝った額や負けた額が互いに影響し合っていても、勝ち負けが互いに独立している（あるいはその逆）ということもあり得るからである。

　これを調べるひとつの方法としては、まず勝ったトレードだけを、

何らかの方法（例えば、平均よりも大きな勝ちか小さな勝ちかで分ける）で分類してランテストを行い、勝った額の大きさ間の従属性を調べる。そして負けたトレードについても同じことを行う。

線形相関係数

　トレードサイズの間に存在すると思われる従属性を数値化する方法はランテストだけではない。これから説明する方法のほうが、おそらくは優れた方法と言えるだろう。この方法は、勝ちと負けの大きさをランテストとはまったく異なる数学的視点で観測するものだ。ランテストと併用すれば、ランテストだけを行うよりも、トレード間の関係をより精密に測定することができる。この方法では、従属関係あるいは非従属関係を、線形相関係数ｒ（ピアソンのｒとも呼ばれる）を使って数値化する。

　図1.5は、完全相関の関係にある２つの事象列を表わしたものだ。こういった関係を「正」の相関と呼ぶ。

　次に、**図1.6**を見てみよう。これは、完全無相関の関係にある２つの事象列を表わしたものである。２つの線はジグザグの向きがまったく逆になっていることに注意しよう。こういった関係を「負」の相関と呼ぶ。

　２つの事象列ＸおよびＹの間の線形相関係数（ｒ）は次式で求めることができる（変数の上にあるバーは、その変数の平均を意味する記号である。例えば、$\overline{X} = (X_1 + X_2 + \cdots X_n) \div n$、である）。

$$r = \frac{\sum_a((X_a - \overline{X}) \times (Y_a - \overline{Y}))}{\sqrt{\sum_a(X_a - \overline{X})^2} \times \sqrt{\sum_a(Y_a - \overline{Y})^2}} \tag{1.05}$$

　では、計算方法を見ていくことにしよう。

図1.5　正の完全相関（r＝＋1.00）

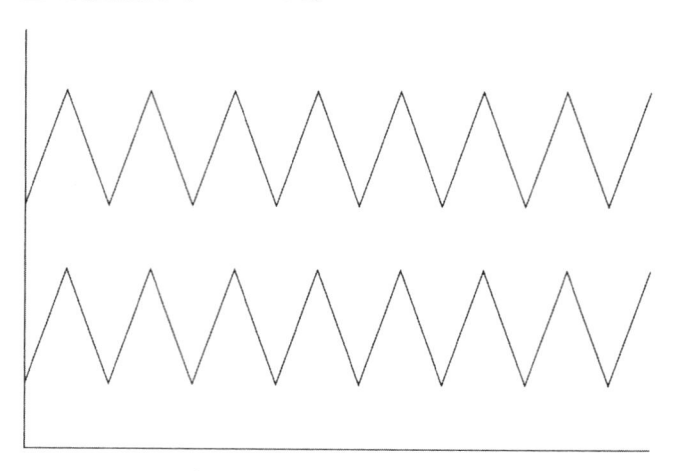

図1.6　負の完全相関（r＝－1.00）

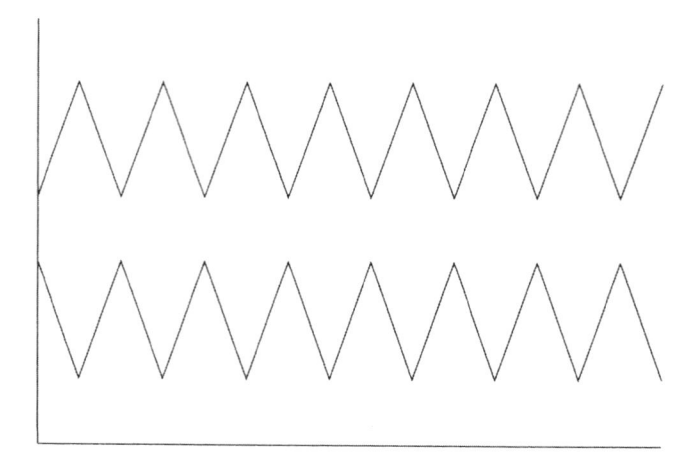

1．XとYの平均をそれぞれ計算する。
2．各期間ごとに、Xの各データとXの平均との差、およびYの各データとYの平均との差をそれぞれ求める。
3．分子を計算する。まず、各期間ごとに、ステップ2で求めた数値を掛け合わせる。つまり、各期間ごとに、その期間のXとXの平均との差と、YとYの平均との差を掛け合わせる。
4．ステップ3で各期間ごとに計算した数値をすべて足し合わせる。これが分子の値になる。
5．次に分母を計算する。まず、XとYのそれぞれについて、ステップ2で求めた数値をそれぞれ2乗する（したがって、この段階で数値はすべて正になる）。
6．XとYのそれぞれについて、ステップ5で求めた数値をすべて足し合わせる。
7．XとYのそれぞれについて、ステップ6で求めた数値の平方根をとる。
8．ステップ7で求めた数値を掛け合わせる。得られた値が分母の値になる。
9．ステップ4で求めた分子の値を、ステップ8で求めた分母の値で割ったものがrの値である。

　rは必ず+1.00と-1.00の間の値をとる。rが0の場合は、相関がまったくないことを意味する。
　図1.7を見てみよう。この図は、次に示す21の一連のトレードをグラフ化したものである。

　1、2、1、-1、3、2、-1、-2、-3、1、-2、3、1、1、2、3、3、-1、2、-1、3

図1.7　21の賭けまたはトレードの結果

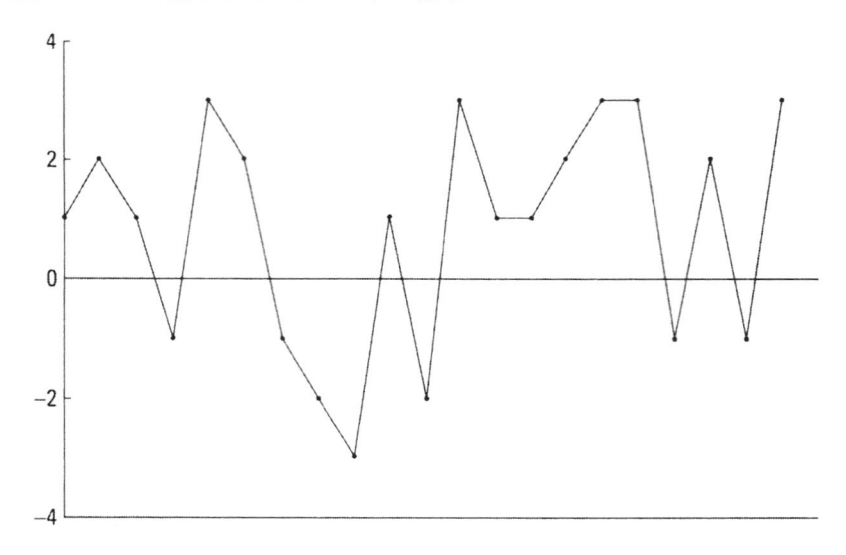

図1.8　21の賭けまたはトレードの結果を1ベットまたは1トレードだけずらしたもの

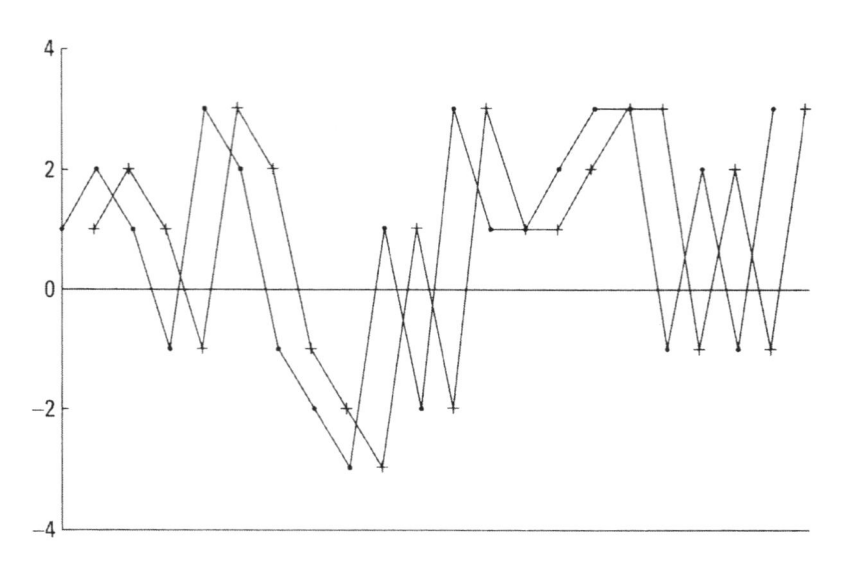

第1章　確率過程とギャンブル理論

　さて次は、この線形相関係数を使って、前のトレードと現在のトレードとの間に相関があるかどうかを調べる方法について考えてみよう。それには、rの公式におけるXの値を各トレード損益に置き換えればよい。Yの値としては、この一連のトレードをひとつずつずらしたものを用いる。つまり、ひとつ前のXの値を、対応するYの値として用いるということである（**図1.8**を参照）。

A X	B Y	C X－Xの平均	D Y－Yの平均	E C×D	F Cの2乗	G Dの2乗
1						
2	1	1.2	0.3	0.36	1.44	0.09
1	2	0.2	1.3	0.26	0.04	1.69
－1	1	－1.8	0.3	－0.54	3.24	0.09
3	－1	2.2	－1.7	－3.74	4.84	2.89
2	3	1.2	2.3	2.76	1.44	5.29
－1	2	－1.8	1.3	－2.34	3.24	1.69
－2	－1	－2.8	－1.7	4.76	7.84	2.89
－3	－2	－3.8	－2.7	10.26	14.44	7.29
1	－3	0.2	－3.7	－0.74	0.04	13.69
－2	1	－2.8	0.3	－0.84	7.84	0.09
3	－2	2.2	－2.7	－5.94	4.84	7.29
1	3	0.2	2.3	0.46	0.04	5.29
1	1	0.2	0.3	0.06	0.04	0.09
2	1	1.2	0.3	0.36	1.44	0.09
3	2	2.2	1.3	2.86	4.84	1.69
3	3	2.2	2.3	5.06	4.84	5.29
－1	3	－1.8	2.3	－4.14	3.24	5.29
2	－1	1.2	－1.7	－2.04	1.44	2.89
－1	2	－1.8	1.3	－2.34	3.24	1.69
3	－1	2.2	－1.7	－3.74	4.84	2.89
	3					

Xの平均＝0.8　Yの平均＝0.7　　　トータル　0.8　　73.2　　68.2

XとYの平均値が異なるのは、それぞれの平均値の計算にはXとYがそれぞれ対応している部分、すなわちXとYとが重なっている部分の数値だけを使っているからである。したがって、Yの最後の値の3はYの平均値の計算には含まれず、同様にXの最初の値の1はXの平均値の計算には含まれない。

　分子の値は、E列の値をすべて足し合わせたもの（0.8）である。分母の値を求めるには、F列の合計の平方根（8.555699）と、G列の合計の平方根（8.258329）を掛け合わせればよく、その値は70.65578になる。求めた分子の値0.8を分母の値70.65578で割ると、rの値が求められ、その値は0.011322になる。また、これらのトレードのZスコアを求めると、その値は小数点以下4桁で0.5916になる。Zスコアと信頼度の対応表から、この場合の信頼度は50％を下回ることが分かる。つまり、勝ちが負けを生み、負けが勝ちを生む（Zスコアが正なので）という現象が起こることは、50％を下回る信頼度でしか言えないということである。

　ここで求めた線形相関係数0.011322からはほとんど何も分からないが、トレーディングシステムの線形相関係数は大体こんなものである。先物トレーディングシステムの場合、高い相関係数とは0.25～0.30より大きい（正の場合）か、－0.25～－0.30より小さい（負の場合）場合をいう。一般に、強い正の相関があるとき、大きな勝ちのあとに大きな負けが続く（あるいはその逆）ことはほとんどなく、強い負の相関（相関係数が－0.25～－0.30を下回る）があるとき、大きな負けのあとに大きな勝ちが続く（あるいはその逆）傾向が強い。

　各トレード間の従属性または相関を考える場合、ランテストと線形相関係数を併用することが重要である。それにはいくつか理由がある。第一に、先物トレーディングシステムによるトレード結果（すなわち、利益と損失）は、正規確率分布には従わず、まだ確定していない先物価格が従う分布に従うことが挙げられる。ランテストはデータが正規

確率分布に従うことを前提とするので、システムトレーディングによるトレードが正規確率分布に従う度合いによって、テスト結果の信頼性は変わってくる。

　第二の理由は、線形相関係数が損益の大きさに影響されるという点が挙げられる。相関係数からは、勝ちが勝ちを生み、負けが負けを生む傾向、あるいは勝ちが負けを生み、負けが勝ちを生む傾向がどの程度あるかが分かるだけでなく、「大きな勝ちトレードのあとには通常大きな負けトレードが続くのか」や、「大きな負けトレードのあとには通常小さな負けトレードが続くのか」といったことも読み取ることができる。

　負の相関も、正の相関と同じように役立つ。例えば、トレード間に負の相関があると思われる場合、システムが大きな損失を出せば、次は大きな勝ちが期待できるので、いつもよりも枚数を増やすといったことが可能だ。たとえそのトレードが負けトレードになったとしても、負の相関があるので、それほど大きな負けにはならないはずである。

　従属性があるかどうかを決定するに当たっては、アウト・オブ・サンプル・テストも行ったほうがよいだろう。アウト・オブ・サンプル・テストとは、データを２つ以上の部分に分け、最初の部分のデータに従属性があれば、次の部分のデータに従属性があるかどうかを調べ、その部分のデータにも従属性があれば、その次の部分のデータの従属性を調べる、といったことを繰り返すことで、データ全体の従属性を調べるというものである。これによって、実際には従属性がないにもかかわらず、従属性があるという間違った結果が導き出されるのを防ぐことができる。

　これら２つのツール（ランテストと線形相関係数）を使えば、先ほどのようなさまざまな疑問を解決することができる。ただし、それは、信頼度が十分に高いか、相関係数が十分に高いかの、少なくともいずれかひとつが満たされるときのみである（ちなみに、本章で以前使っ

たシステムの場合、信頼度は95％を上回っていたが、相関係数はわずか0.0482と低かった）。先物の場合、先物システムによるトレードの母集団は従属性がないという特徴を持つため、これらのツールは役に立たない場合が多い。

　ここで、Ｚスコアの話のなかに出てきた、95％の信頼度で従属性を示したシステムを思い出してもらいたい。この程度の信頼度があれば、システムはトレードをパスするルールを設けることで改善することができた。ここで、興味深いが、ちょっと不安をかきたてる事実を紹介しておかなければならない。このシステムには最適化可能なパラメーターがひとつあった。もしそのパラメーターに違う値を使っていたとすると、従属性はなくなっていたのである。つまり、取り上げた例で従属性があるように思えたのは、幻想だったというのか。あるいは、そのパラメーターの値を一定の範囲内に維持したときだけ、従属性が現れるということなのか。もしそうだとすれば、従属性などまやかしにすぎやしまいか。これはある程度正しい。

　われわれトレーダーとしては残念なことに、ほとんどのマーケットシステムにおいては、市場には従属性はないと仮定しなければならないことが多い。すなわち、任意のマーケットシステムでトレーディングをする場合、次のトレードが前のトレードからは予測できないような環境でトレーディングをしなければならないということである。では、トレード間に従属性のあるマーケットシステムは皆無かといえば、必ずしもそうではない（トレード間に従属性のあるマーケットシステムもいくつかある）。つまり、ここで言いたいのは、従属性のあることが明確に証明できないかぎり、従属性はないものと考えたほうがよい、ということなのである。従属性のあることが明確な場合の例としては、Ｚスコアと線形相関係数が従属性のあることを示していて、その従属性が市場が変わっても、また最適化可能なパラメーターの値が変わっても持続するようなケースが挙げられる。従属性のあること

がはっきりと証明できたわけではないのに、従属性があるように振る舞えば、それはごまかしにすぎず、有害無益なことを自らの手で生み出すようなものである。たとえシステムが、パラメーターがどんな値をとった場合でも95％の信頼度で従属性のあることを示したとしても、95％の信頼度は、任意の市場またはシステムのトレード間に確かに従属性があることを仮定できるほど高いとは言えないことも覚えておこう。

しかし、信頼度と線形相関係数が必要不可欠なツールであることは間違いない。これらのツールは、ごくまれにだが、その優れた本質をのぞかせることがあるからだ。それをトレーディングに利用するのである。そして、これらのツールを使うもっと大きなメリットは、トレーディングを行おうとしている環境に対する理解が高まるという点だろう。

特に、長期トレーディングシステムでは、Ｚスコアと線形相関係数が従属性のあることを示し、その従属性が、市場が変わっても、また最適化可能なパラメーターの値が変わっても持続するというケースが時折あるだろう。そういったまれなケースでは、その従属性を利用して、特定のトレードをパスするか、特定のトレードのサイズを変更するといったことを行えばよい。

これら２つのツールの関係についておおよその感覚がつかめるように、数値例をいくつか示しておこう。ここに示した例をじっくり検証することで、本題への理解度は高まるはずである。

－10、10、－1、1
線形相関係数＝－0.9172
Ｚスコア＝1.8371または信頼度90～95％。勝ちが負けを生み、負けが勝ちを生むということが90～95％の信頼度で言える。

10、−1、1、−10
線形相関係数＝0.1796
Ｚスコア＝1.8371または信頼度90〜95％。勝ちが負けを生み、負けが勝ちを生むということが90〜95％の信頼度で言える。

10、−10、10、−10
線形相関係数＝−1.0000
Ｚスコア＝1.8371または信頼度90〜95％。勝ちが負けを生み、負けが勝ちを生むということが90〜95％の信頼度で言える。

−1、1、−1、1
線形相関係数＝−1.0000
Ｚスコア＝1.8371または信頼度90〜95％。勝ちが負けを生み、負けが勝ちを生むということが90〜95％の信頼度で言える。。

1、1、−1、−1
線形相関係数＝0.5000
Ｚスコア＝−0.6124または信頼度50％未満。勝ちが勝ちを生み、負けが負けを生むということが50％未満の信頼度でしか言えない。

100、−1、50、−100、1、−50
線形相関係数＝−0.2542
Ｚスコア＝2.2822または信頼度が97％を上回る。勝ちが負けを生み、負けが勝ちを生むということが97％を上回る信頼度で言える。

　従属性を調べるまったく異なるテストとして**ターニングポイントテスト**というものがある。これは一連のトレードのなかで、前後のトレードよりも損益が大きいか小さいトレードがあった場合、それをター

ニングポイントとしてカウントする。このテストでは資産カーブ（累計トレード損益）ではなく、各トレードを使うことに注意しよう。ターニングポイントを見つける場合、その前後のトレード損益と比較する必要があるため、最初と最後のトレードはターニングポイントにはならないことに注意しよう。

　数値例を使って説明しよう。3つの数値（1、2、3）のランダム系列を考えてみよう。3つの数値が発生する順序を考慮した組み合わせは次の6通りで、どの組み合わせも同じ確率で起こり得る。

1、2、3　　　2、3、1　　　1、3、2
3、1、2　　　2、1、3　　　3、2、1

これら6つの組み合わせのうち、ターニングポイントは4つある。ランダムなトレード列に対するターニングポイント数の期待値は次式で与えられる。

$$\text{ターニングポイント数の期待値} = 2 \div 3 \times (N - 2) \tag{1.06}$$

ただし、
N＝総トレード数

　また、ランダム系列のターニングポイント数の分散は次のように表すことができる。

$$\text{分散} = (16 \times N - 29) \div 90 \tag{1.07}$$

　分散を計算したら、この平方根をとって標準偏差を求める。次に、実際のターニングポイント数と期待値の差を求める。その差を標準

偏差で割ったものがZスコアである。またZスコアから信頼度も求める。この信頼度は第2章に登場する両側確率の式（2.22）とは区別しなければならないことに注意しよう。したがって、トレード列が期待値から何標準偏差も離れている場合、このトレード列がランダムである可能性はきわめて低い。つまり、従属性が存在するということである。ターニングポイントテストにおいて、高い信頼度（95％以上）で従属性が確認された場合、勝ちが負けを生み、負けが勝ちを生むのか、勝ちが勝ちを生み、負けが負けを生むのかは実際のターニングポイント数と期待値を比較することで判断することができる（実際のターニングポイント数が期待値を下回る場合は、勝ちが勝ちを生み、負けが負けを生む。逆に実際のターニングポイント数が期待値を上回る場合は、勝ちが負けを生み、負けが勝ちを生む）。

　従属性を調べるもうひとつのテストが**フェーズレングステスト**で、これはターニングポイントテストに似た統計学的検定である。ターニングポイントテストとの違いは、最初のトレードから最後のトレードまでのターニングポイントをカウントするのではなく、あるターニングポイントから次のターニングポイントまでの間にいくつのトレードが経過したか（これを「フェーズ」という）をカウントする点である。例えば、トレード4がターニングポイントハイでトレード5がターニングポイントロー（トレード4がターニングポイントローで、トレード5がターニングポイントハイでも構わない。ターニングポイントローとターニングポイントハイが発生する順序は問題ではなく、とにかくターニングポイントハイとターニングポイントローの間のトレード数をカウントする）だとすると、フェーズレングスは1（5－4＝1）である。

　全トレード列についてフェーズレングスをカウントしたら、それぞれのフェーズレングスを「1」、「2」、「3以上」の3つのカテゴリーに分類し（フェーズレングスが4や5の場合はすべて「3以上」のカ

テゴリーに含まれる)、各カテゴリーに含まれるフェーズレングスの数を数える。フェーズレングスを数える場合、フェーズがターニングポイントハイからターニングポイントローであるか、ローからハイであるかは無関係で、そのフェーズがいくつのトレードから成っているかだけに注目する。フェーズレングスの数え方は簡単で、各トレードにトレード1からトレードN（Nは全トレード数）までの番号を付け、あとのターニングポイントに当たるトレード番号からその前のターニングポイントに当たるトレード番号を引けばよい。

次に、各カテゴリー別にフェーズレングス数の期待値を計算する。フェーズレングスDの期待値は次式で表される。

$$E(D) = 2 \times (N - D - 2) \times (D^2 \times 3 \times D + 1) \div (D + 3)! \tag{1.08}$$

ただし、
D＝フェーズレングス
E(D)＝フェーズレングス数の期待値
N＝総トレード数

フェーズレングス数の期待値を計算したら、カイ二乗検定を行う。ケンドール他（Kendall, M.G., A. Stuart, and J.K. Ord.『The Advanced Theory of Statistics, Vol.III)』New York: Hafner Publishing, 1983）によれば、フェーズレングスは独立した値なので有意水準を決める際の自由度としては2.5を用いるのがよい。フェーズレングステストは従属性が存在するのかあるいはランダム性が存在するのかを調べるためのテストであって、従属性そのもの（勝ちが勝ちを生むのか、勝ちが負けを生むのかなど）については何も分からないことに注意しよう。

最後に、相関係数から信頼度を求める方法について見ていこう。こ

の場合、まずは**フィッシャーのZ変換**を使って、相関係数を正規分布に従う統計量F（Z変換値）に変換する。

$$F = 0.5 \times \ln((1 + r) \div (1 - r)) \tag{1.09}$$

ただし、
F＝正規分布に従う統計量（Z変換値）
r＝標本相関係数
ln()＝自然対数関数

統計量Fは次式で表される分散を持つ。

$$V = 1 \div (N - 3) \tag{1.10}$$

ただし、
V＝統計量F（Z変換値）の分散
N＝標本の大きさ（データ数）

統計量Fの平均を求める場合も式（1.09）を用いるが、式（1.09）のrが標本相関係数であるのに対し、統計量Fの平均を求めるときにはrとして母相関係数を用いなければならない点に注意しよう。この例では母相関係数は0（ランダム性の有無をテストしているので母相関係数は0と仮定）なので、式（1.09）を用いれば統計量Fの平均は0となる。

次に、統計量Fを分散の平方根で割って統計量Fが平均から何標準偏差離れているかを計算する。得られた数値が任意の標本相関係数と標本の大きさに対するZスコアである。例えば、標本相関係数を0.25、標本の大きさ（データ数）を100トレードとすると、Zスコアは式（1.09）

を式（1.10）の平方根で割ることで求めることができる。

$$Z = 0.5 \times \ln((1+r) \div (1-r)) \div \sqrt{(1 \div (N-3))} \tag{1.11}$$

式（1.11）に数値を代入すると、

$$\begin{aligned}
Z &= (0.5 \times \ln((1+0.25) \div (1-0.25))) \div (1 \div (100-3))^{0.5} \\
&= (0.5 \times \ln(1.25 \div 0.75)) \div (1 \div 97)^{0.5} \\
&= (0.5 \times \ln(1.6667)) \div 0.010309^{0.5} \\
&= (0.5 \times 0.51085) \div 0.101533245 \\
&= 0.255425 \div 0.101533245 \\
&= 2.515678485
\end{aligned}$$

最後に正規分布の両側検定の信頼度を計算するための式（2.22）を使って信頼度を計算すると98.8％を上回る数値が得られた（つまり、発生する事象が標準偏差2.5以内に含まれる確率は98.8％）。データ数が30トレード以下のときは、自由度N－1のt分布（スチューデント分布）を使って信頼度を求めなければならない。

第2章
確率分布

Probability Distributions

確率分布の基礎

　競馬場で各レースの着順を記録すると仮定しよう。具体的には、ポールポジション（トラック内側の一番有利なスタート位置）の馬が何着になるかをレースごとに記録する。10着まではその着順どおりに記録するが、11着以降の場合はすべて10着とする。これを何日も繰り返すと十分なデータが集まり、ポールポジションの馬の着順を示す**分布**を描けるはずだ。さて、十分なデータが集まったら、それをグラフにプロットする。グラフの横軸は着順を表し、左端が10着、右端が1着である。また縦軸はポールポジションの馬が各順位でフィニッシュした回数を表す。出来上がったグラフはベルカーブを描いているはずだ。

　このシナリオの下ではこの分布は10個の数値領域（これを「ビン」という）に分割される。では、10ビンではなく5ビンだとグラフはどうなるだろうか。5ビンの場合、第1ビンには1着と2着が含まれ、第2ビンには3着と4着が含まれ……ということになる。

　ビン数を少なくしてもデータが同じであれば、確率分布は10ビンの場合とほぼ同じ形状になる。ただし、ビン数を少なくすると分布に関する情報量は減少する。つまり、ビン数が多いほど分布に関する多くの情報が得られるということである。着順の代わりにポールポジショ

図2.1　連続分布は無限に細いビンが連続したもの

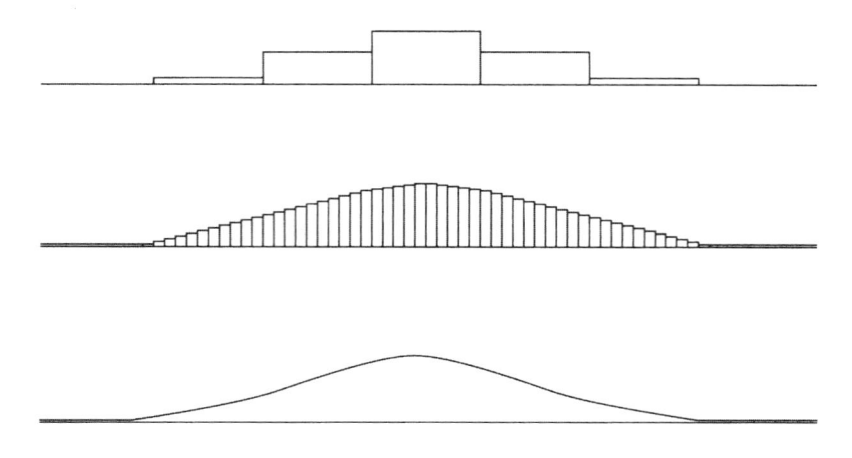

ンの馬のタイム（最も近い秒数に丸める）を記録したデータの確率分布は10ビン以上に分割されるため、その分布についてより多くの情報を得ることができる。

　最も近い秒数に丸めたタイムの代わりに正確なタイムを使った場合、**連続**分布と呼ばれる確率分布が得られる。連続分布はビン分割されないが、無限に小さいビンに分割された分布と考えると分かりやすい（図2.1を参照）。これに対して最も近い秒数に丸めたタイムによる確率分布は**離散**分布といい、これはビン分割された分布である。分布をビン分割すれば分布に関する情報量は減少するが、現実の世界ではデータのビン分割が必要な場合が多い。つまり、現実の世界では分布に関する情報量が多少減少するのは避けられないが、分布の形状は維持されるため分布の処理は可能なのである。最後に、連続分布から離散分布を作成することは可能だが、その逆は不可能であることを覚えておこう。

　本書においてトレード損益の話をしているときには連続分布を対象

にしていると考えてもらいたい。なぜなら、トレード損益はありとあらゆる数値を取り得るからである（ただし、厳密に言えばデータ値は最も近いセントの位に丸められてビン分割されている）。トレード損益の分布を作成する場合、データを例えば100ドル幅のビンに分割する必要がある。最初のビンには0から99.99ドルまでのデータが含まれ、次のビンには100ドルから199.99ドルまでのデータが含まれる……といった具合だ。こういった具合にデータをビン分割すれば分布に関する情報量は減少するが、分布の形状はほとんど変わらない。

分布を説明するための統計量

ほとんどの人は平均、もっと厳密に言えば**算術平均**には馴染みがあるだろう。これは単に分布におけるデータの値の合計をデータの総数で割ったものである。

$$A = \left(\sum_{i=1}^{N} X_i \right) \div N \tag{2.01}$$

ただし、
A＝算術平均
X_i＝i番目のデータの値
N＝分布におけるデータの総数

算術平均は一連のデータ、つまり分布の**位置**または**中心傾向**を表すのに最もよく使われる尺度である。ただし、算術平均は中心傾向を表す唯一の尺度ではなく、最良の尺度でもないことが多い。特に、（正規分布より分布の裾が厚い）ファットテールを持つ分布の場合、算術平均はあまり信用できない。試しにファットテールを持つ分布からデ

ータ点をランダムに選び出し、平均を何度も計算してみるとよい。平均値はその都度異なるはずだ。

　分布の位置を表すもうひとつの尺度が**メジアン（中央値）**である。メジアンとは、データを昇順に並べたときに真ん中に位置する値のことをいう。確率分布をメジアンで二分割すると、左半分の分布曲線の下の面積と右半分の分布曲線の下の面積は同じになる。一般に、データの中心傾向を表す尺度としては、メジアンのほうが算術平均よりも優れている。算術平均と違って、メジアンは外れ値によって**ゆがめられることがない**からである。またメジアンは**オープンエンドな**分布に対しても計算することが可能だ。オープンエンドな分布とは、一定のビンを上回る数値はすべて１つのビンにまとめて分類されるような分布をいう。オープンエンドな分布の一例としては、先に出てきたような競馬でポールポジションの馬の着順を記録した分布が挙げられる（11着以降はすべて10着として分類される）。

　中心傾向を表す３つ目の尺度が**モード（最頻値）**である。モードは分布曲線のピークの位置の数値である。分布によっては、モードのないもの、モードが２つ以上あるものもある。メジアン同様、モードも中心傾向を表す尺度としては算術平均よりも優れた尺度と言えよう。モードは外れ値の影響をまったく受けず、算術平均やメジアンよりも簡単に入手できる。

　分布はメジアンによって二分割できることは前述のとおりだが、同様に３つの**四分位値**（分布曲線の下の面積を四等分する値）、９つの**十分位値**（分布曲線の下の面積を十等分する値）、99の**パーセンタイル値**（分布曲線の下の面積を百等分する値）によっても分割することができる。第50パーセンタイル値はメジアンに相当し、第25パーセンタイル値および第75パーセンタイル値はそれぞれ第１四分位値および第３四分位値に相当する。最後にもうひとつ覚えてもらいたい言葉が**分位値**である。一般に、分布をＮ等分するＮ－１個の変量値をＮ分位

値という。

　それでは再び平均に戻ろう。分布の中心傾向を表すひとつの尺度として算術平均について説明したが、平均には算術平均以外の平均もある。算術平均以外の平均はあまり使われないが、ある応用分野においては非常に重要な役割を果たすものもある。それではそのほかの平均について見ていくことにしよう。

　まずは**幾何平均**である。計算方法については第1章ですでに説明したが、もう一度簡単におさらいしておこう。幾何平均はデータの値をすべて掛け合わせたもののN乗根を取ったものである。

$$G = \left(\prod_{i}^{N} X_i \right)^{\frac{1}{N}} \tag{2.02}$$

ただし、
G = 幾何平均
X_i = i 番目のデータの値
N = 分布におけるデータの総数

　変量値のなかにゼロまたは負数があれば幾何平均は計算できないことに注意しよう。

　次が**調和平均**である。調和平均とは各データの値の逆数の平均の逆数を取ったものである。

$$\frac{1}{H} = \frac{1}{N} \sum_{i=1}^{N} \frac{1}{X_i} \tag{2.03}$$

ただし、
H = 調和平均

$X_i = $ i 番目のデータの値
N = 分布におけるデータの総数

中心傾向を表す最後の尺度が**二次平均**または**二乗平均平方根**で、次式によって表される。

$$R^2 = \frac{1}{N} \sum_{i=1}^{N} X_i^2 \qquad (2.04)$$

ただし、
R = 二乗平均平方根
$X_i = $ i 番目のデータの値
N = 分布におけるデータの総数

これらの平均においては、算術平均（A）は必ず幾何平均（G）以上の数値になり、幾何平均は必ず調和平均（H）以上の数値になることに注意しよう。

$$H <= G <= A \qquad (2.05)$$

ただし、
H = 調和平均
G = 幾何平均
A = 算術平均

分布のモーメント

あるデータについて人が最も知りたい統計量が分布の中心値（代表

値）または位置であり、次に知りたいのがその中心値まわりのバラツキまたは「広がり具合」ということになるだろう。分布の中心傾向を表す尺度のことを**1次モーメント**と呼ぶのに対し、この中心傾向まわりの分布のバラツキを**2次モーメント**と呼ぶ。つまり、2次モーメントとは分布の1次モーメントまわりのバラツキを測定したものである。

中心傾向まわりの分布のバラツキを表す尺度は多数ある。本書ではそのうちの7つについて、最も使われないものから最もよく使われる順に説明する。

まずは**範囲**だが、これは分布の最大値から最小値を引いたものである。同様に、**10－90パーセンタイル範囲**は第90パーセンタイル値と第10パーセンタイル値との差を測定したものである。分布のバラツキを表すこれら2つの尺度は一方の極値ともう一方の極値との差を測定したものである。これに対し、残りの5つの尺度は中心傾向からのズレ（つまり差の半分）を測定したものである。

四分領域または**四分位偏差**は第1四分位値と第3四分位値（つまり第25パーセンタイル値と第75パーセンタイル値）との距離の半分を測定したものである。これは10－90パーセンタイル範囲に似ているが、範囲を2で割る点が異なる。

半幅は範囲よりもよく使われる。まず、分布のピークポイント、つまりモードの位置で垂線を引き、高さの中間点でその垂線に対して水平線を引く。この水平線と分布曲線の左右の交点間の距離を半幅という。

中心傾向まわりの分布のバラツキを表す尺度としてさらによく使われるのが、**平均絶対偏差**または**平均偏差**である。これは各データ点とデータ点の平均との差の絶対値の算術平均である。その名が示すとおり、これは各データ点がデータ点の平均から平均してどれくらい離れているかを示す統計量であり、次式で表される。

$$M = \frac{1}{N} \sum_{i=1}^{N} ABS(X_i - A) \qquad (2.06)$$

ただし、
M＝平均絶対偏差
N＝データ点の総数
X_i＝i番目のデータの値
A＝データの算術平均
ABS()＝絶対値関数

　式（2.06）はいわゆる**母**平均絶対偏差を表す式である。平均絶対偏差については**標本**の平均絶対偏差も計算できる。標本平均絶対偏差を計算するには、式（2.06）の1÷Nを1÷（N－1）で置き換えればよい。標本平均絶対偏差は、その母集団の中のひとつの標本に基づいて母集団の分布を推定するときに用いる。

　次の２つの尺度――分散と標準偏差――は分布のバラツキを表す尺度として最もよく使われる。いずれも幅広く使われる尺度で、どちらがよく使われているかは甲乙つけがたい。どちらも最もよく使われる尺度であるとだけ言っておこう。平均絶対偏差同様、これら２つの尺度も標本と母集団の両方に対する統計量を計算することができる。ここでは母集団の統計量を計算するための式だけを示すが、平均絶対偏差と同じように、標本の統計量を計算するには式の1÷Nを1÷（N－1）に置き換えればよい。

　それではひとつずつ見ていこう。まず**分散**だが、これは平均絶対偏差と同じものを意味するが、各データ点とデータ点の平均との差を２乗する点だけが異なる。したがって差の絶対値を取る必要はない。分散は各差を２乗するため、平均絶対偏差よりも極端な外れ値の影響を

図2.2 歪度

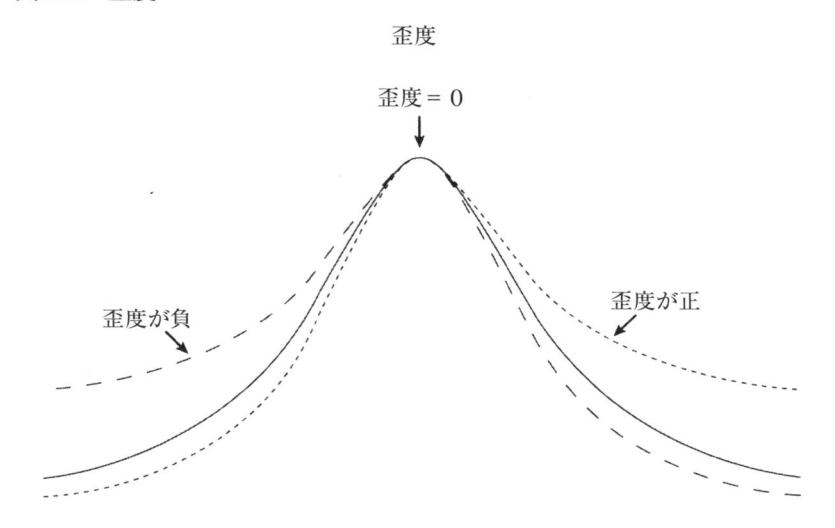

歪度

歪度 = 0

歪度が負

歪度が正

受けやすい。分散の計算式は以下のとおりである。

$$V = \frac{1}{N} \sum_{i=1}^{N} (X_i - A)^2 \tag{2.07}$$

ただし、
V = 分散
N = データ点の総数
X_i = i 番目のデータの値
A = データの算術平均

一方、**標準偏差**は**分散の平方根を取った値**である。

分布の**3次モーメント**を**歪度**と呼ぶ。これはデータが平均を中心として対称的に分布していない度合いを示す尺度である（**図2.2**を参照）。最初の2つのモーメントは値を持つ**次元量**（単位を持つ量）で

図2.3 歪度によって平均、モード、メジアンの位置は変わる

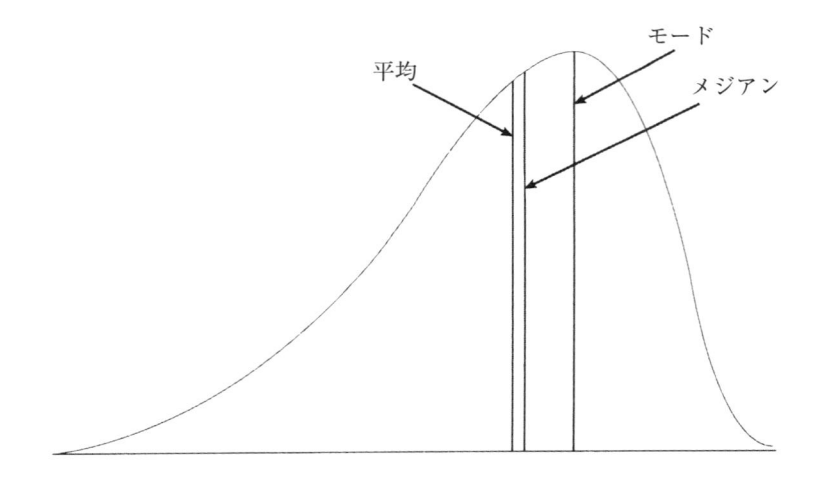

あるのに対し、歪度は分布の形状を示すだけの**無次元量**である。

歪度が正であれば、分布の右側の裾が厚く、歪度が負であれば、分布の左側の裾が厚い。完全に左右対称の分布の歪度は0である。

左右対称分布では平均、メジアン、モードは同じ値になるが、歪度がゼロではない分布では平均、メジアン、モードの値は異なる（**図2.3**を参照）。左右非対称の分布（歪度がゼロではない分布）における平均、メジアン、モードの関係は次式で表される。

$$\text{平均} - \text{モード} = k \times (\text{平均} - \text{メジアン}) \tag{2.08}$$

ただし、
k＝係数

（式（2.09）と式（2.10）はそれぞれピアソンの第1および第2歪度係数と呼ばれている。式（2.08）は統計学のテキストでは式（2.09）＝式（2.10）として導き出されることが多い。しかし、モードが平均

図2.4 尖度

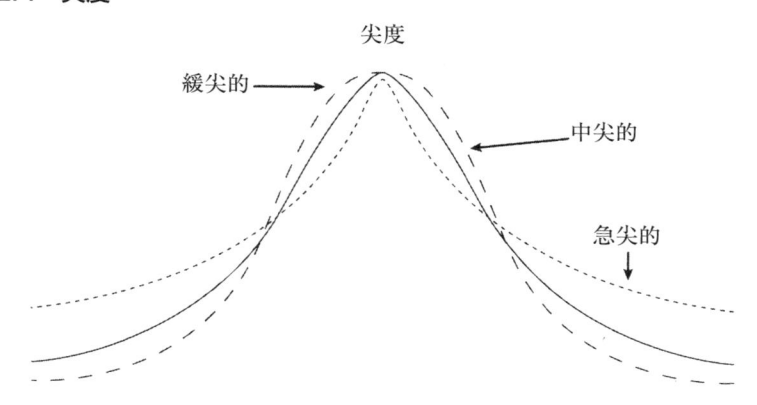

ではなくメジアンに等しいといった場合のように、ピアソンの第1および第2歪度係数は必ずしも等号で結ばれるとは限らない）

分布の1次モーメントおよび2次モーメント同様、歪度を表す尺度も多数あり、どの尺度を用いるかで歪度の値は違ってくる。そのなかの代表的な尺度が以下の式で表されるものである。

$$S = (平均 - モード) \div 標準偏差 \tag{2.09}$$
$$S = (k \times (平均 - メジアン)) \div 標準偏差 \tag{2.10}$$

ただし、
k = 係数

歪度の式としては次式もよく使われる。

$$S = \frac{1}{N} \sum_{i=1}^{N} ((X_i - A) \div D)^3 \tag{2.11}$$

ただし、
S＝歪度
N＝データ点の総数
X_i＝i番目のデータの値
A＝データの算術平均
D＝データの母標準偏差

分布のバラツキを表す最後の尺度が**尖度**で、これは分布の**4次モーメント**と呼ばれている（**図2.4**を参照）。これは（正規分布と比べて）分布がどれくらい尖っているかを測定したものである。歪度と同様、尖度も無次元量である。正規分布よりも平たい曲線を**緩尖な**曲線（尖度は負数）といい、正規分布よりも尖った曲線を**急尖的な**曲線（尖度は正数）という。曲線のピークが正規分布曲線のピークに近似している場合、尖度はゼロであり、このような曲線を**中尖の**曲線という。

これまでに出てきたモーメント同様、尖度を表す尺度も2つ以上ある。そのうち最もよく使われる尺度は以下の2つである。

$$K = Q \div P \tag{2.12}$$

ただし、
K＝尖度
P＝10－90パーセンタイル範囲
Q＝四分領域

$$K = \left(\frac{1}{N} \sum_{i=1}^{N} ((X_i - A) \div D)^4 \right) - 3 \tag{2.13}$$

ただし、

K＝尖度
N＝データ点の総数
X_i＝i番目のデータ点
A＝データの算術平均
D＝データの母標準偏差

　分布のモーメントについては、本書では詳しい「理論」の説明は避け、本書の目的を達成するのに過不足のない程度の説明にとどめた。
　ここまでデータの分布についての一般的な話をしてきたが、ここからはさまざまな分布について詳しく見ていきたいと思う。まずは正規分布と呼ばれる特殊分布から見ていく。

正規分布

　正規分布はその発見者として知られる人物にちなんでガウス分布（カール・フリードリヒ・ガウス、1777〜1855年）またはド・モアブル（アブラーム・ド・モアブル、1667〜1754年。ガウスよりもおよそ1世紀前に発見されたとされているが定かではない）とも呼ばれている。
　正規分布は自然界の多くの現象がこの分布に正確に従うことよりも、モデル化において最も便利な分布と考えられている。一般に、ある母集団から無作為に標本を抽出し、その身長、体重、知的レベルなどを測定し、その分布を調べると正規分布に極めて近い分布が得られる。
　まず、ゴールトン盤（**図2.5**を参照）について考えてみよう。これは二等辺三角形の形をした板に釘を打ち付けた盤を垂直に置いたものである。釘は一番上の行には1本、次の行には2本、その次の行には3本といった具合に、下の行にいくにつれて1本ずつ増える。球を落下させたとき、球が当たった釘の左右に進む確率が50対50となるよう

図2.5 ゴールトン盤

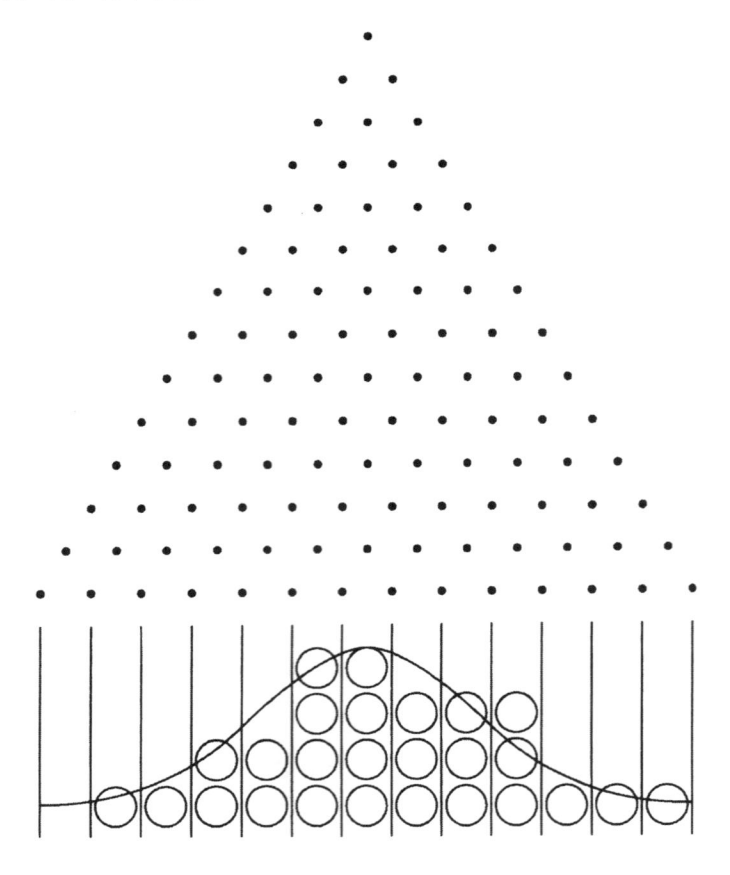

に釘は三角形の形に打ち付けられている。盤の底には各球がどの出口から出ていったかを記録するための樋が設置されている。

球を次々に落下させ、各樋に入った球の数を観察していると、次第に正規分布に近づく。盤が「深く」(つまり、行数が増える)、ボールを落下させる回数が増えるほど、正規分布に近づく度合いは増す。

正規分布はそれ自体便利であることは言うまでもないが、ほかの多くの分布の極限形であるという点も便利に使えるもうひとつの理由である。例えば、Xが二項分布に従うとき、Nを無限大に近づければX

は正規分布に近づく。さらに正規分布はポアソン分布やスチューデントのt分布をはじめとする便利な確率分布の極限形でもある。つまり、これらの確率分布においてデータ（N）を増やしていけば、徐々に正規分布に近づくということである。

中心極限定理

正規分布の統計学上の最も重要な応用のひとつは、平均の分布に関連するものである。ある母集団から無作為に抽出した標本の平均は正規分布に似た分布を持つ。これは非常に重要な事実である。なぜならこれは、標本データを使って計算した平均から実際の確率過程について一般論を導き出すことができることを意味するからである。

こうして導き出されたのが次の定理である。**ある母集団から無作為に抽出したN個の標本の合計（または平均）は、その母集団の分布がどのような分布であろうと、近似的に正規分布に従う。またN（標本数）が大きいほど正規分布に近づく。**

一例として、1から100までの数字の分布を考えてみよう。これはいわゆる**一様分布**と呼ばれる分布である。つまり、どの要素（この例では数字）も一度しか現れない。数字の82は一度しか表れず、数字の19も一度しか表れない。そのほかの数字についても同じである。ここで、1から100までの数字のなかから5つの数字を選び、その平均を計算する（合計でもよい）。次にこれら5つの数字を母集団に戻し、再び5つの数字を選びその平均（合計でもよい）を計算する。これを何度も繰り返すと、母集団は一様分布であるにもかかわらず、得られた平均（あるいは合計）は正規分布に従う。

これは母集団の分布が**どのような分布であっても**成り立つ。中心極限定理によれば、母集団がどのような分布であっても、その標本平均は正規分布に従うとみなすことができる。これはさまざまな研究分野

図2.6 指数分布と正規分布

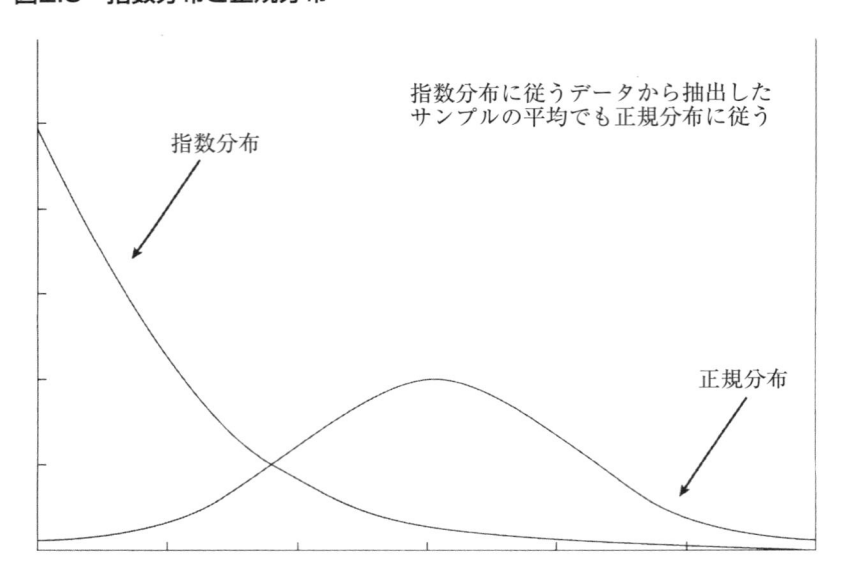

指数分布

指数分布に従うデータから抽出した
サンプルの平均でも正規分布に従う

正規分布

に大きな恩恵をもたらす事実である。

　母集団そのものが正規分布に従う場合、その標本平均も（近似的にではなく厳密に）正規分布に従う。なぜなら、Nを大きくしていったときに標本平均の分布が正規分布に近づく速度は、母集団がどれだけ厳密に正規分布に従うかの関数として表されるからである。一般に、母集団が**単峰型分布**（度数の大きな部分が一カ所あり、そこから左右に行くに従って度数が小さくなるような度数分布。つまり凸状分布）、または一様分布に従うとき、Nの大きさとしては20で十分であり、10でも**ほぼ**十分であるが、母集団が指数分布（**図2.6**を参照）に従うときは、その標本平均が正規分布に従うと言えるためにはNの大きさとしては最低100は必要である。

　中心極限定理という驚くほどシンプルで美しい事実は、正規分布の重要性を改めて認識させてくれるものである。

正規分布の各種統計量

　正規分布を利用する場合、最も必要になるのが分布曲線上の任意の点における曲線下の面積が曲線下の面積全体に占める割合である。微積分学では、曲線下の面積はその曲線の関数を積分することで求められる。したがって、曲線下の面積を表す関数の導関数が曲線を表す関数になる。導関数は関数を表す文字の右肩にプライム（ダッシュ記号）を付けて表す。したがって、曲線上の任意の点Xにおける曲線下の面積の面積全体に占める割合を表す関数をN（X）とすると、この関数の導関数N'（X）（エヌプライムエックスと読む）が点Xにおける曲線の関数である。

　それでは、曲線を表す関数N'（X）の公式から見ていくことにしよう。関数N'（X）は次式で表される。

$$N'(X) = (1 \div (S \times \sqrt{2\pi})) \times EXP(-(X-U)^2 \div (2 \times S^2)) \qquad (2.14)$$

　ただし、
　U＝データの平均（母平均）
　S＝データの標準偏差（母標準偏差）
　X＝観測データの値
　EXP()＝ネイピア数eを底とする指数関数（以下、単に「指数関数」）

　この公式から得られる値はX軸上の任意の値に対するY軸の値（つまり曲線の高さ）である。

　曲線上の任意の点のX座標は平均から何標準偏差離れているかで表すほうが簡単である。したがって、平均から1標準偏差離れているデータ点は平均から1 **標準化スコア（Zスコア）** の位置にあるという。

　さらに、すべてのデータ点から平均を引くことで、平均を中心とす

る分布をゼロを中心とする分布に変換することができる。したがって平均から右側に1標準偏差離れていたデータ点の変換後のX座標は1になる。

　すべてのデータ点から平均を引き、その差を母標準偏差で割るという変数変換を式（2.14）に施したとき（つまり、Z =（X − U）÷ S）、Zは平均が0、分散が1の正規分布に従う。この正規分布を**標準正規分布**という。このときZに対するY軸の値（曲線の高さ）は次式によって求めることができる。

$$N'(Z) = \frac{1}{\sqrt{2\pi}} \times EXP(-(Z^2 \div 2)) = 0.398942 \times EXP(-(Z^2 \div 2)) \quad (2.15a)$$

ただし、
$$Z = (X - U) \div S \quad (2.16)$$
U = 母平均
S = 母標準偏差
X = 観測データの値
EXP() = 指数関数

　式（2.16）はデータ点が対応する**標準化スコア**の数——つまり、データ点が平均から何標準偏差離れているか——を表す式である。式（2.16）が1のときを**標準正規偏差**という。標準偏差や標準化スコアのことをシグマ（σ）ともいう。だれかがある事象のことを「5σの事象」と言っていたら、発生確率が5標準偏差の外に出る事象のことを言っているのである。

　図2.7は標準正規分布を示したものである。この標準正規分布の中心の高さは0.398942であるが、これを式（2.15a）で確認してみよう。

図2.7 正規確率密度関数

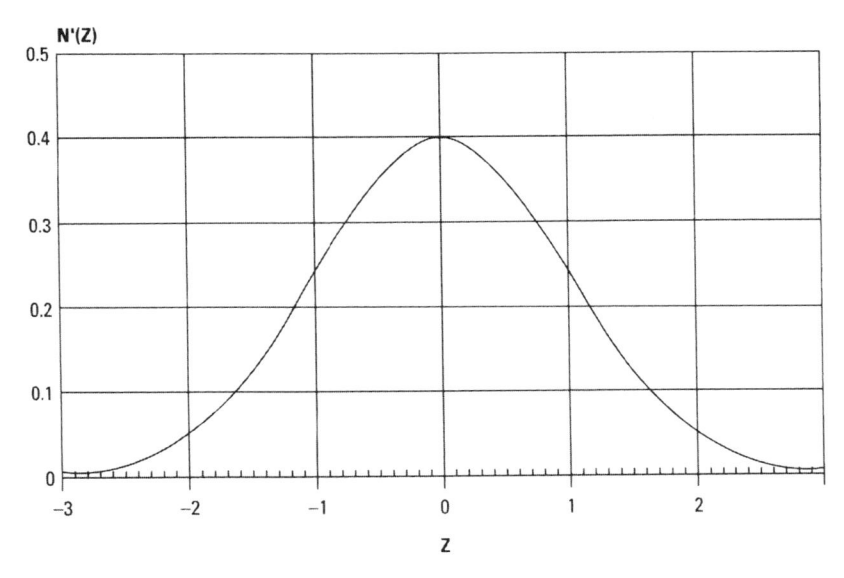

$$N'(Z) = \frac{1}{\sqrt{2\pi}} \times \text{EXP}(-(Z^2 \div 2))$$

$$N'(0) = 0.398942 \times \text{EXP}(-(0^2 \div 2))$$

$$= 0.398942$$

　この曲線は**連続**曲線である。つまり、曲線は左側の$-\infty$から右側の$+\infty$まで「とぎれる」ことなくずっと続いている。またこの曲線は左右対称である。つまり、ピークの右半分とピークの左半分は鏡像関係にある。

　ここで、母平均が11、母標準偏差が20のデータを考えてみよう。そのデータのなかの任意のデータ点が曲線上のどの位置にあるのかを知るには、まず標準化スコアを計算する。例えば、そのデータ点の値が-9だとしよう。標準化スコアを計算するには、まずデータ点から平均を引く。

$-9-11=-20$

次に、得られた数値を標準偏差で割る。

$-20 \div 20 = -1$

したがって、データ点の値が－9、平均が11、標準偏差が20のとき、標準化スコアは－1である。つまりこのデータ点は曲線のピーク（平均）から1標準偏差離れた場所に位置するということである。この場合、標準化スコアが負数なので曲線のピークから1標準偏差左側に位置することになる。次に、この位置は曲線上のどこに位置するのかを見てみよう（つまり、中心から1標準偏差左側の位置における曲線の高さ。もっと具体的に言えば、X軸の値が－1のときのY軸の値）。これは式（2.15a）のZに－1を代入すれば簡単に計算できる。

$$\begin{aligned} N'(Z) &= \frac{1}{\sqrt{2\pi}} \times \text{EXP}(-(Z^2 \div 2)) \\ &= 0.398942 \times \text{EXP}(-((-1)^2 \div 2)) \\ &= 0.398942 \times \text{EXP}^{-1/2} \\ &= 0.241970554 \end{aligned}$$

上の計算式より、X＝－1のときの曲線の高さは0.241970554ということが分かる。関数N'（Z）は次のように表されることもある。

$$N'(Z) = \text{EXP}(-(Z^2 \div 2)) \div \sqrt{8 \times \text{ATN}(1)} \tag{2.15b}$$

ただし、
$Z = (X - U) \div S$ (2.16)
ATN() ＝ 逆正接(arctangent)関数

U = 母平均
S = 母標準偏差
X = 観測データ点
EXP() = 指数関数

統計学に馴染みの薄い人にとって、標準偏差（あるいはその2乗である**分散**）という概念は分かりづらいかもしれない。そういった場合は、まず平均絶対偏差を計算して、それを標準偏差に変換（あるいはその逆）すればよい。平均絶対偏差はまさにその言葉どおりの意味で、各データ点からデータの平均を引いたものの絶対値を合計し、得られた値をデータ点の数で割ったものである。つまり、各データ点が平均して平均からどれくらい離れているかを示す数値ということになる。標準偏差から平均絶対偏差を求める式は以下のとおりである。

$$\begin{aligned}M &= S \times \sqrt{\frac{2}{\pi}} \\ &= S \times 0.7978845609\end{aligned} \quad (2.17)$$

ただし、
M = 平均絶対偏差
S = 標準偏差

つまり、分布が正規分布の場合、平均絶対偏差は標準偏差のおよそ0.7979倍である。逆に、平均絶対偏差から標準偏差を求める式は式（2.17）を変形して、

$$\begin{aligned}S &= M \times 1 \div 0.7978845609 \\ &= M \times 1.253314137\end{aligned} \quad (2.18)$$

となる。

ただし、
S＝標準偏差
M＝平均絶対偏差

つまり、分布が正規分布の場合、標準偏差は平均絶対偏差のおよそ1.2533倍であると言い換えることもできる。分散は標準偏差を2乗したもの（逆に標準偏差は分散の平方根を取ったもの）なので、分散から平均絶対偏差を求めたり、平均絶対偏差から分散を求めることもできる。

$$\begin{aligned} M &= V \times \sqrt{\frac{2}{\pi}} \\ &= V \times 0.7978845609 \end{aligned} \quad (2.19)$$

ただし、
M＝平均絶対偏差
V＝分散

また、

$$V = (M \times 1.253314137)^2 \quad (2.20)$$

ただし、
V＝分散
M＝平均絶対偏差

標準正規分布曲線では標準偏差は1なので、標準正規分布曲線の平均絶対偏差は0.7979である。

さらに、正規曲線のようなベルカーブでは四分領域は標準偏差のおよそ３分の２に等しい。したがって標準偏差は四分領域のおよそ1.5倍である。先に示した平均絶対偏差と標準偏差の変換式同様、これは正規曲線だけでなく、ほとんどのベルカーブに共通する。

正規確率

 これまで正規分布における各データ点の標準化スコアの求め方、標準正規分布曲線$N'(Z)$（曲線の任意の位置における高さ、つまり任意の標準化スコアに対するＹ座標の計算方法）、および正規分布曲線$N'(X)$（式2.14。標準正規分布曲線に変換する前の曲線）について見てきたわけだが、正規確率分布を使ってわれわれが実際に求めたいのは、ある結果が発生する確率である。これは任意の位置における曲線の**高さではない**。確率を表すのは曲線下の面積である。この面積を計算するには関数$N'(Z)$を積分すればよい。関数$N'(Z)$を積分して得られる曲線下の面積（確率）すなわち関数$N(Z)$は以下の公式によって求めることができる（正規確率密度は閉じた形［正確な値］で求めることはできないが、式（2.21）を使えば開いた形［近似値］で求めることができる）。

$$N(Z) = 1 - N'(Z) \times ((1.330274429 \times Y^5) - (1.821255978 \times Y^4) \\ + (1.781477937 \times Y^3) - (0.356563782 \times Y^2) \\ + (0.31938153 \times Y)) \qquad (2.21)$$

ただし、$Z < 0$のときは、$N(Z) = 1 - N(Z)$。ここで式（2.15a）をもう一度見てみよう。

$$N'(Z) = \frac{1}{\sqrt{2\pi}} \times \mathrm{EXP}(-(Z^2 \div 2))$$

ただし、

$Y = 1 \div (1 + 0.2316419 \times ABS(Z))$
ABS() = 絶対値関数
EXP() = 指数関数

確率計算には必ず標準化スコアを用いることに注意しよう。つまり、用いる関数はN（X）ではなくN（Z）ということである。

ただし、
$Z = (X - U) \div S$
U = 母平均
S = 母標準偏差
X = 観測データ点

具体例として、式（2.21）を使ってある事象が＋2標準化スコア（Z＝＋2）以内に入る確率を計算してみよう。

$Y = 1 \div (1 + 0.2316419 \times ABS(+2))$
$ = 1 \div 1.4632838$
$ = 0.68339443107$

$N'(Z) = \dfrac{1}{\sqrt{2\pi}} \times EXP(-(Z^2 \div 2))$
$ = \dfrac{1}{\sqrt{2\pi}} \times EXP(-2)$
$ = 0.053990966$

このN'（Z）の数値は標準化スコアが＋2のときの曲線の高さを示

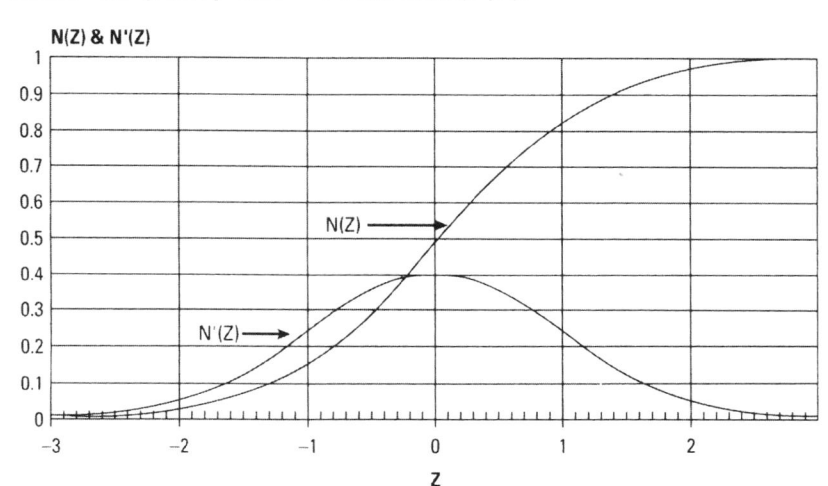

図2.8 式（2.21）のZ＝＋2のときのグラフ

している。得られたYとN'（Z）の値を式（2.21）に代入すると、ある事象が＋2標準化スコア以内に入る確率が得られる。

$$N(Z) = 1 - N'(Z) \times ((1.330274429 \times Y^5) - (1.821255978 \times Y^4)$$
$$+ (1.781477937 \times Y^3) - (0.356563782 \times Y^2)$$
$$+ (0.31938153 \times Y))$$

$$= 1 - 0.053990966 \times \begin{pmatrix} 1.330274429 \times 0.68339443107^5 \\ -1.821255978 \times 0.68339443107^4 \\ +1.781477937 \times 0.68339443107^3 \\ -0.356563782 \times 0.68339443107^2 \\ +0.31938153 \times 0.68339443107 \end{pmatrix}$$

$$= 1 - 0.053990966 \times \begin{pmatrix} 1.330274429 \times 0.1490586 - 1.821255978 \times \\ 0.2181151 + 1.781477937 \times 0.3191643 - \\ 0.356563782 \times 0.467028 + 0.31938153 \times \\ 0.68339443107 \end{pmatrix}$$

$$= 1 - 0.053990966 \times (0.198288844 - 0.3972434302$$
$$+ 0.5685841587 - 0.16652527 + 0.218263559)$$

図2.9 式(2.21)から「1−」と「Z＜0のときは、N(Z) = 1 − N(Z)」という条件を取り除いたN(Z)

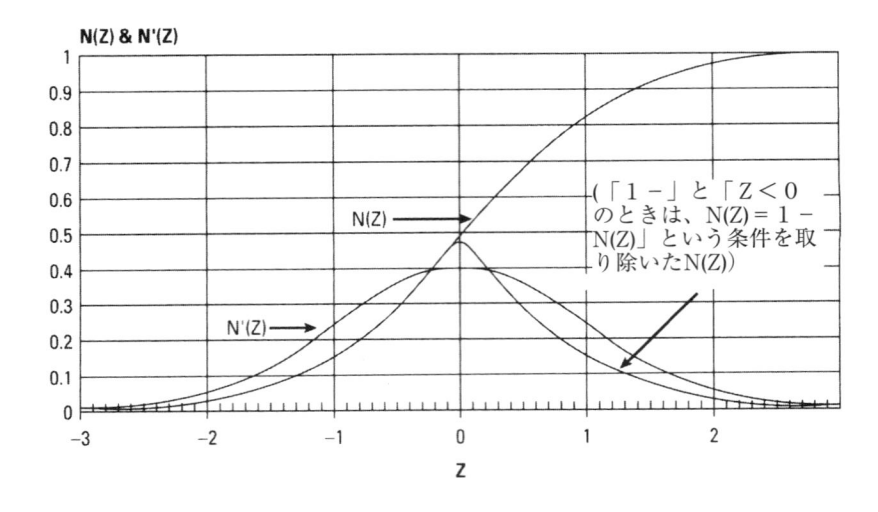

N(Z) & N'(Z)のグラフ。N(Z)はシグモイド状の曲線、N'(Z)は釣鐘状の曲線。右側に「(「1−」と「Z＜0のときは、N(Z) = 1 − N(Z)」という条件を取り除いたN(Z))」の注記。

$$= 1 - 0.053990966 \times 0.4213678615$$
$$= 1 - 0.022750057$$
$$= 0.977249943$$

したがって、正規分布に従う確率過程では結果が＋2標準化スコア以内に入る確率は97.72％であることが予想できる。これを示したものが**図2.8**である。

任意の事象が所定の標準化スコア数（このケースの場合は＋2）の外に出る確率を求めるには、式(2.21)の冒頭にある「1−」と「Z＜0のときは、N(Z) = 1 − N(Z)」という条件を取り除けばよい。つまり、式(2.21)の右辺の1から差し引く数値が求める数値になる。

したがって、求める値は、

0.022750057

図2.10　ある事象が±2シグマ以内に入る両側確率

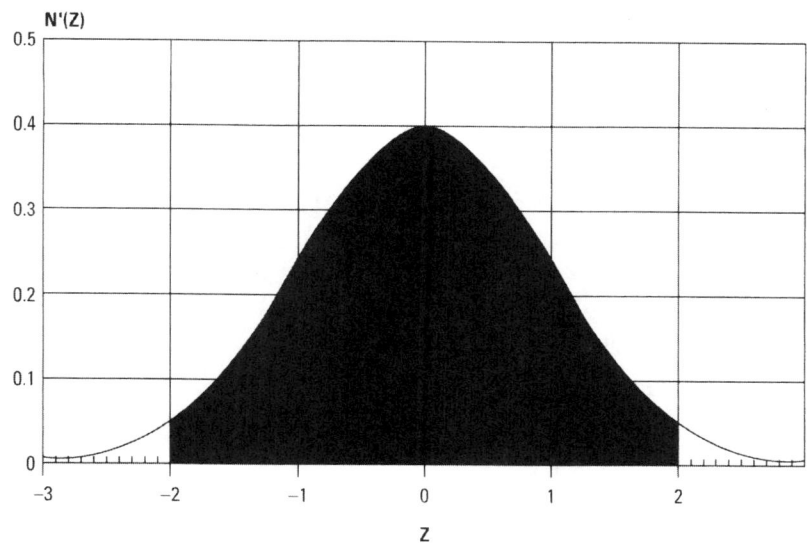

$1-((1-N(Z))*2)$

である。

つまり、正規分布に従う確率過程において、ある事象が＋2標準化スコアの外に出る確率は式（2.21）より2.275％ということになる。これを示したものが**図2.9**である。

これまで見てきた確率（曲線下の面積）はいわゆる「片側確率」である。つまり、「ある事象が平均から何々標準化スコア離れた位置よりも左側（または右側）に存在する確率」を求めてきたわけである。これから見ていくのは、「ある事象が平均から何々標準化スコア**以内**にある確率」である。これを「両側確率」という。

図2.10を見てみよう。図の黒い部分はある事象が平均から2標準化スコア以内に存在する確率を示している。**図2.8**とは違って、これは左側のテールの部分（－2標準化スコアよりも左側の領域）に含まれない確率を計算するものである。平均からZ標準化スコア以内に存在する確率を求めるには、まず式（2.21）を使ってZの絶対値に対す

る片側確率を計算する。得られた値を式（2.22）に代入すれば両側確率（ABS（Z）標準化スコア以内に存在する確率）が得られる。

$$両側確率 = 1 - ((1 - N(ABS(Z))) \times 2) \tag{2.22}$$

それでは2標準化スコア（Z = 2）以内に存在する確率を計算してみよう。式（2.21）よりN(2) = 0.977249943なので、これを式（2.22）に代入すると、

$$\begin{aligned}両側確率 &= 1 - ((1 - 0.977249943) \times 2) \\ &= 1 - (0.022750057 \times 2) \\ &= 1 - 0.045500114 \\ &= 0.9544999886\end{aligned}$$

したがって、正規分布に従う確率過程ではある事象が平均から2標準化スコア以内に存在する確率はおよそ95.45％ということが言える。

片側確率と同様、両側確率においてもある事象がABS(Z)標準化スコアよりも外側に存在する確率は$1 - (N(ABS(Z))) \times 2$として求めることができる。これを示したものが**図2.11**である。このケースの場合（Z = 2）、正規分布に従う確率過程においてある事象が2標準化スコアよりも**外側に**存在する確率は以下のように計算できる。

$$\begin{aligned}両側確率（外側に存在する確率） &= (1 - 0.977249943) \times 2 \\ &= 0.022750057 \times 2 \\ &= 0.045500114\end{aligned}$$

最後に、2つの異なるZの値に対する確率（N'(Z)曲線下の面積）を求める方法について見ていくことにしよう。

第2章　確率分布

図2.11　ある事象が2シグマより外に出る両側確率

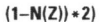

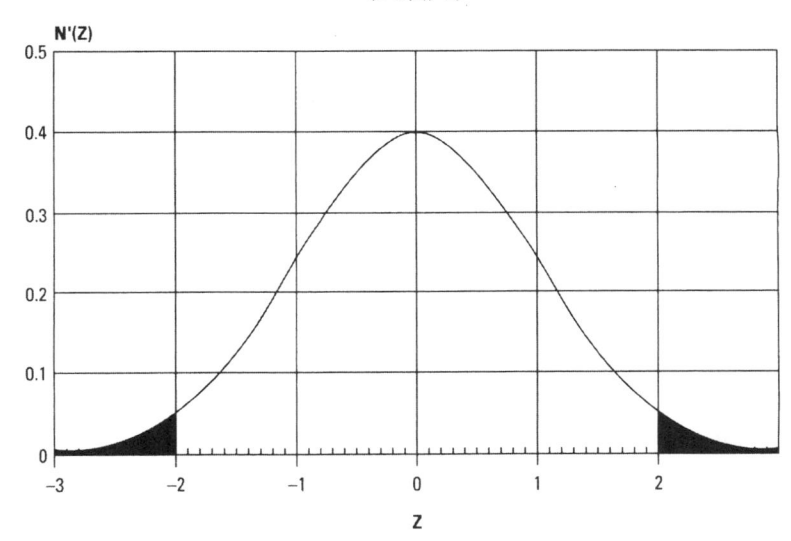

図2.12　ある事象が−1標準化スコアと+2標準化スコアの間に入る確率

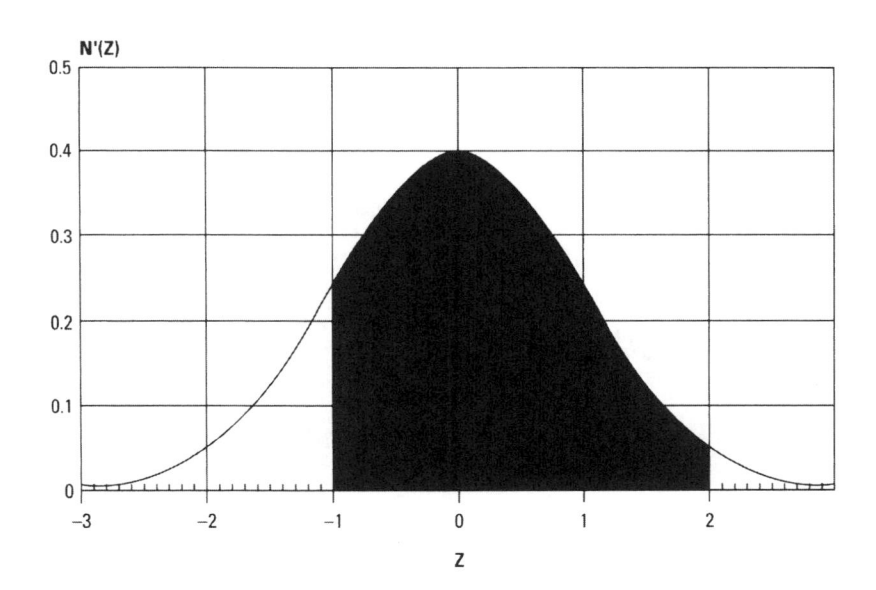

例えば、−1標準化スコアと+2標準化スコアの間の曲線下の面積を考えてみよう。やり方はいくつかあるが、ここではまず式（2.21）を使って+2標準化スコアよりも左側に存在する確率を求め、得られた値から−1標準化スコアよりも左側に存在する確率を差し引くという方法を用いることにする（**図2.12**を参照）。したがって、計算式は次のようになる。

$$0.9772499551 - 0.1586551480 = 0.8185948071$$

もうひとつの方法は、−1標準化スコアよりも左側の領域に存在する確率と、+2標準化スコアよりも右側の領域に存在する確率を求め、これらの確率を1（曲線下の面積全体）から差し引くというものだ。この方法によれば計算式は次のようになる。

$$= 1 - (0.0227500449 + 0.1586551480)$$
$$= 1 - 0.1814051929$$
$$= 0.8185948071$$

本章ではこれまで正規分布を扱うための基本的な数学ツールを学習してきたわけだが、これらのツールを使えば正規分布に従ういかなる確率変数の発生確率も計算することができる。

正規分布関数の高次導関数

場合によっては正規分布関数N（Z）の高次導関数が必要になるときがある。関数N（Z）は任意のZから左側の曲線下の面積を与えてくれるものであり、関数N'（Z）は任意のZにおける曲線の高さを与えてくれるものである。したがって、関数N"（Z）は任意のZにおけ

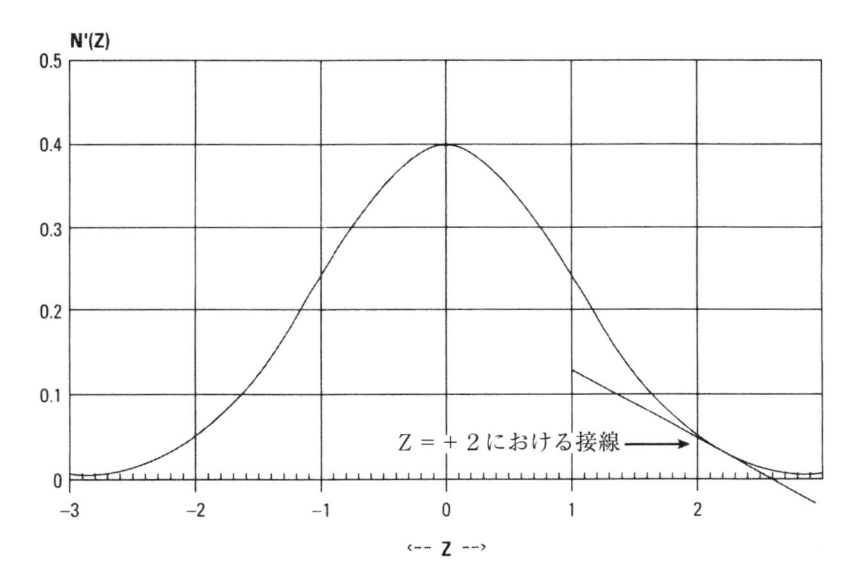

図2.13　N"(Z)はZ＝＋2においてN'(Z)に接する接線の傾きを表す

る曲線の**微笑区間における傾き**を与えてくれるものである。

$$\mathrm{N}''(Z) = \frac{-Z}{\sqrt{2\pi}} \times \mathrm{EXP}(-(Z^2) \div 2) \qquad (2.23)$$

ただし、

EXP() ＝ 指数関数

数値例として、＋2標準化スコアにおけるN'（Z）の傾きは、

$$\begin{aligned}
\mathrm{N}''(Z) &= \frac{-2}{\sqrt{2\pi}} \times \mathrm{EXP}(-(2^2) \div 2) \\
&= \frac{-2}{\sqrt{2\pi}} \times \mathrm{EXP}(-2) \\
&= -0.107981933
\end{aligned}$$

図2.14　正規分布の実際の形状

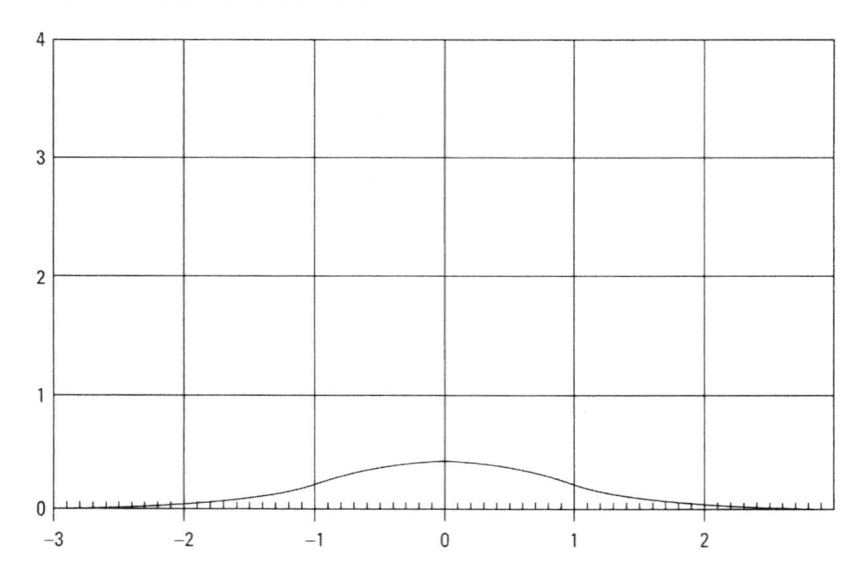

となる。したがって、関数N'（Z）のZ＝＋2の値での微笑区間における変化率は－0.107981933ということになる。つまり、関数N'（Z）はZ＝＋2においてはZが1標準化スコア増える間に高さは0.107981933低下するということである。これを示したものが**図2.13**である。

さらなる高次導関数は本書では必要ないが、参考のために示しておく。

$$N'''(Z) = \frac{(Z^2 - 1)}{\sqrt{2\pi}} \times \mathrm{EXP}(-(Z^2) \div 2) \tag{2.24}$$

$$N''''(Z) = \frac{(3 \times Z - Z^3)}{\sqrt{2\pi}} \times \mathrm{EXP}(-(Z^2) \div 2) \tag{2.25}$$

$$N'''''(Z) = \frac{(Z^4 - 6 \times Z^2 + 3)}{\sqrt{2\pi}} \times \mathrm{EXP}(-(Z^2) \div 2) \tag{2.26}$$

正規分布について最後に一言述べておきたいのは、正規分布は本章

のグラフ例で示したようなはっきりした「ピーク」は持たないということである。実際の正規分布の形状は**図2.14**に示したようなものになる。

図2.14のグラフは縦軸と横軸の目盛りが同じであるが、本書に示したそのほかのグラフは形状を分かりやすくするために縦軸と横軸の目盛りは異ならせてあることに注意しよう。

対数正規分布

正規分布を実際のトレーディングに応用するには、若干の修正が必要になる。これは小さな修正ではあるが、非常に重要な修正である。具体的には正規分布を対数正規分布に変換するという作業になる。

自由に売買されているいかなる品目も価格がゼロを下回ることはない（ある品目が売買できる最低価格はゼロであるという考え方は常に正しいとは限らない。例えば、1929年に米株式市場が大暴落し、未曾有の恐慌へと発展したとき、破綻した多くの銀行の株主はその銀行の預金者に対する支払い義務を負わされた。つまり、破綻した銀行の株式保有者は投資した金をすべて失っただけでなく、投資額を**超える**債務が発生したわけである。こういったことが再び発生するかどうかは問題ではない。ここで言いたいのは、自由に売買される品目の最低価格は通常はゼロであるが、必ずしもゼロであるとは限らないということである）。したがって、価格が下落してゼロに近づくと、価格は理論的には次第に下落しにくくなっていくはずである。例えば、1株当たり株価が10ドルの株式を考えてみよう。株価が5ドル下落して1株当たり5ドルになる（つまり50％の下落）と、正規分布の下では株価が10ドルから5ドルになるのと株価が5ドルから0ドルになるのは同じ確率で発生する。しかし対数正規分布の下では、株価が5ドルから50％下落して2.50ドルになる確率が10ドルから5ドルに下落する確率

図2.15　正規分布と対数正規分布

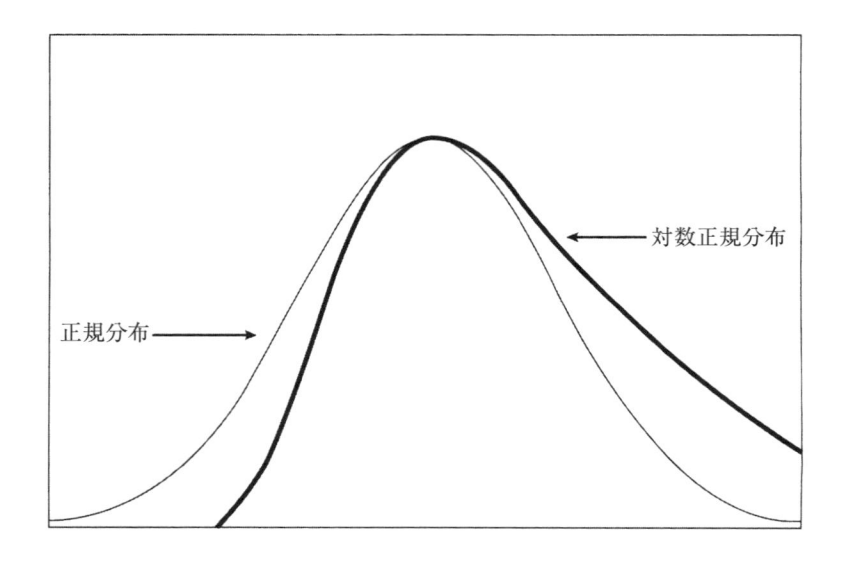

（図：正規分布と対数正規分布の曲線の比較）

と同じになる。

図2.15に示した対数正規分布は扱い方は正規分布とまったく同じだが、対数正規分布では変動を絶対量ではなく変化率で考える点が正規分布と異なる。

次に株価の上昇について考えてみよう。対数正規分布の下では株価が10ドルから20ドルに上昇する確率と、5ドルから10ドルに上昇する確率が同じになる。いずれも100％の上昇である。

では、正規分布はトレーディングにはまったく使わないのかというとそういうわけではない。ただし本項では、対数正規分布とは何かを説明し、それと正規分布との関係（対数正規分布では値動きは絶対量ではなく変化率を用いる）を示し、値動きについて話をするときや、正規分布は適用できるが下限値がゼロのものについて話をするときは、通常は対数正規分布が使われるということを中心に話を進める。

対数正規分布を作成するには、データの自然対数を取ればよい（常

用対数と自然対数の違いは、常用対数の底が10であるのに対して自然対数の底は e ＝2.7182818285であるという点である。数学ではＸの常用対数はlog（Ｘ）と表記し、自然対数はln（Ｘ）と表記する。ただし、BASICプログラミングでは常用対数と自然対数の区別はあいまいで、**自然**対数の値を返すのに関数LOG（Ｘ）が使われる）。元のデータが対数正規分布に従うとき、そのデータの自然対数をとったものは正規分布に従う。

　例えば、値動きが対数正規分布に従うものと仮定して議論しているのであれば、この値動きは正規分布で考えることができる。順を追って説明しよう。まず各終値を前の終値で割る。この例では終値としては各月の終値を用いる（終値としては、１時間ごとの終値、日々の終値、年ごとの終値など、どういった時間枠の終値を使ってもよい）。最初の５カ月の終値がそれぞれ１株当たり10ドル、５ドル、10ドル、10ドル、20ドルであったとしよう。したがって、月１から月２にかけては50％の下落、月２から月３にかけては100％の上昇、月３から月４にかけては０％の上昇、月４から月５にかけては100％の上昇ということになる。各月の終値を前月の終値で割ると、月２から月５までの月々の価格変動として0.5、２、１、２という数値が得られる。この値動きの分布を正規分布を使って考えるために、それぞれの価格変動の自然対数をとる。それぞれの価格変動の自然対数をとると、それぞれ－0.6931472（＝ln(0.5)）、0.6931472（＝ln(2)）、０（＝ln(1)）、0.6931472（＝ln(2)）になる。こうして自然対数に変換したこれらのデータは正規分布に従うため、分布を正規分布で考えることができるというわけである（通常は常用対数に変換するのが一般的。BASICでは常用対数は定義されていないが、自然対数を常用対数に変換するには0.4342917を掛ければよく、逆に常用対数を自然対数に変換するには2.3026を掛ければよい）。

図2.16 一様分布の確率密度関数（A＝2、B＝7）

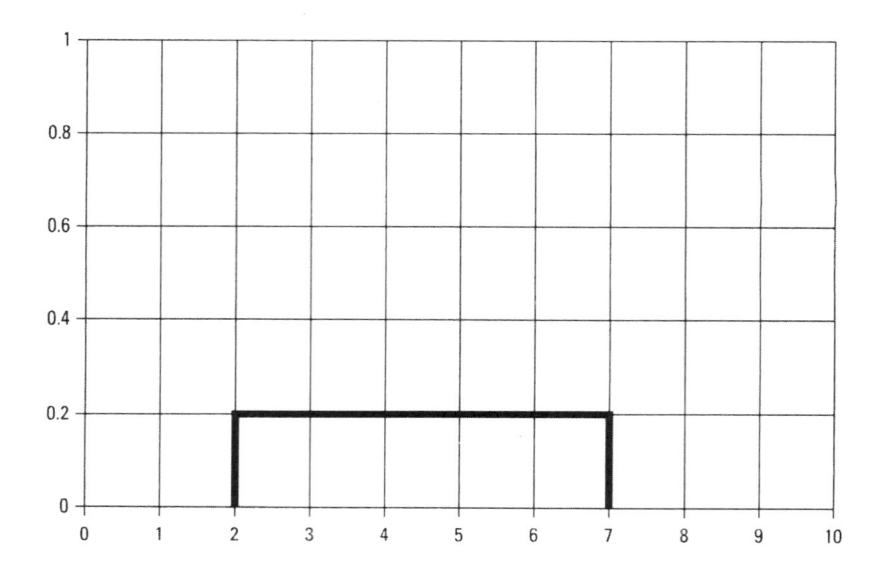

図2.17 一様分布の累積分布関数（A＝2、B＝7）

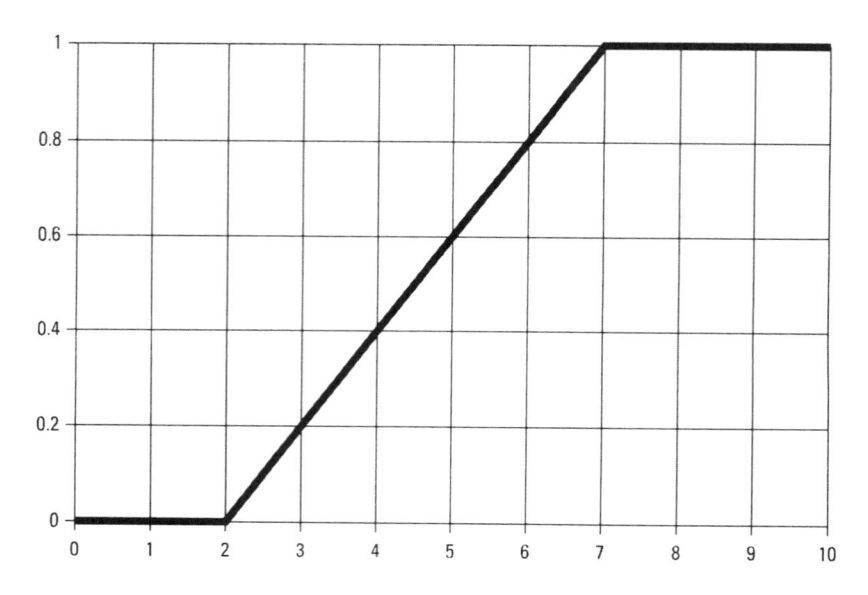

一様分布

一様分布はその形状から**矩形分布**と呼ばれることもある。母集団のどの事象も発生頻度が同じである場合、その事象は一様分布する。一例として0から9までの数字を考えてみよう。これらの数字から無作為に1つ選ぶとき、どの数字を選ぶ確率も同じである。したがって一様分布はランダムな事象をモデル化するのに使われる。ある区間A−B上の一様分布を考える場合、A＝0、B＝1のとき、これを特に**標準一様分布**といい、乱数の生成に用いられる。

一様分布は連続分布で、その確率密度関数N'(X)は次式で表される。

$$N'(X) = 1 \div (B - A) \quad (A <= X <= B のとき) \tag{2.27}$$
$$N'(X) = 0 \quad (そのほかのとき)$$

ただし、
B＝区間A−Bの右端
A＝区間A−Bの左端

一様分布の累積分布関数（累積密度）は、

$$N(X) = 0 \quad (X<Aのとき)$$
$$N(X) = (X - A) \div (B - A) \quad (A <= X <= B のとき) \tag{2.28}$$
$$N(X) = 1 \quad (X>Bのとき)$$

となる。

ただし、
B＝区間A−Bの右端

A ＝区間A－Bの左端

図2.16および**図2.17**はそれぞれ一様分布の確率密度関数と累積分布関数（cdf ＝ cumulative distribution function）を示したものである。

一様分布のそのほかの統計量は以下のとおりである。

$$\text{平均} = (A + B) \div 2 \tag{2.29}$$
$$\text{分散} = (B - A)^2 \div 12 \tag{2.30}$$

ただし、
B ＝区間A－Bの右端
A ＝区間A－Bの左端

ベルヌーイ分布

非常に簡単でよく使われるもうひとつの分布が**ベルヌーイ分布**である。確率変数が2つの値しかとらない（結果が2つしかない）とき、その試行はベルヌーイ分布に従う。例としては、表か裏か、良品か不良品か、成功か失敗か、当たるか当たらないか——などが挙げられる。したがってベルヌーイ分布は**離散分布**である（この反対が連続分布）。この分布は1つのパラメーターP（最初の事象が起こる確率）で表すことができる。この分布の分散は次式で表される。

$$\text{分散} = P \times Q \tag{2.31}$$

ただし、
$$Q = 1 - P \tag{2.32}$$

第2章 確率分布

図2.18 ベルヌーイ分布の確率密度関数（P＝0.5）

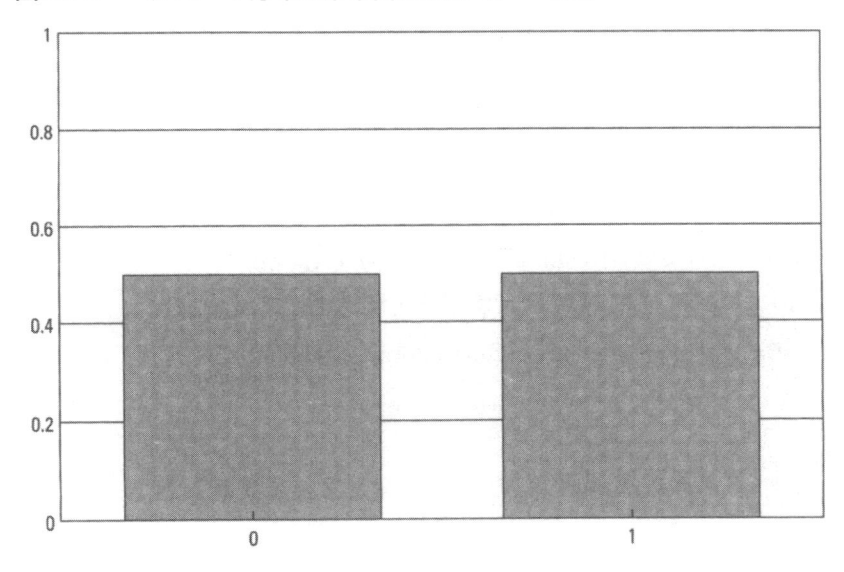

図2.19 ベルヌーイ分布の累積分布関数（P＝0.5）

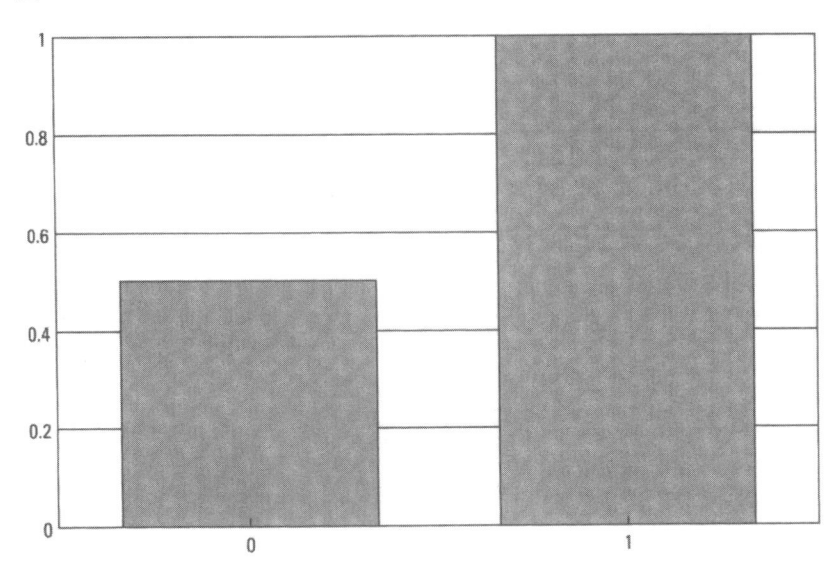

図2.18および図2.19はそれぞれベルヌーイ分布の確率密度関数と累積分布関数（cdf）を示したものである。

二項分布

結果が2つしかない試行（ベルヌーイ試行）を何度も行った場合、その結果は**二項分布**に従う。二項分布の確率密度関数N'（X）（N回試行したときにX回成功する確率、N個の中にX個の不良品が含まれる確率、コイン投げをN回行ったときにX回表が出る確率など）は次式で表される。

$$N'(X) = (N! \div (X! \times (N - X)!)) \times P^X \times Q^{(N-X)} \tag{2.33}$$

ただし、
N = 試行回数
X = 成功した回数
P = 1回の試行における成功確率
Q = 1 − P

$$X! = X \times (X - 1) \times (X - 2) \times (X - 3) \times \ldots \times 1 \tag{2.34}$$

式（2.34）は次のように書くこともできる。

$$X! = \prod_{J=0}^{X-1} (X - J) \tag{2.34a}$$

ただし、
0! = 1 \tag{2.34b}

図2.20 二項分布の確率密度関数（N＝5、P＝0.5）

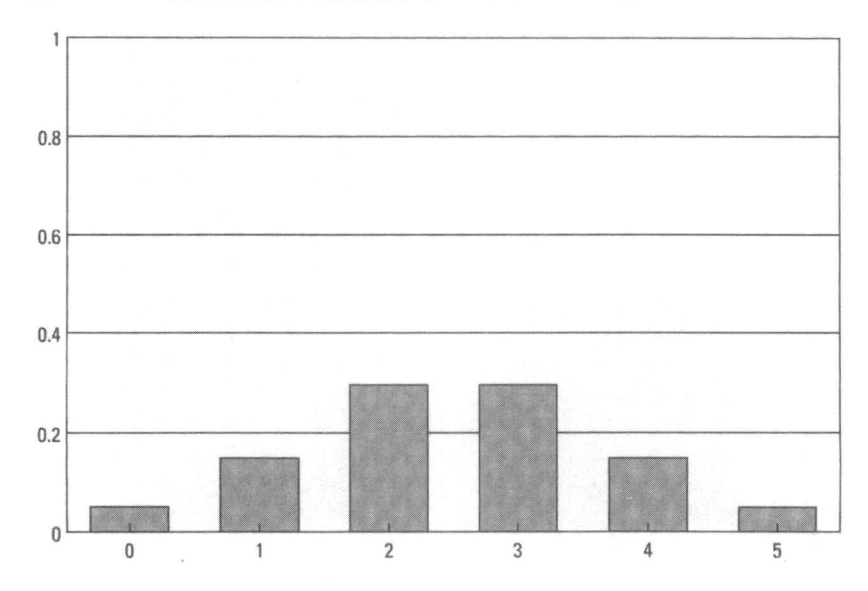

図2.21 二項分布の累積分布関数（N＝5、P＝0.5）

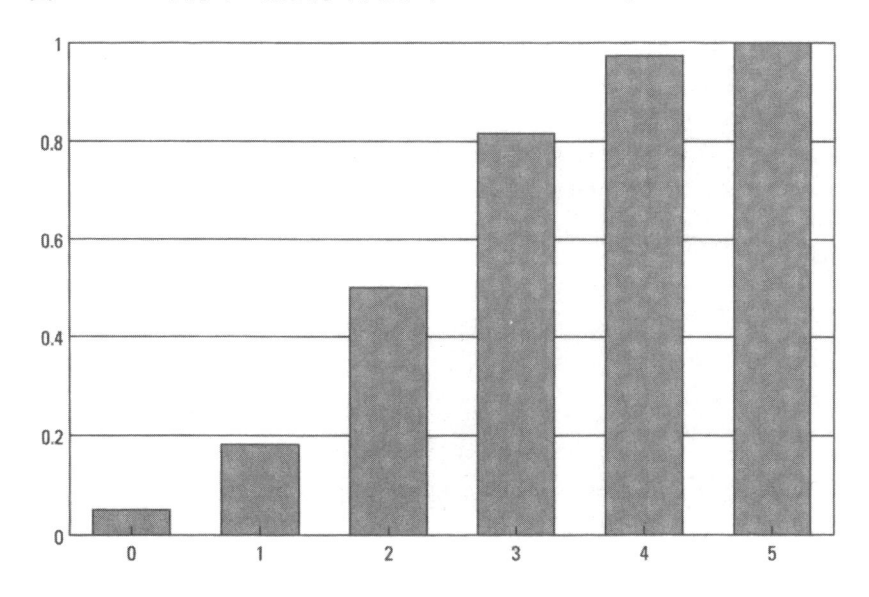

二項分布の累積分布関数は次式で与えられる。

$$N(X) = \sum_{J=0}^{X} (N! \div (J! \times (N-J)!)) \times P^J \times Q^{(N-J)} \tag{2.35}$$

ただし、
N＝試行回数
X＝成功した確率
P＝1回の試行における成功確率
Q＝1－P

図2.20および**図2.21**は二項分布の確率密度関数と累積分布関数（cdf）を示したものだ。

二項分布も離散分布である。二項分布のそのほかの統計量は以下のとおりである。

$$平均 = N \times P \tag{2.36}$$
$$分散 = N \times P \times Q \tag{2.37}$$

ただし、
N＝試行回数
P＝1回の試行における成功確率
Q＝1－P

二項分布はNが大きくなると正規分布に近づくという性質を持つ。つまり、正規分布は二項分布の極限形ということが言える。一般に、N×P、N×Qのいずれも5よりも大きければ、二項分布の代わりに

近似的に正規分布を用いることができる。

　二項分布は賭博システムの統計的有意検定によく用いられる。これを実例で見ていくことにしよう。勝率が51％の賭博システムがあったとする。このシステムの将来のパフォーマンスが3標準偏差を下回る水準であると仮定した場合の勝率はどうなるだろうか。この場合、勝率を表す変数Xは0.51である。変数Xは必ずしも勝率である必要はない。ある事象が互いに独立した2つのグループのいずれかに含まれる確率と置き換えてもよい。この検証でまず必要になるのが次の計算である。

$$L = P - Z \times \sqrt{(P \times (1-P)) \div (N-1)} \tag{2.38}$$

　L ＝ Z標準偏差の下でのPの下方限界
　P ＝ 互いに独立した2つのグループのいずれかに含まれる確率を表す変数
　Z ＝ 選んだ標準偏差
　N ＝ 標本に含まれる事象の総数

過去に行ったプレー数を100回とすると、Lは次のように計算できる。

$$\begin{aligned}
L &= 0.51 - 3 \times \sqrt{(0.51 \times (1-0.51)) \div (100-1)} \\
&= 0.51 - 3 \times \sqrt{(0.51 \times 0.49) \div 99} \\
&= 0.51 - 3 \times \sqrt{0.2499 \div 99} \\
&= 0.51 - 3 \times \sqrt{0.0025242424} \\
&= 0.51 - 3 \times 0.05024183914 \\
&= 0.51 - 0.1507255174 \\
&= 0.3592744826
\end{aligned}$$

129

つまり、過去に100回プレーしてその勝率が51％であったとすると、将来無限回プレーしたときの勝率が35.92744826％を下回るのは3シグマ・イベントの確率（0.3％を下回る確率）でしか起こらないということである。

　これはどの程度の信頼度で言えることなのだろうか。信頼度はN（標本プレー総数）の関数であり、100回のプレーのうち35回または36回勝つということがどれくらいの信頼度で言えるかは式（2.35）から計算することができる。しかし、式（2.35）は階乗関数がいくつも含まれるためNが大きくなると計算は厄介である。幸いなことに、二項確率の計算には式（2.35）の代わりに正規分布の片側確率の計算式（式（2.21））を近似的に用いることができる。このケースの場合、式（2.21）を3標準偏差で計算すると信頼度は99.865％になる。したがって、この賭博システムを使って無限回プレーしたときに勝率が35.92744826％以上になる確率は99.865％ということになる。

　このテクニックはトレーディングシステムの統計的有意検定にも使える。ただし、この方法が使えるのは次の3つの条件が満たされたときのみである。条件その1――N個の事象（トレード）は独立事象であり、ランダムに選ばれる。トレーディングシステムはすべてこうなっているのでこれは問題ない。条件その2――N個の事象（トレード）は互いに独立した2つのグループ（例えば、勝ちと負け、中央値トレードより良いトレードと悪いトレードなど）に分類することができる。これも問題ない。条件その3――各事象が互いに独立した2つのグループのいずれかに分類される確率は一定である。トレーディングでは各事象（トレード）が互いに独立した2つのグループのいずれかに分類される確率は必ずしも一定ではない。3番目の前提が当てはまらない分、このテクニックによるトレーディングシステムの統計的有意検定の信頼度は下がる。この点はともかくとして、このテクニックはトレーダーにとって非常に重宝なものである。

例えば、ある手法が儲かる手法であることにどれくらいの信頼性があるのかや、任意のマーケットインディケーターがどれくらい信用できるものなのかは、このテクニックを使って調べることができる。一例として、翌日の市場の終値の方向性を予測するインディケーターについて考えてみよう。この場合、正しい予測と間違った予測をそれぞれに独立した２つのグループとして、そのインディケーターが信頼できることを一定の信頼度で示すことができる。

　また、システムが儲かるシステムであることを一定の信頼度で言えるために必要な試行数を決めるのにもこのテクニックは使える。例えば、ペイオフレシオが１：１のゲームに対する勝率が51％の賭博システムがあったとしよう。われわれが知りたいのは、このシステムが漸近的に（試行数が十分大きい場合）儲かるシステムであると、ある程度の確信を持って言えるためにはどれくらい試行を行わなければならないか、である。つまり、「このシステムの勝率が51％であるのならば、いくつの試行を行ったときに51％の勝率を示せば、そのシステムが任意の信頼度で儲かるシステムであると言えるのか」ということである。

　ペイオフレシオが１：１なので、このシステムが儲かるシステムであるためには50％を超える時間帯で勝たなければならない。ここで任意の信頼度としては99.865％、または３標準偏差を用いる（ここでは３標準偏差を用いるが、標準偏差の数値としてはどんな数値を使ってもよい）。では、最低51％の試行が勝ちになることを99.865％の信頼度で確信するためにはどれくらいの試行を行えばよいのだろうか。

　勝率が0.51％でペイオフが50％なので、$0.51 - X = 0.5$。したがって、$X = 0.01$。したがって、式（2.38）の$Z \times \sqrt{P \times (1-P) \div (N-1)}$は0.01に等しくなければならない。このケースの場合、$Z = 3$なので、

$$\sqrt{P \times (1-P) \div (N-1)} = 0.01 \div 3 = 0.0033$$

これにP = 0.51を代入して、両辺を２乗すると、

$0.51 \times (1 - 0.51) \div (N - 1) = 0.00001111$
$0.51 \times 0.49 \div (N - 1) = 0.00001111$
$0.2499 \div (N - 1) = 0.00001111$
$0.2499 \div 0.00001111 = N - 1$
$N = 22494$

したがって、このシステムが51％以上の勝率を上げることを99.865％の信頼度で正しいと言えるためには、２万2494回以上試行したときの勝率が51％でなければならないということになる。

幾何分布

幾何分布は、確率Ｐで成功する独立ベルヌーイ試行を繰り返したときに、初めて成功（あるいは失敗）するまでの試行回数が従う分布であり、これも二項分布同様、離散分布である。幾何分布の確率密度関数N'（X）は次式で表される。

$$N'(X) = Q^{(X-1)} \times P \tag{2.39}$$

ただし、
Ｐ＝１回の試行における成功確率
Ｑ＝１回の試行における失敗確率

つまり、N'（X）は初めて成功するまでの試行数を測定したものである。したがって、幾何分布の累積分布関数は次のように書くことができる。

第2章　確率分布

図2.22　幾何分布の確率密度関数（P＝0.6）

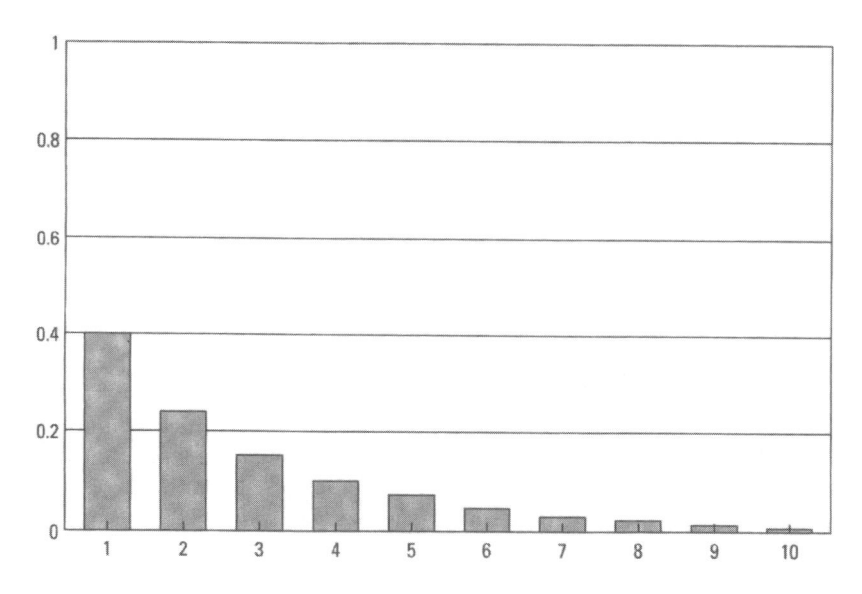

図2.23　幾何分布の累積分布関数（P＝0.6）

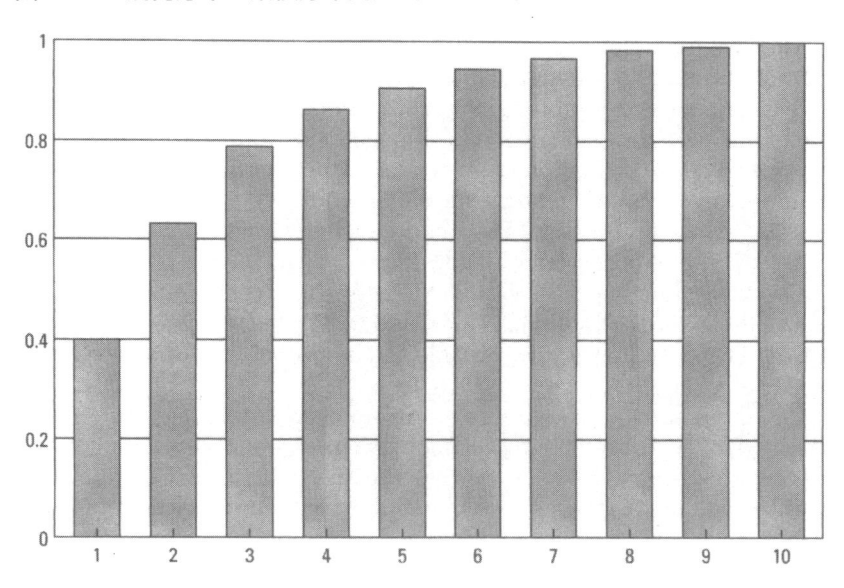

$$N(X) = \sum_{J=1}^{X} Q^{(J-1)} \times P \qquad (2.40)$$

ただし、
P = 1回の試行における成功確率
Q = 1回の試行における失敗確率

図2.22および**図2.23**はそれぞれ幾何分布の確率密度関数と累積分布関数（cdf）を示したものである。幾何分布のそのほかの統計量は以下のとおりである。

$$\text{平均} = 1 \div P \qquad (2.41)$$
$$\text{分散} = Q \div P^2 \qquad (2.42)$$

ただし、
P = 1回の試行における成功確率
Q = 1回の試行における失敗確率

　幾何分布の一例として1個のサイコロを振る場合を考えてみよう。5の目が出るまでに平均で何回サイコロを振らなければならないだろうか。これには幾何分布の平均を計算すればよい。5の目が出る確率を1÷6（=0.1667）とすると、5の目が出るまでに平均で1÷0.1667＝6回振ればよいことが分かる。このプロセスを繰り返し、5の目が出るまでの回数を記録してグラフ化すると、式（2.39）で定義される幾何分布に従うことが分かる。

超幾何分布

　これまでの分布に関連するもうひとつの離散分布が**超幾何分布**である。二項分布では母集団から１つ選ぶとき、それを選ぶ確率は毎回等しいものと仮定する。例えば、52枚のトランプの組があり、そのうちの26枚が黒で26枚が赤だとする。このトランプの組から１枚引くとき、それが黒か赤かを記録したら引いたカードは元に戻す。これを「復元サンプリング」といい、二項分布ではこの復元サンプリングを前提とする。したがって、次に引いたカードが黒（または赤）である確率は前に引いたときと同じく0.5（52分の26）である。

　超幾何分布は非復元サンプリングという点を除いては二項分布とまったく同じである。この場合、最初に赤いカードを引いたら、それは**元に戻さないで**次のカードを引く。したがって次に赤いカードを引く確率は51分の25（＝0.4901960784）になる。超幾何分布では、次の事象がそれまでの事象の結果に依存するため**従属性**が存在する。この性質は、次の事象がそれまでの事象の結果に**依存しない**二項分布と大きく異なる。

　超幾何分布の確率密度関数$N'(X)$と累積分布関数$N(X)$は、１回の試行における成功確率である変数Pが試行ごとに異なる点を除き二項分布の各関数（式（2.33）および式（2.35））と同じである。

　ここで超幾何分布と二項分布の関係について考えてみよう。Nが大きくなるにつれて、超幾何分布と二項分布の確率は近づく。したがって、Nが無限大になると、超幾何分布は二項分布に近づく。つまり二項分布は超幾何分布の極限形と言うことができる。

　確率計算は超幾何分布よりも二項分布のほうがはるかに簡単であるため、超幾何分布の確率の代わりに二項分布の確率を使うことができれば便利である。そのためにはどれくらいの大きさの母集団が必要なのだろうか。近似が使えるかどうかはどれくらいの精度の結果を求め

図2.24　時間軸に沿ってポツリポツリと繰り返し発生する事象

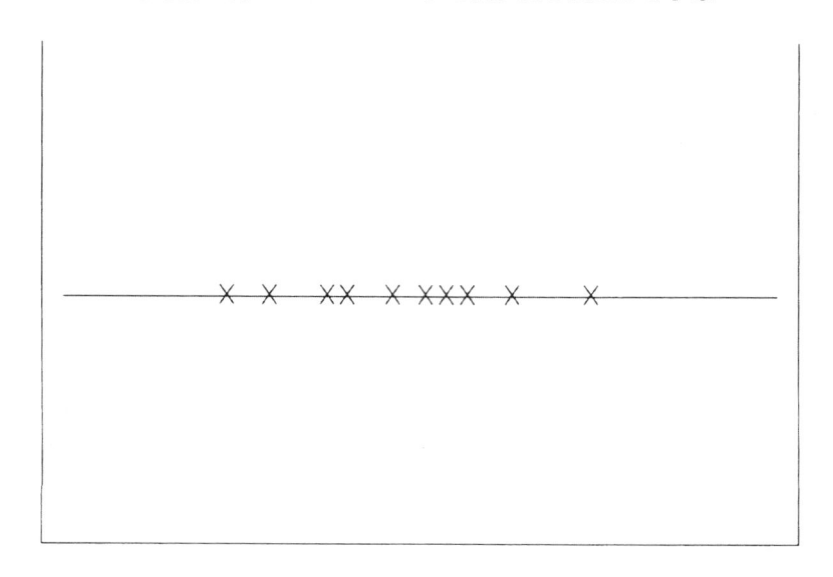

るかによって異なるためはっきりとは言えないが、一般に超幾何分布の確率を二項分布の確率で近似するためには母集団と標本の大きさの比が100：1もあれば十分である。

ポアソン分布

　もうひとつの重要な離散分布が**ポアソン分布**である。ポアソン分布は、到着分布のモデル化と、ポツリポツリと繰り返し発生する一見ランダムと思われる事象のモデル化に用いられる。これらの事象には、時間軸または１本の線（１次元）に沿って発生する事象、所定の面内（２次元）で発生する事象などN次元構造内で発生するすべての事象が含まれる。**図2.24**は１本の線または時間軸に沿って発生した事象（図中の×がそれぞれの事象を表す）を示したものである。
　ポアソン分布は元々は電話の交換台にかかってくる電話の数をモデ

ル化するのに開発されたものだ。このほかにもポアソン分布を使ってモデル化できるものには、機器の故障、真面目に働く修理工による修理作業の完了、タイプエラー、ペトリ皿上の細菌コロニーの拡大、長いリボンまたはチェーンの不良などがある。

　ポアソン分布と二項分布の主な違いは、二項分布が一定の時間内に二度以上発生する事象には向かない点である。例えば、向こう6カ月以内に発生する自動車事故の確率などは二項分布には従わない。二項分布では、確率Pで事故が起こるか、確率Q（＝1－P）で事故が起こらないかという2つのはっきり区別できるケースのみを考えるが、ポアソン分布ではこの期間に事故が2回以上起こる可能性があるという事実も勘案することができる。

　ポアソン分布の確率密度関数N'(X)は次式で表される。

$$N'(X) = (L^X \times EXP(-L)) \div X! \qquad (2.43)$$

ただし、
L＝分布のパラメーター
EXP()＝指数関数

　Xは離散値をとることに注意しよう。

　実例で考えてみよう。交換台にかかってくる電話の数が1分間に平均で4回だとする（L＝4）。このとき、次の1分間に電話が3回かかってくる確率（X＝3）は次のように計算できる。

$$\begin{aligned}
N'(3) &= (4^3 \times EXP(-4)) \div 3! \\
&= (64 \times EXP(-4)) \div (3 \times 2) \\
&= (64 \times 0.01831564) \div 6 \\
&= 1.17220096 \div 6
\end{aligned}$$

図2.25 ポアソン分布の確率密度関数（L＝0.5）

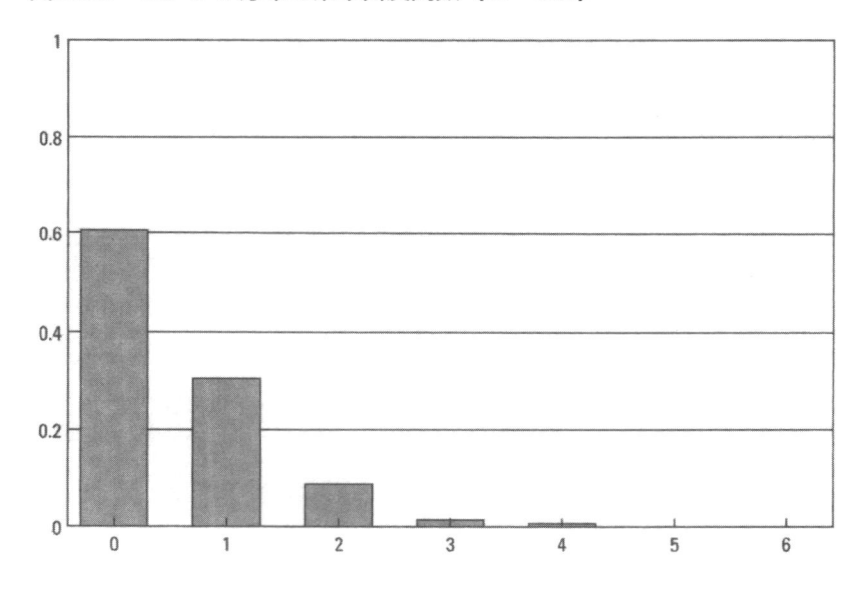

　　　＝ 0.1953668267

　したがって、次の1分間に電話が3回かかってくる確率はおよそ19.5％ということになる。これは累積確率ではないことに注意しよう。つまり、電話が3回以下の回数かかってくる確率ではなく、電話が3回かかってくる確率ということである。電話が3回以下の回数かかってくる確率を計算するには式（2.46）を使ってN（3）を計算しなければならない。

　ポアソン分布のそのほかの統計量は以下のとおりである。

平均 = L　　　　　　　　　　　　　　　　　　　　　　　　　(2.44)
分散 = L　　　　　　　　　　　　　　　　　　　　　　　　　(2.45)

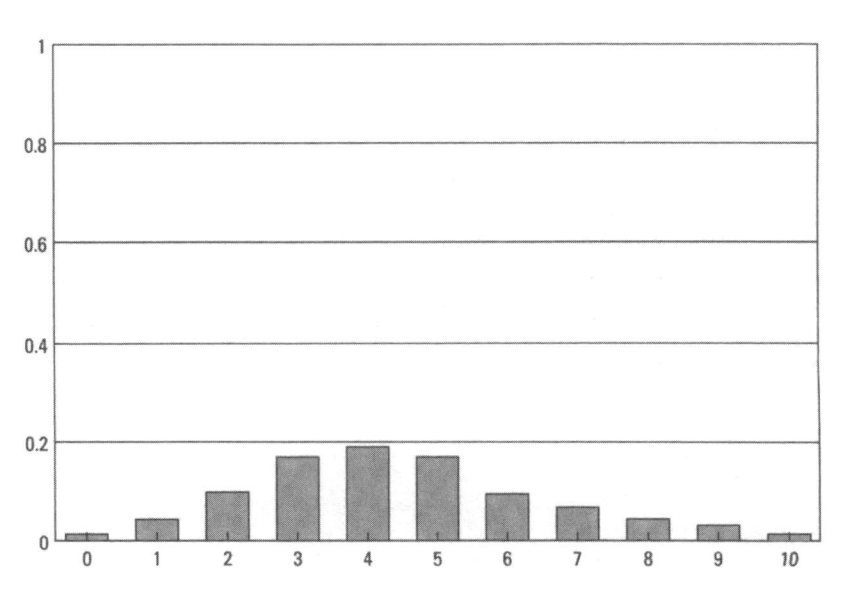

図2.26 ポアソン分布の累積分布関数（L＝0.5）

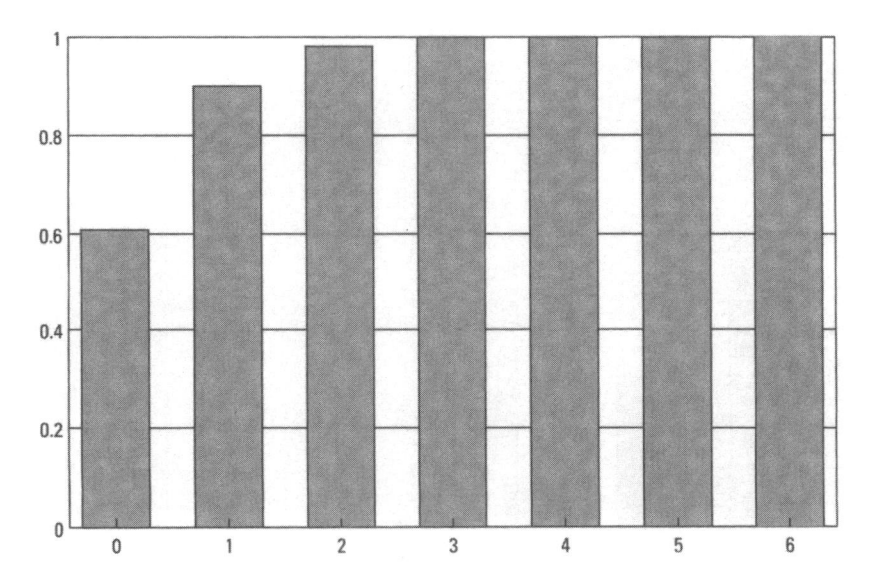

図2.27 ポアソン分布の確率密度関数（L＝4.5）

図2.28 ポアソン分布の累積分布関数（L＝4.5）

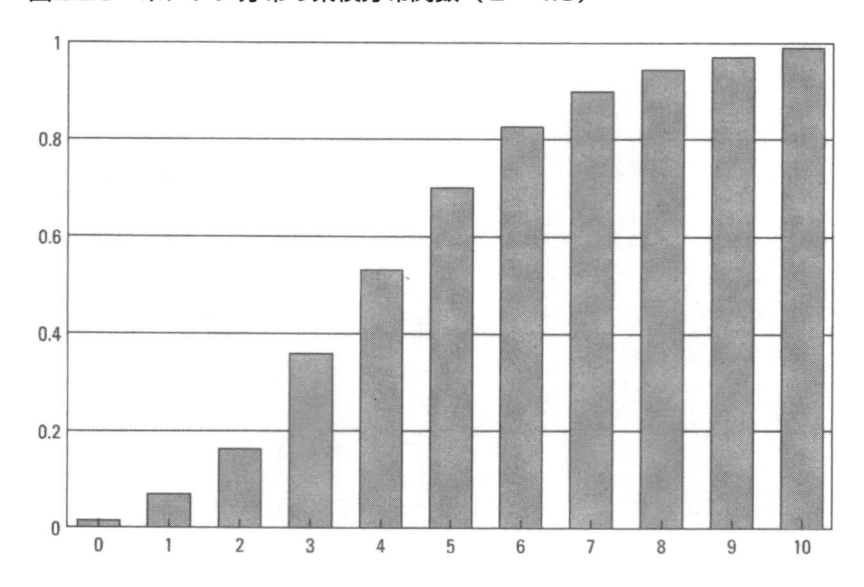

ただし、
L＝分布のパラメーター

　ポアソン分布の平均と分布は等しく、いずれもLである。したがって、前出のケースの場合は、次の1分間にかかってくる電話の数は平均で4回、分散も4回である（あるいは標準偏差が2回。標準偏差は分散の平方根をとったもの）。
　パラメーターLが小さいとき、分布は文字Jを逆さにしたような形状をとり、Lが大きいときは、二項分布に似た形状をとる。実際、Nが無限大でPが0に近づくとき、ポアソン分布は二項分布の極限形となる。**図2.25〜図2.28**はパラメーター値が0.5と4.5のときのポアソン分布を示したものである。
　ポアソン分布の累積分布関数N（X）は次式で表される。

$$N(X) = \sum_{J=0}^{X} (L^J \times EXP(-L)) \div J! \tag{2.46}$$

ただし、
L＝分布のパラメーター
EXP()＝指数関数

指数分布

ポアソン分布と密接な関係を持つ連続分布が**指数分布**で、用途が広い。指数分布は**負の指数分布**と呼ばれることもある。この分布は、待ち行列システムがコールされる時間間隔、機器の運転時間、製造不良による機器の故障など突然思いがけずに発生する故障、電球切れ、放射性粒子が崩壊するのに要する時間などのモデル化に用いられる（指数分布とポアソン分布の間には興味深い関係がある。到着率Lの待ち行列システムに到着するコール数はポアソン分布に従い、待ち行列システムがコールされる時間間隔はパラメーター1÷Lの指数分布に従う）。

指数分布の確率密度関数N'（X）は次式で表される。

$$N'(X) = A \times EXP(-A \times X) \tag{2.47}$$

ただし、
A＝唯一のパラメトリック入力量。ポアソン分布では1÷Lに等しい。A＞0
EXP()＝指数関数

図2.29 指数分布の確率密度関数（A＝1）

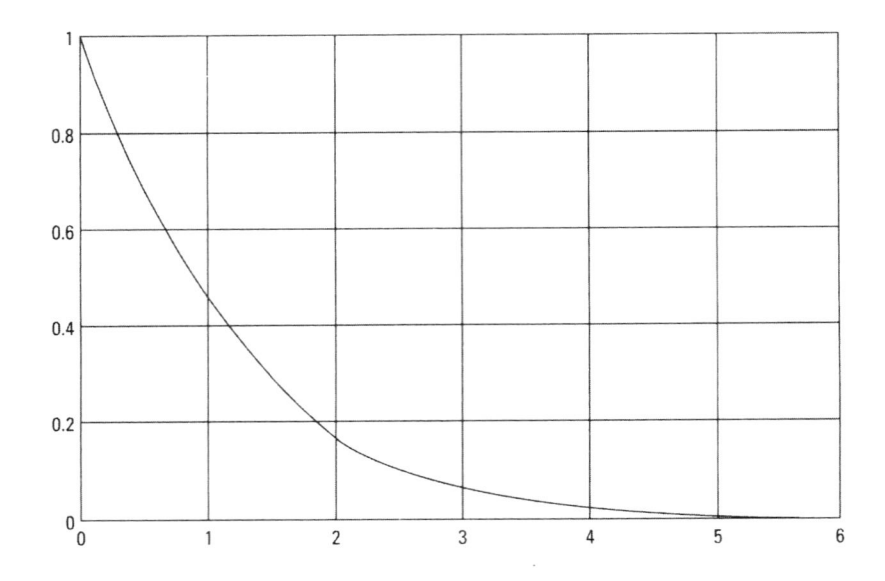

図2.30 指数分布の累積分布関数（A＝1）

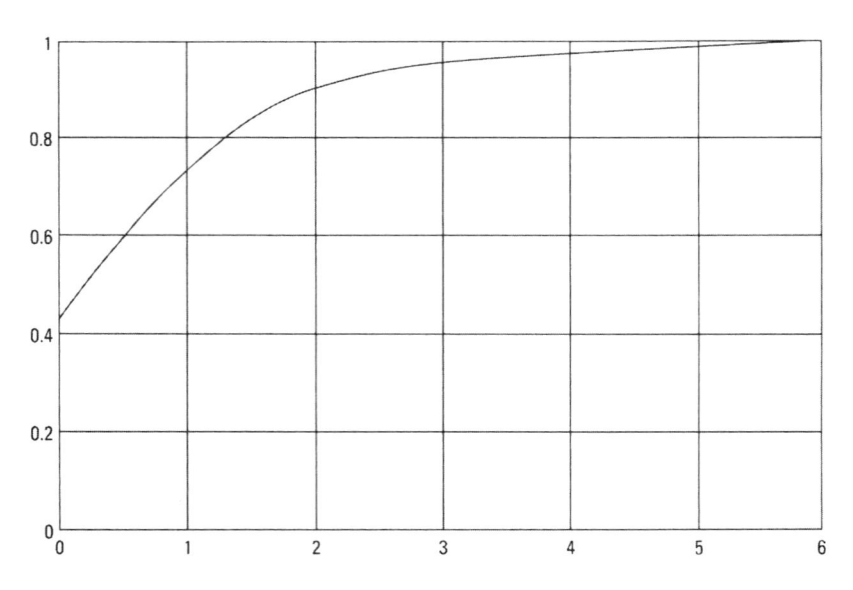

また指数分布の累積分布関数は式（2.47）の積分によって求められ、次式で表される。

$$N(X) = 1 - EXP(-A \times X) \tag{2.48}$$

ただし、
A＝唯一のパラメトリック入力量。ポアソン分布では1/Lに等しい。
　　A＞0
EXP()＝指数関数

図2.29および**図2.30**はそれぞれ指数分布の確率密度関数と累積分布関数を示したものである。Aの値が分かれば、完璧な分布グラフを描くことができる。

指数関数のそのほかの統計量は以下のとおりである。

$$平均 = 1 \div A \tag{2.49}$$
$$分散 = 1 \div A^2 \tag{2.50}$$

もう一度繰り返すが、指数分布のパラメトリック入力量はAのみであり、ポアソン分布ではその値は1÷Lに等しい。また、Aは0よりも大きな値でなければならない。

指数分布は「無記憶性」と呼ばれる興味深い性質を持つ。電話の交換台の例で言えば、一定時間内に電話がかかってくる確率はそれまでに電話がまったくかかってこなかった場合でもその事実に影響されないということである。

カイ二乗分布

適合度検定にもっともよく使われる分布が**カイ二乗分布**（カイはギリシャ文字のχ。したがってχ^2分布とも書く）。

Kを標準正規確率変数（したがって、平均は0、分散は1）とすると、KがJの平方根をとったものに等しい（$J=K^2$）とき、Kは連続確率変数になるが、Kは0よりも大きいためその確率密度関数は正規分布の確率密度分布とは異なる。カイ二乗分布の確率密度関数はKの関数として次式で表される。

$$N'(K) = K^{V/2-1} \times EXP(-K \div 2) \div (2^{\frac{V}{2}} \times GAM(V \div 2)) \tag{2.51}$$

ただし、
K＝カイ二乗変数χ^2
V＝この分布の自由度。唯一の入力パラメーター
EXP()＝指数関数
GAM()＝標準ガンマ関数

ガンマ関数は次の特徴を持つ。

1．GAM(0) ≠ 1
2．GAM(1÷2) ≠ $\sqrt{\pi}$ (＝1.772453851)
3．GAM(N) ≠ (N－1)×GAM(N－1)。したがって、Nが整数ならば、GAM(N)＝(N－1)!

式（2.51）で唯一の入力パラメーターはV（この分布の自由度）であることに注意しよう。カイ二乗分布は平均0、分散1の分布に従うM個の独立な確率変数K_1、K_2、…、K_Mの平方和の分布である。

$$J_M = K_1^2 + K_2^2 + \ldots + K_M^2$$

このとき、J_Mは自由度Mのカイ二乗分布に従う。カイ二乗分布の形状を決めるのは自由度の数である。自由度1の場合、A = 1のときの指数分布に似た、非対称な形状をとる。自由度2になると、左から右に向かって下降する、下に若干凸の直線形状をとる。自由度3では、上に凸の単峰形の分布になる。自由度が高くなるにつれて、対称的な形状の分布になる。自由度が非常に高くなると、中心極限定理により正規分布に似た形状の分布になる。

カイ二乗「検定」

カイ二乗「検定」とカイ二乗分布を混同しないようにしよう。カイ二乗検定は仮説が正しいかどうかを調べるための手順（のひとつ）であり、ここではこの検定について述べるが、名前が同じなので混同しやすいため注意が必要だ。

2つの標本が同じ母集団から選び出されたものかどうかを調べる統計的検定は多数ある。これを調べるには2つの分布が異なるかどうかを調べればよい。数ある検定のなかで最もよく知られているのが、1900年ごろカール・ピアソンによって創案されたカイ二乗検定である。おそらくは2つの分布が異なるかどうかを調べる検定のなかで最もよく使われているのがこのカイ二乗検定である。

カイ二乗値χ^2は次式で表される。

$$\chi^2 = \sum_{i=1}^{N} (O_i - E_i)^2 \div E_i \tag{2.52}$$

ただし、
N = ビンの総数
O_i = i 番目のビンにおける観測値の数
E_i = i 番目のビンにおける観測値の数の期待値

計算したχ^2値が大きい場合、2つの分布は同じではない（つまり、2つの標本は同じ母集団から選ばれたものではない）と結論づけることができる。逆にχ^2値が小さい場合、2つの分布は同じである（つまり、2つの標本は同じ母集団から選ばれたものである）と結論づけることができる。

観測値O_iは必ず整数でなければならないが、期待値E_iは必ずしも整数である必要はない。式（2.52）は観測値、期待値ともに整数のときの計算式である。期待値が必ずしも整数でなくてもよいことを反映させるために用いられるのが**イェーツの修正**で、期待値が必ずしも整数である必要がない場合には式（2.52）の代わりに次式を用いなければならない。

$$\chi^2 = \sum_{i=1}^{N} (ABS(O_i - E_i) - 0.5)^2 \div E_i \qquad (2.53)$$

N = ビンの総数
Oi = i 番目のビンにおける観測値の数
Ei = i 番目のビンにおける観測値の数の期待値
ABS() = 絶対値関数

χ^2値は**信頼度**に変換することができる。ここで言う信頼度とは、2つの分布が異なる度合いを示すもので、0（2つの分布が異なる）から1（2つの分布が同じ）の間の値をとる。2つの分布が同じ（異

なる）かどうかは100％確実に言うことはできないが、どれくらい同じかあるいは異なるかはある程度の信頼度で言うことはできる。信頼度の求め方には２通りの方法がある。ひとつは変換表を用いる方法で、これはいたって簡単である。そしてもうひとつは、自分で計算する方法である（つまり、変換表を自分で計算するということ）。しかし信頼度の計算には不完全なガンマ関数を必要とするので、ここでは扱わない。とはいえ、変換表はプログラミングでは使いにくいため、任意のχ^2値から信頼度を求めたいと思っている読者のほとんどは、この計算方法を知りたいはずだ。そこで、任意のχ^2値を信頼度に変換するためのJavaコードの抜粋を以下に示す。

```
Public void ChiSquareTest(int nmbrOfBins, double chiSquareStatistic){
    double confidenceLevel = 1.0;
    double a = 0.0, b = 0.0, c=1.0, d = 0.0, e = 0.0,
    f = 1.0;
    int nbins = nmbrOfBins -3;
    System.out.println("Chi-Square Statistic at " + nbins + "degrees of freedom is "+chiSquareStatistic);
    if(chiSquareStatistic < 31.0 || nbins > 2){
      e = nbins/2 -1;
      a = 1;
      for(int i = 1;i <= nbins/2 - .5; i++){
        a *=e;
        e -=1.0;
      }
      if(nbins% 2 !=0){
        a *= 1.77245374942627;
      }
      b = Math.pow((chiSquareStatistic/2.0), (double) (nbins/2)) * 2.0/ (Math.exp(chiSquareStatistic/2.0) * a * nbins);
      d = nbins + 2;
      do{
      c *=chiSquareStatistic/d;
```

```
            f+=c;
            d+=2.0;
        }while(c > 0.0);
        confidenceLevel = 1.0 - b *f;
    }
    System.out.println("For a Significance level of "+confidenceLevel);
}
```

信頼度を求めるには、変換表を使う場合でも自分で計算する場合でも、2つのパラメーターが必要になる。ひとつは当然ながら χ^2 値そのもので、もうひとつは**自由度**である。一般に、自由度はビンの数から1を引いて、そこからさらに、標本統計量を求めるのに必要な母集団のパラメーター数の推定値を引いたものになる。以下に示すものは、χ^2 値の各自由度に対する信頼度を求めるための表である。

χ^2 値

自由度	0.20	信頼度 0.10	0.05	0.01
1	1.6	2.7	3.8	6.6
2	3.2	4.6	6.0	9.2
3	4.6	6.3	7.8	11.3
4	6.0	7.8	9.5	13.3
5	7.3	9.2	11.1	15.1
10	13.4	16.0	18.3	23.2
20	25.0	28.4	31.4	37.6

カイ二乗検定は本書で示した以外にも、いろいろな用途に使われる。例えば、カイ二乗検定は2×2分割表（実際には任意のN×M分割表）の独立性検定に利用することができる。

データをビン分割するとき、ビンの数とその範囲は任意に選んだが、これには問題がある。データをビン分割すると元データの情報はある程度失われるが、一般に分布の形状は元データとビン分割したデータとではほとんど変わらない。もちろんビンを3にしたときと30にしたときでは、得られる結果は若干異なるだろう。したがって、ビン分割したデータを使って統計的検定を行うときには複数の方法でビン分割するのがよいだろう。そうすれば、ビンの選び方に依存しないより正確な結果を得ることができる。

　自由度の数が統計学的に有意であるためには、各ビンにおける観測値の数の期待値（E_i）が5以上でなければならない。観測値の数の期待値が5未満のビンがあるときは、どのビンにおける観測値の数の期待値も5以上になるようにビンの数を減らす必要がある。最も低いビンもしくは最も高いビン、またはその両方のビンの要素数だけが5未満の場合は、通常、それぞれのビンを「これよりも小さいビン」「これよりも大きいビン」として調整する。

スチューデント分布

　スチューデント分布（**t分布**または**スチューデントのt**ともいう）は、正規分布に関連する仮説検定に用いられる分布のひとつである。その分布が正規分布で近似できる母集団から選び出した標本数が30未満のとき、正規分布はもはや使えず、その代わりにスチューデント分布が用いられる。これはパラメトリック入力が1つ（自由度）の左右対称分布で、自由度は標本の要素数から1を引いた値（$N-1$）に等しい。

　スチューデント分布の形状は正規分布に非常によく似ているが、裾が厚くピークが低いなだらかな形状になる点が正規分布と異なる。自由度が無限大になると裾が細くなりピークが高くなるため正規分布に

近づく。自由度が1のとき、裾は最も厚くピークは最も低くなる。このときの分布を**コーシー分布**という。

この分布は自由度が1のときには平均が存在しないという興味深い特徴を持つ。自由度が2以上の場合には平均を持ち、その値はゼロになる。なぜならこの分布は0を中心とする左右対称分布だからである。自由度が3未満のとき、分散は無限大である。

分散が無限大というのは何を意味するのだろうか。これはいたって簡単だ。例えば、ある株式の前月における日々の終値の分散を計算して記録する。翌年における日々の終値の分散を同じように計算して記録すると、その値は前月のみの分散の値よりも大きくなるはずだ。今度は時間をさかのぼって過去5年分の分散を計算すると、その値はさらに大きくなる。つまり、計算に用いるデータ量が増えるほど分散は大きくなるわけである。この例からも分かるように、分散は標本サイズが大きくなるにつれ無限に大きくなる。これが無限大の分散の意味するものである。日々の値動きの対数をとったものの分布はおそらくは無限大の分散を持つだろう。したがって、スチューデント分布は値動きの対数の分布をモデル化するときに用いられることもある（つまり、今日の終値をC_0、前日の終値をC_1として$\ln(C_0/C_1)$を毎日計算してグラフ化すると0を中心とする左右対称なグラフになる。この分布はスチューデント分布を使ってモデル化することもある）。

自由度が3以上のとき、分散は次に示す有限の値をとる。

分散 = $V \div (V - 2)$　　$V > 2$のとき　　　　　　　　　　　(2.54)
平均 = 0　　$V > 1$のとき　　　　　　　　　　　　　　　　(2.55)

ただし、
V = 自由度

2つの独立した確率変数があるとする。ひとつはZで、これは標準正規分布（平均0、分散1）に従い、もうひとつ（Jとする）は自由度Vのカイ二乗分布に従う。このとき、変数T（＝Z÷(J÷V)）はスチューデント分布に従う。また、次式で表されるTは、自由度N－1のスチューデント分布に従う。

$$T = \sqrt{N} \times (\overline{X} - U) \div S$$

ただし、
$\overline{X}$ ＝標本平均
S ＝標本標準偏差
N ＝標本サイズ
U ＝母平均

スチューデント分布の確率密度関数N'(X)は次式で表される。

$$N'(X) = \frac{GAM((V+1) \div 2)}{\sqrt{V \times P} \times GAM(V \div 2)} \times (1 + X^2 \div V)^{-(V+1) \div 2} \tag{2.56}$$

ただし、
P ＝ π
V ＝自由度
GAM() ＝標準ガンマ関数

スチューデント分布の確率密度関数の計算には実際にはベータ関数が使われるが、ここではベータ関数のような不完全な関数を含む数理物理学を深く掘り下げていくつもりはないので、スチューデント分布の説明はこれで終わりにする。しかし、任意のZスコアと自由度に対するスチューデント分布の確率計算の方法を知りたい人のために、

Javaコードを以下に示す。コードを見ると分かるように、自由度変数DEGFDMが無限大に近づくにつれ、返される変数（つまり確率）は式（2.22）で示される正規分布確率に収束する。

```java
public void StudentsT2TailProbs(double zScore, int degreesOfFreedom){
    double confidenceLevel = 1.0;
    double st = Math.abs(zScore);
    double r8 = Math.atan(st/Math.sqrt((double)degreesOfFreedom));
    double rc8 = Math.cos(r8);
    double x8 = 1.0;
    double r28 = rc8 * rc8;
    double rs8 = Math.sin(r8);
    double y8 = r8;
    if(degreesOfFreedom %2 !=0 ){
      if(degreesOfFreedom !=1){
        y8 = rc8;
        for(int i =3;i<=degreesOfFreedom - 2; i+=2){
          x8 = x8 * r28 * (double)((i - 1)/i);
          y8 = y8 + x8 * rc8;
        }
        y8 = r8 + rs8 * y8;
      }
      confidenceLevel = y8 * 0.6366197723657157;
    }else{
      y8=1.0;
      for(int i =2;i <=degreesOfFreedom -2; i+=2){
        x8 = x8 * r28 * (double)((i - 1)/i);
        y8 += x8;
      }
      confidenceLevel = y8 *rs8;
    }
    System.out.println("The two-tailed probabilities associated with the T distribution for a Z score of "+zScore+" and "+degreesOfFreedom+"degrees freedom is "+confidenceLevel);
}
```

次はカイ二乗分布に関連するもうひとつの分布について見ていくことにしよう。これから説明する**F分布**は**スネデカー分布**または**スネデカーのF**とも呼ばれ、これもまた統計学ではよく使われる分布で、特に仮説検定に用いられることが多い。AおよびBを自由度がそれぞれMおよびNの独立したχ^2確率変数とする。このとき、

F = (A ÷ M) ÷ (B ÷ N)

で表される確率変数Fは自由度MおよびNのF分布に従う。F分布の確率密度関数N'(X)は次式で表される。

$$N'(X) = \frac{GAM((M+N)÷2) \times (M÷N)^{M÷2}}{GAM(M÷2) \times GAM(N÷2)} \times X^{\frac{M}{2}-1}$$
$$\times (1 + \frac{M}{N}x)^{-(M+2)÷2} \tag{2.57}$$

ただし、
M = 第1パラメーターの自由度
N = 第2パラメーターの自由度
GAM() = 標準ガンマ関数

多項分布

多項分布は二項分布と関係の深い分布で、これもまた二項分布と同様、離散分布である。二項分布との違いは、二項分布がある事象に対して起こり得る結果が2つであるのに対し、多項分布ではそれぞれの試行に対して起こり得る結果がM個あると仮定する。多項分布の確率密度関数N'(X)は次式で表される。

$$N'(X) = \left(N! \div \prod_{i=1}^{M} N_i!\right) \times \prod_{i=1}^{M} P_i^{N_i} \tag{2.58}$$

ただし、

N＝全試行回数

N_i＝i番目の結果が発生した回数

P_i＝1回の試行でi番目の結果が発生する確率（したがって、$P_1 + P_2 + ... + P_M = 1$）

M＝1回の試行で起こり得る結果の数

例えば、1個のサイコロを考えてみよう。このサイコロを1回振ると出る目の種類は6通り（M＝6）である。偏りのないサイコロを10回振ったときに、1の目が1回、2の目が2回、3の目が3回出る確率はどうなるだろうか。1の目、2の目、3の目が出る確率はそれぞれ6分の1である。確率の合計を1にするためには4番目の可能性を考えなければならない。つまり、1も2も3も出ない確率であり、それは6分の3である。したがって、$P_1 = P_2 = P_3 = $ 6分の1、$P_4 = $ 6分の3。また、$N_1 = 1$、$N_2 = 2$、$N_3 = 3$、$N_4 = 10 - 3 - 2 - 1 = 4$。したがって、このサイコロのケースについて確率密度関数を計算すると次式のようになる。

$$\begin{aligned}N'(X) &= (10! \div (1! \times 2! \times 3! \times 4!)) \times (1 \div 6)^1 \times (1 \div 6)^2 \times (1 \div 6)^3 \times (3 \div 6)^4 \\ &= (3628800 \div (1 \times 2 \times 6 \times 24)) \times 0.1667 \times 0.0278 \times 0.00463 \times 0.0625 \\ &= (3628800 \div 288) \times 0.000001341 \\ &= 12600 \times 0.000001341 \\ &= 0.0168966 \end{aligned} \tag{2.58a}$$

これは1の目が1回、2の目が2回、3の目が3回出る確率であって、累積密度ではないことに注意しよう。これは2つ以上の確率変数を用いる分布なので、これまで議論してきた分布とは違って累積密度を二次元で表すことはできない。確率変数を2つ以上とる分布についてはこれ以上議論しないが、そういった分布とその関数が存在することだけは知っておいてもらいたい。

安定パレート分布

安定パレート分布は安定分布の総称であり、**パレート・レビィ分布**とも呼ばれる。安定分布の確率密度関数N'（U）は次式で表される。

$$\ln(N''(U)) = i \times D \times U - V \times ABS(U)^A \times Z \tag{2.59}$$

ただし、
U＝安定分布の変数
A＝分布の尖度を表すパラメーター
B＝分布の歪度を表すパラメーター
D＝分布の位置を表すパラメーター
V＝縮尺パラメーター
i＝虚数単位（＝$\sqrt{-1}$）
Z＝1－i×B×(U÷ABS(U))×tan(A×π)（A＞＜1のとき）
　　1＋i×B×(U÷ABS(U))×2÷π×log(ABS(U))（A＝1のとき）
ABS()＝絶対値関数
tan()＝正接関数
ln()＝自然対数関数
log()＝常用対数関数

式（2.59）の各パラメーターが取り得る範囲は以下のとおりである。

$$0 < A <= 2 \tag{2.60}$$
$$-1 <= B <= 1 \tag{2.61}$$
$$0 <= V \tag{2.62}$$

分布の形状は4つのパラメーター（A、B、D、V）のとる値によって変わる。

変数Aは分布の裾の厚みの尺度である。したがって、分布の尖度変数である。Aは分布の**特性指数**とも呼ばれる。A＝2のとき、分布は正規分布で、A＝1のとき、分布はコーシー分布になる。Aが2よりも小さいとき、分布の裾は正規分布の裾よりも厚い。裾の部分の確率はAの値が小さくなるほど大きくなる。Aが2よりも小さいとき、分散は無限大になり、分布が平均を持つのはAが1よりも大きいときのみである。

変数Bは**歪度指数**と呼ばれる。Bがゼロのとき、分布は完全に左右対称になる。Bの絶対値が大きくなるほど、歪度は大きくなる。したがってAが2で、W（U,A）が0のとき、Bは分布に対して何の影響力も持たない。なぜなら、Aが2のとき、Bの値がどんな値をとろうと、分布は完全に左右対称の正規分布になるからである。**縮尺パラメーター**であるVはAの関数［$V = C^A$、したがって$C = V^{1/A}$］として表されることもある。Aが2のとき、Vは分散の2分の1である。Aが1のとき、分布はコーシー分布であり、したがってVは四分領域に等しい。Dは**位置のパラメーター**である。Aが2のとき、算術平均がDの不偏推定量になる。また、Aが1のときはメジアンがDの不偏推定量になる。

安定パレート分布の累積分布関数は閉じた形では存在しないことが知られている。そのため、この分布のパラメーターの計算は複雑

で、したがってこの分布は扱いにくい。しかし、安定パレート分布の4つのパラメーターA、B、C、Dはそれぞれこの分布の4次モーメント、3次モーメント、2次モーメント、1次モーメントに対応している。安定パレート分布が現実世界におけるさまざまなタイプの分布のモデル化に有効に使われるのはこのためである。特に、正規分布よりも裾の厚い分布や、無限大の分散を持つ（つまり、Aが2よりも小さい）分布のモデル化によく使われる。経済学や社会科学の分野では、用いるデータの分布は裾が厚い、あるいは無限大の分散を持つという特徴を持つため、安定パレート分布はこれらの分野で幅広く応用されている。

　Aが2よりも小さいときに分散が無限大になるという性質により、中心極限定理は安定パレート分布に従うデータに対しては適用されない。

　安定パレート分布の最大の特徴のひとつは、加算しても不変、という点である。つまり、ほぼ同じ特性指数Aを持つ独立した安定変数の合計は一定ということである。そこで、中心極限定理の一般化という概念が登場する。一般化中心極限定理は分布の極限形が正規分布ではなく安定パレート分布であるという点を除いては中心極限定理と同じである。分散が無限大（つまり、A＜2）のとき、中心極限定理は適用できないが、一般化中心極限定理は分布が無限大の分散を持つデータにも適用できる。例えば、人の身長の分布は有限の分散を持つため正規分布でモデル化できるが、人の年収の分布の分散は有限ではないため、正規分布ではなく安定パレート分布でモデル化される、といった具合だ。

　値動き分布は安定パレート分布に従うと考える人が多いのは、この一般化中心極限定理によるものである。

　確率分布はここで紹介した以外にも多数ある（負の二項分布、ガンマ分布、ベータ分布など）が、一般に最もよく使われるものがこれま

でに紹介してきた確率分布である。

　このように数ある既知の確率分布の目録作りについてはさまざまな努力がなされてきた。カール・ピアソンはこの分野に最も貢献した人物のひとりとして挙げられるが、最も包括的な目録作りに成功したのはおそらくはフランク・ヘイトだろう（Haight, F.A., "Index to the Distributions of Mathematical Statistics," Journal of Research of the National Bureau of Standards-B. Mathematics and Mathematical Physics 65B No.1,pp.23-60, January-March 1961）。ヘイトの『インデックス（Index）』は1958年1月以前に発表されたほぼすべての分布を網羅している。ヘイトは同書でほぼすべての分布に関連する数学関数の一覧表を提供しているだけでなく、インデックスの使用者が特定の分布をさらに掘り下げて調べたい場合に参照すべき文献や論文を参考資料として提示している。ヘイトのインデックスは分布を10の基本タイプに分類している——①正規分布、②タイプ3、③二項分布、④離散型分布、⑤（A，B）の分布、⑥（0，無限大）の分布、⑦（－無限大，無限大）の分布、⑧一変量分布、⑨二変量分布、⑩多変量分布。

　本章で説明してきた分布のうち、カイ二乗分布と指数分布（負の指数分布）はヘイトの分類ではタイプ3に分類されている。また、二項分布、幾何分布、ベルヌーイ分布は二項分布に、ポアソン分布と超幾何分布は離散分布に分類され、一様分布は（A，B）の分布に、F分布とパレート分布は（0，無限大）の分布に、スチューデント分布は（－無限大，無限大）の分布に、多項分布は多変量分布に分類されている。分布のなかにはある分布タイプの下位分類とみなすことができるため、すべての分布がこれら10タイプの分布に完璧に分類されるわけではないことに注意しよう。例えば、スチューデント分布は（－無限大，無限大）の分布に分類されているが、正規分布はスチューデント分布の下位分類と考えることができるため、正規分布はそれだけでひとつの分布タイプとして分類されている。お分かりのように、分布

を「明確に分類する」方法はない。しかしヘイトのインデックスはほぼ完璧と言ってよい。本書で議論した以外の分布について知りたい人は、まずは上に紹介したヘイトの著書を読んでみるとよいだろう。

第3章
利益の再投資と幾何的成長

Reinvestment of Returns and Geometric Growth Concepts

トレーディングで得た利益を再投資すべきか否か

　次のような「システムA」を考えてみよう。このシステムで2回トレーディングを行うと、1回目は50%の利益を出し、2回目は40%の損失を出す。したがって、利益を再投資しなければ10%の利益が得られるが、再投資した場合は、勝ちトレードと負けトレードが同じ順序で発生すると仮定すると10%の損失を被ることになる。

システムA

トレード番号	再投資しない場合 損益	累計	再投資した場合 損益	累計
		100		100
1	50	150	50	150
2	−40	110	−60	90

　次にシステムBを考えてみよう。このシステムでは、勝ったときの利益は15%、負けたときの損失は5%である。再投資しない場合、2回のトレーディングで10%の正味利益が得られる。これはシステムAの場合と同じである。しかし、システムAと違うのは、このシステム

161

では再投資した場合にも利益が出る点である。

システムB

トレード番号	再投資しない場合 損益	累計	再投資した場合 損益	累計
		100		100
1	15	115	15	115
2	−5	110	−5.75	109.25

　再投資する場合のトレーディングの特徴として認識しておかなければならないことは、**トレーディングで得た利益を再投資すると、勝てるシステムが負けるシステムに転じることはあっても、その逆はない**ということである。再投資を伴うトレーディングでは、リターンが安定していなければ、勝てるシステムでも負けるシステムに転じてしまうということなのである。さらに、**トレードの順序が変わっても、最終的な結果には影響しない。これは、再投資するか否かにかかわらず同じである**（この点を誤解している人は多い）。

システムA

トレード番号	再投資しない場合 損益	累計	再投資した場合 損益	累計
		100		100
1	−40	60	−40	60
2	50	110	30	90

システムB

トレード番号	再投資しない場合 損益	累計	再投資した場合 損益	累計
		100		100
1	−5	95	−5	95
2	15	110	14.25	109.25

　この現象はトレーディングを2回行ったときだけに限られるわけではない。試しにシステムAにあと2回同じトレーディングを追加して、勝ちトレードと負けトレードのすべての発生順序別に見てみよう。

第一の順序（システムA）

トレード番号	再投資しない場合 損益	累計	再投資した場合 損益	累計
		100		100
1	−40	60	−40	60
2	50	110	30	90
3	−40	70	−36	54
4	50	120	27	81

第二の順序（システムA）

トレード番号	再投資しない場合 損益	累計	再投資した場合 損益	累計
		100		100
1	50	150	50	150
2	−40	110	−60	90
3	50	160	45	135
4	−40	120	−54	81

第三の順序(システムA)

トレード番号	再投資しない場合 損益	累計	再投資した場合 損益	累計
		100		100
1	50	150	50	150
2	50	200	75	225
3	−40	160	−90	135
4	−40	120	−54	81

第四の順序(システムA)

トレード番号	再投資しない場合 損益	累計	再投資した場合 損益	累計
		100		100
1	−40	60	−40	60
2	−40	20	−24	36
3	50	70	18	54
4	50	120	27	81

第五の順序(システムA)

トレード番号	再投資しない場合 損益	累計	再投資した場合 損益	累計
		100		100
1	50	150	50	150
2	−40	110	−60	90
3	−40	70	−36	54
4	50	120	27	81

第六の順序(システムA)

トレード番号	再投資しない場合 損益	累計	再投資した場合 損益	累計
		100		100
1	−40	60	−40	60
2	50	110	30	90
3	50	160	45	135
4	−40	120	−54	81

　これらから明らかなように、再投資するか否かにかかわらず、トレーディングの順序は最終結果には影響しない。ただし、ドローダウンは違ってくる。次のリストは、それぞれのトレーディング順序におけるドローダウンを示したものである。

第一の順序

再投資しない場合　100 − 60 = 40（40%）
再投資した場合　　100 − 54 = 46（46%）

第二の順序

再投資しない場合　150 − 110 = 40（27%）
再投資した場合　　150 − 81 = 69（46%）

第三の順序

再投資しない場合　200 − 120 = 80（40%）
再投資した場合　　225 − 81 = 144（64%）

第四の順序

再投資しない場合　100 − 20 = 80（80%）

再投資した場合　　　100 − 36 = 64（64％）

第五の順序
再投資しない場合　150 − 70 = 80（53％）
再投資した場合　　150 − 54 = 96（64％）

第六の順序
再投資しない場合　100 − 60 = 40（40％）
再投資した場合　　135 − 81 = 54（40％）

　再投資した場合のドローダウンは、ドローダウンの額で見た場合、最小にはならない。再投資トレーディングの副次的効果のひとつとして挙げられるのは、ドローダウンが緩和される傾向にあるという点である。再投資ベースではシステムはドローダウン期に入ると、負けトレードを出すたびに枚数を徐々に減らしていく。口座資産のパーセンテージで見たドローダウンが、再投資した場合のほうが再投資しない場合よりも常に小さいのはこのためである。
　以上のことからすると、再投資ベースのトレーディングよりも再投資をしないトレーディングのほうが良いように思える。なぜなら、再投資をしないほうが利益を出す確率が大きいからである。しかし、この考え方は正しいとは言えない。実際には、得た利益をすべて引き出すわけではなく、損失を出すたびに口座に新たに入金してその損失を補うわけでもないからだ。また、投資やトレーディングが複利効果に基づくものであるという性質を考えても、同じことが言える。再投資しない場合のように複利効果を無視すれば、今から将来にかけていかに良いトレーディング成果を上げても、利益が飛躍的に伸びることはないだろう。複利効果があってこそ、口座資産は線形関数的成長から幾何関数的成長へと転じるのである。

前に、再投資プランの下では、勝てるシステムが負けるシステムに転じることはあっても、その逆はない、と述べた。では、なぜトレーディングでは利益を再投資するのだろうか。理由はひとつしかない。再投資することで、勝てるシステムは再投資しない場合に達成できる成果をはるかにしのぐ高い成果を上げることができるからである。

　再投資プランの下では利益が出ないと思われるような口座も、再投資しないプランの下では利益を出せる可能性があるため、やはり再投資しないプランのほうが良い、という読者もいるかもしれない。しかし、用いるシステムが十分に優れたものであれば、得られる利益は、再投資しない場合よりも再投資した場合のほうがはるかに大きく、しかも利益の差は時間がたつにつれて拡大する。市場に打ち勝つことができるシステムを持っているのであれば、資金の増加に伴って投資額を増やす方法でトレーディングしない手はない。

　トレーダーたちを再投資トレーディングから遠ざけるもうひとつの理由は、運用資産が長期にわたって成長したあとには必ず負けトレード、あるいは連敗トレードが待ち受けているからである。考えてみれば、これは当然のことと言えよう。連勝トレードは負けトレードの発生によってのみ終了し、利益を生み続けた月も、負け月の発生によってのみ終了する。再投資トレーディングの問題点は、いつか必ず発生する負けトレードが実際に発生したときに、それまでの勝ちトレードの延長で枚数を増やしてしまうことである。そのため、損失は拡大する。これとは逆に負けトレードが続くと、勝ちトレードがある日突然やってきても、それまでの延長で枚数を減らす傾向にある。

　連勝は連敗が発生する前兆であり、連敗は連勝が発生する前兆であることは、統計学的に証明されているわけではない。要するにここで言いたいのは、長くトレーディングを続けていると必ず損失が発生するときが来る、ということである。再投資ベースでトレーディングしている場合、突然やってくるその損失はかなり大きなものになる。勝

ちトレードが続いていれば、次のトレードが負けトレードになるとは知らずに枚数を増やしてしまうからである。残念ながら、これを防ぐ手立てはない。定常分布の下では、従属試行の場合を除き、少なくとも統計学に裏づけされた予防手段はない。

したがって、考察対象のマーケットシステムで生み出される各トレードが独立事象であると仮定した場合、この現象は防ぎようがない。どちらのプランでトレーディングする場合でも損失が必ず発生するのとまったく同じように、これは再投資プランの下でトレーディングする場合には必ず発生する現象である。損失もゲームの一部なのである。良いマネーマネジメントが目指すものは、利益を上げられるシステムの能力を最大限に引き出すことである。したがって、賢明なトレーダーならば、正しいマネーマネジメントテクニックによる恩恵を長期にわたって享受するために、この現象がゲームの一部であることを認識し、あるがままを受け入れることが大切である。

再投資プランにとって良いシステムかどうかを測定する──幾何平均

システムというものは、各トレード間の安定度を高めなければ、その能力を十分に引き出すことができないことは、これまでの話でもうお分かりだろう。ということは、トレーディングの話などもうやめて、有り金はすべて銀行に預けてしまったほうがよいのだろうか。ここでまた、システムAの話に戻ろう。説明を分かりやすくするために、最初の2つのトレードに加え、それぞれ1％の利益を生む2つの勝ちトレードを追加する。

システムA

トレード番号	再投資しない場合 損益	累計	再投資した場合 損益	累計
		100		100
1	50	150	50	150
2	−40	110	−60	90
3	1	111	0.9	90.9
4	1	112	0.909	91.809
勝率		0.75		0.75
平均損益		3		−2.04775
プロフィットファクター		1.3		0.86
標準偏差		31.88		39.00
平均損益÷標準偏差		0.09		−0.05

　次に、システムBについて見てみよう。今度は、最初の2回のトレードに加え、それぞれ1％の損失を生む2つの負けトレードを追加する。

システムB

トレード番号	再投資しない場合 損益	累計	再投資した場合 損益	累計
		100		100
1	15	115	15	115
2	−5	110	−5.75	109.25
3	−1	109	−1.0925	108.1575
4	−1	108	−1.08157	107.0759
勝率		0.25		0.25
平均損益		2		1.768981

プロフィットファクター	2.14	1.89
標準偏差	7.68	7.87
平均損益÷標準偏差	0.26	0.22

われわれが本当に求めているものが利益の安定性というのであれば、銀行口座を考えてみよう。これは各期ごとに1％の利息を支払ってくれるのだから、（トレーディングと比較すれば）完璧に安定したシステムだ。これをシステムCと呼ぶことにする。

システムC

トレード番号	再投資しない場合		再投資した場合	
	損益	累計	損益	累計
		100		100
1	1	101	1	101
2	1	102	1.01	102.01
3	1	103	1.0201	103.0301
4	1	104	1.030301	104.0604
勝率		1.00		1.00
平均損益		1		1.015100
プロフィットファクター		-		-
標準偏差		0.00		0.01
平均損益÷標準偏差		-		89.89

システムA、B、Cに共通しているのは、再投資ベースでの標準偏差が再投資しない場合に比べて大きい（したがって、平均損益／標準偏差は小さくなる）点であり、さらに再投資ベースでのプロフィットファクター［PF＝平均利益÷平均損失×勝率÷（1－勝率）(3.01)］が再投資しない場合よりも低い点も同じである。

第3章　利益の再投資と幾何的成長

　われわれの目的は再投資トレーディングでの利益を最大化することである。この点から言えば、再投資トレーディングの結果が最も良いのはシステムBである。では、再投資しない場合のトレーディングについての情報しかないとすると、どこに注目すればこれが分かるのだろうか。勝率か、あるいは最終累積額か。または平均損益か。もしそうだとすれば、システムAでトレーディングするはずだから、いずれも正解ではない（しかし、先物トレーダーたちの答えで一番多いのがこれ）。では、安定性（つまり、平均損益÷標準偏差が最も高いか、標準偏差が最も低いか）に注目するというのはどうだろう。またはプロフィットファクターが最も高いか、あるいはドローダウンが最も低いという点に注目するというのは？　これらのいずれかに注目したとすると、金はすべて銀行に預けておくのがベストということになり、トレーディングなどやらないはずである。

　システムBの特徴は収益性と安定性がうまく調和している点である。しかしシステムAとCはそうではない。これが、システムBが再投資トレーディングで最も高いパフォーマンスを上げる理由である。では、この「調和」は何によって測定するのがベストだろう。これに打ってつけなのが**幾何平均**である。これは単に（対元本）最終資産比率（TWR＝Terminal Wealth Relative）のN乗根をとったものである（ただし、Nは期間数［トレード数］）。先の表では、再投資トレーディングの最終累積額（ただし、当初資金を1とする）がこれに当たる。したがって、各システムのTWRは次のとおりである。

システム	TWR
システムA	0.91809
システムB	1.070759
システムC	1.040604

171

各システムではそれぞれ4つのトレードを行っているので、幾何平均を計算するにはTWRの4乗根をとる。したがって、各システムの幾何平均は次のようになる。

システム	幾何平均
システムA	0.978861
システムB	1.017238
システムC	1.009999

$$\mathrm{TWR} = \prod_{i=1}^{N} \mathrm{HPR}_i \tag{3.02}$$

$$幾何平均 = \mathrm{TWR}^{\frac{1}{N}} \tag{3.03}$$

ただし、
N＝総トレード数
HPR＝各トレードにおけるリターン（＝1＋リターン）

例えば、HPRが1.10ということは、任意の期間・賭け・トレードにおけるリターンが10％であることを意味する。TWRは、複利運用の下で、一定の期間数・賭け回数・トレード回数だけ投資を続けて行ったときの最終資金を、当初資金に対する比率として表したものである。これらの変数は別の方法で表すこともできる。

TWR＝最終資金÷当初資金
幾何平均＝1プレー当たりの平均成長率、
　　　　または（最終資金÷当初資金）$^{1÷プレー回数}$

または、
幾何平均 = exp((1 ÷ N) × ln(TWR))　　　　　　　　　　　(3.03a)

ただし、
N = 総トレード数
ln(TWR) = TWRの自然対数
exp = 指数関数

　つまり、**幾何平均とは１プレー当たりのあなたの資金の平均「成長率」のことである。したがって、利益再投資ベースでトレーディングを行うトレーダーにとって最も有用なシステムまたは市場は、幾何平均が最大のシステムまたは市場ということになる。幾何平均が１よりも小さいということは、そのシステムで再投資トレーディングを行っていたならば損失を出していたことを意味する**。また、現実に即した結果を得るためには、幾何平均の計算には実際のスリッページや手数料を含めなければならないことに注意しよう。

幾何平均の概算値

　幾何平均を計算するのに、すべてのHPRを掛け合わせたもののN乗根を計算するのは大変な作業である。そこで、もっと簡単に幾何平均を求める方法を紹介しよう。幾何平均の２乗は、HPRの算術平均の２乗からHPRの母標準偏差の２乗を引いたもので近似することができる。したがって、幾何平均の概算値を計算するには、まずHPRの算術平均を２乗し、そこからHPRの母標準偏差の２乗を引く。そして、得られた値の平方根をとったものが実際の幾何平均の概算値である。数値例を見てみよう。ここでは４トレードを想定し、HPRの値は以下のとおりとする。

1.00

1.50

1.00

0.60

算術平均　　　　　1.025
母標準偏差　　　　0.3191786334
幾何平均の概算値　0.9740379869
実際の幾何平均　　0.9740037464

幾何平均の概算値（EGM）の計算方法は式で表すと次のように書くことができる。

$$EGM = \sqrt{算術平均^2 - 母標準偏差^2} \qquad (3.04)$$

正規確率関数の標準偏差を求める公式は第1章で紹介したが、ここでは別の方法を用いる。標準偏差の計算方法が分かっている人は、この部分は飛ばして次の節「ベストな再投資方法」に進んでもらって構わない。

標準偏差は分散の平方根をとったものである。

$$分散 = (1 \div (N-1)) \sum_{i=1}^{N} (X_i - \overline{X})^2$$

ただし、
X＝データ点の平均
X_i＝i番目のデータの値
N＝データの総数

これはいわゆる**標本**分散である。**母**標準偏差を求めるには、この式の（N−1）をNで置き換えればよい。

標本分散の平方根をとったものが標本標準偏差であり、母分散の平方根をとったものが母標準偏差である。先ほどのデータを使って実際に計算してみよう。

$$1.00$$
$$1.50$$
$$1.00$$
$$0.60$$

1．まず、データの値の平均を計算する。

$$\overline{X} = (1.00 + 1.50 + 1.00 + 0.6) \div 4$$
$$= 4.1 \div 4$$
$$= 1.025$$

2．各データの値とステップ1で求めた平均との差をそれぞれ計算する。

$$1.00 - 1.025 = -0.025$$
$$1.50 - 1.025 = 0.475$$
$$1.00 - 1.025 = -0.025$$
$$0.60 - 1.025 = -0.425$$

3．ステップ2で求めた数値をそれぞれ2乗する。2乗するので、値はすべて正になることに注意しよう。

$(-0.025) \times (-0.025) = 0.000625$
$(0.475) \times (0.475) = 0.225625$
$(-0.025) \times (-0.025) = 0.000625$
$(-0.425) \times (-0.425) = 0.180625$

4．ステップ3で求めた数値をすべて足し合わせる。

```
  0.000625
  0.225625
  0.000625
+ 0.180625
_____
  0.4075
```

5．ステップ4で求めた数値に（1÷N）を掛ける。標本分散を求めたいのであれば、ステップ4で求めた数値に1÷（N−1）を掛ける。ここでは、4つのHPRの母標準偏差を求めて、そこから最終的に幾何平均の概算値を求めることが目的なので、ステップ4で求めた数値に1÷Nを掛ける。

母分散 $= (1 \div N) \times (0.4075)$
$ = (1 \div 4) \times (0.4075)$
$ = 0.25 \times 0.4075$
$ = 0.101875$

6．標準偏差は分散の平方根をとったものなので、ステップ5で求めた数値の平方根をとる。

$$母標準偏差 = \sqrt{0.101875}$$
$$= 0.3191786334$$

したがって、この例の幾何平均の概算値は次のようになる。

$$\text{EGM} = \sqrt{算術平均^2 - 母標準偏差^2}$$
$$= \sqrt{1.025^2 - 0.3191786334^2}$$
$$= \sqrt{1.050625 - 0.101875}$$
$$= \sqrt{0.94875}$$
$$= 0.9740379869$$

$$実際の幾何平均 = \sqrt[4]{1.00 \times 1.50 \times 1.00 \times 0.60}$$
$$= \sqrt[4]{0.9}$$
$$= 0.9740037464$$

幾何平均の概算値が、実際の幾何平均の代わりに十分代用できるものであることが、これでお分かりいただけたことと思う。概算値は実際の数値に極めて近いので、本書では場合に応じて使い分けることにする。

ベストな再投資方法

これまでは、常に資金の100％を再投資することを想定した再投資トレーディングについて議論してきた。有利な状況（利益が期待できる状況）の下で得られる利益を最大化するためには再投資することが不可欠だが、100％の再投資というのは最も賢明な方法とは言えない。

コイン投げの例で考えてみよう。勝てば２ドルもらえ、負ければ１ドル支払わなければならないとする。１プレー当たり平均でどれくら

い稼げるかは、期待値を計算してみれば分かる。

$$期待値 = \sum_{i=1}^{N} (P_i \times A_i)$$

ただし、
P＝勝率または敗率
A＝勝ったときにもらえる額または負けたときに失う額
N＝起こり得る結果の総数

このコイン投げの期待値は次のように計算できる。

期待値＝(0.5×2)＋(0.5×(－1))
　　　＝1－0.5
　　　＝0.5

　つまり、コインを1回投げるごとに平均で50セントの儲けが期待できるというわけである。賭け金を増やさなければ、最初のコイン投げからその後のすべてのコイン投げを通じて、毎回50セントの儲けが期待できる。しかし独立試行では、賭け金を増やしていくのが一般的だ。つまり、勝てば、賭け金を徐々に増やしていくはずである。
　ここで、マネーマネジメントシステムの基本ルールをしっかり覚えてもらいたい。すなわち、**独立試行では、期待値が0以下であれば、どんなマネーマネジメントテクニックを使っても、どんな賭け方をしても、賭ける回数を増やしても、そのゲームの期待値が正になることはない**ということである。
　ただし、このルールが適用されるのは、ひとつのマーケットシステムを使ってトレーディングしている場合だけである。一度に2つ

以上のマーケットシステムを使ってトレーディングすると、不思議な現象が発生するのだ。例えば、今使っているマーケットシステムに加え、期待値が負のマーケットシステムを新たに導入すると、マーケットシステムグループ全体の正味の期待値が、期待値が負のマーケットシステム導入以前の正味の期待値よりも高くなったり、そのグループの個々のマーケットシステムのいずれの期待値よりも高くなることもあるのだ。

　しかし当面は、一度にひとつのマーケットシステムのみを用いる場合を考察対象とする。したがって、マネーマネジメントテクニックが有意義なものとなるためには、考察対象となるマーケットシステムの期待値は正でなければならない。

　ここでもう一度、ペイオフレシオが２：１の先ほどのコイン投げの例（期待値は正）を考えてみよう。当初資金は１ドルとする。最初のプレーでは勝ち、２ドル支払われる。最初のプレーで資金のすべて（１ドル）を賭けたのと同じように、次のプレーでも資金のすべて（３ドル）を賭ける。しかし、そのプレーでは負け、３ドルの資金はすべて失われた。当初資金の１ドルだけでなく、最初のプレーで勝った２ドルも失ってしまったのである。２番目のプレーではフルベットで３ドル賭けたので、もしそのゲームに勝っていれば６ドル支払われたはずである。つまり、資金の100％を賭ければ、負けた（どういうゲームでも負けることは必ずある）途端にすべてを失うということである。

　前と同じシナリオを今度は再投資しない（つまり、一定のベットサイズで賭ける）場合で考えてみると、最初のプレーでは２ドル儲かり、２番目のプレーでは１ドル失うだけである。したがって、正味損益は１ドルの儲けとなり、資金総額は２ドルになる。ベストな賭け方というのは、どうもこれら２つのシナリオ――つまり、100％の再投資プランと再投資しないプラン――の中間にありそうである。

　マネーマネジメント戦略を考えるうえでは、どういうことが重要な

179

のだろうか。ポイントは4つある。第一に、有利なゲームでは数学的に可能な最高額を稼ぐことができなければならない。第二に、資金の成長率と安全性とのトレードオフも考慮しなければならない（第一の特徴を満たす場合、実現は難しいかもしれないが、考えてみるだけの価値はある。本書の最後では本書で述べた方法を現実世界に応用するが、この重要な注意事項についてはそのときにも言及する）。第三に、勝つ見込みがあるかどうかを考慮しなければならない。最後に、ベットサイズは勝ったときに得られる額と負けたときに失う額とに照らして決めなければならない、ということである。例えば、N回の賭けのうち1回だけエッジのあることは分かっているが、どの賭けが勝ちゲームになり、どれくらい稼げるのかは分からないし、またどの賭けが負けゲームになり、どれくらい損をするのかも分からないとすると、（長期的に考えれば）どの賭けにも総資金の一定比率を賭けるのがベストということになる。

　再び、先のコイン投げで考えてみよう。当初資金は2ドルで、コインを3回投げる。表が出たら賭け金1ドルにつき1ドルもらえ、裏が出たら1ドル支払わなければならないものとする。3回のうち、表が2回、裏が1回出る。また、このコインは偏っており、3回投げると必ず表が2回、裏が1回出る。また、3回とも表になったり、3回とも裏になったりすることはない。このコインが偏ったコインであることは知っているが、いつ裏が出るのかは分からない。この状況下で得られる利益を最大化するにはどうすればよいだろうか。この偏ったコインに起こりうる事象列（標本空間）は次の3通りである。

表　表　裏
表　裏　表
裏　表　表

ここでわれわれはジレンマに陥る。勝率は66％であることは分かっているが、いつ負けるかは分からない。でも、この状況下で得られる利益を最大化したい。

　そこで、資金の一定比率を賭ける――最適比率は資金の３分の１（計算方法については後述）――のではなく、例えば、最初の賭けでは２ドル、その後の賭けでは１ドルずつ賭けることにする。表表裏の場合も表裏表の場合も、２ドルの資金は４ドルに増えるが、裏表表の場合は、最初の賭けで一文無しになってしまう。事象列は３通りあり、そのうちの２つでは２ドルの儲け、残りの１つでは文無しになるので、すべての事象列を総合すると４ドル（２＋２＋０）の儲けになると言うことができる。したがって、各事象列の平均は1.33ドル（４÷３）の儲けということになる。

　ほかの賭け方も試してみるとよい。どこで負けるか分からないのだから、結局はどの賭けでも資金の一定比率を賭けるのがベストだということが分かるはずだ。最適比率は３分の１、または33％である。この賭け方だと、すべての事象列を総合するとトータルで1.11ドルの儲け（0.37＋0.37＋0.37）になるので、勝ち負けの出る順序とは無関係に、どの順序のときでもおよそ0.37ドルの儲けになる。したがって、この場合の平均の儲けは0.37ドル（1.11÷３）である。

　昔から、ギャンブラーたちはさまざまな「賭け方」システムを創意工夫してきた。そのひとつにマルチンゲール方式と呼ばれるものがある。これは、負けるたびに賭け金を倍にするという戦略で、この賭け方を続ければ、勝ったときに必ず１単位だけ儲けが出るというものである。しかし、マルチンゲール方式では、連敗中の賭け金が莫大な額になってしまうこともある。この賭け方を勝ちになるまで続ければ、最後には必ず１単位の儲けが出るので、これは一見究極の賭け方であるかのようにも思える。もちろん、期待値が正であれば、こういった戦略を用いる必要はないのだが、公平なマネーゲームや、期待値が負

でしかもその度合いが小さい場合には、この戦略は使えるかもしれない。

しかし、第1章で見てきたように、期待値が負の場合に賭けを続けても、期待値が正になることは絶対にない。マルチンゲール方式で賭けている場合を考えてみよう。最初の10回の賭けが連敗だとすると、11番目の賭けには1024単位賭けることになる。勝つ確率は最初に1単位賭けたときと同じである（独立試行）。したがって、パーセンテージベースの期待値は最初の賭けと同じだが、単位ベースでは最初の賭けの1024倍である。したがって期待値が負であったとすると、その負の期待値は今では1024倍に膨れ上がっているわけである。

「そんなこと、問題じゃないさ」と、マルチンゲール方式で賭けているあなたは答える。「だって、11番目の賭けでも負ければ12番目の賭けはその倍賭けるからね。結局最後には1単位の儲けが出るんだ」。しかし結局は、マルチンゲール方式の賭け手は賭け金の上限という壁にぶつかることになる。これは、カジノ側の設ける限度額によるものかもしれないし、賭け手側の資力が尽きてしまったことによるものかもしれない。

理論的には、カジノ側が賭け金の上限を設定しておらず資金が無限にある場合は、この賭け方はうまくいくかに見える。しかし、資金を無尽蔵に持っている人が果たしているだろうか。

結局、マルチンゲール方式による賭け手は、カジノ（カジノ賭博の場合）や自分の資力（トレードの場合）によって賭け金の最高額に限度が設けられることになり、最終的にはこの最高額を賭けて負けるので破産に追い込まれるというわけである。しかも、この事態は期待値にかかわらず必ず発生する。マルチンゲール方式が、期待値が正のときに手を出すものではないし、公平なゲームや期待値が負の場合にはまったく役に立たないのはこういった理由による。確かに、マルチンゲール方式で賭けた場合、プレーヤーはゲームテーブルを勝者として

立ち去ることがほとんどだろう。しかし、負けたときにはどうなるか。プレーヤーが勝ったときにカジノ側が被るのと同じ程度の損失で済むかといえば、そんなことはない。そんな額とは比較にならないほど大きな損失をプレーヤーは被ることになるのである。

マルチンゲール方式の賭け手が破綻に追い込まれるのは、賭け金に上限があるというよりも、むしろその上限に達するまでの賭け回数に原因がある（これは、カジノで賭け金の最低額が設けられている理由のひとつでもある）。これを克服するためにギャンブラーたちが行ってきたのが、スモールマルチンゲール方式と呼ばれているものである。これは、若干の妥協を図ったマルチンゲール方式とでも言えようか。

スモールマルチンゲール方式は、賭け金最高額に達するまでに要する賭け回数を増やすことによって生き残りを図ろうとするものである。基本的には、1サイクルにつき1単位の利益を得ることを目標とする。システムの説明は例を示したほうが分かりやすいので、例を使って説明しよう。スモールマルチンゲール方式ではプレーヤーは「賭けリスト」を常に見ながら、そのリストの最初の賭け金と最後の賭け金の合計を次の賭けに賭ける。賭けに勝てば、リストの最初と最後の賭け金を棒線で消す。したがって次の賭け金は、最初と最後の賭け金を削除した新しいリストの最初と最後の賭け金を合計したものになる。リストは1からスタートする。賭けに負けたときには、数字がひとつ（1、2、3、4……）リストの最後に加えられる。1単位の利益が出たところでひとつのサイクルが終了する。リストの数字が2だけになったときには、そのリストを「1、1」に書き換える。次に示す4つの異なるサイクル例を参考にして、このシステムの仕組みをしっかり把握してもらいたい。

賭け番号	リスト	ベットサイズ	勝敗
1	1	1	勝

賭け番号	リスト	ベットサイズ	勝敗
1	1	1	負
2	1，1	2	勝
3	1	1	勝

賭け番号	リスト	ベットサイズ	勝敗
1	1	1	負
2	1，1	2	負
3	1，1，2	3	勝
4	1	1	勝

賭け番号	リスト	ベットサイズ	勝敗
1	1	1	負
2	1，1	2	負
3	1，1，2	3	負
4	1，1，2，3	4	勝
5	1，2	3	負
6	1，2，3	4	勝
7	1，1	2	負
8	1，1，2	……1単位の利益が出るまで続く

　マルチンゲール方式がそうであるように、スモールマルチンゲール方式も結局は負けるシステムである。期待値が負の賭けを何度繰り返したところで、結局は負の期待値しか得られないのである。
　もうひとつのシステムが逆マルチンゲール方式で、これは（名前からも分かるように）マルチンゲール方式とまったく逆のシステムである。逆マルチンゲール方式では、勝ったあとの賭け金を倍にする。つ

まり、連勝を狙って利益を最大化しようというのがこの戦略の狙いである。マルチンゲール方式が最終的に１単位の利益を出すのに対して、逆マルチンゲール方式は、資金の100％を投じた場合、いったん負けるとすべてを失う（たとえ期待値が正のゲームであったとしても）。

実は、前述した固定比率トレーディングは、逆スモールマルチンゲール方式なのである。本章の前の部分に出てきた偏ったコインの例を覚えているだろうか。その例のなかに出てきた「ベスト」な戦略こそが、逆スモールマルチンゲール方式だったのである。ただし、固定比率トレーディング、すなわち逆スモールマルチンゲール方式が最適な賭け方システムと言えるのは、あくまで期待値が正である場合に限られることに注意しよう。

もうひとつのよく知られたシステムがリザーブ戦略である。リザーブ戦略では、「ベース＋利益の一部」を賭けるのが基本だが、最後の賭けが勝ちだった場合、次の賭けでは最後の賭けと同じ額だけ賭ける。例えば、ペイオフレシオが１：１のゲームで毎回１ドル賭けたときに、結果が勝、勝、負、勝の順で発生したとしよう。最初の賭け金は１ドルである。最初の賭けは勝ったので、２番目の賭けの賭け金も１回目と同じ１ドルである。２番目の賭けも勝ったので、総利益は２ドルに増える。３番目の賭けの賭け金は、２番目の賭けが勝ったので１ドルである。しかし、３番目の賭けは負けて１ドルの損失を出したので、総利益は１ドルに減った。３番目の賭けは負けだったので、４番目の賭け金はベース（１ドル）＋利益の50％（１ドル×0.5）＝1.50ドルに増やす。４番目の賭けは勝ったので1.50ドル儲け、結局総利益は2.50ドルになった。４番目の賭けは勝ったので、５番目の賭け金は４番目と同じ1.50ドルである。

一見すると、リザーブ戦略は理想的な賭け方システムのように思える。しかし、ほかの賭け方システム同様、長期的に見ると、リザーブ戦略のパフォーマンスは単純な固定比率（逆スモールマルチンゲール

方式）アプローチにも及ばない。ギャンブラーやトレーダーたちの間でよく使われるもうひとつの賭け方が、「ベース＋平方根アプローチ」というものである。これは、「基本的にはスタート時の賭け金（ベース）＋利益の平方根」を賭けるというものだ。このように、賭け方システムはいくらでも作り出せる。

　どういうわけだか、負けトレードのあと、連敗のあと、あるいはドローダウンのあとに枚数を増やす傾向が多くの人に見られる。しかし、再三にわたってコンピューターシミュレーション（私自身が行ったり、別の人にやってもらったり）を行った結果、これはマネーマネジメントの方法としては非常にお粗末であることが分かった。マルチンゲール方式やスモールマルチンゲール方式とさほど変わらないのである。トレーディングはおおむね独立試行であると仮定しているので、過去のトレードは現在のトレードには何の影響も及ぼさないはずである。それまでの20トレードがすべて勝ちトレードだろうと負けトレードだろうと、次のトレードには何の関係もないのである。

　興味深いことに、先ほど述べたコンピューターシミュレーションからはすべて同じ結果が得られた。どのシミュレーションからも、プレーヤーに有利な独立試行では、資金の増加に応じて賭け金を増やすのがよく、ベットサイズは総資金の一定比率にするのが最適であるという結果が導き出されたのである。正味の結果が正になる、長期にわたる一連の独立した賭けまたはトレーディング結果をデータとして用い、これらのデータにさまざまな賭け方システムを適用してみる研究がこれまで再三にわたって行われてきた。この種の研究はすべて、総資金の大きさに比例してベットサイズを増やすような賭け方システムを用いるのがよい、という同じ結果に帰着している。

　また、『ギャンブリング・タイムズ（Gambling Times）』誌の1987年6月号でウィリアム・T・ジエンバは、一定比率賭けがほかのどの賭け方戦略よりも優れているという研究結果を発表している（Ziemba,

William T., "A Betting Simulation, The Mathematics of Gambling and Investment," Gambling Times, pp.46-47, 80, June 1987)。さらに、ジエンバはその記事のなかで、最適比率(ケリーの公式を使って計算)ではほかの比率よりもはるかに高いパフォーマンスを上げられることを示している。彼が行ったのは、当初資金を1000ドルとして、700の競馬レースの賭けを1000シーズンにわたってシミュレートするというものだ。そして、一文無しになったシーズン数、利益の出たシーズン数、5000ドル、1万ドル、10万ドルを超える利益を上げたシーズン数を調べるだけでなく、最終資金の最低額、最高額、平均、メジアンも計算した。彼のこの研究結果からも、資金の一定比率を賭けるのが最も優れた賭け方システムであることが明確に示されている。

「ちょっと待ってよ。そもそも賭け方システムなんてものは無駄だって、さっき言ったんじゃないの？ 第1章でも、ハウスアドバンテージはどうしようもないから、プレー回数を増やすしかないって、言ったんじゃなかった？」なんて声が読者から聞こえてきそうだ。

期待値が負のときは確かにそのとおりである。しかし、期待値が正の場合は、話がまったく違ってくる。期待値が正の場合、問題はその状況をどうすれば最大限に利用できるか、なのである。

第4章
オプティマル f

Optimal f

最適固定比率

　特定の状況やシステムで賭けやトレーディングをする場合、最初に考えなければならないのは、その状況やシステムに正の期待値が存在するかどうかであることは、すでに述べたとおりである。また前章では、期待値で見れば(つまり、期待値が正であるということ)「良い賭け」のように思えても、利益の再投資を考えた場合にはそれほど良い賭けではない場合もあることが分かった(そのシステムのパフォーマンスにバラツキがあるにもかかわらず、再投資する利益の割合が大きすぎる場合)。利益を再投資しても期待値(=パーセンテージベースでの期待値。金額ベースでの期待値は上昇——しかも幾何学的に。再投資をしたくなるのはこのためである)が上がることはないからである。たとえ数値は小さくても正の期待値が存在する場合、次に考えなければならないのは、その正の期待値をどうすれば最大限に活用することができるかである。独立試行については、総資産の一定比率を再投資することが正の期待値の最大限の活用につながることはすでに述べた(従属試行の場合も、独立試行の場合同様、正の期待値を最大限に活用するには総資産の一定比率を賭ければよいという考え方が適用できる。ただし、従属試行の場合には、賭け率は各トレードごとに変える

図4.1 オプティマルf曲線

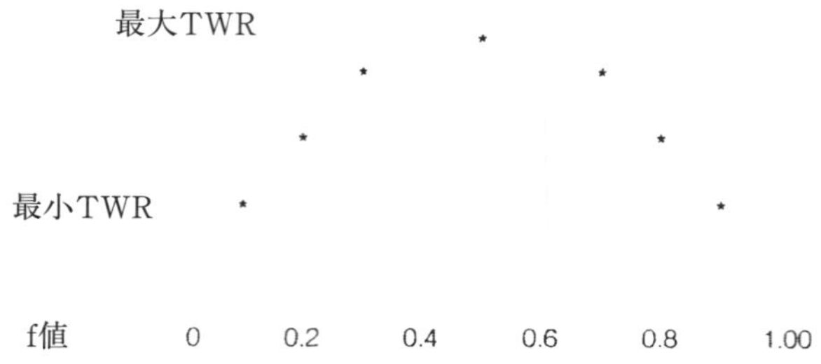

```
最大TWR
              *
          *       *
      *               *
最小TWR    *               *

f値    0    0.2   0.4   0.6   0.8   1.00
```

のがベストである。各トレードにおける最適賭け率は、それぞれのトレードの勝率とペイオフによって決まる)。これより、次の原理が導き出される。すなわち、**独立試行の場合でエッジがあるとき（つまり、期待値が正のとき）、最大損失の除数に用いられる0から1までの間の数値として表される最適固定比率（f）が、各トレードにおける最適賭け率になる**、ということである。

　最適固定比率のことを、総資産の何％を賭ければよいかを示すものであると考えている人は多いが、これは誤解である。オプティマルfは総資産の賭け率そのものではなく、賭け率を求めるための中間ステップにすぎない。オプティマルfは最大損失の除数として用いられるもので、総資産を（最大損失÷オプティマルf）で割ったものが賭け数または枚数になる。

　また、**証拠金が数学的に最適な枚数とは何の関係もない**こともこれから明らかにしていく。

　図4.1から分かるように、fカーブは0から1の間でお椀を逆さにしたような形の曲線を描く。曲線の頂点に対応するfの値が、利益を最大にする各トレード（または賭け）における総資産の賭け率である。

　ほとんどの人が、fは右上がりの直線関数だという思い違いをしているが、これは、右上がりのグラフを、リスクを増やせばそれだけ儲

かる額も増えることを意味していると思い込んでいるためである。こういった誤解の原因は、正の期待値を負の期待値の単なる鏡像ととらえている点にある。つまり、期待値が負のときにプレー数を増やせば損失の累積速度がアップするのと同じように、期待値が正のときにプレー数を増やせば利益の累積速度がアップすると信じ込んでいるということである。しかし、これはまったくの誤解である。期待値が正の場合でも、プレー数を増やしていけばそれが裏目に出るときは必ず来る。利益を再投資しているため、そのときがいつになるのかは、システムの収益性と安定性（つまり、システムの幾何平均）とによって異なる。

非対称レバレッジ

損失の埋め合わせに必要な額は、損失の増加に伴い幾何学的に増加することは覚えているだろうか。損失を埋め合わせるのに必要な上昇率は次式で表される。

必要な上昇率 = (1 ÷ (1 − 損失率)) − 1 (4.01)

つまり20％の損失が出ると、それをカバーするにはその後の上昇率が25％でなければならないということである。30％の損失なら、42％の上昇率が必要になる。これを非対称レバレッジという。固定比率トレーディングでは、トレーダーは利益を出したあとよりも損失を出したあとで枚数を増やす傾向があることはすでに述べた。非対称レバレッジが増幅するのはこのためである。f関数が曲線を描くのも、この非対称レバレッジで説明がつく。つまり、fカーブのピークは、損失を出したとしても（非対称レバレッジを利用して）損失からうまく脱することで、一連のトレードによる利益を最大化するために取るべ

図4.2 非対称レバレッジ

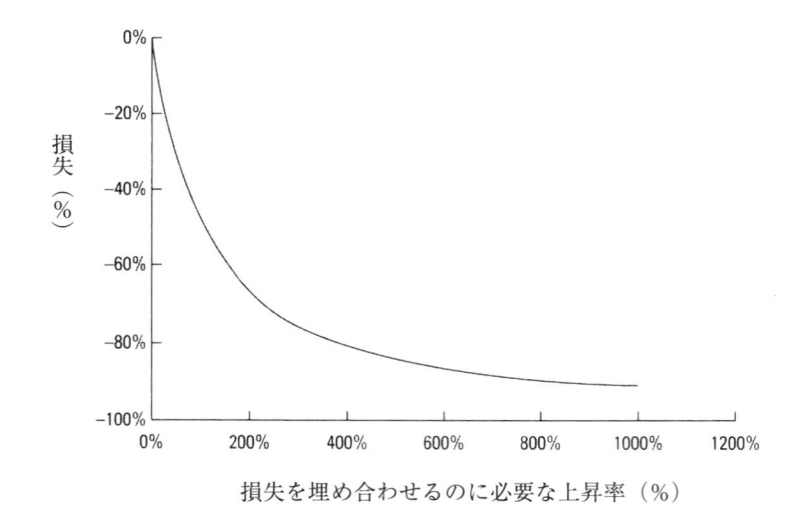

損失（%）

損失を埋め合わせるのに必要な上昇率（%）

き正しい枚数を指示する位置を表すものなのである（**図4.2**を参照）。fカーブのピークに対応するf値（X軸）をオプティマルf（fは必ず小文字で表す）という。

つまりfが曲線状の関数になるのは、ひとつには利益を再投資したときに非対称レバレッジが増幅するという事実によるものなのである。

では、このオプティマルfの値はどのように求めればよいのだろうか。ギャンブルの世界ではこの数十年にわたってオプティマルfの求め方が研究されてきたが、最も有名かつ正確なのがケリーの公式と呼ばれるものである。これは、1956年初期にジョン・L・ケリー・ジュニアによって開発され、1956年7月に『ベル・システム・テクニカル・ジャーナル（Bell System Technical Journal）』誌に発表された数学モデルを応用したものである（Kelly, J.L., Jr., "A New Interpretation of Information Rate," Bell System Technical Journal, pp. 917-926, July, 1956）。このケリー基準は、最適賭け率が成長関数G（f）を最

大にする資産の固定比率（f）であることを述べたものである。G（f）は次式で表される。

$$G(f) = P \times \ln(1 + B \times f) + (1 - P) \times \ln(1 - f) \qquad (4.02)$$

ただし、
 f ＝最適固定比率
 P ＝賭けまたはトレードの勝率
 B ＝ペイオフレシオ
 ln() ＝自然対数（底は e ＝2.71828……）

起こりうる結果が2つあるような試行のオプティマルfは、次に述べるケリーの公式を使えば簡単に計算できる。

ケリーの公式

ベルシステム社のエンジニアたちが長距離データ通信の問題に取り組み始めたのは、1940年代の終わりごろのことである。当時の長距離データ通信の問題点は、線路が一見ランダムな「ノイズ」の影響を受けるため、送信がそのノイズによって妨害されることだった。かなり独創的な解決策を打ち出したのがベル研究所のエンジニアたちだった。何とも奇妙なことに、このデータ通信上の問題点とギャンブルのマネーマネジメントに関連する幾何的成長問題との間には多くの類似点があるのだ（どちらの問題も、有利な不確実性が存在する環境から生み出されるため）。ケリーの公式はこれらの問題の解決策から派生したもののひとつである。

ケリーの第一公式は、

$$f = 2 \times P - 1 \tag{4.03}$$

である。

ただし、
 f ＝最適固定比率
 P ＝賭けまたはトレードの勝率

　この公式は、利益と損失が常に同額のときに正しいオプティマル f の値を計算することができる。例えば、一連の賭けの結果が次のような場合を考えてみよう。

－1、＋1、＋1、－1、－1、＋1、＋1、＋1、＋1、－1

　合計10の賭けのうち、勝ったのは6回なので、オプティマル f は次のようになる。

$$f = (2 \times 0.6) - 1$$
$$ = 1.2 - 1$$
$$ = 0.2$$

　利益と損失が常に同額ではない場合、この公式は使えない。こういったケースの例としては、前に出てきたペイオフレシオが2：1（勝った場合は2単位の利益、負けた場合は1単位の損失）のコイン投げが挙げられる。このような場合には、次式で表されるケリーの第二公式を使う。

$$f = ((B + 1) \times P - 1) \div B \qquad (4.04)$$

ただし、
f ＝最適固定比率
P ＝賭けまたはトレードの勝率
B ＝ペイオフレシオ

したがって、ペイオフレシオが２：１のコイン投げのオプティマルｆは次のようになる。

$$\begin{aligned}
f &= ((2 + 1) \times 0.5 - 1) \div 2 \\
&= (3 \times 0.5 - 1) \div 2 \\
&= (1.5 - 1) \div 2 \\
&= 0.5 \div 2 \\
&= 0.25
\end{aligned}$$

この公式が使えるのは、利益が常に同額で損失も常に同額のときのみである。この条件が満たされなければ、この公式からは正しいオプティマルｆの値を得ることはできない。

例えば、次に示す一連の賭けまたはトレード結果を考えてみよう。

＋９、＋18、＋７、＋１、＋10、－５、－３、－17、－７

この場合、利益と損失はそれぞれに同額ではないので、前の公式は使えない。しかし、前の公式を使ってとにかくｆの値を計算してみることにしよう。

９回の事象のうち５回が勝ちなので、P＝0.555である。次に、Bを計算するために、利益と損失の平均を計算しておこう（これは間違

いなのだが、この部分をこのように誤解しているトレーダーが多い)。利益の平均は9で、損失の平均は8である。したがって、B＝1.125となる。これらの値をケリーの第二公式に代入するとfは次のようになる。

$$f = ((1.125 + 1) \times 0.555 - 1) \div 1.125$$
$$= (2.125 \times 0.555 - 1) \div 1.125$$
$$= (1.179375 - 1) \div 1.125$$
$$= 0.179375 \div 1.125$$
$$= 0.159444444$$

したがって、f＝0.16である。この値が正しいオプティマルfの値ではないことは、本章でこのあと説明する。この一連のトレードの正しいオプティマルfは0.24になる。利益が常に同額でないとき、かつ／または、損失が常に同額でないときにはケリーの公式は適用できない。適用しても正しいオプティマルfの値は得られない。

ケリーの第二公式の分子は、第1章で定義した、起こり得る結果が2通りある試行の期待値に等しいことに注目しよう。したがって、利益と損失がそれぞれに同額の場合（利益と損失が同額かどうかは無関係）、オプティマルfは次のように書き換えることができる。

$$f = 期待値 \div B \qquad (4.05)$$

ただし、
f ＝最適固定比率
B ＝ペイオフレシオ

幾何平均によるオプティマル f の求め方

　実際のトレーディングでは、利益も損失もトレードごとに異なるのが一般的だ。したがって、オプティマル f の計算には残念ながらケリーの公式は使えない。では、正しい枚数を決めるための数学的に正しいオプティマル f はどのように計算すればよいのだろうか。

　詳しくは本章でこのあと説明するが、正しい枚数や正しい株数でトレードすることは、今までに考えられてきた以上に重要な問題である。勝つか負けるかは、レバレッジによって決まると言っても過言ではない。どんなシステムでも負けトレードを経験するし、ドローダウンを避けて通ることもできない。これは当たり前のことであり、紛れもない事実である。しかし、常に正しい枚数（つまり、数学的に正しい量）でトレードすることができれば、損失を最小限に抑えることができる。

　そのための方法をこれから見ていくことにしよう。まず最初に、HPRの公式を f を含む式に書き換えておこう。

$$\text{HPR} = 1 + f \times (-\text{トレード損益} \div \text{最大損失}) \tag{4.06}$$

　TWRはHPRの数列の積であり、幾何平均はTWRのN乗根なので、それぞれ次のように書くことができる。

$$\text{TWR} = \prod_{i=1}^{N} (1 + f \times (-\text{トレード損益}_i \div \text{最大損失})) \tag{4.07}$$

　トレード損益$_i$とは、i 番目のトレードの損益のことをいう。

$$幾何平均 = \left(\prod_{i=1}^{N} (1 + f \times (-トレード損益_i \div 最大損失)) \right)^{\frac{1}{N}} \quad (4.08)$$

幾何平均は、以前示した幾何平均の概算値を計算する方法に、上に示したHPRを適用して求めてもよいし、上に示したTWRを以前示した幾何平均の公式（以下を参照）に代入して求めてもよい。

$$幾何平均 = \exp((1 \div N) \times \ln(TWR))$$

ただし、
N＝総トレード数
ln(TWR)＝TWRの自然対数
exp＝指数関数

TWRが最大になるときのfの値を求めるには、0.01から1までのさまざまなf値をTWRの式に代入してみればよい。 TWRが最大になるときのfの値が、固定比率トレーディングでリターンが最大になるfの値である。オプティマルfは幾何平均が最も大きくなるfの値と言い換えることもできる。TWRも幾何平均も同じf値で最大になるので、オプティマルfの値はTWRが最大になるfの値として求めてもよいし、幾何平均が最大になるfの値として求めてもよい。

この作業はコンピューターを使えば簡単だ。fの値を0.01から1.0まで0.01ずつ増やしながらTWRの値を計算すればよい。TWR値が前の値よりも低くなったら、その前のTWRに対応するfの値がオプティマルfである。もちろん手動で計算しても構わないが、トレード数が増えてくるとかなり面倒である。（手動かコンピューターかを問わず）オプティマルfを求める最も速い方法は、反復収束法だ。まずfの境界を決める。ここでは境界をf＝0およびf＝1.00に定める。初期値

として例えばｆ＝0.10を選び、対応するTWRを計算する。ｆの値を一定量ずつ増やしながら対応するTWRをそれぞれ計算していく。この例ではｆの値は0.10ずつ増やしていくが、（上限の1.00を上回らなければ）どんな値を使っても構わない。これをTWRの値が前の値よりも低くなるまで続ける。この例では、ｆ＝0.30のとき、TWRの値はｆ＝0.20のときの値よりも低くなる。したがって、ここでｆの境界を0.20および0.30に変更し、TWRの値が１点（この点がオプティマルｆ）に収束するまで同じプロセスを繰り返す。このプロセスを実際の数値計算で確認してみよう。

```
          f＝0.10
 トレード損益   HPR
      9      1.052941
     18      1.105882
      7      1.041176
      1      1.005882
     10      1.058823
     -5      0.970588    HPR
     -3      0.982352    ＝1＋(f×(－トレード損益÷最大損失))
    -17      0.9
     -7      0.958823
       TWR＝1.062409    TWRはHPRをすべて掛け合わせたもの


          f＝0.20
 トレード損益   HPR
      9      1.105882
     18      1.211764
      7      1.082352
      1      1.011764
     10      1.117647
     -5      0.941176
```

− 3	0.964705
−17	0.8
− 7	0.917647
TWR =	1.093231

f = 0.30

トレード損益	HPR
9	1.158823
18	1.317647
7	1.123529
1	1.017647
10	1.176470
− 5	0.911764
− 3	0.947058
−17	0.7
− 7	0.876470
TWR =	1.088113

f = 0.25

トレード損益	HPR
9	1.132352
18	1.264705
7	1.102941
1	1.014705
10	1.147058
− 5	0.926470
− 3	0.955882
−17	0.75
− 7	0.897058
TWR =	1.095387

```
              f = 0.23
トレード損益    HPR
       9     1.121764
      18     1.243529
       7     1.094705
       1     1.013529
      10     1.135294
     − 5     0.932352
     − 3     0.959411
     −17     0.77
     − 7     0.905294
     TWR = 1.095634


              f = 0.24
トレード損益    HPR
       9     1.127058
      18     1.254117
       7     1.098823
       1     1.014117
      10     1.141176
     − 5     0.929411
     − 3     0.957647
     −17     0.76
     − 7     0.901176
     TWR = 1.095698
```

これまでのまとめ

　前章では、良いシステムとは幾何平均の高いシステムであることを述べた。しかし、幾何平均を計算するためにはfの値を知らなければ

ならない。読者の混乱を避けるために、ここでそのプロセスをまとめておくことにしよう。

1. 任意のマーケットシステムのトレードリストを用意する。
2. オプティマルｆを求める。これは、ｆの値を０から１までの間でいろいろに変えながら試行錯誤で求めてもよいし、反復収束法で求めてもよい。TWRが最大になるｆの値がオプティマルｆである。
3. オプティマルｆが求められたら、そのｆの値に対応するTWRのＮ乗根をとる。ただし、Ｎは総トレード数を表す。得られた値がそのマーケットシステムの幾何平均である。幾何平均は、ほかのマーケットシステムとの比較に用いることができ、ｆ値はそのマーケットシステムでトレードすべき枚数を決めるのに用いる。

TWRが最大になるｆの値が分かったら、それを金額に変換する。そのためには、最大損失をそのオプティマルｆの負数で割ればよい。例えば、最大損失が100ドルで、オプティマルｆが0.25だとすると、金額換算したオプティマルｆは－100ドル÷－0.25＝400ドルになる。つまり、資金400ドルにつき１単位賭ければよいということである。

コイン投げの例で考えてみよう。コイン投げの結果が＋２、－１の場合、オプティマルｆは0.25である。最大損失は１ドルなので、オプティマルｆを金額に換算すると、－１÷－0.25＝４ドルになる。したがって、このコイン投げで最大の利益を上げるには、資金４ドルにつき１ドル賭ければよいということである。賭ける額がこれを上回っても下回っても、最大利益を上げることはできない。この賭け方で10回賭けをした場合、期待できる利益は９ドルである。

今見てきた方法で求めたオプティマルｆの値は、次式（ケリーの第二公式）を使って求めた値に一致する。

$f=((B+1)\times P-1)\div B$

　この式を使って同じ結果が得られるのは、もちろん損失と利益がそれぞれ同額のときだけである。こういったケースでは、どちらの方法を使っても構わない。また、損失と利益が同額のときは、ケリーの公式（ケリーの第二公式）、最も高いTWRに対応するfを求める方法か次式（ケリーの第一公式）のいずれを使ってもよい。

$f=2\times P-1$

　損失と利益が同額のときは、これら3つの方法のいずれを使っても同じfの値が得られる。
　ケリーの2つの公式には制約（つまり、利益が常に同額で損失も常に同額であるか、または、利益と損失が常に同額）があるにせよ、これら3つの方法はすべて、先に述べたマネーマネジメント戦略の4つのポイントを満たしている。さらに最も高いTWRの値からオプティマルfを求める方法については、こういった制約は一切なく、マネーマネジメント戦略の4つのポイントを常に満たしている。
　これらの概念がどうも理解しにくいという場合は、賭け金を金額ではなく単位（ユニット。例えば、5ドルチップ1枚、先物1枚、100株で1単位など）で考えてみると分かりやすいだろう。1単位に相当する金額を計算するには、最大損失をオプティマルfの負数で割ればよい。
　オプティマルfは、（常に1単位ずつ賭ける場合の）システムの収益性と（常に1単位ずつ賭ける場合の）リスクとのバランスが最もよくとれた賭け率を表すものである。個々の利益や損失の大きさは証拠金の大きさによって決まるわけではないので、証拠金はまったく無関

係であることに注意しよう（利益も損失も証拠金の大きさにかかわらず同じ額になる）。利益や損失は、１単位（例えば先物１枚）のエクスポージャによって発生するものなのである。マネーマネジメントでは証拠金の大きさなど、もっと無意味である。なぜなら、損失の大きさが証拠金の範囲内に抑えられるわけではないからである。

スプレッドシートによる幾何平均の求め方

オプティマルｆの値が分かっている場合、あるいはｆの値をテストしたい場合、スプレッドシートを使って幾何平均とTWRを計算することができる。その方法を例で見てみよう。

（ｆ＝0.5、最大損失＝－50とする）

	A列	B列	C列	D列	E列
１行目					1
２行目	15	0.3	0.15	1.15	1.15
３行目	－5	－0.1	－0.05	0.95	1.0925

セルの説明

A1からD1はブランク

E1は初期値１に設定

A2以下のセルは各トレードの損益

B2以下のセル＝A2÷（最大損失の絶対値）

C2以下のセル＝B2×ｆ

D2以下のセル＝C2＋1

E2以下のセル＝E1×D2

トレードの最後（最後の行）のE列（つまり、セルE3）の値が求

めるTWRの値になる。そして、このTWRのN乗根（Nは総トレード数）が幾何平均である。上の例では、TWR（セルE3）の2分の1乗（総トレード数＝2なので）を計算すると1.045227となり、これが幾何平均になる。

幾何平均トレード損益

　ここまでくると、ごく自然の成り行きとして、幾何平均トレード損益がどれくらいになるのかを知りたいと思うのは当然である。幾何平均トレード損益とは、毎回利益を再投資し、小数点以下の枚数でも売買できると仮定した場合の、1トレードの1枚当たりの平均損益のことをいう。要するに、固定比率ベースでトレーディングしている場合の期待値のことである。**この数字は、トレードした枚数が多いときに負けトレードが発生した場合、あるいはトレードした枚数が少ないときに勝ちトレードが発生した場合にどういった影響があるのかを示すものである。つまり、システムの固定比率ベースでの1トレードの1枚当たりのパフォーマンスということである**（幾何平均トレード損益は、1トレードの1枚当たりの期待値を金額換算したものである。1トレード当たりのパーセンテージベースでの期待値は幾何平均から1を引いた値になる。例えば、幾何平均が1.025だとすると、ポジションサイズとは無関係に1トレード当たりの期待値は2.5％ということになる）。マーケットシステムの平均トレード損益を、そのシステムがトレーディングに使えるかどうかの判断材料とするトレーダーが多いが、意思決定に当たっては、PRR（Pessimistic Return Ratio＝悲観的リターンレシオ）に加え、平均トレード損益ではなく幾何平均トレード損益（一般に、平均トレード損益よりも低い）のほうを見なければならない。

幾何平均トレード損益 ＝ G ×(最大損失 ÷ － f)   (4.09)

ただし、
G ＝幾何平均 － 1
f ＝最適固定比率
（最大損失は常に負数になることに注意しよう）

例えば、システムの幾何平均が1.017238、最大損失が8000ドル、オプティマル f が0.31だとすると、幾何平均トレード損益は次のように計算できる。

幾何平均トレード損益 ＝ (1.017238 － 1) × (－ 8000 ÷ － 0.31)
     ＝ 0.017238 × 25806.45
     ＝ 444.85ドル

オプティマル f のもっと簡単な求め方

　オプティマル f の値を求める方法にはいろいろある。本章でこれまでに紹介してきた方法は、数学的に見れば最も論理的な方法だろう。つまり、オプティマル f の正確な値が求められることは、式を検証してみれば明白ということである。これらの式にはHPRが使われているので、これから紹介する方法に比べ、直観的な分かりやすさはあるかもしれない。しかしこれから紹介する f の別の計算方法は、前の方法に比べると簡単なので、こちらのほうが好みだという人もいるだろう。得られる f 値は、この方法で計算しても、前の方法で計算しても同じである。
　前の方法と同様、この方法でも、f にさまざまなテスト値を代入してTWRが最大になる f の値を求める。しかし、前の方法と違うのは、

TWRの値を計算するのにHPRを使わなくても済む点である。あるシステムの一連のトレードが次のようになったと仮定しよう。

+100ドル
-500ドル
+1500ドル
-600ドル

この場合も最大損失を用いるので、まず最大損失を書き出しておく。この場合の最大損失は-600ドルである。

さて、これからfの任意のテスト値に対するTWRを求めていくわけだが、第一ステップとしていわゆる**初期値**を計算する。そのためにはまず最大損失をfのテスト値で割る。まず、最初のテスト値0.01についてやってみよう。最大損失は-600ドルなので、それを0.01で割ると-6万ドルになる。これを正数にしたものが初期値である。したがって、fのテスト値0.01に対するこの一連のトレードの初期値は6万ドルということになる。

次に、それぞれのトレードについて**実行値**を計算する。そのためには、まず前の実行値を初期値で割る（最初のトレードの場合、前の実行値と初期値が同じ値なので、この値は1になる）。次に、得られた値に現在のトレード損益を掛け、最後に得られた値と前の実行値を足し合わせれば、それが現在の実行値である。

損益　　　　　実行値
　　　　　　　60000　（←これが初期値）
　+100ドル　　60100
　-500ドル　　59599.166667
　+1500ドル　 61089.14583
　-600ドル　　60478.28437

TWRを求めるには、実行値列の最後の数値を初期値で割ればよい。したがって、この例のTWRは次のようになる。

TWR = 60478.25437 ÷ 60000
　　 = 1.007970906

このプロセスを、ｆのテスト値を増やしながら繰り返す。例えば、次のｆの値を0.02とすると、最大損失の絶対値を0.02で割ると－600÷0.02＝－3万となるので、3万がｆ＝0.02のときの初期値になる。前のやり方にならって実行値を計算すると次のようになる。

```
 損益       実行値
            30000
＋100ドル   30100        ((30000÷30000)×100)+30000
－500ドル   29598.33     ((30100÷30000)×(－500))+30100
＋1500ドル  31078.2465   ((29598.33÷30000)×1500)+29598.33
－600ドル   30456.68157  ((31078.2465÷30000)×(－600))+31078.2465
```

この場合のTWR＝30456.68157÷30000＝1.015222719

このプロセスを、TWRが最大になるｆの値が得られるまで繰り返す。この方法で得られるTWRの値もオプティマルｆの値も、HPRを使った方法で得られる値と同じである。

オプティマルｆの利点

ある2人が自分たちに有利な条件の賭けまたはトレーディング機会を得たとしよう。一方はオプティマルｆを使い、他方は別のマネーマ

ネジメントシステムを使う。このとき、オプティマルfを使ったほうの総資金の、別の方法を使ったほうの総資金に対する比率は、時間とともに大きくなり、しかもそうなる確率も時間とともに高くなることは、数学的に証明されている。長い目で見れば、オプティマルfを使ったほうの資産は、ほかのマネーマネジメントシステムを使ったほうの資産よりも無限に大きくなり、そうなる確率は1に近づく。

さらに、目標達成額を設定し、有利な条件の賭けまたはトレーディング機会を得た場合、オプティマルfを使った場合のほうがほかの賭け方システムを使った場合よりも、その目標額に早く達することができる。

オプティマルfが、エッジのあるゲームでは固定比率賭け戦略を利用することで数学的に可能な最高額を稼ぐ、というマネーマネジメントの第一のポイントを満たしていることは明らかである。オプティマルfには勝率と、利益額および損失額も組み込まれているため、第三のポイントと第四のポイントも満たしている。第二のポイントである安全面については、このあとの章で詳しく見ていく。

以前に出てきた、次の一連の賭けまたはトレード結果について再び考えてみよう。

+9、+18、+7+1、+10、-5、-3、-17、-7

利益も損失もそれぞれに同額ではないので、こういった場合の賭けまたはトレードにはケリーの公式は使えないことはすでに述べた。でもとにかく、（多くのトレーダーたちがよくやるように）利益と損失の平均をそれぞれとり、それをケリーの公式に代入してfの値を計算すると0.16になるが、これはケリーの公式の正しい使い方ではないため、得られたf値はオプティマルfの正しい値ではない。ケリーの公式はひとつの賭けやトレードに対して適用すべきものなので、一連の

賭けまたはトレードの利益や損失を平均して、その値をケリーの公式に代入しても正しいオプティマルｆの値を得ることはできないのである。

この一連の賭けやトレードでは、TWRの値はｆの値が0.24のときに最大になる。つまり、資金71ドルにつき１ドル賭ければよいということである。この一連の賭けやトレードにおいて固定比率で賭けたときに資金の最適な幾何的成長が達成できるのは、ｆの値が0.24のときである。この一連の賭けやトレードを１サイクル～100サイクル繰り返したときの異なるｆの値におけるTWRの値を見てみよう。

この９回の連続賭けやトレードを１サイクル行った場合、ｆ＝0.16のときのTWRは1.085で、ｆ＝0.24のときは1.096である。つまり、１サイクルの場合、ｆ＝0.16はｆ＝0.24のときの99％の利益しか達成できないということになる。サイクル数を増やしたときのTWRの値は以下のとおりである。

サイクル数	賭けまたはトレード総数	TWRの値 ｆ＝0.24	TWRの値 ｆ＝0.16	TWRの差（％）
1	9	1.096	1.085	1％
10	90	2.494	2.261	9.4％
40	360	38.694	26.132	32.5％
100	900	9313.312	3490.761	62.5％

この表から分かるように、賭けやトレードを900回（100サイクル）繰り返したとき、ケリーの公式を使って求めたｆの値に基づく賭けやトレードの成果は、オプティマルｆ（＝0.24）のときの37.5％にしか及ばない。逆に言えば、賭けやトレードを900回繰り返したとき、オプティマルｆ＝0.24（0.16よりもわずか0.08高いだけ）による利益は、ｆ＝0.16のときの利益のおよそ267％にもなるのである。

賭けやトレード回数を11サイクル増やして、賭けやトレード総数

が999になったときを考えてみよう。このとき、ｆ＝0.16のTWRは8563.302（賭けやトレード数が900のときのｆ＝0.24におけるTWRにも及ばない）で、ｆ＝0.24のTWRは2万5451.045になる。つまり、ｆ＝0.16はｆ＝0.24のわずか33.6％しか稼ぎ出せないというわけである。あるいは、ｆ＝0.24はｆ＝0.16の297％も稼げると言ってもよい。ケリーの公式がトレーディングには使えないことは、これでよく理解していただけたのではないだろうか。

上の例から言えることは、オプティマルｆは短期的にはさほど有効とは言えないが、期間が長期に及ぶにつれ、それを使うことの重要性は高まる、ということである。つまり、オプティマルｆを使ってトレーディングするときには、システムに十分な時間を与え、けっして短期で奇跡的な成果を期待してはいけないということである。時間がたてばたつほど（つまり、賭けやトレード数が増えるほど）、オプティマルｆを使った場合と別のマネーマネジメント戦略を使った場合との差は拡大するのである。

なぜオプティマルｆを知る必要があるのか

図4.3～図4.7は、固定比率トレーディングではオプティマルｆを使うことがいかに重要であるかを示したものである。グラフは、X軸に0から1.0までのｆの値を取り、Y軸にそれぞれのｆの値に対応するTWRの値を取ってプロットしたものである。X軸の1目盛りは0.05である。

また、各グラフの上方には対応するスプレッドシートが示されている。スプレッドシートの各列の一番上の数値がｆの値で、その下の値がそれぞれのｆ値に対応する初期値（＝最大損失÷ｆ値の負数）である。資金1初期値につき1単位を賭ける。一番左の列が、40回のトレード結果である。5種類のスプレッドシートとグラフの違いは、トレ

ード結果を示すこの列だけである。

　各トレード列を上から下に見ていくと、各セル（現在のセル）の値は、前のセルの値をその列の初期値で割ったものに現在の損益を掛け、得られた値を前のセルの値に加算したものになっていることが分かる。セルの値を列の最後まで計算したら、列の最後の値をその列の初期値（＝最大損失÷ｆ値の負数）で割ったものがその列のTWRの値である。この方法を使えば、これまでよりも簡単にTWRの値を求めることができる。しかしTWRを連続的に計算するという点においては、いずれの方法も同じである。つまり、現在の損益を掛ける値は整数でなくても構わないということである。もちろん初期値の値も小数で構わない。数値例で考えてみよう。

　例えば、損益が＋1.2、－1の順に交互に発生するトレーディング（**図4.3**）では、ｆ＝0.05のときの初期値は20である。

　　－1÷－0.05＝20

　つまり、資金20単位につき１単位賭ければよいということである。最初の賭けでは1.2単位の利益が出たので、総資金は21.2単位に増えた（当初資金が20単位で、資金20単位につき１単位賭けるので、賭けたのは１単位）。次の賭けでは１単位の損失が出た。さて、ここで問題である。「この次の賭けには何単位賭ければよいのか」

　21.20（２回目の賭けをする前の資金）を20（初期値）で割ると1.06になるので、賭けるのは１単位と答える人もいるだろう。現実世界では、賭け金はほとんどの場合は整数でなければならない――つまり、分割賭けはできない（チップは分割できないし、先物も分割できない）――ので、こういった場合の賭け金は１単位になる。しかし、このシミュレーションでは分割賭けを認めている。分割賭けでもよしとするのは、当初資金がいくらであってもTWRの計算結果に矛盾が生じな

いようにするためである。どのシミュレーションも、ちょうど1単位をフルベットできるだけの資金からスタートしていることに注目しよう。各シミュレーションがそれ以上の資金からスタートしたらどうなるだろう。例えば、各シミュレーションが1.99単位賭けられるだけの資金からスタートしたらどうなるだろう。整数単位でしか賭けられないとすると、TWRの値はまったく違ったものになるだろう。

さらに、当初資金が初期値（最大損失÷オプティマルfの負数）に比べて大きいほど、整数賭けは分割賭けに近づく。数値例で見てみよう。前の例で、当初資金400単位からトレーディングを始めた場合、最初の賭けのあとの総資金は次のようになっていただろう。

資金 = 400 + ((400 ÷ 20) × 1.2)
　　 = 400 + (20 × 1.2)
　　 = 400 + 24
　　 = 424

次の賭けでは、分割賭けの場合は21.2単位（424÷20）、整数賭けの場合は21単位賭けることになる。この場合の分割賭けと整数賭けとの差はわずか0.952381％であるのに対し、1初期値、すなわち20単位から始めた場合の差は6.0％である。これによって次の原理が導き出される——**当初資金の初期値（最大損失÷オプティマルfの負数）に対する比率が大きいほど、整数賭けと分割賭けとのパーセンテージベースでの差はゼロに近づく**。

分割賭けを認め、計算プロセスを連続的にすることで、f値とTWRとの関係はより現実に近いものになる。つまり、**分割賭けは整数賭けの平均（当初資金を取り得る値の範囲内でいろいろに変化させたときの整数賭けの平均）を表している**のである。分割賭けが整数賭けの平均を表しているわけだから、現実世界では分割賭けは不可能、

	20 TRIALS								
	F VALUES								
EVENT	0.05	0.1	0.15	0.2	0.25	0.3	0.35	0.4	0.45
START VALUES	20.00	10.00	6.67	5.00	4.00	3.33	2.86	2.50	2.22
1.2	21.20	11.20	7.87	6.20	5.20	4.53	4.06	3.70	3.42
1	20.14	10.08	6.69	4.96	3.90	3.17	2.64	2.22	1.88
1.2	21.35	11.29	7.89	6.15	5.07	4.32	3.74	3.29	2.90
1	20.28	10.16	6.71	4.92	3.80	3.02	2.43	1.97	1.59
1.2	21.50	11.38	7.91	6.10	4.94	4.11	3.46	2.92	2.46
1	20.42	10.24	6.73	4.88	3.71	2.88	2.25	1.75	1.35
1.2	21.65	11.47	7.94	6.05	4.82	3.91	3.19	2.59	2.08
1	20.57	10.32	6.75	4.84	3.61	2.74	2.07	1.55	1.14
1.2	21.80	11.56	7.96	6.00	4.70	3.72	2.94	2.30	1.76
1	20.71	10.41	6.77	4.80	3.52	2.61	1.91	1.38	0.97
1.2	21.95	11.66	7.99	5.96	4.58	3.54	2.72	2.04	1.49
1	20.85	10.49	6.79	4.76	3.44	2.48	1.77	1.23	0.82
1.2	22.11	11.75	8.01	5.91	4.47	3.37	2.51	1.81	1.26
1	21.00	10.57	6.81	4.73	3.35	2.36	1.63	1.09	0.69
1.2	22.26	11.84	8.03	5.86	4.36	3.21	2.32	1.61	1.07
1	21.15	10.66	6.83	4.69	3.27	2.25	1.51	0.97	0.59
1.2	22.42	11.94	8.06	5.81	4.25	3.06	2.14	1.43	0.91
1	21.30	10.74	6.85	4.65	3.18	2.14	1.39	0.86	0.50
1.2	22.57	12.03	8.08	5.77	4.14	2.91	1.97	1.27	0.77
1	21.44	10.83	6.87	4.61	3.11	2.04	1.28	0.76	0.42
1.2	22.73	12.13	8.11	5.72	4.04	2.77	1.82	1.13	0.65
1	21.60	10.92	6.89	4.58	3.03	1.94	1.18	0.68	0.36
1.2	22.89	12.23	8.13	5.68	3.94	2.64	1.68	1.00	0.55
1	21.75	11.00	6.91	4.54	2.95	1.85	1.09	0.60	0.30
1.2	23.05	12.32	8.15	5.63	3.84	2.51	1.55	0.89	0.47
1	21.90	11.09	6.93	4.50	2.88	1.76	1.01	0.53	0.26
1.2	23.21	12.42	8.18	5.59	3.74	2.39	1.43	0.79	0.40
1	22.05	11.18	6.95	4.47	2.81	1.67	0.93	0.47	0.22
1.2	23.37	12.52	8.20	5.54	3.65	2.28	1.32	0.70	0.33
1	22.21	11.27	6.97	4.43	2.74	1.59	0.86	0.42	0.18
1.2	23.54	12.62	8.23	5.50	3.56	2.17	1.22	0.62	0.28
1	22.36	11.36	6.99	4.40	2.67	1.52	0.79	0.37	0.16
1.2	23.70	12.72	8.25	5.43	3.47	2.06	1.13	0.55	0.24
1	22.52	11.45	7.01	4.36	2.60	1.44	0.73	0.33	0.13
1.2	23.87	12.82	8.28	5.41	3.38	1.96	1.04	0.49	0.20
1	22.68	11.54	7.04	4.33	2.54	1.38	0.68	0.29	0.11
1.2	24.04	12.93	8.30	5.37	3.30	1.87	0.96	0.44	0.17
1	22.83	11.63	7.06	4.29	2.47	1.31	0.62	0.26	0.09
1.2	24.20	13.03	8.33	5.32	3.21	1.78	0.89	0.39	0.15
1	22.99	11.73	7.08	4.26	2.41	1.25	0.58	0.23	0.08
TWR	1.15	1.17	1.06	0.85	0.60	0.37	0.20	0.09	0.04

図4.3 ＋1.2と－1が交互に20回ずつ発生するトレードにおけるf値とTWRとの関係

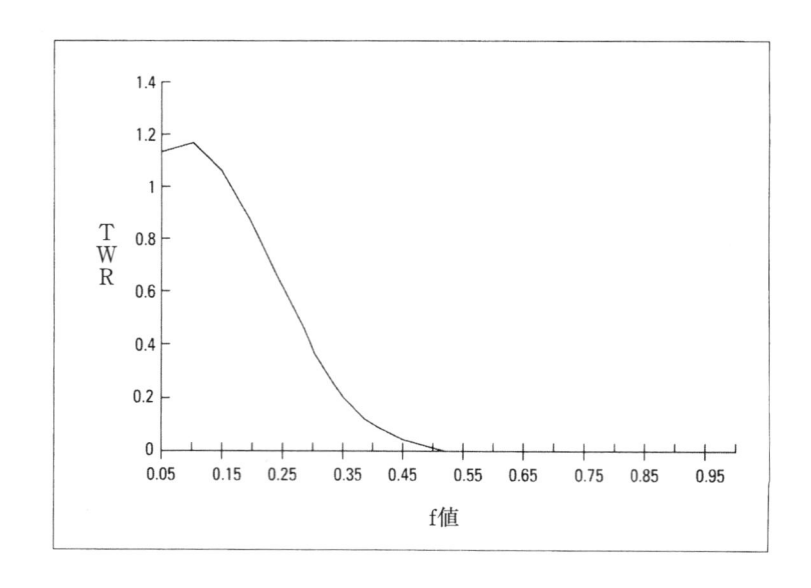

0.5	0.55	0.6	0.65	0.7	0.75	0.8	0.85	0.9	0.95	1
2.00	1.82	1.67	1.54	1.43	1.33	1.25	1.18	1.11	1.05	1.00
3.20	3.02	2.87	2.74	2.63	2.53	2.45	2.38	2.31	2.25	2.20
1.60	1.36	1.15	0.96	0.79	0.63	0.49	0.36	0.23	0.11	0.00
2.56	2.25	1.97	1.71	1.45	1.20	0.96	0.72	0.48	0.24	0.00
1.28	1.01	0.79	0.60	0.44	0.30	0.19	0.11	0.05	0.01	0.00
2.05	1.68	1.36	1.06	0.80	0.57	0.38	0.22	0.10	0.03	0.00
1.02	0.76	0.54	0.37	0.24	0.14	0.08	0.03	0.01	.00	0.00
1.64	1.26	0.93	0.66	0.44	0.27	0.15	0.07	0.02	.00	0.00
0.82	0.57	0.37	0.23	0.13	0.07	0.03	0.01	.00	.00	0.00
1.31	0.94	0.64	0.41	0.24	0.13	0.06	0.02	.00	.00	0.00
0.66	0.42	0.26	0.14	0.07	0.03	0.01	.00	.00	.00	0.00
1.05	0.70	0.44	0.26	0.13	0.06	0.02	0.01	.00	.00	0.00
0.52	0.32	0.18	0.09	0.04	0.02	.00	.00	.00	.00	0.00
0.84	0.52	0.30	0.16	0.07	0.03	0.01	.00	.00	.00	0.00
0.42	0.24	0.12	0.06	0.02	0.01	.00	.00	.00	.00	0.00
0.67	0.39	0.21	0.10	0.04	0.01	.00	.00	.00	.00	0.00
0.34	0.18	0.08	0.03	0.01	.00	.00	.00	.00	.00	0.00
0.54	0.29	0.14	0.06	0.02	0.01	.00	.00	.00	.00	0.00
0.27	0.13	0.06	0.02	0.01	.00	.00	.00	.00	.00	0.00
0.43	0.22	0.10	0.04	0.01	.00	.00	.00	.00	.00	0.00
0.21	0.10	0.04	0.01	.00	.00	.00	.00	.00	.00	0.00
0.34	0.16	0.07	0.02	0.01	.00	.00	.00	.00	.00	0.00
0.17	0.07	0.03	0.01	.00	.00	.00	.00	.00	.00	0.00
0.27	0.12	0.05	0.02	.00	.00	.00	.00	.00	.00	0.00
0.14	0.05	0.02	0.01	.00	.00	.00	.00	.00	.00	0.00
0.22	0.09	0.03	0.01	.00	.00	.00	.00	.00	.00	0.00
0.11	0.04	0.01	.00	.00	.00	.00	.00	.00	.00	0.00
0.18	0.07	0.02	0.01	.00	.00	.00	.00	.00	.00	0.00
0.09	0.03	0.01	.00	.00	.00	.00	.00	.00	.00	0.00
0.14	0.05	0.02	.00	.00	.00	.00	.00	.00	.00	0.00
0.07	0.02	0.01	.00	.00	.00	.00	.00	.00	.00	0.00
0.11	0.04	0.01	.00	.00	.00	.00	.00	.00	.00	0.00
0.06	0.02	.00	.00	.00	.00	.00	.00	.00	.00	0.00
0.09	0.03	0.01	.00	.00	.00	.00	.00	.00	.00	0.00
0.05	0.01	.00	.00	.00	.00	.00	.00	.00	.00	0.00
0.07	0.02	.00	.00	.00	.00	.00	.00	.00	.00	0.00
0.04	0.01	.00	.00	.00	.00	.00	.00	.00	.00	0.00
0.06	0.02	.00	.00	.00	.00	.00	.00	.00	.00	0.00
0.03	0.01	.00	.00	.00	.00	.00	.00	.00	.00	0.00
0.05	0.01	.00	.00	.00	.00	.00	.00	.00	.00	0.00
0.02	0.01	.00	.00	.00	.00	.00	.00	.00	.00	0.00
0.01	.00	.00	.00	.00	.00	.00	.00	.00	.00	0.00

という議論はもはや成り立たないことになる。＋２、－１のコイン投げのｆとＴＷＲとの関係を表すグラフを整数賭けで描く場合、異なる当初資金ごとにグラフを描かなければならない。こうして描いた個別グラフを平均してＴＷＲの合成グラフを作れば、それが分割賭けのグラフになり、本書に示したものに一致する。

分割賭けが整数賭けの平均であるとはいえ、分割賭けの状況が現実世界における整数賭けの状況に等しいという意味ではない。ここで言いたいのは、分割賭けは整数賭けの母集団を表しているので、これらの関数を学習するうえでは、分割賭けを認めたほうが便利ということなのである。分割賭けの状況は、漸近的には、すなわち、長い目で見れば、現実世界でも起こり得る状況である。

20 TRIALS									
EVENT	f VALVES	0.05	0.1	0.15	0.2	0.25	0.3	0.35	0.4	0.45
START VALUES		20.00	10.00	6.67	5.00	4.00	3.33	2.86	2.50	2.22
1.5		21.50	11.50	8.17	6.50	5.50	4.83	4.36	4.00	3.72
-1		20.43	10.35	6.94	5.20	4.13	3.38	2.83	2.40	2.05
1.5		21.96	11.90	8.50	6.76	5.67	4.91	4.32	3.84	3.43
-1		20.86	10.71	7.23	5.41	4.25	3.43	2.81	2.30	1.89
1.5		22.42	12.32	8.85	7.03	5.85	4.98	4.28	3.69	3.16
-1		21.30	11.09	7.53	5.62	4.39	3.49	2.78	2.21	1.74
1.5		22.90	12.75	9.22	7.31	6.03	5.05	4.24	3.54	2.91
-1		21.75	11.48	7.84	5.85	4.52	3.54	2.76	2.12	1.60
1.5		23.39	13.20	9.60	7.60	6.22	5.13	4.21	3.40	2.68
-1		22.22	11.88	8.16	6.08	4.67	3.59	2.73	2.04	1.47
1.5		23.88	13.66	10.00	7.91	6.41	5.21	4.17	3.26	2.47
-1		22.69	12.29	8.50	6.33	4.81	3.64	2.71	1.96	1.36
1.5		24.39	14.14	10.41	8.22	6.62	5.28	4.13	3.13	2.28
-1		23.17	12.72	8.85	6.58	4.96	3.70	2.69	1.88	1.25
1.5		24.91	14.63	10.84	8.55	6.82	5.36	4.10	3.01	2.10
-1		23.66	13.17	9.21	6.84	5.12	3.75	2.66	1.80	1.15
1.5		25.44	15.14	11.28	8.90	7.04	5.44	4.06	2.89	1.93
-1		24.17	13.63	9.59	7.12	5.28	3.81	2.64	1.73	1.06
1.5		25.98	15.67	11.75	9.25	7.26	5.53	4.03	2.77	1.78
-1		24.68	14.11	9.99	7.40	5.44	3.87	2.62	1.66	0.98
1.5		26.53	16.22	12.23	9.62	7.48	5.61	3.99	2.66	1.64
-1		25.20	14.60	10.40	7.70	5.61	3.93	2.59	1.60	0.90
1.5		27.10	16.79	12.74	10.01	7.72	5.69	3.96	2.55	1.51
-1		25.74	15.11	10.83	8.01	5.79	3.99	2.57	1.53	0.83
1.5		27.67	17.38	13.26	10.41	7.96	5.78	3.92	2.45	1.39
-1		26.29	15.64	11.28	8.33	5.97	4.05	2.55	1.47	0.77
1.5		28.26	17.99	13.81	10.82	8.21	5.87	3.89	2.35	1.28
-1		26.85	16.19	11.74	8.66	6.15	4.11	2.53	1.41	0.70
1.5		28.86	18.61	14.38	11.26	8.46	5.95	3.85	2.26	1.18
-1		27.42	16.75	12.22	9.00	6.35	4.17	2.50	1.36	0.65
1.5		29.47	19.27	14.98	11.71	8.73	6.04	3.82	2.17	1.09
-1		28.00	17.34	12.73	9.36	6.54	4.23	2.48	1.30	0.60
1.5		30.10	19.94	15.59	12.17	9.00	6.13	3.79	2.08	1.00
-1		28.59	17.95	13.25	9.74	6.75	4.29	2.46	1.25	0.55
1.5		30.74	20.64	16.24	12.66	9.28	6.23	3.75	2.00	0.92
-1		29.20	18.57	13.80	10.13	6.96	4.36	2.44	1.20	0.51
1.5		31.39	21.36	16.91	13.17	9.57	6.32	3.72	1.92	0.85
-1		29.82	19.23	14.37	10.53	7.18	4.42	2.42	1.15	0.47
1.5		32.06	22.11	17.60	13.69	9.87	6.41	3.69	1.84	0.78
-1		30.46	19.90	14.96	10.96	7.40	4.49	2.40	1.11	0.43
TWR		1.52	1.99	2.24	2.19	1.85	1.35	0.84	0.44	0.19

図4.4　＋1.5と－1が交互に20回ずつ発生するトレードにおけるf値とTWRとの関係

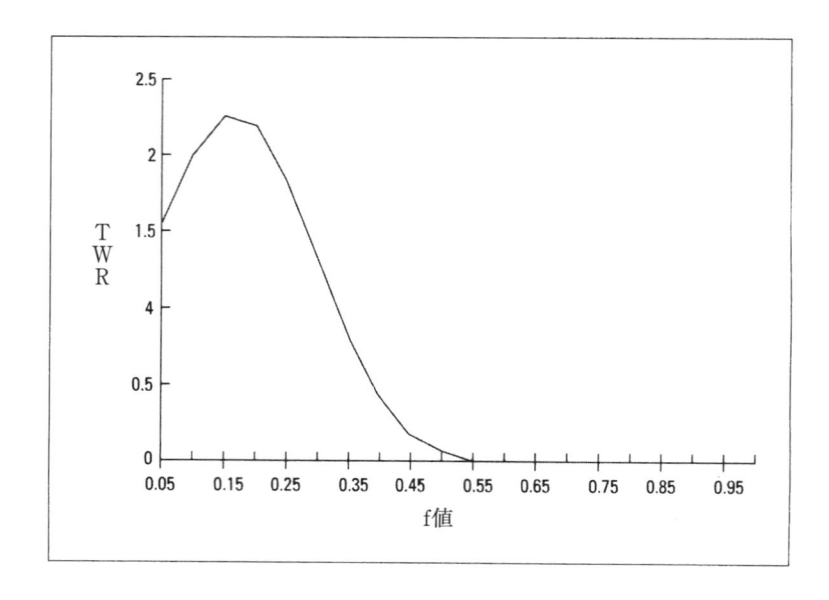

0.5	0.55	0.6	0.65	0.7	0.75	0.8	0.85	0.9	0.95	1
2.00	1.82	1.67	1.54	1.43	1.33	1.25	1.18	1.11	1.05	1.00
3.50	3.32	3.17	3.04	2.93	2.83	2.75	2.68	2.61	2.55	2.50
1.75	1.49	1.27	1.06	0.88	0.71	0.55	0.40	0.26	0.13	0.00
3.06	2.73	2.41	2.10	1.80	1.51	1.21	0.91	0.61	0.31	0.00
1.53	1.23	0.96	0.74	0.54	0.38	0.24	0.14	0.06	0.02	0.00
2.68	2.24	1.83	1.45	1.11	0.80	0.53	0.31	0.14	0.04	0.00
1.34	1.01	0.73	0.51	0.33	0.20	0.11	0.05	0.01	.00	0.00
2.34	1.84	1.39	1.00	0.68	0.42	0.23	0.11	0.03	.00	0.00
1.17	0.83	0.56	0.35	0.20	0.11	0.05	0.02	.00	.00	0.00
2.05	1.51	1.06	0.69	0.42	0.23	0.10	0.04	0.01	.00	0.00
1.03	0.68	0.42	0.24	0.13	0.06	0.02	0.01	.00	.00	0.00
1.80	1.24	0.80	0.48	0.26	0.12	0.05	0.01	.00	.00	0.00
0.90	0.56	0.32	0.17	0.08	0.03	0.01	.00	.00	.00	0.00
1.57	1.02	0.61	0.33	0.16	0.06	0.02	.00	.00	.00	0.00
0.79	0.46	0.24	0.12	0.05	0.02	.00	.00	.00	.00	0.00
0.69	0.38	0.19	0.08	0.03	0.01	.00	.00	.00	.00	0.00
1.20	0.69	0.35	0.16	0.06	0.02	.00	.00	.00	.00	0.00
0.60	0.31	0.14	0.06	0.02	.00	.00	.00	.00	.00	0.00
1.05	0.56	0.27	0.11	0.04	0.01	.00	.00	.00	.00	0.00
0.53	0.25	0.11	0.04	0.01	.00	.00	.00	.00	.00	0.00
0.92	0.46	0.20	0.08	0.02	0.01	.00	.00	.00	.00	0.00
0.46	0.21	0.08	0.03	0.01	.00	.00	.00	.00	.00	0.00
0.81	0.38	0.15	0.05	0.01	.00	.00	.00	.00	.00	0.00
0.40	0.17	0.06	0.02	.00	.00	.00	.00	.00	.00	0.00
0.70	0.31	0.12	0.04	0.01	.00	.00	.00	.00	.00	0.00
0.35	0.14	0.05	0.01	.00	.00	.00	.00	.00	.00	0.00
0.62	0.26	0.09	0.02	0.01	.00	.00	.00	.00	.00	0.00
0.31	0.12	0.04	0.01	.00	.00	.00	.00	.00	.00	0.00
0.54	0.21	0.07	0.02	.00	.00	.00	.00	.00	.00	0.00
0.27	0.09	0.03	0.01	.00	.00	.00	.00	.00	.00	0.00
0.47	0.17	0.05	0.01	.00	.00	.00	.00	.00	.00	0.00
0.24	0.08	0.02	.00	.00	.00	.00	.00	.00	.00	0.00
0.41	0.14	0.04	0.01	.00	.00	.00	.00	.00	.00	0.00
0.21	0.06	0.02	.00	.00	.00	.00	.00	.00	.00	0.00
0.36	0.12	0.03	0.01	.00	.00	.00	.00	.00	.00	0.00
0.18	0.05	0.01	.00	.00	.00	.00	.00	.00	.00	0.00
0.32	0.10	0.02	.00	.00	.00	.00	.00	.00	.00	0.00
0.16	0.04	0.01	.00	.00	.00	.00	.00	.00	.00	0.00
0.28	0.08	0.02	.00	.00	.00	.00	.00	.00	.00	0.00
0.14	0.04	0.01	.00	.00	.00	.00	.00	.00	.00	0.00
0.07	0.02	.00	.00	.00	.00	.00	.00	.00	.00	0.00

　以上の議論から、分割賭けを認めた場合の固定比率賭けについて、また別の興味深い事実が浮かび上がる（分割賭けを、ここで定義しているように、当初資金額をいろいろに変えたときのすべての整数賭けの結果の平均と考えてみよう）。新たに浮かび上がった事実とは、**TWRは初期値が違っても変わらない**ということである。先の例で、例えば当初資金が1初期値、つまり20単位の場合、TWR（最終資金÷当初資金）は1.15である。当初資金が400単位（20初期値）のときも、TWRは1.15で変わらない。

　図4.4は＋1.5と－1が交互に20回ずつ発生するトレードについてのfカーブである。

　次に＋2と－1が交互に20回ずつ発生するグラフ（**図4.5**）を見て

20 TRIALS									
	F VALUES →								
EVENT	0.05	0.1	0.15	0.2	0.25	0.3	0.35	0.4	0.45
START VALUES →	20.00	10.00	6.67	5.00	4.00	3.33	2.86	2.50	2.22
2	22.00	12.00	8.67	7.00	6.00	5.33	4.86	4.50	4.22
-1	20.90	10.80	7.37	5.60	4.50	3.73	3.16	2.70	2.32
2	22.99	12.96	9.58	7.84	6.75	5.97	5.37	4.86	4.41
-1	21.84	11.66	8.14	6.27	5.06	4.18	3.49	2.92	2.43
2	24.02	14.00	10.59	8.78	7.59	6.69	5.93	5.25	4.61
-1	22.82	12.60	8.99	7.02	5.70	4.68	3.85	3.15	2.54
2	25.11	15.12	11.69	9.83	8.54	7.49	6.55	5.67	4.82
-1	23.85	13.60	9.94	7.87	6.41	5.25	4.26	3.40	2.65
2	26.24	16.33	12.92	11.01	9.61	8.39	7.24	6.12	5.04
-1	24.92	14.69	10.98	8.81	7.21	5.87	4.71	3.67	2.77
2	27.42	17.63	14.28	12.34	10.81	9.40	8.00	6.61	5.26
-1	26.05	15.87	12.14	9.87	8.11	6.58	5.20	3.97	2.89
2	28.65	19.04	15.78	13.82	12.16	10.53	8.84	7.14	5.50
-1	27.22	17.14	13.41	1.05	9.12	7.37	5.75	4.28	3.02
2	29.94	20.57	17.43	15.47	13.68	11.79	9.77	7.71	5.75
-1	28.44	18.51	14.82	12.38	10.26	8.25	6.35	4.63	3.16
2	31.29	22.21	19.26	17.33	15.39	13.21	10.80	8.33	6.00
-1	29.72	19.99	16.37	13.87	11.55	9.24	7.02	5.00	3.30
2	32.69	23.99	21.29	19.41	17.32	14.79	11.93	9.00	6.27
-1	31.06	21.59	18.09	15.53	12.99	10.35	7.75	5.40	3.45
2	34.17	25.91	23.52	21.74	19.48	16.56	13.18	9.72	6.56
-1	32.46	23.32	19.99	17.39	14.61	11.60	8.57	5.83	3.61
2	35.70	27.98	25.99	24.35	21.92	18.55	14.57	10.49	6.85
-1	33.92	25.18	22.09	19.48	16.44	12.99	9.47	6.30	3.77
2	37.31	30.22	28.72	27.27	24.66	20.78	16.10	11.33	7.16
-1	35.44	27.20	24.41	21.82	18.49	14.54	10.46	6.80	3.94
2	38.99	32.64	31.74	30.54	27.74	23.27	17.79	12.24	7.48
-1	37.04	29.37	26.98	24.44	20.81	16.29	11.56	7.34	4.12
2	40.74	35.25	35.07	34.21	31.21	26.06	19.65	13.22	7.82
-1	38.71	31.72	29.81	27.37	23.41	18.25	12.78	7.93	4.30
2	42.58	38.07	38.75	38.31	35.11	29.19	21.72	14.27	8.17
-1	40.45	34.26	32.94	30.65	26.33	20.43	14.12	0.56	4.49
2	44.49	41.11	42.82	42.91	39.50	32.70	24.00	15.42	8.54
-1	42.27	37.00	36.40	34.33	29.62	22.89	15.60	9.25	4.70
2	46.49	44.40	47.32	40.06	44.44	36.62	26.52	16.65	8.92
-1	44.17	39.96	40.22	38.45	33.33	25.63	17.24	9.99	4.91
2	46.59	47.95	52.28	53.83	49.99	41.01	29.30	17.98	9.32
-1	46.16	43.16	44.44	43.06	37.49	27.71	19.05	10.79	5.13
2	50.77	51.79	57.77	60.29	56.24	45.93	32.38	19.42	9.74
1	48.23	46.61	49.11	48.23	42.18	32.15	21.05	11.65	5.36
TUR →	2.41	4.66	7.37	9.65	10.55	9.65	7.37	4.66	2.41

図4.5　＋2と－1が交互に20回ずつ発生するトレードにおけるf値とTWRとの関係

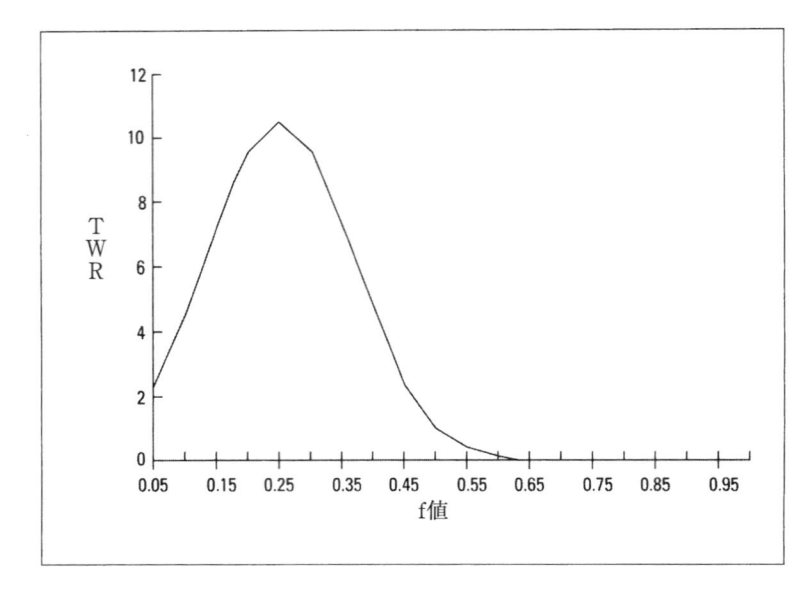

218

0.5	0.55	0.6	0.65	0.7	0.75	0.8	0.85	0.9	0.95	1
2.00	1.82	1.67	1.54	1.43	1.33	1.25	1.18	1.11	1.05	1.00
4.00	3.82	3.67	3.54	3.43	3.33	3.25	3.18	3.11	3.05	3.00
2.00	1.72	1.47	1.24	1.03	0.83	0.65	0.48	0.31	0.15	0.00
4.00	3.61	3.23	2.85	2.47	2.08	1.69	1.29	0.87	0.44	0.00
2.00	1.62	1.29	1.00	0.74	0.52	0.34	0.19	0.09	0.02	0.00
4.00	3.41	2.84	2.29	1.78	1.30	0.88	0.52	0.24	0.06	0.00
2.00	1.53	1.14	0.80	0.53	0.33	0.18	0.08	0.02	.00	0.00
4.00	3.22	2.50	1.85	1.28	0.81	0.46	0.21	0.07	0.01	0.00
2.00	1.45	1.00	0.65	0.38	0.20	0.09	0.03	0.01	.00	0.00
4.00	3.04	.20	1.49	0.92	0.51	0.24	0.09	0.02	.00	0.00
2.00	1.37	0.88	0.52	0.28	0.13	0.05	0.01	.00	.00	0.00
4.00	2.88	1.94	1.20	0.66	0.32	0.12	0.03	0.01	.00	0.00
2.00	1.29	0.77	0.42	0.20	0.08	0.02	0.01	.00	.00	0.00
4.00	2.72	1.70	0.96	0.48	0.20	0.06	0.01	.00	.00	0.00
2.00	1.22	0.68	0.34	0.14	0.05	0.01	.00	.00	.00	0.00
4.00	2.57	1.50	0.78	0.34	0.12	0.03	0.01	.00	.00	0.00
2.00	1.16	0.60	0.25	0.08	0.03	0.01	.00	.00	.00	0.00
4.00	2.43	1.32	0.62	0.25	0.08	0.02	.00	.00	.00	0.00
2.00	1.09	0.53	0.22	0.07	0.02	0.02	.00	.00	.00	0.00
4.00	2.29	1.16	0.50	0.18	0.05	0.01	.00	.00	.00	0.00
2.00	1.03	0.46	0.18	0.05	0.01	.00	.00	.00	.00	0.00
4.00	2.17	1.02	0.40	0.13	0.03	.00	.00	.00	.00	0.00
2.00	0.98	0.41	0.14	0.04	0.01	.00	.00	.00	.00	0.00
4.00	2.05	0.90	0.33	0.09	0.02	.00	.00	.00	.00	0.00
2.00	0.92	0.36	0.11	0.03	.00	.00	.00	.00	.00	0.00
4.00	1.94	0.79	0.26	0.07	0.01	.00	.00	.00	.00	0.00
2.00	0.87	0.32	0.09	0.02	.00	.00	.00	.00	.00	0.00
4.00	1.83	0.70	0.21	0.05	0.01	.00	.00	.00	.00	0.00
2.00	0.82	0.21	0.07	0.01	.00	.00	.00	.00	.00	0.00
4.00	1.73	0.61	0.17	0.03	.00	.00	.00	.00	.00	0.00
2.00	0.78	0.24	0.06	0.01	.00	.00	.00	.00	.00	0.00
4.00	1.63	0.54	0.14	0.02	.00	.00	.00	.00	.00	0.00
2.00	0.74	0.22	0.05	0.01	.00	.00	.00	.00	.00	0.00
4.00	1.54	0.47	0.11	0.02	.00	.00	.00	.00	.00	0.00
2.00	0.69	0.19	0.04	0.01	.00	.00	.00	.00	.00	0.00
4.00	1.46	0.42	0.09	0.01	.00	.00	.00	.00	.00	0.00
2.00	0.66	0.17	0.03	.00	.00	.00	.00	.00	.00	0.00
4.00	1.38	0.37	0.07	0.01	.00	.00	.00	.00	.00	0.00
2.00	0.62	0.19	0.02	.00	.00	.00	.00	.00	.00	0.00
4.00	1.30	0.32	0.06	0.01	.00	.00	.00	.00	.00	0.00
2.00	0.59	0.13	0.02	.00	.00	.00	.00	.00	.00	0.00
1.00	0.32	0.08	0.01	.00	.00	.00	.00	.00	.00	0.00

みよう。賭け回数が40回（＋2と－1が交互に20回ずつ）のときのオプティマルfは0.25で、そのときのTWRは10.55である。ところで、オプティマルf＝0.25からわずか15％外れたらどうなるだろうか。fが0.1または0.4のとき、TWRは4.66になり、fが0.25のときの値の半分にも及ばない。オプティマルfからわずか15％しか外れていないし、まだ40回しか賭けていないにもかかわらずだ。これを金額に換算してみよう。f＝0.1では資金10ドルにつき1単位、f＝0.4では資金2.50ドルにつき1単位賭けることになる。いずれの場合もTWRは4.66で、利益も同額である。f＝0.25では資金4ドルにつき1単位賭けることになるが、このときの利益は、資金2.50ドルにつき1単位賭けたときの利益の2倍を上回ることに注目しよう。賭けすぎが割に合わな

20 TRIALS	f VALUES								
EVENT	0.06	0.1	0.15	0.2	0.29	0.3	0.35	0.4	0.45
START VALUES	20.00	10.00	6.67	5.00	4.00	3.33	2.86	2.90	2.22
5	25.00	15.00	11.67	10.00	9.00	8.33	7.86	7.50	7.22
1	23.75	13.50	3.92	8.00	6.75	5.83	5.11	4.50	3.97
5	29.89	20.25	17.35	16.00	15.19	14.58	14.04	13.50	12.91
1	28.20	18.23	14.75	12.80	11.39	10.21	9.13	8.10	7.10
5	35.25	27.34	25.81	25.60	25.63	25.52	25.10	24.30	23.08
1	33.49	24.60	21.94	20.48	19.22	17.86	16.32	14.50	12.69
5	41.66	36.91	38.40	40.96	43.25	44.66	44.87	43.74	41.25
1	39.77	33.22	32.64	32.77	32.44	31.26	29.17	26.24	22.69
5	49.71	49.82	57.12	65.54	72.98	78.16	80.21	78.73	73.73
1	47.23	44.84	48.55	52.43	54.74	54.71	52.14	47.24	40.55
5	59.03	67.26	84.96	104.86	123.16	136.78	143.38	141.71	131.80
1	56.08	60.53	72.22	83.89	92.37	96.74	93.20	85.03	72.49
5	70.10	90.80	126.38	167.77	207.83	239.36	256.30	255.09	230.58
1	66.60	81.72	107.43	134.22	155.87	167.55	166.59	153.06	129.57
5	83.25	122.58	187.99	268.44	350.71	418.88	458.13	459.17	421.11
1	79.09	110.32	199.80	214.75	261.03	293.21	297.78	275.50	231.61
5	98.86	165.49	279.64	429.50	591.82	733.03	818.90	826.50	752.73
1	93.91	148.94	237.70	343.60	443.87	513.12	532.29	496.90	414.00
5	117.39	223.41	415.97	687.19	998.70	1282.81	1463.79	1487.69	1345.50
1	111.52	201.07	353.57	549.76	749.03	897.96	951.46	892.62	740.03
5	139.40	301.60	618.75	1099.51	1685.31	2244.91	2616.53	2677.85	2405.09
1	132.43	271.44	525.94	879.61	1261.98	1571.44	1700.74	1606.71	1322.60
5	165.54	407.16	920.39	1759.22	2843.96	3928.60	4677.04	4820.13	4299.10
1	157.27	366.44	782.33	1407.37	2132.97	2750.02	3040.08	2892.08	2364.50
5	196.58	549.66	1369.09	2814.75	4799.19	6875.04	8360.21	8676.24	7684.64
1	186.75	494.70	1163.72	2251.80	3599.39	4812.53	5434.14	5205.74	4226.55
5	233.44	742.05	2036.51	4503.60	8098.63	12031.32	14943.88	15617.22	13736.29
1	221.77	667.84	1731.04	3602.88	6073.97	9421.93	9713.52	9370.33	7554.96
5	277.21	1001.76	3029.31	7205.76	13666.44	21054.82	26712.18	2811.00	24553.62
1	263.35	901.58	2574.92	5764.61	10249.83	14738.37	17362.92	16866.60	13504.49
5	329.19	1352.38	4506.11	11529.22	23062.12	36845.93	47748.02	50599.80	43889.60
1	312.73	1217.14	3830.19	9223.37	17296.59	25792.15	31036.22	30359.88	24139.28
5	390.91	1825.71	6702.83	18446.74	38917.33	64480.37	85349.59	91079.65	78452.66
1	371.37	1643.14	5697.41	14757.40	29188.00	45136.26	55477.24	54647.79	43148.96
5	464.21	2464.71	9970.46	29514.79	65672.99	112840.65	152562.40	163943.37	140234.12
1	441.00	2218.24	8474.89	23611.83	49254.74	78988.46	99165.56	98366.02	77128.77
5	551.25	3327.35	14831.06	47723.66	110823.17	194771.14	272705.29	295098.06	250668.50
1	523.68	2994.62	12606.40	37778.93	83117.38	138229.80	177258.44	177058.84	137867.67
5	654.60	4491.93	22061.21	75557.86	187014.10	345574.49	487460.70	531176.51	448069.94
1	621.87	4042.74	18752.03	60446.29	140260.58	241902.14	316849.46	318705.91	246438.47
TWR	31.09	404.27	2812.80	12089.26	35065.14	72570.64	110897.31	127482.36	110897.31

図4.6　＋5と－1が交互に20回ずつ発生するトレードにおけるf値とTWRとの関係

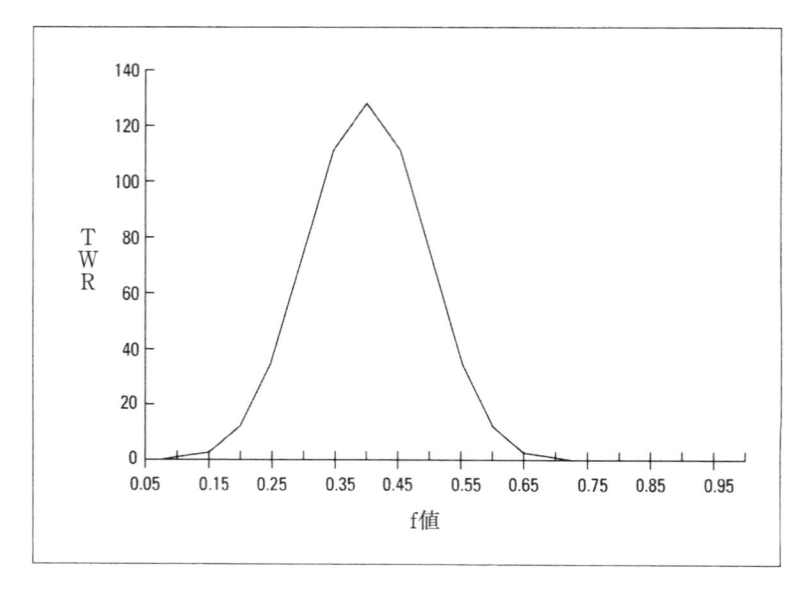

220

0.5	0.55	0.6	0.65	0.7	0.75	0.8	0.85	0.9	0.95	1
2.00	1.82	1.67	1.54	1.43	1.33	1.25	1.18	1.11	1.05	1.00
7.00	6.82	6.67	6.54	6.43	6.33	6.25	6.18	6.11	6.05	6.00
3.50	3.07	2.67	2.29	1.93	1.59	1.25	0.93	0.61	0.30	0.00
12.25	11.51	10.67	9.73	8.68	7.52	6.25	4.86	3.36	1.74	0.00
6.13	5.18	4.27	3.40	2.60	1.88	1.25	0.73	0.34	0.09	0.00
21.44	19.42	17.07	14.47	11.72	8.93	6.25	3.83	1.85	0.50	0.00
10.72	8.74	6.83	5.06	3.51	2.23	1.25	0.57	0.18	0.03	0.00
37.52	32.76	27.31	21.52	15.82	10.61	6.25	3.02	1.02	0.14	0.00
18.76	14.74	10.92	7.53	4.75	2.65	1.25	0.45	0.10	0.01	0.00
65.65	55.29	43.69	32.01	21.35	12.59	6.25	2.38	0.56	0.04	0.00
32.83	24.88	17.48	11.20	6.41	3.15	1.25	0.36	0.06	.00	0.00
114.89	93.30	69.91	47.62	28.83	14.96	6.25	1.87	0.31	0.01	0.00
57.45	41.99	27.96	16.67	8.65	3.74	1.25	0.28	0.03	.00	0.00
201.06	157.45	111.85	70.83	38.92	17.76	6.25	1.47	0.17	.00	0.00
100.53	70.85	44.74	24.79	11.67	4.44	1.25	0.22	0.02	.00	0.00
351.86	265.69	178.96	105.16	52.54	21.09	6.25	1.16	0.09	.00	0.00
175.93	119.56	71.58	36.88	15.76	5.27	1.25	0.17	0.01	.00	0.00
615.75	448.35	286.33	156.72	70.92	25.04	6.25	0.91	0.05	.00	0.00
307.87	201.76	114.53	54.85	21.28	6.26	1.25	0.14	0.01	.00	0.00
1077.56	756.59	458.13	233.12	95.75	29.74	6.25	0.72	0.03	.00	0.00
538.78	340.47	183.25	81.59	28.72	7.43	1.25	0.11	.00	.00	0.00
1885.73	1276.75	733.01	346.77	129.26	35.32	6.25	0.57	0.02	.00	0.00
942.86	574.54	293.20	121.37	38.78	8.83	1.25	0.08	.00	.00	0.00
3300.02	2154.52	1172.81	515.82	174.50	41.94	6.25	0.45	0.01	.00	0.00
1650.01	969.53	469.12	180.54	52.35	10.48	1.25	0.07	.00	.00	0.00
5775.04	3635.75	1876.50	767.29	235.57	49.80	6.25	0.35	.00	.00	0.00
2887.52	1636.09	750.60	268.55	70.67	12.45	1.25	0.05	.00	.00	0.00
10106.31	6135.33	3002.40	1141.34	318.02	59.14	6.25	0.28	.00	.00	0.00
5053.16	2760.90	1200.96	399.47	95.41	14.78	1.25	0.04	.00	.00	0.00
17686.04	10353.36	4803.84	1697.25	429.33	70.23	6.25	0.22	.00	.00	0.00
8843.02	4659.01	1921.54	594.21	128.80	17.56	1.25	0.03	.00	.00	0.00
30950.58	17471.30	7686.14	2525.40	579.59	83.39	6.25	0.17	.00	.00	0.00
15475.29	7862.09	3074.46	883.89	173.88	20.85	1.25	0.03	.00	.00	0.00
54163.51	29482.82	12297.83	3756.53	782.45	99.03	6.25	0.14	.00	.00	0.00
27081.76	13267.27	4919.13	1314.79	234.71	24.76	1.25	0.02	.00	.00	0.00
94786.15	49752.27	19676.53	5587.84	1056.30	117.60	6.25	0.11	.00	.00	0.00
47393.07	22388.52	7870.61	1955.74	316.89	29.40	1.25	0.02	.00	.00	0.00
165875.76	83956.95	31482.44	8311.92	1426.01	139.65	6.25	0.08	.00	.00	0.00
82937.88	37780.63	12592.98	2909.17	427.80	34.91	1.25	0.01	.00	.00	0.00
290282.57	141677.35	50371.91	12363.97	1925.11	165.83	6.25	0.07	.00	.00	0.00
145141.29	63754.81	20148.76	4327.39	577.53	41.46	1.25	0.01	.00	.00	0.00
72570.64	35065.14	12089.26	2812.80	404.27	31.09	1.00	0.01	.00	.00	0.00

いことは明白である。また、資金10ドルにつき１単位賭けた場合の利益は、その４倍の額を賭けた場合の利益、つまり2.50ドルにつき１単位賭けた場合の利益と同じである。ペイオフレシオが２：１の50対50ゲームでは、ｆ＝0.5でようやく収支が合う。つまり、資金２ドルにつき１単位賭けてようやくとんとんになるというわけである。こういったゲームでは、ｆが0.5を上回ると必ず負けるので、破綻するのは時間の問題である。

勝ったときに支払われる額を２単位から５単位に増やしてみよう。これを示したものが図4.6である。この場合のオプティマルｆは0.4である。つまり、資金2.50ドルにつき１ドル賭けるということである。＋５と－１が交互に20回ずつ発生した時点（賭け回数40回）では、オ

20 TRIALS									
	f VALUES →								
EVENT	0.05	0.1	0.15	0.2	0.25	0.3	0.35	0.4	0.45
START VALUES →	20.00	10.00	6.67	5.00	4.00	3.33	2.86	2.50	2.22
-1	19.00	9.00	5.67	4.00	3.00	2.33	1.86	1.50	1.22
-1	18.05	8.10	4.82	3.20	2.25	1.63	1.21	0.90	1.67
-1	17.15	7.29	4.09	2.56	1.69	1.14	0.78	0.54	0.37
-1	16.29	6.56	3.48	2.05	1.27	0.80	0.51	0.32	0.20
-1	15.48	5.90	2.96	1.64	0.95	0.56	0.33	0.19	0.11
-1	14.70	5.31	2.51	1.31	0.71	0.39	0.22	0.12	0.06
-1	13.97	4.78	2.14	1.05	0.53	0.27	0.14	0.07	0.03
-1	13.27	4.30	1.82	0.84	0.40	0.19	0.09	0.04	0.02
-1	12.60	3.87	1.54	0.67	0.30	0.13	0.06	0.03	0.01
-1	11.97	3.49	1.31	0.54	0.23	0.09	0.04	0.02	0.01
-1	12.57	3.84	1.51	0.64	0.28	0.12	0.05	0.02	0.01
-1	13.20	4.22	1.74	0.77	0.35	0.16	0.07	0.03	0.01
1	13.86	4.64	2.00	0.93	0.44	0.21	0.09	0.04	0.02
1	14.56	5.11	2.30	1.11	0.55	0.27	0.13	0.06	0.02
1	15.28	5.62	2.64	1.34	0.69	0.35	0.17	0.08	0.04
1	16.05	6.18	3.04	1.60	0.86	0.45	0.23	0.11	0.05
1	16.05	6.79	3.49	1.92	1.07	0.59	0.31	0.16	0.05
1	17.69	7.47	4.01	2.31	1.34	0.77	0.42	0.22	0.11
1	18.58	8.22	4.62	2.77	1.68	1.00	0.57	0.31	0.16
1	19.51	9.04	5.31	3.32	2.10	1.30	0.77	0.44	0.23
1	20.48	9.95	6.11	3.99	2.62	1.69	1.04	0.61	0.34
1	21.50	10.94	7.02	4.79	3.28	2.19	1.41	0.86	0.49
1	22.58	12.04	8.08	5.74	4.10	2.85	1.90	1.20	0.71
1	23.71	13.24	9.29	6.89	5.12	3.71	2.57	1.68	1.02
1	24.89	14.57	10.68	8.27	6.40	4.82	3.47	2.35	1.48
1	26.14	16.02	12.28	9.93	8.00	6.27	4.68	3.29	2.15
1	27.45	17.62	14.12	11.91	10.00	8.15	6.32	4.61	3.12
1	28.82	19.39	16.24	14.29	12.50	10.59	8.53	6.45	4.52
1	30.26	21.32	18.68	17.15	15.63	13.77	11.52	9.03	6.55
1	31.77	23.46	21.48	20.58	19.54	17.89	15.55	12.65	9.50
1	33.36	25.80	24.70	24.70	24.42	23.26	20.99	17.71	13.78
1	35.03	28.38	28.41	29.64	30.53	30.24	28.34	24.79	19.98
1	36.79	31.22	32.67	35.57	38.16	39.31	38.26	34.71	28.97
1	38.62	34.34	34.57	42.68	47.70	51.11	51.65	48.59	42.00
1	40.55	37.78	43.21	51.22	59.62	66.44	69.73	68.02	60.90
1	42.58	41.56	49.69	61.46	74.53	86.37	94.13	95.23	80.30
1	44.71	45.71	57.14	73.75	93.16	112.29	127.08	133.32	128.04
1	46.94	50.28	65.71	88.50	116.45	145.97	171.56	186.65	185.66
1	49.29	55.31	75.57	106.20	145.57	189.77	231.32	261.32	269.21
1	51.75	60.84	86.90	127.44	181.96	246.69	312.66	365.84	390.35
TWR →	2.59	6.08	13.04	25.49	45.49	74.01	109.43	146.34	175.66

図4.7 −1が10回、+1が30回発生するトレードにおけるf値とTWRとの関係

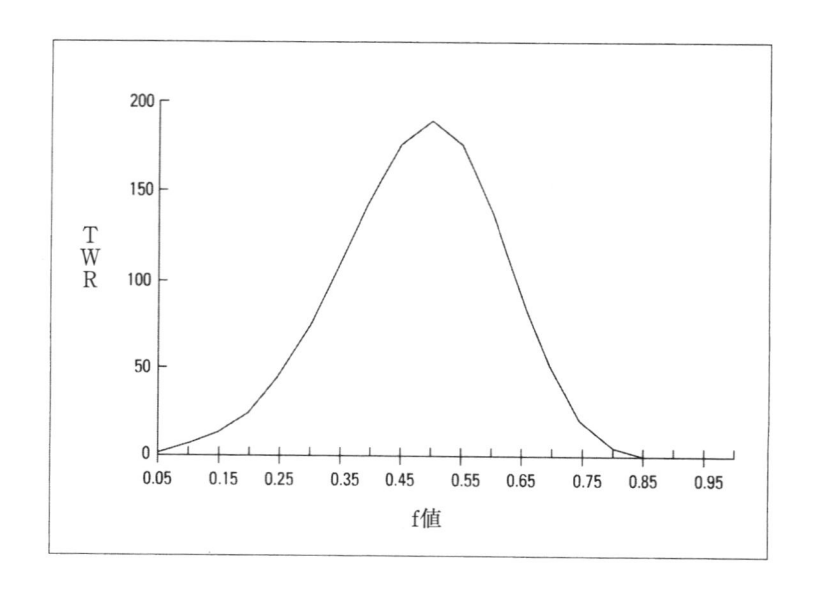

0.5	0.55	0.6	0.65	0.7	0.75	0.8	0.85	0.9	0.95	1
2.00	1.82	1.67	1.54	1.43	1.33	1.25	1.18	1.11	1.05	1.00
1.00	0.82	0.67	0.54	0.43	0.33	0.25	0.18	0.11	0.05	0.00
0.50	0.37	0.27	0.19	0.13	0.08	0.05	0.03	0.01	.00	0.00
0.25	0.17	0.11	0.07	0.04	0.02	0.01	.00	.00	.00	0.00
0.13	0.07	0.04	0.02	0.01	.00	.00	.00	.00	.00	0.00
0.06	0.03	0.02	0.01	.00	.00	.00	.00	.00	.00	0.00
0.03	0.02	0.01	.00	.00	.00	.00	.00	.00	.00	0.00
0.02	0.01	.00	.00	.00	.00	.00	.00	.00	.00	0.00
0.01	.00	.00	.00	.00	.00	.00	.00	.00	.00	0.00
.00	.00	.00	.00	.00	.00	.00	.00	.00	.00	0.00
.00	.00	.00	.00	.00	.00	.00	.00	.00	.00	0.00
.00	.00	.00	.00	.00	.00	.00	.00	.00	.00	0.00
0.01	.00	.00	.00	.00	.00	.00	.00	.00	.00	0.00
0.01	.00	.00	.00	.00	.00	.00	.00	.00	.00	0.00
0.01	0.01	.00	.00	.00	.00	.00	.00	.00	.00	0.00
0.02	0.01	.00	.00	.00	.00	.00	.00	.00	.00	0.00
0.03	0.01	.00	.00	.00	.00	.00	.00	.00	.00	0.00
0.05	0.02	0.01	.00	.00	.00	.00	.00	.00	.00	0.00
0.08	0.03	0.01	.00	.00	.00	.00	.00	.00	.00	0.00
0.11	0.05	0.02	0.01	.00	.00	.00	.00	.00	.00	0.00
0.17	0.08	0.03	0.01	.00	.00	.00	.00	.00	.00	0.00
0.25	0.12	0.05	0.02	.00	.00	.00	.00	.00	.00	0.00
0.38	0.18	0.08	0.03	0.01	.00	.00	.00	.00	.00	0.00
0.57	0.29	0.13	0.05	0.01	.00	.00	.00	.00	.00	0.00
0.86	0.44	0.20	0.08	0.02	0.01	.00	.00	.00	.00	0.00
1.28	0.69	0.32	0.13	0.04	0.01	.00	.00	.00	.00	0.00
1.92	1.07	0.52	0.21	0.07	0.02	.00	.00	.00	.00	0.00
2.89	1.65	0.83	0.35	0.12	0.03	0.01	.00	.00	.00	0.00
4.33	2.56	1.32	0.58	0.20	0.05	0.01	.00	.00	.00	0.00
6.49	3.97	2.11	0.95	0.34	0.09	0.02	.00	.00	.00	0.00
9.74	6.15	3.38	1.57	0.58	0.16	0.03	.00	.00	.00	0.00
14.61	9.53	5.41	2.58	0.99	0.28	0.05	0.01	.00	.00	0.00
21.92	14.77	8.65	4.26	1.68	0.49	0.10	0.01	.00	.00	0.00
32.88	22.89	13.85	7.04	2.86	0.87	0.17	0.02	.00	.00	0.00
49.32	35.49	22.15	11.61	4.87	1.51	8.31	0.03	.00	.00	0.00
73.98	55.00	35.45	19.16	8.28	2.65	0.56	0.06	.00	.00	0.00
110.97	85.25	56.71	31.61	14.07	4.64	1.00	0.11	.00	.00	0.00
166.45	132.14	90.74	52.16	23.92	8.12	1.80	0.21	0.01	.00	0.00
249.68	204.82	145.19	86.06	40.66	14.21	3.24	0.38	0.01	.00	0.00
374.51	317.48	232.30	142.00	69.12	24.86	5.83	0.70	0.03	.00	0.00
187.26	174.61	139.38	92.30	48.38	18.64	4.66	0.60	0.02	.00	0.00

プティマルｆのおかげで資金は2.50ドルから12万7482ドルに増える。この極端に有利な状況で、オプティマルｆから20％外れた場合を考えてみよう。ｆが0.6および0.2での利益は、0.4のときの利益の10分の1にも及ばない。50対50ゲームでペイオフレシオが5：1のこの特殊なケースの期待値は、（5×0.5）＋（1×（－0.5））＝2である。しかし、このゲームで0.8を上回るｆ値を使った場合には損失が出る。これまでの賭けやトレーディングでは正しい賭け金あるいは正しいレバレッジについての概念が欠落していたことは、これで明白だろう。

　このグラフからはさらに興味深い事実を読み取ることができる。まず第一に、**オプティマルｆ以外の固定比率ではｆを使ったときほどの利益は出ない**ということである。したがって、この＋5と－1の例で

は、資金２ドルにつき１ドル賭けても無駄である。この場合、資金2.50ドルにつき１ドル賭ける以外の賭け方では利益は減少する。**オプティマルｆを上回るリスクは割りに合わない――というよりも、むしろ大きな代償を支払うことになる**のである。ここで図4.7を見てみよう。ｆ＝0.55のときの利益がｆ＝0.5のときの利益よりも低いことは図から明らかである。第二の注目点は、ｆの計算における最大損失額の重要性である。トレーダーたちは計算に最大損失額ではなく最大ドローダウンを使う傾向があるが、これは間違いである。

ドローダウンおよび最大損失額とｆとの関係

第一に、ｆ＝1.00を使ったとすると、最大損失が発生するとたちまち破産してしまう。ｆの上下の境界を０（賭け金ゼロ）と１（賭け金は最小だが、すべて失う）に決めているので、これは当然である。

第二に、独立試行では、損益がどういった順序で発生したときにドローダウンが発生するかは、一意的には決まらない（独立試行だから）。例えば、コインを６回投げたとき、表が３回、裏が３回出るとしよう。表が出れば１ドルもらえ、裏が出ると１ドル支払わなければならないものとする。裏表の出方をすべて考えた場合、起こりうるドローダウンは１ドル、２ドル、３ドルのいずれかである。３ドルのドローダウンは裏が続けて３回出るという極端な場合に発生する。６回のコイン投げを一度だけ行いドローダウンが２ドルになったとしても、それには何の意味もない。ドローダウンとは**極端な**ケースのことであり、われわれが今考えているのは独立したトレード結果の事象列であるわけだから、この場合の極端なケースはすべての損失が続けて発生する場合（標本空間の中で最悪のケース）ということになる。したがってコインを６回投げた場合のひとつの事象列でドローダウンが２ドルになったからといって、それを何らかの意味のあるベンチマークとして使

えるわけではない。独立試行では、次にもう一度コイン投げを6回行った場合の事象列が前の事象列と同じになる確率と、別の事象列になる確率は同じだからである。

　勝った場合には1ドルもらえ、負けた場合には1ドル支払うという先ほどのコイン投げの例に戻ろう。これまでに20回投げて、ある時点で5ドルのドローダウンが発生したとしよう。これは何を意味するのだろうか。次に20回投げたときのドローダウンも「およそ」5ドルになるということなのか。ほとんどのトレーディングがそうであるように、コイン投げは独立試行なので、答えはノーである。この場合、予想が可能なのは連敗の確率だけである。コインを20回投げた場合、20回とも負ける確率、19回負ける確率……は計算することができる。しかし、われわれがドローダウンとみなすのはすべての負けが連続して起こるという最悪のケース、すなわち極端なケースは何かということである。したがって、問題となるのは、「連敗数がそれ以上にはならないという限度が分布の裾のどこかに存在するのか」ということになる。限度はない、というのがこれに対する答えである。20回のコイン投げを延々と続けても裏しか出ない場合もあるからである。こういったことは、確率としてはきわめて低いが、起こらないわけではない。最大ドローダウンを予測できるという考えは、単なる幻想にすぎない。これはトレーダーの心の平穏を保つために広まった考え方であり、統計学的には何の意味もない。固定比率ベースでトレーディングしている場合（ドローダウンは発生する時期、つまりドローダウンが発生し始めたときの口座資産額の関数でもある）、ドローダウンはまったく無意味なのである。

　第三に、固定比率トレーディングにおけるドローダウンは、一定枚数ベースによるトレーディング、つまり、再投資しないトレーディングにおけるドローダウンとは異なる。これは前章ですでに述べたとおりである。そして最後に、そもそもこのシミュレーションの目的は、

次のトレードでどれくらいの量をトレードすればよいかを知るためであって、次にトレーディングしたときに損益がどんな順序で発生するのかを知るためではない。ドローダウンはトレードの順序に関係するものである。しかし、ひとつのトレードで最大ドローダウンが発生したとすると、それは最大損失額にもなるのである。

　システムの可能損失額を調べたいのであれば、ドローダウンではなく最大損失額を見なければならない。一意的には決まらず、実質的に無意味なドローダウンを見ても仕方がないのである。固定比率トレーディング（利益を再投資するトレーディング）の場合は、なおさらそうである。意識的（トレーディングシステムを設計しているとき）あるいは無意識に「ドローダウンを一定限度に抑え」ようとするトレーダーは多い。ドローダウンがトレーダーの天敵であることを考えれば、当然だろう。しかし、ドローダウンは一意的には決まらないという性質を持つため、コントロールは不可能だ。ある程度コントロールできるのは、最大損失額である。すでにご存知のように、オプティマル f は最大損失額の関数である。最大損失額は、例えば、デイトレーディングのみ行う、オプションを利用するといったさまざまなテクニックでコントロールすることが可能だ。重要なのは、最大損失額はコントロール可能であり、大きな損失が発生する頻度も（少なくともある程度は）コントロールできるが、ドローダウンはコントロールできないということである。

　ここで留意点をひとつ述べておこう。固定比率でトレーディングしている場合、ドローダウンは口座資産の減少率で見た場合、過去に少なくとも f ％に達したことがあるということになる。例えば、f が0.55だとすると、これまでに資産の少なくとも55％に相当するドローダウンが発生したことがあるということである（その時点での残りの資産は45％）。これは、オプティマル f でトレーディングしている場合、最大損失が生じると、その時点で f に相当するドローダウンが発

生するからである。先ほどと同じ例で考えてみよう。例えば、システムのｆが0.55で、これが資金１万ドルにつき１枚トレードすることを意味するとすれば、最大損失の予想額は5500ドルになる。つまり、最大損失がすでに発生しているとすれば、１枚につき5500ドルの損失を被ったはずである。したがって、その時点で資産の55％に相当するドローダウンが発生したということになる。しかし、次のトレードや次の一連のトレードでさらに大きなドローダウンが発生する可能性もある。一般に、優れたシステムほどｆの値は高い。またドローダウン（パーセンテージベース）はｆを下回ることは絶対にないので、ｆが高いほど一般にドローダウンは大きくなる。つまり、システムが非常に優れているためオプティマルｆ（パーセンテージベース）が高いと、ドローダウンも大きくなるというパラドックスが生じるわけである。要するに、オプティマルｆは最大の幾何的成長を与えてくれるものであると同時に、あなたを破産に追い込みかねない、というもろ刃の剣的性質を持つものなのである。

オプティマルｆから外れすぎるとどうなるか

　オプティマルｆを用いる場合とそれ以外の値を用いる場合との違いは、時間がたつにつれて幾何学的に増大するという事実は、ギャンブラーにとっては特に重要である。ここで言う時間とはプレー回数を意味する。ブラックジャックで以前から使われている簡単な攻略法に、場に出た５の札を数えるというものがある。この戦略では、残り札の中にある５の札が少ないほど、プレーヤーが有利になる。カジノのルールによれば、プレーヤーのこのアドバンテージは最高で3.6％（５の札がまったく残っていない場合）にもなる。この戦略のオプティマルｆは、場に出た５の札の数によって、それぞれの手に対して大体０からおよそ0.075～0.08の範囲の値になる（つまり、残り札のなかに５

の札が何枚あるかによってfの値は変わってくるということ。これは従属試行なので、最適な賭け方は、残り札のなかにある5の札の比率によって異なるオプティマルfに基づいて、異なる比率で賭けるという賭け方になる）。カジノに行って1デッキだけプレーする分にはオプティマルfから外れてもそれほど大きな痛手はない（しかし、1000手に賭けるとなると話は違ってくる）。ある手のときにあなたにエッジがある場合、単にベットサイズを増やせばよいという考え方は間違いである。重要なのは、どれくらい増やすべきか、なのである。

　例で考えてみよう。例えば、500ドルの元手で、最低賭け金が5ドルのテーブルでプレーする場合を想定しよう。最低賭け金の5ドルは元手の1％に相当する。1デッキの途中で5の札がすべて場に出るという状況が起こった場合、カジノによっても異なるが、あなたは3～3.6％のエッジを持つことになる。つまり、そのときのあなたのオプティマルfは0.08、つまり資金62.50ドルにつき1単位の賭け（次の手で被る可能性のある最大損失5ドル÷0.08）、ということになる。

　ここまではとんとんだったので、手元にはまだ500ドルの資金が残っているとしよう。そこであなたは次の手に40ドル（500ドル÷62.50ドル×5ドル）賭けることにする。もし、45ドル賭けていれば、パフォーマンスは下がっただろう。1単位（5ドル）余分に賭けても何のメリットもないのである。メリットがないどころか、時間がたつにつれパフォーマンスは幾何学的に低下する。つまり、各手ごとにオプティマルfを計算し、その値をほんの少しだけ上回るか、または下回れば、ゲームの長さ（プレー数）が増えれば増えるほど、パフォーマンスは幾何学的に低下していくということになる。例えば、前述の状況で100ドル賭けたとすると、オプティマルfから右側にずれることになる。したがって、あなたがどんなに優れたカードカウンターであったとしても、あなたにチャンスが巡ってくることはない。オプティマルfからの外れ度があまりにも大きければ、残り札のなかにどんな札

があるかが確実に分かっていても、必ず負ける。

　これから4つのグラフを見ていくが、オプティマルfに近い値を用いることがいかに重要であるかを理解できていない人にとっては、その事実がはっきりするはずだ。紹介するグラフは資産カーブである。資産カーブとは、口座資産（Y軸）を一定期間にわたって、あるいは一連のトレード（X軸）にわたって記録したものである。いずれのグラフも、口座の当初資産は10単位とし、21のトレードまたは賭けの結果が次のようになったとする。

　1、2、1、-1、3、2、-1、-2、-3、1、-2、3、
　1、1、2、3、3、-1、2、-1、3

　この場合のオプティマルfは0.6、つまり資金5単位につき1単位賭けることになる（最大損失が3単位だから）。各自で計算してみよう。
　最初の資産カーブ（**図4.8**）は、一定枚数ベースでトレードしたときの資産の変化を示したものである。資産はほぼ一定で推移している。大きなドローダウンがない代わりに、資産の幾何的成長もない。
　次に**図4.9**を見てみよう。これは、f＝0.3（資金10単位につき1単位賭ける）でトレードしたときの資産カーブである。一定枚数ベースに比べ、利益は全般的にやや高めである。
　3番目のグラフ（**図4.10**）は、オプティマルf＝0.6（資金5単位につき1単位賭ける）のときの資産カーブである。f＝0.3のときよりも、利益はさらに高くなっている。
　最後のグラフ（**図4.11**）は、f＝0.9（資金3と3分の1単位につき1単位賭ける）のときの資産カーブである。資産はドローダウン期（時間7から12にかけて）に入るまでは急激に増加していることに注目しよう。fが高すぎると、マーケットシステムはドローダウン期中に徹底的に打ちのめされるため、fが最適値のときに比べると、ドロ

図4.8　一定枚数ベースで21回トレードした場合の資産カーブ

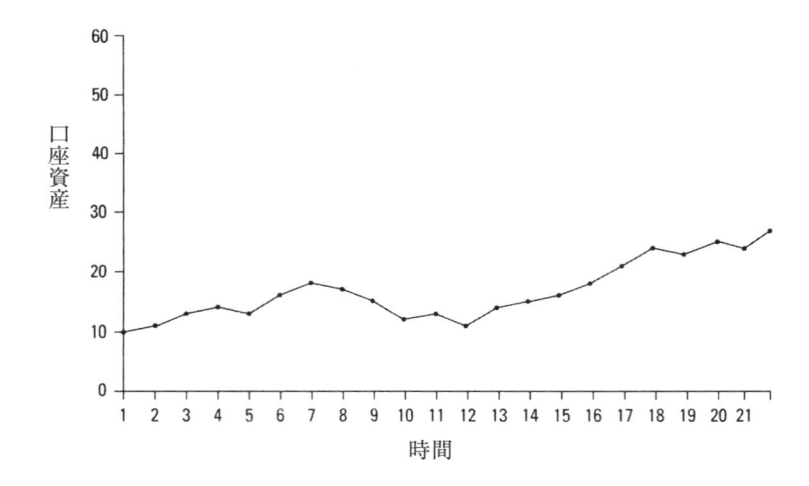

図4.9　f＝0.30（資産10単位につき1枚）で21回トレードした場合の資産カーブ

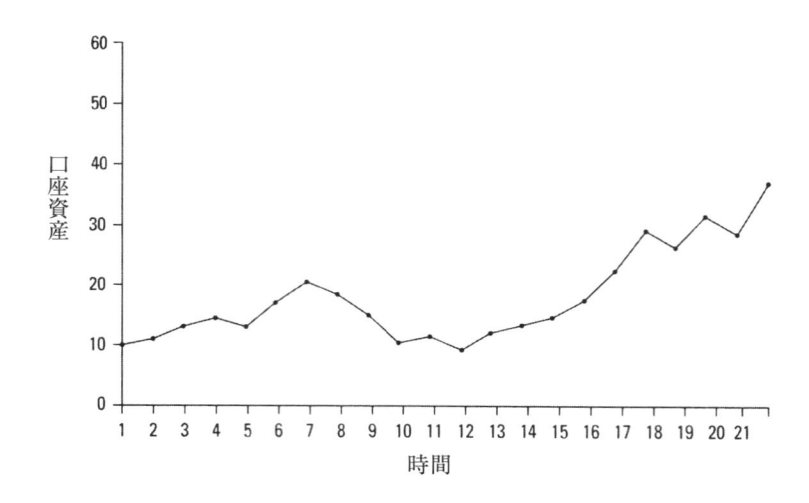

ーダウン期からの回復に要する時間ははるかに長い。

　オプティマルｆの場合でもかなり大きなドローダウンが発生することは、どんな市場でも、あるいはどんなシステムでも避けられない。オプティマルｆの下で１枚ベースでトレーディングしているマーケットシステムが、ひどいときには資産の80％から95％もの枯渇を招くことも珍しいことではない。しかし、オプティマルｆを使ったときの資産カーブで注目してもらいたいのは、ドローダウンからの回復が早く、その後は再び上昇に転じることである。これら４つのグラフは、21の同じトレード結果について観測したものだが、オプティマルｆがパフォーマンスに大きく影響を及ぼしていることは一目瞭然である。オプティマルｆを使った場合、特にドローダウンからの回復が早いのは注目に値する。

　口座資産が大きいほど、１枚のトレードに必要な金額の口座資産に占める割合は小さくなるので、オプティマルｆへのこだわりが大きくなるのは当然である。例えば、あるマーケットシステムのオプティマルｆが、資金5000ドルにつき１枚トレードするというものだったとしよう。当初資金を１万ドルとすると、枚数の調整が必要になる前に50％の利益（または損失）を出すこともある。これを、当初資金50万ドルの場合と比較してみよう。この場合、枚数は資金が１％変化するごとに調整されるだろう。資金が大きいほどオプティマルｆの利用効果が大きいことは明白である。オプティマルｆは、理論上、無限に小さい分割売買も可能であることを前提にしたものである。これは、トレード可能な最少量が１枚である現実世界とは異なる。しかし漸近的に考える場合、これは問題にはならない。現実世界における整数賭けでは、特に資産が少ない場合、資産に対する賭け金比率の小さいマーケットシステムを使うのがよいということになるが、この場合でもトレードオフの問題は残る。市場側からすればできるだけ多くの枚数をトレードしてくれたほうがよいわけだが、トレードする側からすれば、

図4.10 f=0.60（資産5単位につき1枚）で21回トレードした場合の資産カーブ

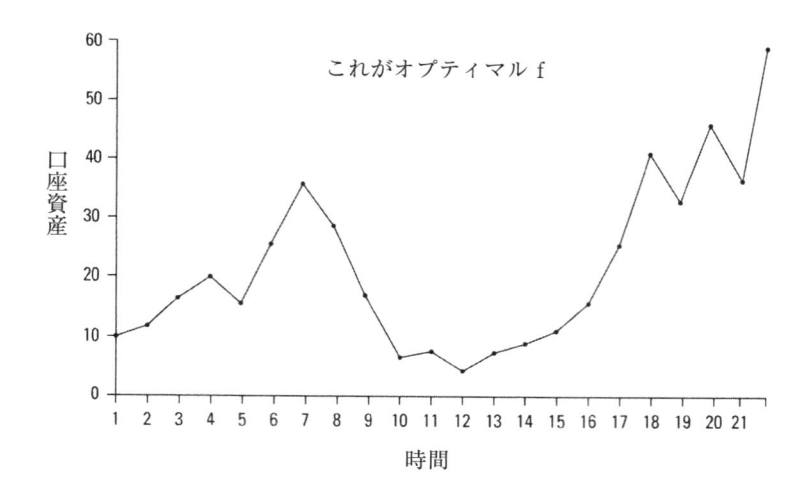

図4.11 f=0.90（資産3.33単位につき1枚）で21回トレードした場合の資産カーブ

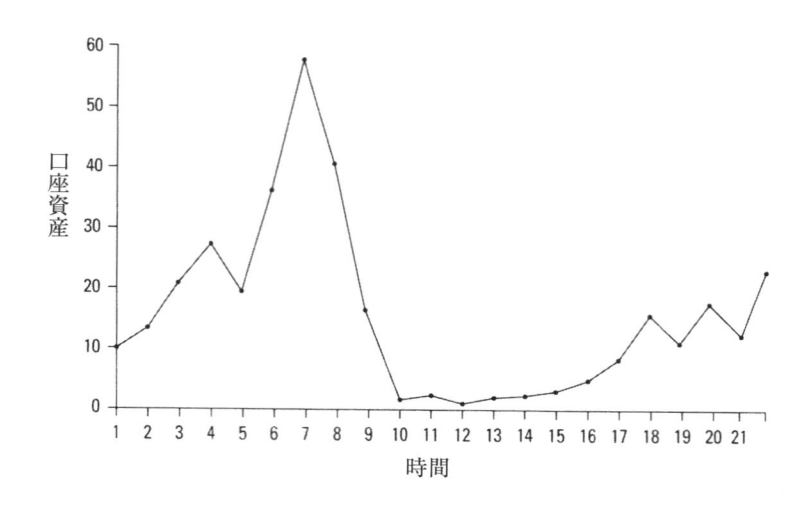

枚数が増えれば手数料、注文執行費、スリッページもそれだけかさむ。現実世界では１枚に必要な額は、当初証拠金必要額と、ｆによって指示される１枚当たりの額のいずれか大きいほうになることを念頭に入れておく必要がある。

　グラフからも分かるように、最適固定比率から外れれば非常に大きな代償を支払わなければならない。**正しいｆの値を使うことは、トレーディングシステムの良しあしよりも重要なのである**（ただし、システムが１枚ベースで収益を生むものでなければならないことは言うまでもない）。したがって、細かく調整するほど（つまり、できるだけ頻繁にポジションサイズを調整して、オプティマルｆの指示するサイズに従うことができるほど）、成功率は高まる。したがって、売買単位の小さな市場でトレーディングしたほうがよいということが言える。とうもろこし市場はS&Pに比べるとそれほど魅力的には映らないかもしれないが、数百枚もトレードしている人にとっては、かなり魅力的な市場に化けることもある。

　本書では、次のトレードでトレードすべき枚数を任意のマーケットシステムのオプティマルｆの値に基づいて計算し直すが、細かく調整するほど成功率は高まる。つまり、１週間ごとに枚数を計算し直すよりも１日ごとに計算し直したほうが成功率は高まり、１日ごとよりも１時間ごとのほうが、成功率はさらに高まるということになる。しかし、これには昔からトレードオフ問題が絡んできた。手数料、スリッページ、各種費用の問題もさることながら、忘れてはならないのが人為的なミスによるコストである。オプティマルｆの指示する枚数に調整する回数が多ければ、それだけ間違いも増える。ただし、調整方法はトレードごとにやる以外にもいろいろあること、そして基本的には、細かく（つまり、頻繁に）調整するほど――すなわち、オプティマルｆの指示に従って頻繁に調整するほど――オプティマルｆの効果はそれだけ高まることはぜひとも念頭に入れておきたい。理想的には、手

数料、費用、スリッページ、および人為的なミスとのトレードオフを考慮しながら、できるかぎり頻繁に調整するのがよい。

　一定枚数主義を貫き通してきた人が、これまでにいたかどうかは定かではない。しかし、元手が４倍になっても依然として一定枚数にこだわり続ける人がいるだろうか。逆に言えば、それまで毎回10枚ベースでトレーディングを行ってきた人が、あるとき突然口座資産が10枚のトレード額を下回ったとすると、その人は次のトレードで10枚トレードするために預け入れ金を差し入れるだろうか。そんなことはしないはずだ。一定枚数ベースでトレーディングしている人がその方式を変えると、どれくらいの枚数をトレードすればよいのかという問題がたちまち発生する。そのトレーダーがこの問題を認識しているか否かを問わず、これは必ず問題になる。本章でこれまで見てきてお分かりのように、枚数を決めるのはトレーダーにとっては難しい問題である。枚数を決めるのが難しいのなら、いっそ一定枚数ベースでトレーディングすればいいじゃないか、というのでは解決にはならない。なぜなら、一定枚数ベースのトレーディングでは資金の幾何的成長は見込めないからだ。したがって、好むと好まざるとにかかわらず、次のトレードでどれくらいの枚数をトレードすればよいかは、すべてのトレーダーに共通する問題なのである。適当に決めるのは間違いであり、あとあと高くつく。この問題を解決してくれるのが、数学的に正しい方法、つまりオプティマルｆなのである。

　利益を再投資しないようなトレーダーはいるだろうか。最も高いTWRを与えてくれるものがオプティマルｆであることを知らなければ、良いマーケットシステムがあったとしてもそれが良いシステムだとは到底気づかないだろう。

　十分に優れたシステムであれば、そのｆの値が、１枚当たりの金額として当初証拠金を下回るような額を指示してくるような値であることはよくある。オプティマルｆはカーブのピークの位置のｆの値であ

ることを思い出してもらいたい。ピークから右側にずれる（つまり、適正な枚数をオーバーする）と最大利益は得られない。しかし、必ずしもピークの位置のｆの値を使わなければならないというわけではない。ピークから左側にはずれてもよいのだ（つまり、１枚に充てる額を増やす）。例えば、口座を二等分し、一方をキャッシュ状態に維持し、もう一方をポジションを持つのに当て、その部分にｆを適用するという方法がこれに当たる。これは実質的には、ハーフｆ戦略または分割ｆ戦略に相当する。

　ここまでくると、使えるｆの値にはある程度の幅――つまり、ゼロから最適値の範囲内――のあることが分かるはずである。この範囲内の高いｆ値を使うほど（ただし、最高はオプティマルｆ）、利益は増大するが、それと同時にリスクも増大する（予想されるドローダウンの大きさが大きくなるということ。ドローダウンの発生頻度ではないことに注意）。一方、この範囲内の低いｆ値を使うほど、リスクは減る（ドローダウンの大きさが小さくなることを意味する。発生頻度が増えることではない）が、得られる利益も減る。ただし、ゼロに近づくほど利益を望める確率は高くなる（分割ｆ戦略よりも一定枚数ベースのほうが利益を生む確率が高いことを思い出してもらいたい）。『ギャンブリング・タイムズ』に掲載されたジエンバのケリーに関する論文によれば、**目標利益を低く設定した場合、フルケリー賭けよりもハーフケリー賭けのほうが口座を二等分する前の目標利益に達することができる可能性が高い。つまり、分割ケリー（分割ｆ）賭けのほうが安全ということである。そのほうが、Ｘ回賭けたときの結果の分散が小さいからである。分割オプティマルｆ（０からオプティマルｆの間の値）を使うことで、リスク・リターンのトレードオフも思いのまま、というわけである。**

　４つの資産カーブのグラフをもう一度見てみよう。オプティマルｆ（ｆ＝0.60）のグラフに比べると、ハーフｆ（ｆ＝0.30）のグラフの

ほうが滑らかなカーブを描いていることに注目してもらいたい。フルｆよりもハーフｆのときのほうが、資産カーブははるかに滑らかである。ただし、ハーフｆでは利益もそれだけ低くなることは覚悟しなければならない。ハーフｆとフルｆとの利益の差は時間がたてばたつほど拡大する。

　ここで注意点をひとつ挙げておきたい。ｆカーブのピークから右にずれすぎる（つまり、枚数が多すぎる）とデメリットが生じる（利益が減り、ドローダウンが大きくなる）ように、左にずれすぎても（つまり、枚数が少なすぎるということ）同じようにデメリットが生じるということである。しかし、右にずれすぎるよりは左にずれすぎるほうがデメリットは少ないので、どちらかにずれなければならないのであれば、左にずれたほうが無難である。

　では、**ｆカーブのピークから左にずれる（つまり、１枚に充てる額を増やす）とどうなるのか。この場合、ドローダウンは算術的に減るだけだが、利益は幾何学的に減少する**。つまり、ｆカーブのオプティマルｆから左にずれた場合のデメリットは、利益が幾何学的に減少することである。それでも分割ｆは用いるだけの価値がある。特に、（絶対利益ではなく）設定した目標に達するまでの時間を考えた場合、分割ｆ戦略は大いに効果を発揮する。一般に、フルｆ戦略よりも分割ｆ戦略のほうが、設定した目標に達するまでにかかる時間ははるかに短い（目標に達するまでにかかる時間は、目標の高さとｆの値としてオプティマルｆのどの程度の分割値を用いるかによって決まる）。目標に達するまでにかかる時間と資産減少率で見た場合の予想されるドローダウンとを掛け合わせたものを最小にすることを最優先する場合は、分割ｆ戦略が最も効果的である。

　ｆの値としてオプティマルｆの分割値を用いることで、オプティマルｆを希薄化することに加え、取引市場や用いるシステムを分散することもできる（このひとつの例が、前述した口座の50％をキャッシュ

オプティマルｆの等化

　一連のトレード結果に最大の幾何的成長をもたらすものはオプティマルｆである。これは数学的に証明された事実である。ここで、次のような一連のトレード結果を考えてみよう。

　＋２、－３、＋10、－５

　この場合のオプティマルｆを計算すると0.17になる。つまり、資産29.41ドルにつき１単位賭ければよいということである。こういった一連のトレードで資産を最大限に増やすには、こういった賭け方をすればよい。

　この一連のトレード結果は１株トレードしたときの損益（PL）であると仮定しよう。この場合、現在株価がいくらであろうと、口座資産29.41ドルにつき１株トレードするというのが最適なトレード方法ということになる。しかし、最初の２回のトレードを行うときの株価は20ドルだったが、最後の２回のトレードを行うときの株価は50ドル、そして現在株価は100ドルになったとするとどうなるだろうか。

　オプティマルｆの計算は、過去のトレードPLを現在の期待されるトレードPL分布の代理とみなして行うということを思い出してもらいたい。したがって、オプティマルｆを計算する前に、株価の違いを調整するための前処理として、過去のトレードPLデータを現在株価に見合ったPLデータに変換しておく。

　具体的に見ていこう。最初の２つのトレードは株価が20ドルのときに行ったので、２ドルの利益は10％の利益に当たり、３ドルの損失は

15％の損失に当たる。また、最後の2つのトレードは株価が50ドルのときに行ったので、10ドルの利益は20％の利益に当たり、5ドルの損失は10％の損失に当たる。

元の損益データをパーセンテージベースの損益データに変換するための式は以下のとおりである。

PL(%) = 手仕舞い価格 ÷ 仕掛け価格 − 1　（買いの場合）　　　　(4.10a)
PL(%) = −((手仕舞い価格 ÷ 仕掛け価格) − 1)（空売りの場合）
　　　　　　　　　　　　　　　　　　　　　　　　　　　　　(4.10b)

あるいは、買いと空売りの両方に使える次式を用いてもよい。

PL(%) = PL(ポイント) ÷ 仕掛け価格　　　　　　　　　　　　　(4.11)

これらの公式を使ってこの一連のトレード損益を**パーセンテージ**損益に変換すると次のようになる（ただし、トレードはすべて買いと仮定する）。

＋0.1、−0.15、＋0.2、−0.1

この変換後のPLは、各トレードが行われた時点の原資産価格を基に等化されているため、これを**等化データ**という。

手数料とスリッページを含める場合、式（4.10a）の手仕舞い価格を手数料とスリッページを合わせた金額だけ下方修正する。同様に、式（4.10b）は手仕舞い価格を手数料とスリッページを合わせた金額だけ上方修正する。式（4.11）を使っている場合は、分子のPL（ポイント）から手数料とスリッページを合わせた金額を差し引く。

データ処理が終わったら、処理済データを使ってオプティマルfを

計算する。この場合、オプティマルfは0.09になる。次にこのオプティマルf（＝0.09）を現在株価を基にドル価f（f$）に換算する。この換算には次式を使う。

f$（ドル価に換算したf）＝最大パーセンテージ損失×現在株価
　　　　　　　　　　　　×1ポイント当たりのドル価÷ーf
(4.12)

この一連トレードの場合、最大パーセンテージ損失は－0.15、現在株価は100ドル、1ポイント当たりのドル価は1ドル（1株だけ買うことを想定しているため）なので、f$は次のように計算できる。

f$ ＝ －0.15×100×1÷－0.09
　　＝ －15÷－0.09
　　＝ 166.6667

したがって、口座資産166.6667ドルにつき1株買うのが最適な買い方ということになる。例えば100株を1単位にすると、影響を受ける変数は1ポイント当たりのドル価のみで、この場合その値は100なので、f$は1万6666.67ドルになる。つまり、口座資産1万6666.67ドル当たり100株買えばよいということである。

ここで株価が3ドルに下落した場合を考えてみよう。f$の式で変更しなければならないのは現在株価だけなので、1株買うのに必要な資金は次のように計算できる。

f$ ＝ －0.15×3×1÷－0.09
　　＝ －0.45÷－0.09
　　＝ 5

つまり口座資産5ドルにつき1株買うのが最適な買い方である。

オプティマルfは現在株価の影響を受けないことに注目しよう。株価が3ドルになってもオプティマルfは0.09で変わらない。しかし、f$は株価の変動に伴って変化する。これは、すでに持っているポジションを毎日変更しなければならないという意味ではないが、毎日変更したほうが有利にはなる。例えば、ある銘柄を買ったあと株価が下落した場合、1単位（この場合は100株）買うのに必要な資金も減少する。なぜならオプティマルfは等化データに基づいて決定されるからだ。オプティマルfが元データに基づいて決定されるのであれば1単位買うのに必要な資金額は変わらない。しかしいずれにしても、株価が下落していけば、口座資産も日々減少していく。つまり、等化オプティマルfを用いる場合、ポジションサイズは日々見直したほうが有利ということになる。

オプティマルfの計算に用いるデータを等化すれば、このデータを基に計算するほかの値（派生量）も当然ながら変わってくる。オプティマルfと幾何平均（したがってTWR）が変わることはすでに見てきた。また、過去のトレードはすべて現在の株価の下で発生したとみなして調整されるため、算術平均トレードも変わってくる。したがって、＋2、－3、＋10、－5というこの一連のトレードでは、平均トレードは1ドルだが、これをパーセンテージPLに変換したデータ（＋0.1、－0.15、＋0.2、－0.1）では平均トレード（パーセンテージベース）は＋0.0125になる。したがって、1株100ドルのとき、平均トレードは100×0.0125、つまり1トレード当たり1.25ドルの利益となり、1株3ドルのとき、平均トレードは0.0375ドル（＝3×0.0125)の利益となる。

幾何平均トレードも次のように変化する。

GAT＝G×(最大損失÷－f)

ただし、
G＝幾何平均－1
f＝最適固定比率
（当然ながら、最大損失は必ず負数になる）。上の式は次のように書き換えることができる。

GAT＝(幾何平均－1)×f$

等化データの幾何平均はすでに計算済みだ。f$はデータを等化しなければ一定だが、データを等化した場合は現資産価格の関数になるため、原資産価格の変動に伴って変化する。したがって、幾何平均トレードも現資産価格の変動に伴って変化する。

また、幾何閾値（詳しくは後述）も等化データを反映させるように変えなければならない。

T＝AAT÷GAT×最大損失÷－f   (4.13)

ただし、
T＝幾何閾値
AAT＝算術平均トレード
GAT＝幾何平均トレード
f＝オプティマルf（0から1の間の値）

式（4.13）は次のように書き換えることもできる。

T＝AAT÷GAT×f$ (4.13a)

現資産価格の変動に伴って変化するのは、AATやGATだけでなく、f$も変化する。

最後に、複数のマーケットシステムのポートフォリオを考える場合、日々のHPRを計算しなければならないが、これもまたf$の関数である。

$$日々のHPR = D\$ \div f\$ + 1 \qquad (4.14)$$

ただし、

D$＝前日からの1単位当たりのドル価による損益［＝（今日の終値－前日の終値）×1ポイント当たりのドル価］

f$＝式（4.12）を使って計算した現在価格に基づくドル価オプティマルf。ただし、現在価格は前日の終値。

例えば、ある株式の今日の終値が99ドルで前日の終値が102ドルだったとしよう。最大パーセンテージ損失は－0.15である。f値を0.09とすると、f$値は次のようになる。

$$\begin{aligned}f\$ &= -0.15 \times 102 \times 1 \div -0.09 \\ &= -15.3 \div -0.09 \\ &= 170\end{aligned}$$

トレード量は1株なので、1ポイント当たりのドル価は1ドルである。したがって、今日のHPRの値は次のようになる。

$$\begin{aligned}今日のHPR &= (99-102) \times 1 \div 170 + 1 \\ &= -3 \div 170 + 1 \\ &= -0.01764705882 + 1 \\ &= 0.9823529412\end{aligned}$$

それでは、これまでの話を簡単にまとめておこう。一連のトレードPLが与えられた場合、この一連のトレード（ただし、期待値が正であるとする）の幾何的成長が最大になるのはオプティマルfでトレードした場合である。われわれはこの一連のトレードPLを次のトレードで起こり得る結果の分布の代理として用いる。そのため、この一連のトレードPLは現在価格をベースにしたPLに変換したほうがより正確な分析が可能になることが予想される。したがって過去の一連のトレードPLを等化する。こうすることで、次のトレードで起こり得るトレード損益分布のより現実的な代理を得ることができる。したがって、オプティマルfはこうして調整したトレード損益分布に基づいて計算する。

　これは、等化データを使って計算したオプティマルfを使ったほうがもっと稼げたかもしれないという意味ではない。次の表を見ると分かるように、等化データによるオプティマルfを使っても利益は**増えなかった**だろう。

PL	パーセンテージ	原資産価格	f$	株数	累積資産
f＝0.09のとき（等化データによるf）					$10,000
＋2	0.1	20	$33.33	300	$10,600
－3	－0.15	20	$33.33	318	$9,646
＋10	0.2	50	$83.33	115.752	$10,803.52
－5	－0.1	50	$83.33	129.642	$10,155.31

PL	パーセンテージ	原資産価格	f$	株数	累積資産
f＝0.17のとき（等化前データによるf）					$10,000
＋2	0.1	20	$29.41	340.02	$10,680.04
－3	－0.15	20	$29.41	363.14	$9,590.62
＋10	0.2	50	$29.41	326.1	$12,851.62
－5	－0.1	50	$29.41	436.98	$10,666.72

しかし、すべてのトレード結果を現在価格（１株当たり100ドル）をベースに計算していれば、等化データによるオプティマルｆのほうが等化前データによるオプティマルｆよりも稼げただろう。

　では、どちらのオプティマルｆを使えばよいのだろうか。データを等化して、それを基にオプティマルｆ（およびその派生量）を決めるべきなのか、あるいは元データを基に決めるべきなのか。これは数学的な問題というよりは、あなたがどちらを信じるかであり、あなたがトレードしているものに適切なのはどちらか（パーセンテージ変化量か、絶対変化量か）ということである。株価20ドルの株式における２ドルの価格変動と、株価100ドルの株式における10ドルの価格変動は同じだろうか。あるいは、ドルとユーロについて議論しているとした場合、0.4500のユーロに対してドルが30ポイント動くのと、0.6000で40ポイント動くのとは同じだろうか。

　私は個人的には、等化データを使ったほうがよいと考えている。もちろんこれには議論の余地はある。しかし、例えば株価が20ドルから100ドルに上昇したときにオプティマルｆを決定する場合、現在株価を使ったほうがよいと思うのではないだろうか。株価が20ドルのときに行ったトレード結果を株価が100ドルになった今の動きにそのまま適用できるかと言えば、必ずしもそうとは言えないからである。これはデータを等化するしない以前の問題である。

　一般に、株価が現在価格と大幅に異なるときのデータは使わないほうがよい。株価の変動に伴って売買のされ方も変わった可能性があるからだ。こういった意味合いでは、株価が変化しないかぎりは、等化したデータによるオプティマルｆも、元データによるオプティマルｆも同じと言えるだろう。

　データを等化すべきかどうか悩んでいる人は、おそらくは使っているデータ量が多すぎることが考えられる。データを過去にさかのぼりすぎれば、そこから得られる分布は次のトレードの分布の代理として

は使えない。つまり、等化したデータを使うべきかどうかは大した問題ではないということである。もしどちらを使うべきかで悩んでいるのであれば、おそらくは何らかの問題──例えば、前述のような──があるはずである。何も問題もなく、等化したデータを使うのと元データを使うのとで違いがあるのであれば、等化したデータを使ったほうがよいだろう。これは等化したデータによるオプティマルｆが過去においてもオプティマルだったという意味ではない。おそらくはそうではなかっただろう。過去においてオプティマルだったのは、むしろ元データによるオプティマルｆのほうだろう。しかし、オプティマルｆ（あるいは、明日オプティマルｆにより近づくもの）としてどちらを使うべきかという疑問に対する答えは出しておかなければならないだろう。これに対する私の答えは、等化データによるオプティマルｆのほうが良い、ということになる。なぜなら、次のトレードの起こり得る結果の分布をより適切に代表しているものは、元データよりも等化データのほうだからである。

　式（4.10a）～式（4.11）から得られる値は、買いと空売りとで異なる。例えば、ある株式を80で買って100で売ったとすると、パーセンテージベースで25％の利益になるが、100で空売りして80で買い戻した場合は20％の利益にしかならない。いずれの場合も80で買って100で売ったことに変わりはないが、リターンが異なるのはその順序（取引の発生した順序）が異なるからだ。パーセンテージベースの損益分布は取引の発生順によって異なるため、将来の取引の発生順は過去と同じになることを想定する。その想定の下で導き出されたのが式（4.10a）～式（4.11）である。したがって買いと空売りとでは、得られる数値が異なるというわけである。

　もちろん、取引の発生順を無視することもできるが、そうすればトレード履歴に関する情報は失われる。それに、内包されるリスクがトレード順序の関数になっていることを考えれば、取引の発生順を無視

するということは、内包されるリスクも無視するということになってしまう。

放物線補間法によるオプティマル f の求め方

　私は当初、ケリーの公式のようにひとつの式を使ってオプティマル f を求める方法を目指していた。TWRを使ってオプティマル f を求める場合、0から1.0までの f の領域でTWRが最大になるときの f の値をオプティマル f の値とする。この場合、TWRの最大化に用いる変数は f だけなので、これを**一次元の最大化**と呼ぶことにしよう。

　オプティマル f にたどり着くまでの繰り返し演算の方法には、すでに述べた原始的な方法よりももう少しスマートな別の方法があったのを覚えているだろうか。反復収束法である。この方法ではまず（A，B）のように、中間点をブラケットに入れて探索範囲の上限と下限を設定し、その範囲内の点（X）をテストし、それが終わったら探索範囲を狭めて（A，X またはX，B）、その範囲内の点をテストし……というプロセスを、解がひとつの値に収束するまで繰り返し行う。この方法は、f の値を0から0.01ずつ増やしながら行う繰り返し演算ほど厄介ではないにしても、依然として面倒な方法であることに変わりはない。

　最大値がひとつのみ存在する——つまり、その値の左右では値が徐々に減少していく（f カーブはこれの良い例）——ことが分かっている場合に1次元で最大値を求める最良の（最も早く、最もエレガントな）方法は、**放物線補間法**である。放物線補間法が使えるのは、探索している領域に局所的極値（最大値または最小値）がひとつだけ存在する場合である。局所的極値が2つ以上ある場合は、この方法は使えない（**図4.12**を参照）。

　この方法は、X軸を f 値、Y軸をTWR値とするグラフの3つの座

標値を入力するだけ、という簡単なものだ。次の公式に3つの座標値を代入すると、横座標（X軸、つまり放物線の頂点に対応するf値）が得られる。

$$横座標 = X2 - 0.5 \times \frac{(X2-X1)^2 \times (Y2-Y3) - (X2-X3)^2 \times (Y2-Y1)}{(X2-X1) \times (Y2-Y3) - (X2-X3) \times (Y2-Y1)} \quad (4.15)$$

この式の解は、代入した3つの座標（X1, Y1）、（X2, Y2）、（X3, Y3）を含む放物線の頂点の横座標の値で、これがfの値（Xの値としても構わない）になる。

放物線補間法は、まずfカーブにひとつの放物線を重ね合わせ、入力座標のひとつを変えながら次々と新しい放物線を描いていくというプロセスを、最新の放物線の横座標がその前の放物線の横座標に収束するまで続けるというものだ。収束したかどうかは、2つの横座標の差の絶対値があらかじめ設定している許容誤差（TOL）より小さいかどうかで判断する。許容誤差の値は、あなたがどれくらいの精度のfを求めたいかによって決める。私は通常TOLの値として0.005を使っている。このTOLであれば、前述した原始的な方法によって得られるfの精度と同程度の精度が得られる。

例で見てみよう。まず、3つの座標のうちの2つの座標を（0, 0）、（1.0, 0）とする。3番目の座標はfカーブ上にある点でなければならない。その座標のX軸の値を（1-TOL）、つまり0.995とする（TOL＝0.005の場合）。この座標がfカーブ上にあるためには、Y軸の値はf＝0.995のときのTWRの値でなければならない。ここでは、4トレード（-1、-3、3、5）のオプティマルfを求めるものとする。したがって、f＝0.995のときのTWRは0.017722になる。これで3つの座標が出そろった。3つの座標は、(0, 0)、(0.995, 0.017722)、(1.0, 0)である。これらの座標を先の横座標を求める公式に代入すると、これ

図4.12 2つの極値を持つ関数

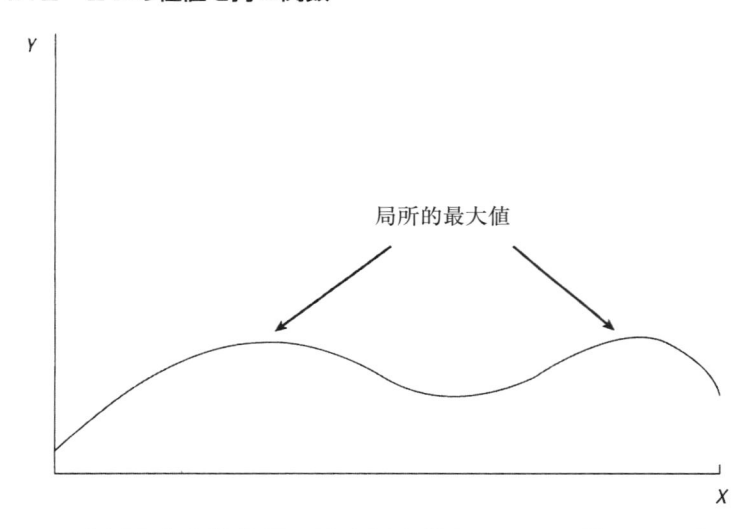

局所的最大値

ら3つの座標を含む放物線の横座標が得られ、その値は0.5である。

次に、この横座標に対応するTWRを計算すると、1.145833になる。X座標の値（0.5）は前のX2の値（0.995）の左側にあるので、新しい3つの座標は左側の3つをとり、(0, 0)、(0.5, 1.145833)、(0.995, 0.017722)となる。今度はこれら3つの新しい座標を含む放物線の横座標を求める。

新しい3つの座標を含む放物線の横座標を計算すると0.499439になる。このf値に対するTWRは1.146363である。横座標の差がTOL以下になったとき、オプティマルfに収束したとみなされる。

参考のために、9回の繰り返し演算に使った値と結果を示しておこう。さらなる理解に役立ててもらいたい。

放物線補間法

回数	X1	Y1	X2	Y2	X3	Y3	横座標
1	0	0	0.995	0.017722	1	0	0.5
2	0	0	0.5	1.145833	0.995	0.017722	0.499439
3	0	0	0.499439	1.146363	0.5	1.145833	0.426923
4	0	0	0.426923	1.200415	0.499439	1.146363	0.410853
5	0	0	0.410853	1.208586	0.426923	1.200415	0.387431
6	0	0	0.387431	1.218059	0.410853	1.208586	0.375727
7	0	0	0.375727	1.22172	0.387431	1.218059	0.364581
8	0	0	0.364581	1.224547	0.375727	1.22172	0.356964
9	0	0	0.356964	1.226111	0.364581	1.224547	0.350489

収束速度がきわめて速いことに注目しよう。一般に、fカーブのピークが尖っている（プレー回数が多い）ほど、速く収束する。

さて、**図4.13**を見てみよう。これは、ペイオフレシオが2：1のコイン投げの放物線補間プロセスをグラフで示したものだ。この場合のオプティマルfは0.25である。グラフには、0.25を頂点とするお馴染みのfカーブが描かれている。このグラフを使って、やり方をおさらいしておこう。まず3つの点A、B、Cを含む放物線を描く。Aの座標は（0, 0）で、Cの座標は（1, 0）である。B点にはfカーブ上にある点を選ぶ。放物線ABCが描けたら、その横座標（放物線ABCの頂点。これがf値に相当する）を計算する。そして、このf値に対応するTWRを計算する。これが点Dの座標になる。同じことを、今度は点A、B、Dを使って行う。放物線ABDの横座標が計算できたら、その値（放物線ABDの頂点。これがf値に相当する）に対応するTWRを計算する。この座標（f値, TWR）が点Eの座標になる。

f＝0.25に対応するfカーブの頂点にかなりの速さで収束していくことに注目しよう。さて、先ほどの作業に戻ると、次はE、B、Dを通る放物線を描く。このプロセスを放物線の横座標がfカーブの頂点

のX座標に収束するまで繰り返す。

　コンピューターを使って計算する場合、ひとつだけ問題点がある。実行中に、先の横座標を求める公式の分母が0になる場合があるということである。これを解決するには、次に示したJavaのパッチプログラムを使うのもひとつの手だ。

```
    dm = (x2 - x1) * (y2 - y3) - (x2 - x3) * (y2 - y1);
if(dm = = 0.0)
    dm = 0.00001;
    abscissa = x2 - 0.5 * ((x2 - x1) * (x2 - x1) * (y2 - y3) - (x2 - x3)
             (x2 - x3) * (y2 - y1))/dm;
```

　この手のパッチを使っても、結果の正当性が損なわれることはない。

　放物線補間法は、任意の関数のある範囲内に最大値がひとつしかない場合、その局所的最大値を求めるのにも使える。上が開いた形状をした関数（例えば、$Y = X^2$のような関数）の局所的最小値も同じ方法で求めることができる。この場合も、局所的最小値がひとつしかない場合に限られるのは、最大値を求める場合と同じである。局所的最大値を求める場合との違いは、横座標を求める公式の1カ所が変わる点だけである。局所的最小値を求める公式は以下のとおりである。

$$横座標 = X2 + 0.5 \times \frac{(X2 - X1)^2 \times (Y2 - Y3) - (X2 - X3)^2 \times (Y2 - Y1)}{(X2 - X1) \times (Y2 - Y3) - (X2 - X3) \times (Y2 - Y1)}$$

　局所的最大値を求める場合の公式は最初の演算子が－になっていたのに対し、局所的最小値を求める公式では＋になっていることに注意しよう。

図4.13 ＋2と－1が交互に20回ずつ発生する場合のTWRに対して行った放物線補間法

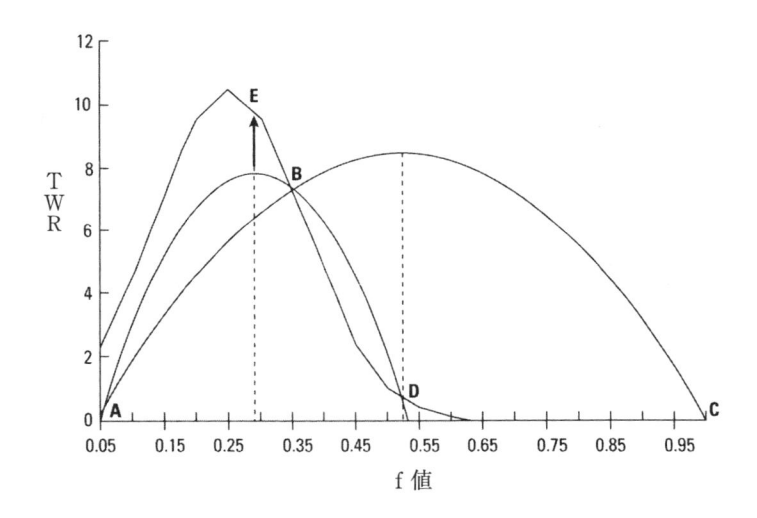

次のステップ

　これまでに出てきた公式の問題点は、すべてのHPRが同じ発生確率を持つと仮定しなければならない点である。そこで、HPRの値によって確率が異なることを許容する新たな公式を導入することにする。この公式を使えば、HPRの確率分布が与えられればオプティマルｆの値を求めることができる。まず、式（4.06）を次のように変形する。

$$\mathrm{HPR} = \left(1 + \left(\frac{A}{\left(\frac{W}{f}\right)}\right)\right)^{P} \tag{4.16}$$

ただし、
Ａ＝そのシナリオの結果
Ｐ＝そのシナリオの発生確率

W＝n個のシナリオのうち最悪の結果
f＝fのテスト値

　式（3.02）と式（4.16）よりTWR（最終資産比率）（1990年の公式とは違い、TWRに特別な意味はなく、Gを求めるための中間的な値に過ぎず、対元本最終資産比率を**表すものではない**。一貫性を保つために「TWR」という変数名はそのまま使った）は次のように書き換えることができる。

$$\mathrm{TWR} = \prod_{i=1}^{T} \mathrm{HPR}_i$$

または、

$$\mathrm{TWR} = \prod_{i=1}^{T} \left(1 + \left(\frac{A_i}{\frac{W}{f}}\right)\right)^{P_i} \tag{4.17}$$

　最後に、式（4.17）のΣ_{P_i}乗根を取ってGを求める。これは1プレー当たりの平均複利成長率で、幾何平均HPRともいう。これはあとあと重要になる。式（4.08）に倣うと、Gは次のように書くことができる。

$$G = \mathrm{TWR}^{1 \div \Sigma P_i} \tag{4.18}$$

または、

$$G = \left(\prod_{i=1}^{T} \left(\left(1 + \left(\frac{A_i}{\left(\frac{W}{f}\right)} \right) \right)^{P_i} \right) \right)^{1 \div \Sigma P_i} \quad (4.18a)$$

ただし、
T＝異なるシナリオの総数
TWR＝最終資産比率
HPR_i＝i番目のシナリオの保有期間全体におけるリターン
A_i＝i番目のシナリオの結果
P_i＝i番目のシナリオの発生確率
W＝n個のシナリオのうち最悪の結果
f＝fのテスト値

　最適固定比率を求めるのに式（4.03）を拡張した式（4.04）を使ったように、式（4.18a）はオプティマルfを求めるうえでの**万能式**である。この式から得られるf値は、データがベルヌーイ分布に従うときはケリーの公式と同じ結果が得られるし、あるトレード分布（ただし、各トレードが発生する確率は1÷T）を想定したうえでf値を導き出すこれまでに紹介した式から得られる結果にも一致する。またこの式は、指数関数的に成長するものであればいかなるものでも、その初期量の対数の期待値を最大化するのにも利用できる。次は、この式をシナリオプランニングに利用する方法について見ていく。

シナリオプランニング

　経済学者、アナリスト、気象学者、政府機関など、予測することを仕事としている人々の予測は当たったためしがない。われわれが人生において意思決定を行わなければならないとき、将来予測を伴うのが

普通である。

　このときに陥る落とし穴がいくつかある。まず第一に、人は現実よりも楽観的な予想を立てる傾向がある。例えば、今月宝くじに当たる確率は交通事故で死ぬ確率よりも高いと大概の人は思う。しかし実際には交通事故で死ぬ確率のほうが高い。これは個人について言えるだけでなく、集団についても言える。いやむしろ、集団のほうがその傾向は強い。人々は一丸となって何かに取り組むとき、必ず良い結果が出ると考えてしまうものである。

　もうひとつの落とし穴は、人は将来に対して直線的な予想をする、という点である。ガス1ガロン当たりの価格は今から2年後にはいくらになるのか、自分の仕事はどうなるのか、次期大統領はだれになるのか、次は何がはやるのかなどなど、われわれはいろいろなことを予想するが、将来を予想するとき、われわれはただひとつの最も起こりそうなことしか考えない傾向がある。したがって、個人として、あるいは集団として、何らかの意思決定をしなければならないとき、将来的に最も起こりそうなただひとつのことを基に意思決定を行う。したがって、予想もしなかったことが起こると不愉快になり立ちすくむだけである。

　シナリオプランニングは、われわれが将来予測をするときに直面するこういった問題点を一部解決してくれるものだ。シナリオとは、将来起こり得る事柄、つまり将来はこうなるだろうというひとつのストーリーである。さまざまなシナリオを集め、将来的に起こり得る多種多様な可能性を分析するのがシナリオプランニングである。もちろん、起こり得るすべての可能性を網羅することはできないが、できるだけ多くの可能性を考えるようにする。こうすることで、最も起こりそうな可能性だけを直線的に予想するのとは違って、将来に対して準備することができる。さらに、直線的な予想では予期できなかったことも、シナリオプランニングでは予想の範囲内に含まれているため、慌てふ

ためくこともない。**この世には何ひとつ確実なものなどない**という考えに立つシナリオプランニングは現実によりマッチした分析を可能にするものである。

　例えば、あなたがある自社製品の長期計画を立てるメンバーのひとりだとしよう。あなたは、最も起こりそうなただひとつの予想を立てるのではなく、シナリオプランニングを行うことにする。この場合、まずはメンバー全員を集めて起こり得るシナリオについてのブレーンストーミングが必要だ。その製品を作るのに必要な原料が十分に調達できなかったらどうするか。競合の一社がその製品から撤退したらどうするか。新たな競合が現れたらどうするか。この製品に対する需要の大きさを見誤っていたとしたらどうするか。どこかで戦争が勃発したらどうするか。核戦争が起こったらどうするか、といった具合に、ありとあらゆるシナリオをブレーンストーミングで洗い出すわけである。

　それぞれのシナリオは起こり得る可能性のひとつにすぎないが真剣に考えなければならない。起こり得るシナリオをすべて洗い出したら次は何をすればよいだろうか。

　まず最初に、各シナリオごとに達成すべき目標を決める。シナリオによっては、目標が建設的なものにはならない場合もあるだろう。例えば、厳しいシナリオの場合、被害対策といった目標しか立てられないかもしれない。各シナリオに対する目標を設定したら、目指す目標を達成するために、そのシナリオの下で不測の事態が発生した場合のプランを立てる必要がある。例えば、被害対策といった目標しか立てられない、あまり起こりそうもない厳しいシナリオの場合、そのシナリオが実際に発生した場合に被害を最小限にとどめるにはどうすればよいかについてのプランを立てる。要するに、シナリオプランニングとは、あるシナリオが実際に発生したときにどういったアクションを取るべきかを決めておくことである。つまり、事実が発生する前にプ

ランを立てることで、不測の事態に対する準備をするわけである。

　シナリオプランニングの目的はこれだけではない。実は、シナリオプランニングとオプティマルｆの間には密接な関係がある。オプティマルｆは起こり得るシナリオに対する最適な割り当て量を決定するのに利用できるのである。複数の将来予想、つまり複数のシナリオに対するプランを立てても、一度に発生するのはひとつのシナリオだけである。したがって、シナリオプランニングでは、多くの場合、明日発生するシナリオに対する割り当て量を今日決定しなければならない。シナリオプランニングの最も重要な部分は実はこの部分——定量化——なのである。

　まず最初に１つひとつのシナリオを定義する。次に、各シナリオの発生確率を決定する。これは確率なので、０と１の間の値を取る。発生確率が０のシナリオは考える必要はない。また、これらの確率は累積確率ではないことに注意しよう。つまり、各シナリオの発生確率はそのシナリオが単独で発生する確率でなければならないということである。例えば、われわれがXYZマニュファクチャリング・コーポレーション（以下、XYZ社）の政策立案者であるとしよう。考えられる多くのシナリオのうち２つのシナリオとして、XYZ社が破産申請する確率が0.15（15％）、海外企業との競争激化によってXYZ社が倒産する確率が0.07（７％）である。このとき、最初のシナリオ（破産申請）が２番目のシナリオ（海外企業との競争激化による倒産）を原因とするものを含んでいないかどうかを調べる。含んでいる場合は、最初のシナリオの確率は２番目のシナリオの確率を差し引いた0.08（８％）に修正しなければならない（最初のシナリオの確率＝0.15－0.07＝0.08＝８％）。

　各シナリオの独立性に加え、もうひとつ重要なのは、すべてのシナリオの確率を合計したものは１にならなければならないということである。1.01でも0.99でもなく、ちょうど１でなければならない。

こうして各シナリオの発生確率を決定したら、次は各シナリオに結果を割り当てる。これは数値で行う。例えば、あるシナリオが発生したら1ドル与えられる、または1ドル支払わなければならない、といった具合だ。どういった数値でも構わないが、単位は統一しなければならない。

ここで重要なのは、負の結果を持つシナリオを最低1つは含まなければならないという点だ。これはこのテクニックを使ううえで重要な条件のひとつである。

このテクニックを使ううえで不可欠な最後の条件は、期待値（結果と確率を掛け合わせたもの。式（1.03a）を参照）の合計がゼロよりも大きくなければならないということである。期待値の合計が0または負になった場合、このテクニックは使えない（本書ではこのあと、シナリオプランニングをポートフォリオ構築に用いるが、そのときは負の期待値も許容される。しかし構築したポートフォリオは利益の出るポートフォリオになる）。これは、シナリオプランニングそのものが使えないというわけではなく、オプティマルfをシナリオプランニングに組み込むことができるのは期待値が正の場合のみ、という意味である。

最後に、できるだけ多くのシナリオを含めることが重要である。これは、起こり得る事柄の99％をカバーするということである。そんなの不可能ではないかと思えるかもしれないが、1つひとつのシナリオの範囲を拡大すれば、起こり得る事柄の99％をカバーするのに1万のシナリオを考える必要はない。

各シナリオの範囲を拡大するに当たって注意しなければならないのは、楽観的なシナリオ、悲観的なシナリオ、物事が変化しないシナリオの3つしか考えないという、よく陥りがちな過ちを犯さないということである。これら3つのシナリオでは少なすぎるため、ここから導き出される結果はあまりにも大雑把で使い物にはならない。トレーデ

ィングシステムのオプティマルfを決めるのに３つのトレード結果だけで正確な値を導き出せるだろうか？

　起こり得る事柄をすべて網羅するのに必要なシナリオは無数にあるが、各シナリオの範囲を拡大してシナリオの数を減らせば、ほぼすべての事柄を網羅しながらシナリオ数を適度な数に抑えることができる。しかし、シナリオ数を減らせば、当然ながら情報の一部は失われる。先ほど述べたように、（シナリオの範囲を拡大することで）シナリオ数をわずか３つに減らせば（多くの人が犯す過ち）、かなりの量の情報が失われるため、このテクニックの効果は著しく損なわれる。

　では、シナリオ数としてはどれくらいが適切なのだろうか。自分がうまく処理できる範囲内でできるだけ多く、ということになるだろうか。

　２つのシナリオを持つ例としてペイオフレシオが２：１のコイン投げを考えてみよう。２つのシナリオは「表が出る」と「裏が出る」で、それぞれのシナリオの発生確率は0.5である。また、「表が出る」シナリオが発生したときの結果は＋２、「裏が出る」シナリオが発生したときの結果は－１である。

シナリオ	発生確率	結果
表	0.5	2
裏	0.5	－1

　それではここで再びXYZ社の政策立案者としての立場に戻ろう。われわれは今、遠隔地にある未開の小国に新製品を売り込むためのマーケティング戦略を考えている。考えられるシナリオとしては５つある（実際にはシナリオ数はもっと多いはずだが、ここでは簡単にするためにシナリオ数は５つとする）。これら５つのシナリオは、われわれが新製品を売り込もうとしているその小国の将来を見通したもので、

それぞれのシナリオの発生確率と、その国への投資による損益（結果）を示したものが以下の表である。

シナリオ	発生確率	結果
戦争勃発	0.1	－500,000ドル
問題発生	0.2	－200,000ドル
低迷	0.2	0
平和	0.45	500,000ドル
繁栄	0.05	1,000,000ドル
合計	1.00	

発生確率の合計は1である。否定的な結果が少なくとも1つ含まれ、期待値は正である。

期待値 = (0.1×(－500,000)) + (0.2×(－200,000)) + … = 185,000

必要な条件がすべて満たされているので、これらのシナリオ群に対してはこのテクニックを用いることができる。

先に進む前に、シナリオとして最も起こり得るただ1つのシナリオしか考えなかったとしたらどうなるかを考えてみよう。例えば、この国の将来として平和な国になると結論づけた場合、ほかの可能性はすべて無視してこの国は将来100％平和になるものとして行動することになるだろう。

それでは元に戻ろう。次にやるべきことはオプティマルｆの決定である。オプティマルｆは幾何平均を最大にするｆの値（0と1の間の値）であり、式（4.16）～式（4.18）を使って求める。まず、式（4.17）を使ってTWR（最終資産比率）を求める。得られた値のΣPi乗根を取ったもの［式（4.18）］が幾何平均HPR（1プレー当たりの平均複利成長率）で、これはのちのち重要になる。

それでは実際の数値を使って計算してみよう。その前にまず最適化の方法（幾何平均を最大にするｆ値の求め方）を決めておく。ここでは前出の、ｆの値を0.01から1まで一定量ずつ増やしながら繰り返し演算して幾何平均が最大になるｆの値を求めるという方法、または放物線補間法を用いる。

　次に、すべてのシナリオのなかで最悪の結果を生むシナリオを決める。これは発生確率とは無関係である。XYZ社のマーケティング戦略におけるシナリオで最悪なものは結果が−50万ドルになるシナリオである。

　この最悪のシナリオの結果をｆの負数で割る。この例では、オプティマルｆを求めるための繰り返し演算ではｆ値を0.01から１まで0.01ずつ増やしながら計算する。したがって、最初の除数となるｆの負数は−0.01となる。最悪のシナリオ結果を最初のｆ値の負数で割ると以下のようになる。

$$\frac{-500{,}000 \text{ドル}}{-0.01} = 50{,}000{,}000$$

　次に、各シナリオの結果を上式で得られた値で割る。最初のシナリオを例にとって計算してみよう。最初のシナリオの結果はこのシナリオ群のなかで最悪の結果をもたらすもの（戦争勃発）で、結果は50万ドルの損失である。したがって、次のようになる。

$$\frac{-500{,}000 \text{ドル}}{50{,}000{,}000} = -0.01$$

　次に、上式で得られた値を１に足す。

$$1 + (-0.01) = 0.99$$

得られた値に対してこのシナリオの発生確率乗根を取る。この最悪の結果をもたらすシナリオの発生確率は0.1なので、HPRは次のように計算できる。

$0.99^{0.1} = 0.9989954713$

2番目のシナリオは「問題発生」シナリオで、結果は20万ドルの損失、発生確率は0.2なので、このシナリオの結果を5000万で割る。

$$\frac{-200{,}000}{50{,}000{,}000} = -0.004$$

さきほどと同様のステップでHPRを求める。

$1 + (-0.004) = 0.996$
$0.996^{0.2} = 0.9991987169$

残りのシナリオに対しても同様にHPRを求めると以下のようになる。

低迷   1.0
平和   1.004487689
繁栄   1.000990622

すべてのシナリオのHPRが求まったら、それらをすべて掛け合わせる。

　0.9989954713
　×0.9991987169

×1.0
×1.004487689
×1.000990622
=1.003667853

　得られた1.003667853がｆ値が0.01のときのTWRである。次に、このTWRの値に対して「1÷確率の合計」乗根を取る。確率の合計は必ず1になるので、1÷確率の合計＝1である。1乗根は根を取る対象となる値そのものに等しいので、このケースでは幾何平均＝TWR＝1.003667853である。

　得られた値1.003667853はｆ値が0.01のときの幾何平均である。次にｆ値が0.02のときの幾何平均を同様の方法で求める。ｆ値を増やしながら同じ要領で幾何平均を求め、幾何平均が最大になるときのｆ値を求める。

　このケースの場合、幾何平均が最大になるときのｆ値は0.57で、そのときの幾何平均は1.1106である。オプティマルｆが求められたので、最悪シナリオの結果（－50万ドル）をこのオプティマルｆの負数で割ると87万7192.98ドルという値を得る。したがって、今の時点におけるXYZ社のこの地域におけるマーケティングの最適投資額は87万7192.98ドルということになる。時間とともに状況が変われば、シナリオとその結果、およびその発生確率も変わり、それに伴ってオプティマルｆの値も変わる。XYZ社が絶えず変化するシナリオに遅れを取らず、常にシナリオを見直しながら正確なシナリオを設定するほど、より正確な意思決定が可能になる。XYZ社がもしもこの時点でこのベンチャー事業に87万7192.98ドル投資することができなければ、ｆカーブのピークから右側に大きくずれる。これはトレーダーで言えば、オプティマルｆが示す枚数を大幅に上回る枚数でトレードするのと同じである。逆に87万7192.98ドル以上投資すれば、オプティマルｆが

示す枚数を大幅に下回る枚数でトレードするのと同じである。

　トレーディングにおけるシナリオとしては、どういったシナリオを選んでも構わない。シナリオとしては例えば次のようなものが挙げられる。

1．前出の例のように、それぞれのトレードから得られる結果をシナリオにしてもよい。これはひとつの商品のみをトレードしている場合には便利だが、ポートフォリオで運用している場合には、すべての商品の保有期間は等しくなければならないというルールに違反することになる。
2．結果となる価格の分布が分かっている場合はそれをシナリオにしてもよい。例えば、ある根拠に基づきある商品の翌日の価格が正規分布に従うと信じているのであれば、正規分布に基づいてシナリオを決めることが可能だ。正規分布では、翌日の価格の上昇幅が２標準偏差以内に入る確率は97.72％、３標準偏差以内に入る確率は99.86％なので、ひとつのシナリオとして、翌日の価格の上昇幅（保有期間が翌日の１日で、１単位トレードした場合のドル価）が２～３標準偏差以内である、というシナリオを設定する。その場合、発生確率は0.9986 − 0.9772 ＝ 0.0214（2.14％）となる。
3．次の保有期間にわたって任意のアプローチで１単位トレードした結果として得られる金額の分布を使うこともできる。これはこの新しい枠組みの下でポートフォリオを構築するのに適しているため、私の好みの方法である。

　このなかでは３番目の方法が最もお勧めだが、いずれの方法を使うにしても、**状況の変化に応じて、シナリオ、その結果、およびその発生確率を常に見直すことが重要だ。こうすることで、次の保有期間では公式が今現在最適であると示しているものによってトレードするこ**

とが可能になる。これはブラックジャックをプレーするときとまったく同じである。カードが引かれるたびにトランプの札の組が変わるため、プレーヤーの確率も変わってくる。しかしプレーヤーは必ず、今の確率が示しているものに基づいて次の戦略を考えなければならない。

ここでは量として金銭の量を考えているが、このテクニックでは考える量としてはいかなるものの量でもよい。

例えば、株式市場について異なる複数のシナリオを設定した場合、このテクニックから導き出されるオプティマルｆは任意の時点における株式市場に対する正しい投資比率を提示してくれる。例えば、導き出されたｆ値が0.65だとすると、全資産の65％は株式市場に投資し、残りの35％は例えばキャッシュで持つ、といった具合だ。このテクニックを使えば、あなたの資産の長期的な幾何成長率は最大になる。当然ながら、結果の正確さは、システムへの入力量、つまりシナリオ、その発生確率、結果として得られるペイオフ、コストがどれくらい正確であるかに依存する。

このテクニックは任意のトレードのオプティマルｆを決定するためのまた別のパラメトリック手法として用いることができる。例えば、トレーディングにおける意思決定をファンダメンタルズに基づいて決める場合、そのトレードが取り得る複数の異なるシナリオを設定し、そのシナリオに基づいて意思決定する。シナリオの数が多く正確であるほど、得られる結果も正確なものになる。あるいは、収入を狙って地方債の購入を考えているが、満期まで保有する気はない場合、将来に対するさまざまなシナリオを設定し、そのシナリオに基づいてこの地方債への投資額を決めればよい。

あるトレーダーは大豆を買うかどうか迷っている。彼がトレーディングにおける意思決定ツールとして使っているものはエリオット波動かもしれないし、天気予報かもしれない。しかし何を使っているにせよ、このトレードのシナリオとしては次のようなシナリオが設定でき

るだろう。

シナリオ	発生確率	結果
最良の結果	0.05	1ブッシェル当たり150セントの利益
かなり起こり得る結果	0.4	1ブッシェル当たり10セントの利益
最も起こり得る結果	0.45	1ブッシェル当たり5セントの損失
あまりよくない結果	0.05	1ブッシェル当たり30セントの損失
最悪の結果	0.05	1ブッシェル当たり150セントの損失

　さて、大豆を買うことにしたこのトレーダーはシナリオとその結果を上記のように設定した。資産の長期的成長（と生き残り確率）を最大化するためにはこの先もこれと同じ意思決定を無限回繰り返し行わなければならないと仮定すると、このシナリオプランニング・アプローチから導き出される最適な賭け率は元手の0.02（2％）になる。これらのシナリオのなかで最大の損失である1ブッシェル当たり150セントをこのシナリオ群のオプティマルf＝0.02で割ると、7500ドル（＝5000×150セント）÷0.02＝37万5000ドルなので、資産37万5000ドルにつき1枚買えばよいことになる。つまり、次のトレードに対してこのトレーダーが取れるリスクは全資産の2％ということである。

　トレードの意思決定に何を使おうと（エリオット波動だろうと、天気予報だろうと）、シナリオパラメーターはトレードごとに変化するかもしれない。しかし、口座の長期的幾何成長を最大化するためには、シナリオパラメーターは常に一定であると仮定しなければならない。そうしなければ、このトレーダーは大きな代償を払うことになる。この大豆トレーダーの場合、**fカーブのピークから右側にずれれば**（つまり、枚数が若干多すぎる）、何のメリットもない。例えば、口座資産30万ドルにつき1枚買えば、口座資産37万5000ドルにつき1枚買うときに比べて長期的に見れば利益は減るということである。

　複数の可能なシナリオセットを選択肢として提示されたとき、その

オプティマルｆに対応する幾何平均が最大になるシナリオセットを選ぶことで、われわれの決定を漸近的に最大化することができる。

例えば、可能な２つの選択肢（もっと多くの選択肢があると想定することもできるが、簡単にするためここでは選択肢を２つに限定する）を提示されたとする。２つの可能な選択肢は「白」および「黒」と呼ぶことにする。白を選んだ場合、将来的に起こり得るシナリオは以下のとおりである。

シナリオ	発生確率	結果
A	0.3	－20
B	0.4	0
C	0.3	30

期待値＝3.00ドル
オプティマル ｆ ＝0.17
幾何平均＝1.0123

シナリオはどんなものでも構わない。ここでは分かりやすくするために各シナリオをＡ、Ｂ、Ｃとする。また、各シナリオの結果もどんなものでも構わない。

一方、黒を選んだ場合のシナリオは以下のとおりである。

シナリオ	発生確率	結果
A	0.3	－10
B	0.4	5
C	0.15	6
D	0.15	20

期待値＝2.90ドル
オプティマルf＝0.31
幾何平均＝1.0453

　白と黒とでは白のほうが期待値が高いため、白を選ぶ人が多いだろう。白を選んだ場合、**平均で**3.00ドルの利益が見込めるが、黒を選んだ場合に見込める利益は平均で2.90ドルである。しかし、実際には黒を選んだほうがよい。なぜなら幾何平均が黒のほうが大きいからだ。黒を選んだ場合、**平均で**4.53％（＝1.0453－1）の利益を見込めるが、白を選んだ場合は1.23％の利益しか見込めない。再投資効果を考えると、黒を選んだほうが白を選んだときよりも3倍以上稼ぐことができるのである。

　「こういったシナリオセットは一回きりしか発生しない。次に投資するときにはシナリオセットは変わっているはずだ。だから、期待値の大きいほうを使ったほうが儲かるのではないか」と反論する読者もいるだろう。

　期待値の大きさによって意思決定するのは、目下の決定に賭けた金を再投資するつもりがないときだけである。しかし、今日のイベントに賭けた金は将来の異なるイベントに再び賭けるというのが一般的であり、今日いくら賭けることができるかは過去の損益によって決まる。したがって、自分の金の長期的成長を最大化したいのであれば幾何平均に基づいて意思決定すべきである。明日のシナリオは今日のシナリオとは違うかもしれないが、常に幾何平均が最大になるように意思決定することで、その決定を最大化することができる。これはブラックジャックのような従属試行プロセスと同じである。手によって確率は変わるため、賭け金の最適比率も変わる。しかし、常にその手にとって最適な額を賭けることで、資産の長期的成長を最大化することができる。長期的成長を最大化するためには、今の状況が未来永劫続くと

仮定しなければならないことに注意しよう。つまり、プレーするたびに状況が異なるプレーを何度も繰り返すなかで資産の成長を最大化したいのであれば、それぞれのイベントを無限回繰り返すものと仮定しなければならないということである。

　一般に、あるイベントの結果がそのあとに発生するイベントの結果に影響を及ぼす場合は幾何平均が最大になるように意思決定し、まれなケースとしてあるイベントの結果がそのあとに発生するイベントの結果に影響を及ぼさない場合は算術的期待値が最大になるように意思決定することでわれわれの決定を最大化することができる。

　（算術的）期待値は異なるシナリオの結果のバラツキを考慮しないため、再投資を考える場合、間違った意思決定を導くおそれがある。

　一方、このシナリオプランニング・アプローチは起こり得るシナリオ、その結果、および発生確率に対して量的に正しいポジションを求めることが可能だ。算術的期待値が最大になるように意思決定する方法に比べ、この方法は本質的に量を控えめに見積もる。これは、幾何平均が算術平均を絶対に上回らないことを考えると分かると思う。つまりこの方法は算術的期待値を最大にする方法よりも多くを賭けさせることはないということである。漸近的には（長期的に見れば）、この方法は資産の幾何的成長を最大化するのに役立つだけでなく、ポジションの取らせ方においても優れている。算術的期待値が最大になるように取るポジションに比べて、幾何平均が最大になるように取るポジションのほうが控えめな量になる。

　退職する前日を除き、再投資は人生には付き物である。再投資とは、今日使っている金を再利用することである。したがって、自分の決定を最大化するためには、同じ決定を将来にわたってずっと繰り返すことを前提として今日の決定をしなければならない。ほとんどのイベントはその結果がそのあとに発生するイベントの結果に影響を及ぼす。したがって、自分の決定を最大化するためには、幾何的期待値を最大

にするように意思決定し、ポジションを決めなければならない。そのため場合によっては、意思決定とポジションが明確に定まらないこともある。

　ここではシナリオの設定に当たっては、将来起こり得る状態をビン分割し、おおよその発生確率を割り当てた。データの分布が分かっているのであれば、その分布と確率を使ってもよい。このようにデータの分布をあらかじめ仮定しておく方法を「パラメトリック手法」という。これに対して、本書の本節以前に紹介した方法を「経験的手法」という。本節で述べてきたシナリオプランニングは、経験的データに基づいてデータをビン分割するので、オプティマル f を経験に基づいて決める経験的手法と分布に基づいて決めるパラメトリック手法との中間に位置するハイブリッドなアプローチと言うことができるだろう。

シナリオスペクトル

　シナリオスペクトルについてはだいぶ慣れてきたことと思う。ここではシナリオスペクトルについて詳しく説明する。シナリオスペクトルとは、発生し得るシナリオを最悪の結果から最良の結果の順にスペクトルのように左から右に配列したもので、それぞれのシナリオの占める領域は発生確率の大きさに比例し、すべての確率を合計すると100％になるように二次元で表現した図のことである。一例として、簡単なコイン投げのシナリオスペクトルを考えてみよう。コインを投げて表が出たら負け、裏が出たら勝ちで、いずれの発生確率も0.5である（**図4.14**を参照）。

　シナリオスペクトルのシナリオ数は2つ以上であればいくつあっても構わない（**図4.15**を参照）。**図4.15**のシナリオスペクトルは、先に出てきたXYZ社の新製品を遠隔の小国に売るためのマーケティング戦略に関連するシナリオスペクトルである。

シナリオ	発生確率	結果	確率×結果
戦争勃発	0.1	−500,000ドル	−50,000ドル
問題発生	0.2	−200,000ドル	−40,000ドル
低迷	0.2	0	0
平和	0.45	500,000ドル	225,000ドル
繁栄	0.05	1,000,000ドル	50,000ドル
合計	1.00		期待値 185,000ドル

シナリオスペクトルが有効であるための条件は以下のとおりである。

A．否定的な（負の）結果を伴うシナリオが最低1つ含まれる。
B．確率の合計が1。
C．スペクトル内でシナリオが重複しない。

　例えば、低迷シナリオは平和をほのめかすものではあるが、低迷シナリオは経済成長をまったく伴わない平和を意味し、平和シナリオは少なくとも若干の経済成長を伴うため、低迷シナリオとははっきりと区別される。つまり、低迷シナリオは平和シナリオには**含まれない**ということである。そのほかのシナリオについてもいずれかがいずれかを含むものはない。

　最後にシナリオスペクトルについてもうひとつ重要な点を述べておきたい。スペクトルに含まれるシナリオは、任意の保有期間に発生する結果に関連したものでなければならない、という点である。保有期間の長さは自由に選んで構わない。1日、1週間、1四半期、1カ月、1年など、いかなる長さであっても構わないが、保有期間は必ず決めておかなければならない。保有期間を決めたら、そのスペクトルに含まれるシナリオは**次の**保有期間に発生すると思われる結果に関連したものでなければならず、またシナリオはすべて同じ長さの保有期間に

図4.14　裏が出たときを勝ちとする簡単なコイン投げのシナリオスペクトル

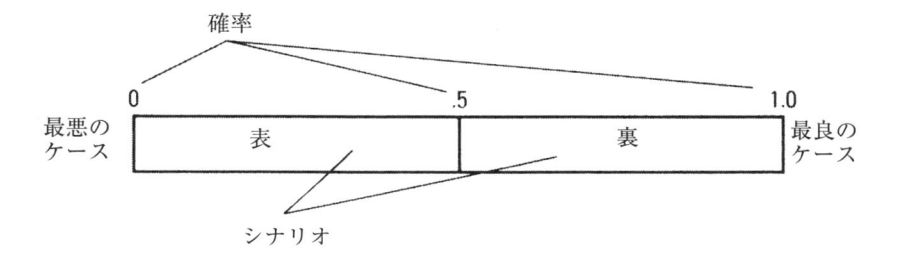

図4.15　シナリオが多数あるときのシナリオスペクトル

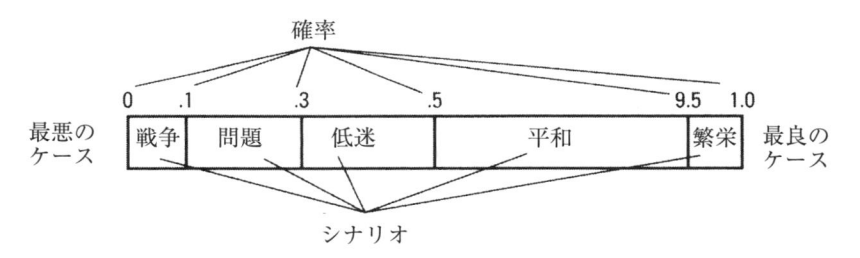

対応したものでなければならない。これは非常に重要な点である。したがって、例えば保有期間を1日と決めた場合、どのシナリオも翌日に起こり得る結果に関連したものでなければならない。

第5章
オプティマル f の性質

Characteristics of Optimal f

トレードを始めたばかりのスモールトレーダーのためのオプティマル f

　１枚から始めようと考えているスモールトレーダーはこのオプティマル f アプローチをどう活用すればよいのだろうか。通常は、ドル価オプティマル f （＝最大損失÷－ f ）につき１枚が最適トレード量になるが、スモールトレーダーの場合、まず考えなければならないのはドローダウンと委託証拠金の額である。スモールトレーダーの場合、ドル価オプティマル f と委託証拠金＋過去の最大ドローダウン（１単位ベース）のいずれか多いほうの金額を最初の１枚に割り当てるのがよい。

　A＝MAX{(最大損失÷－f),(委託証拠金＋ABS(ドローダウン))}　(5.01)

ただし、
A＝最初の１枚に割り当てられる金額（ドル）
f＝オプティマル f （０から１の間の数値）
委託証拠金＝取引をするために最初に差し入れる担保（証拠金の何倍もの取引が可能）

ドローダウン＝過去の最大ドローダウン
MAX{}＝カッコ内の数値のうち大きいほう
ABS()＝絶対値関数

　この方法を使えば、再び最大ドローダウンが発生しても別の取引のための委託証拠金をカバーするだけの資金は残る。将来発生する最悪のドローダウンは過去に発生した最悪のドローダウンを上回ることもないとは言えないが、万一そういった事態が発生したとしても、トレードを始めた途端にそういったドローダウンが発生することはほとんどないと考えてよいだろう。

　やり方としては、式（5.01）で得た値をその日の口座資産から差し引き、得られた数値を（最大損失÷－f）で割る。得られた数値を整数に丸め、それに1を足す。得られた数値がトレードすべき枚数になる。

　実例で見てみよう。オプティマルfが0.4、過去の最大損失が－3000ドル、最大ドローダウンが－6000ドル、委託証拠金が2500ドルのシステムがあるとする。式（5.01）より、

A ＝ MAX{(－3000ドル÷－0.4),(2500ドル＋ABS(－6000ドル))}
　＝ MAX{(7500ドル),(2500ドル＋6000ドル)}
　＝ MAX{7500ドル,8500ドル}
　＝ 8500ドル

したがって最初の1枚に割り当てられる金額は8500ドルである。口座資産を2万2500ドルとする。口座資産から最初の1枚に割り当てる金額を差し引くと、

22500ドル－8500ドル＝14000ドル

これをドル価のオプティマルfで割ると、

14000ドル÷7500ドル=1.867

これを整数に丸めると、

INT(1.867)=1

この数値に1（口座資産のうち8500ドルは最初の1枚に割り当てられるので、その1枚を意味する）を足すと、

1 + 1 = 2

したがって、この口座で買うべき枚数は2枚ということになる。ドル価オプティマルfである7500ドルにつき1枚買ったとすると、3枚（22500ドル÷7500ドル）買っただろう。このように、このテクニックは口座の大きさとは無関係に使える（ただし、口座が大きいほど、通常の方法による数値とこの小口口座用の方法による数値は近づく）。さらに、口座資産が大きいほど、ドローダウンが発生して1枚しか買えなくなるといった事態には陥らないで済む。このテクニックは小口トレーダーやトレードを始めたばかりのトレーダーにとってきわめて有用である。

幾何閾値

トレードを始めたばかりのトレーダーにはもうひとつお勧めの方法がある。これは先ほどのテクニックとは併用できない場合もある。これはオプティマルfの計算過程で発生する派生量のひとつ、**幾何閾値**

を利用するものだ。オプティマルｆの計算のなかで発生する派生量にはＴＷＲ、幾何平均などがあるが、これはシステムを知るうえで重要な量である。幾何閾値もこれら同様、オプティマルｆの計算過程で発生する派生量のひとつであり、**一定枚数トレーディングから始めた場合、どの時点で固定比率トレーディングに切り替えるべきかを教えてくれるもの**である。

それでは、コイン投げの例に戻ろう。表が出れば２ドルもらえ、裏が出たら１ドル支払わなければならない。オプティマルｆは0.25、つまり口座資産４ドルにつき１ベットである。一定枚数ベースでトレーディングすれば１プレーにつき１単位当たり平均0.50ドル儲かり、固定比率ベースでトレーディングすれば１プレーにつき１単位当たり平均0.2428ドル儲かる。

当初資金が４ドルだと仮定しよう。したがって、１プレーにつき１ベットである。手持ち資金が８ドルに増えると、最適な賭け方は１プレーにつき２ベットになる。しかし、２ベット×幾何平均トレード0.2428ドル＝0.4856ドルになる。したがって、手持ち資金が８ドルに増えても１プレーにつき１ベットにしておいたほうが、１プレーの期待値を0.50ドルに維持できるのでよいのではないだろうか。答えは「イエス」である。なぜなら、オプティマルｆは枚数を無限に分割可能という仮定の下で計算されるが、これは現実的には不可能だからである。

どの時点で枚数を１枚から２枚に増やせばよいのかは、幾何閾値（Ｔ）の公式を使って計算する。

$$T = AAT \div GAT \times 最大損失 \div -f \tag{5.02}$$

ただし、
　Ｔ＝幾何閾値
　ＡＡＴ＝算術平均トレード

第5章 オプティマルfの性質

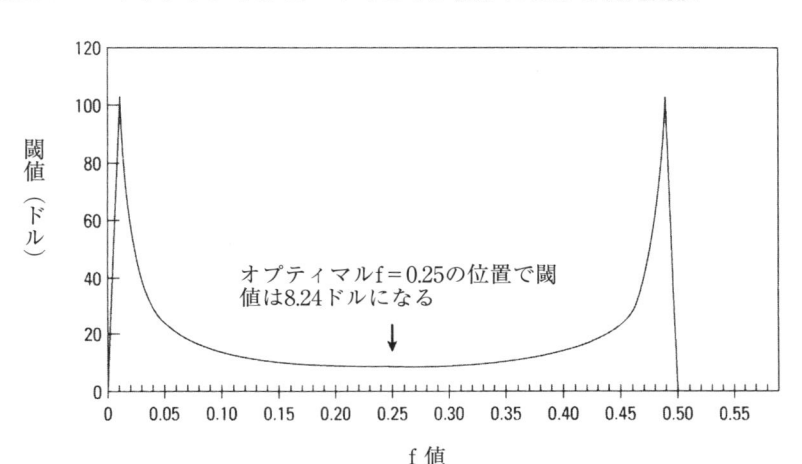

図5.1 ペイオフレシオが2：1のコイン投げにおける幾何閾値

GAT＝幾何平均トレード
f ＝オプティマルf （0から1の間の数値）

ペイオフレシオが2：1のコイン投げでは、

T ＝ 0.50 ÷ 0.2428 × －1 ÷ －0.25
　 ＝ 8.24

したがって、手持ち資金が8ドルではなく8.24ドルになったらトレード量を1枚から2枚に増やすのがよいということになる。**図5.1**は、勝ったら2ドルの利益、負けたら1ドルの損失になる50対50ゲームの幾何閾値をグラフ化したものだ。

幾何閾値の底がオプティマルfの位置で発生していることに注目しよう。これは、幾何閾値とはトレード量を1枚から2枚に増やすのに最適な資産額を示すものなので、資産が最低水準のときに枚数を2枚

277

に増やすのが最適なタイミングであり、それは幾何閾値がオプティマルfに一致するときである、ということを意味する。

ここで、「車を2台から3台に増やすのにベストな時期を知るためにほかの方法はないのか」という疑問が生じるだろう。また、「少額口座で車一台から始めるのではなく、大口口座を想定して100台を1単位として始めてはいけないのか」という疑問も出てくるだろう。まず2番目の質問から。もちろんこのテクニックは2以上のユニットサイズから始める場合にも有効である。ただし、これが有効なのは幾何モードに移行する前に資産が減少しても枚数を**減らさない**場合に限る。なぜなら、幾何モードに移行する前は一定枚数ベースでトレードしていることを想定しているからである。

ペイオフレシオが2：1のコイン投げを当初資産400ドルから始めると仮定しよう。ドル価オプティマルfは資産4ドルにつき1枚（1ベット）である。したがって、最初のトレードでは100枚（100ベット）トレードすることになる。この場合、幾何閾値は8.24ドルなので、資産が404.24ドルになったらトレード量は101枚に増える。トレード量を1枚から2枚に増やすことを想定した場合、この404.24ドルは以下の式を使って計算できる。

$$\text{変換}T = EQ + T - (\text{最大損失} \div -f) \tag{5.02a}$$

ただし、
EQ＝当初資産
T＝車を1台から2台に増やすための幾何閾値
f＝オプティマルf（0と1の間の値）

したがって、当初資産が400ドルだとすると、Tは8.24ドル、最大損失は－1ドル、オプティマルfは0.25なので、

変換T = 400 + 8.24 − (− 1 ÷ − 0.25)
　　　 = 400 + 8.24 − 4
　　　 = 404.24

となる。

　したがって、口座資産が404.24ドルになったらトレード量を101枚（101ベット）に増やせばよいということになる。ここでは、口座資産が404.24ドルになるまでは一定枚数ベースでトレードし、口座資産が404.24ドルになったら幾何モードに移行することを想定している。したがって、口座資産が404.24ドルになるまでは100枚という一定枚数でトレードしなければならない。もし幾何閾値に達した（つまり、口座資産が404.24ドルになった）あと、損失を被り資産が404.24ドルを下回ったら、再び幾何閾値に達しても100枚の一定枚数ベースでトレードを続けたほうがよい。

　資産が3枚以上トレード可能な水準にあるとき、損失を出して資産が幾何閾値を下回っても枚数を減らせないのが幾何閾値の欠点である。1枚だけトレードしているときは、（たとえ資産が減少しても枚数は1枚よりも少なくはできないので）トレード枚数を1枚から2枚に増やすベストタイミングを決めるのに幾何閾値は非常に有効な方法だ。しかし、このテクニックは、今一定枚数ベースでトレードしていることを前提としているため、2枚から3枚に増やすタイミングを決めるのには使えない。つまり、今2枚トレードしていて、口座資産が減少したらトレード枚数を1枚に減らすつもりなら、このテクニックは無効ということである。同様に、100枚からトレードした場合も無効である。口座資産が減少しても枚数を減らす必要がないのであれば、幾何閾値あるいは式（5.02a）で示した変換幾何閾値は枚数をもう一枚増やすタイミングを決めるのに使える。口座資産が減少したときに枚

数を減らさない場合、漸近的には儲けは少なくなる（TWRが減少する）。つまり、フルオプティマルfでトレードするときほどは儲からないということである。さらに、ドローダウンが増大し破産確率が高まる。幾何閾値が有効なのは、あくまでベットサイズの最小単位（つまり1枚）からトレードをスタートし、そこから2枚に増やすタイミングを決めるときだけであり、算術平均トレードが幾何平均トレードの2倍を上回るときだけである。また、分割売買できないというのも条件のひとつである。第10章では、幾何「閾値」の概念を拡張した「継続的優位」という概念について詳しく見ていく。

口座資産は分割勘定にすべきか一括勘定にすべきか

　パラメトリック手法についての議論に進む前に、固定比率トレーディングの重要ポイントについて述べておくことにしよう。まず第一に、2つ以上のシステムを同時にトレードする場合、トレード枚数を決めるベースとなる口座資産はシステム別に分割するよりも一括勘定にしておいたほうがよい。

　口座資産をシステム別に分けると、口座資産額が変わるたびに毎日それぞれのシステムに対する「資産配分の調整」が必要になるからである。例えば、似たような2つのシステムを使っているとしよう。それぞれのシステムは、システムAおよびシステムBとする。いずれのシステムも勝率は50％、ペイオフレシオは2：1である。オプティマルfによれば、口座資産4ドルにつき1ドル賭けるのがベストな賭け方である。最初の運用からは、これら2つのシステムには正の相関があることが分かった。当初資産は100ドルなので、それぞれのシステムに50ドルずつ配分する。各トレード後の結果を見てみると、口座資産はシステム別に分かれているので、各トレードはそれぞれのシステムの累積口座資産にのみ影響を及ぼす。次のトレードに対するベット

サイズはそれぞれのシステムのそのときの口座資産額によって決まる。

	システムA			システムB	
トレード結果	損益	累積口座資産	トレード結果	損益	累積口座資産
		50.00			50.00
2	25.00	75.00	2	25.00	75.00
−1	−18.75	56.25	−1	−18.75	56.25
2	28.13	84.38	2	28.13	84.38
−1	−21.09	63.29	−1	−21.09	63.29
2	31.64	94.93	2	31.64	94.93
−1	−23.73	71.20	−1	−23.73	71.20
		−50.00			−50.00
正味利益		21.20			21.20
２つの分割口座の正味利益の合計			42.40ドル		

　次に、トレード結果は同じだが、一括勘定にした場合について見てみよう。当初資産は前と同じく100ドルである。前回は、各システムの分割口座資産４ドルにつき１ドル賭けたが、今回は一括勘定８ドルにつき１ドル賭ける。どちらのシステムのトレード結果も一括勘定に影響を及ぼし、次のトレードに対するベットサイズは一括勘定のそのときの資産額によって決まる。

システムA		システムB		一括勘定の累積口座資産
トレード結果	損益	トレード結果	損益	
				100.00
2	25.00	2	25.00	150.00
−1	−18.75	−1	−18.75	112.50
2	28.13	2	28.13	168.76
−1	−21.09	−1	−21.09	126.58
2	31.64	2	31.64	189.86

−1	−23.73	−1	−23.73	142.40	
				−100	
	一括勘定の正味利益の合計			42.40ドル	

　ここまでは一括勘定でも分割勘定でも当初資産100ドルに対する利益は42.40ドルで同じである。ただし、これは2つのシステムが正の相関を持つ場合である。では、これら2つのシステムが負の相関を持つ場合について見ていくことにしよう。最初は分割勘定にした場合である。

システムA			システムB		
トレード結果	損益	累積口座資産	トレード結果	損益	累積口座資産
		50.00			50.00
2	25.00	75.00	−1	−12.50	37.50
−1	−18.75	56.25	2	18.75	56.25
2	28.13	84.38	−1	−14.06	42.20
−1	−21.09	63.29	2	21.10	63.30
2	31.64	94.93	−1	−15.83	47.47
−1	−23.73	71.20	2	23.73	71.20
		−50.00			−50.00
正味利益		21.20			21.20
2つの分割口座の正味利益の合計			42.40ドル		

　分割勘定では、2つのシステムの相関の正負にかかわらず正味利益は同じである。ところが、一括勘定では正味利益の合計は違ってくる。

システムA		システムB		一括勘定の累積口座資産
トレード結果	損益	トレード結果	損益	
				100.00
2	25.00	−1	−12.50	112.50
−1	−14.06	2	28.12	126.56

2	31.64	−1	−15.82	142.38
−1	−17.80	2	35.60	160.18
2	40.04	−1	−20.02	180.20
−1	−22.53	2	45.05	202.72
				−100.00
一括勘定の正味利益の合計			102.72ドル	

一括勘定では結果は著しく向上している。これより、**固定比率トレーディングでは、一括勘定のほうがパフォーマンスは向上する**ということが言える。

それぞれのプレーは無限に繰り返されるものと仮定する

固定比率トレーディングでは、現在のイベントが将来無限回繰り返されると仮定したうえで最大化する。独立試行プロセスでは常に最適(かつ一定)の f 値で賭けるが、従属試行プロセスでは f 値は常に一定ではないことはすでに述べたとおりである。

ここに、勝ちが勝ちを生む(あるいは負けが負けを生む)従属性を持つシステムがあったとしよう。信頼度がわれわれの許容水準にある珍しく優れたシステムで、従属性のあることが確認できている。簡単にするためにペイオフレシオは2：1とする。このシステムでは、前のプレーが勝ちだった場合、次のプレーが勝ちになる確率は55％、前のプレーが負けだった場合、次のプレーが負けになる確率は45％であることが過去のデータから分かっている。したがって、前のプレーが勝ちだった場合、式(4.04)のケリーの公式より、オプティマル f は次のように計算できる(ペイオフレシオはベルヌーイ分布に従う)。

283

$$f = ((2+1) \times 0.55 - 1) \div 2$$
$$= (3 \times 0.55 - 1) \div 2$$
$$= 0.65 \div 2$$
$$= 0.325$$

一方、前のプレーが負けだった場合のオプティマル f は次のようになる。

$$f = ((2+1) \times 0.45 - 1) \div 2$$
$$= (3 \times 0.45 - 1) \div 2$$
$$= 0.35 \div 2$$
$$= 0.175$$

最大損失（－1）をこれらのオプティマル f の負数で割ると、勝ったあとのプレーでは元手3.076923077単位につき1単位、負けたあとのプレーでは元手5.714285714単位につき1単位賭ければよいということになる。こういった賭け方をすることで資産の長期的成長を最大化することができる。ここで注意したいのは、それぞれのプレーは無限回繰り返されるものと仮定している点である。

またこの例では、勝ったあとに賭けても、負けたあとに賭けても、いずれも期待値は正になることにも注意しよう。負けたあとのプレーが勝ちになる確率が0.3だったらどうなるだろうか。その場合、期待値は負になる。したがってオプティマル f は存在せず、このプレーは行うべきではない。

$$ME = (0.3 \times 2) + (0.7 \times -1)$$
$$= 0.6 - 0.7$$
$$= -0.1$$

このように期待値が負の場合は、勝ったあとでのみ最適額を賭け、負けたあとはパスしたほうがよい。このシステムは従属性を持つので、各トレードは従属性に基づいて分離し、分離したトレードはそれぞれ別々のマーケットシステムとして扱わなければならない。

各プレーは将来無限回繰り返されると仮定することで、資産の漸近的成長が最大化されるという原理は同時賭け（つまり、ポートフォリオトレーディング）にも適用することができる。２つの賭けシステム（システムＡおよびＢ）を考えてみよう。いずれもペイオフレシオは２：１で、勝率は50％である。２つのシステムの相関係数はゼロだが、相関の有無はここでは関係ない。（それぞれのシステムで別々にトレードしたときの）オプティマル f はいずれも0.25、したがって口座資産４単位につき１単位トレードするのが最適なトレード方法である。一方、同時にトレードしたときのオプティマル f は0.23、したがって口座資産4.347826087単位につき１単位トレードするのが最適なトレード方法である（ここで最適ベットサイズを計算するのに用いた方法は第９章で述べる）。システムＢは全時間帯の３分の２のみトレードするため、同時トレードされないトレードもある。最初に行った一連のトレード結果は以下のとおりである。当初資金は一括勘定で1000単位で、各システムにおけるそれぞれのトレードはオプティマル f （つまり、口座資産4.347826087単位につき１単位）に基づいて行われる。

A		B		一括勘定
				1,000.00
-1	-230.00			770.00
2	354.20	-1	-177.10	947.10
-1	-217.83	2	435.67	1,164.94
2	535.87			1,700.81
-1	-391.18	-1	-391.18	918.45
2	422.48	2	422.48	1,763.41

次はシステムA単独でトレードする場合のみ（つまり、システムBはトレードしない）、口座資産4単位につき1単位（システムを別々にトレードしたときのオプティマルf）トレードしたときの結果を見てみよう。ただし、システムAとBで同時にトレードするときは、どちらのシステムでも口座資産4.347826087単位につき1単位トレードする。これは、各プレーが将来無限回繰り返されることを仮定したうえで各プレーを最大化するオプティマルfを適用することを意味する。

A		B		一括勘定
				1,000.00
-1	-250.00			750.00
2	345.00	-1	-172.50	922.50
-1	-212.17	2	424.35	1,134.68
2	567.34			1,702.02
-1	-391.46	-1	-391.46	919.10
2	422.78	2	422.78	1,764.66

　お分かりのように、後者のほうが利益は若干大きくなるが、利益の差はトレード回数が増えるほど拡大する。複数の同時プレー（つまり、「ポートフォリオ」）についてはまだ議論していないが、ここで簡単にポイントだけ述べておこう。ポートフォリオを構成する商品のすべてが常に市場に存在するわけではない。ポートフォリオをトレードするときにも同じ原理が当てはまる。つまり、ポートフォリオを構成する商品（単数の場合もある）を同じ組み合わせで将来無限回トレードすると仮定したうえで成長を最大化するためには、その組み合わせのときの最適トレード量でトレードしなければならない、ということである。

同時賭け（ポートフォリオトレーディング）における効率ロス

再び、ペイオフレシオが２：１のコイン投げを考えてみよう。先ほどと同じように、ゲームは２つのシステム（システムＡとシステムＢ）で同時に行うものとする。また、これら２つのシステム間に相関はないものとする。２つのシステムでゲームを同時に行うときのオプティマルｆは口座資産4.347826単位につき１単位である。当初資産を100単位として、このゲームをシステムＡおよびシステムＢで同時に行ったときの結果は156.85単位になる。

	システムＡ		システムＢ		口座資産
	ゲーム結果	損益	ゲーム結果	損益	
（オプティマルｆは口座資産4.347826単位につき１単位）
					100.00
	−1	−23.00	−1	−23.00	54.00
	2	24.84	−1	−12.42	66.42
	−1	−15.28	2	30.55	81.69
	2	37.58	2	37.58	156.85

ここで新しいシステムＣを考えてみよう。このシステムはシステムＡとシステムＢでそれぞれ単独に行ったゲームを合体させたものである。したがって、ゲームを４回同時に行う代わりに、ゲームを単独で８回行うことになる。オプティマルｆは口座資産４単位につき１単位である。８回のゲームの結果は同時に４回行った場合と同じだが、口座資産は同時に４回行ったときよりも良い。

287

	システムC	
ゲーム結果	損益	口座資産
(オプティマルfは口座資産4単位につき1単位)		
		100.00
−1	−25.00	75.00
2	37.50	112.50
−1	−28.13	84.37
2	42.19	126.56
2	63.28	189.84
2	94.92	284.76
−1	−71.19	213.57
−1	−53.39	160.18

結果は良くなっているが、これはオプティマルfのせいではない(いずれのケースもオプティマルfでトレーディングしている)。これは同時賭けでは効率ロスが発生するからである。**ひとつのマーケットシステムしか使っていない場合は1回賭けるたびに口座の資産配分の調整が可能だが、同時賭けだとこれが不可能なため非効率が発生する。**2つ同時に賭ける同時賭けでは、資産配分を調整できるのは3回しかないが、単独で8回賭けるときは資産配分の調整は7回できる。したがって、同時賭け(あるいはマーケットシステム・ポートフォリオのトレーディング)では効率ロスが発生するのである。

今見てきたのは無相関の場合の同時賭けだが、正(相関係数が+1.00)の相関を持つ場合の同時賭けはどうなるだろうか。

システムA		システムB		
トレード結果	損益	トレード結果	損益	口座資産
(オプティマルfは口座資産8単位につき1単位)				
				100.00
−1	−12.50	−1	−12.50	75.00

2	18.75	2	18.75	112.50
－1	－14.06	－1	－14.06	84.38
2	21.09	2	21.09	126.56

　相関が＋1.00の２つのマーケットシステムで４回の同時賭けを行った場合、当初資産100単位に対して最終的な口座資産は126.56である。これは、TWRで言えば1.2656、幾何平均、つまり１プレー当たりの成長率（行ったのは同時プレーだが）で言えば$\sqrt[4]{1.2656}=1.06066$に相当する。

　単独賭けのケースに戻ろう。当初資産100単位で４回プレーしたあとの口座資産は126.56、したがって幾何平均は1.06066である。つまり、完全相関の市場では最適比率でトレードすれば単独賭けでも同時賭けでも資産の成長率は同じということである。相関係数が＋1.00を下回ると成長率は上昇する。これから言えることは、**複数のマーケットシステムを組み合わせた場合、追加したシステムが正の算術的期待値を持っているかぎり、相関がどれほど高くても、資産の成長率は単独賭けの場合より低くなることはない**ということである。

　本節で最初に出てきた例を振り返ってみよう。この相関係数がゼロの２つのマーケットシステムの同時賭けでは、当初資産100単位に対して４プレー後の最終的な口座資産は156.86であった。したがって、幾何平均は$\sqrt[4]{156.86\div 100}=1.119$である。ここで、相関係数が－1.00の場合を考えてみよう。この場合、負けるプレーはないので最適な賭けサイズは無限大になる（つまり、口座資産の無限に小さい額に対して１単位賭けるということ）。しかし、ここでは説明を簡単にするために、そういった貪欲な賭け方ではなく、口座資産８単位につき１単位賭けることにする。

	システムA		システムB		口座資産
	トレード結果	損益	トレード結果	損益	
(オプティマル f は口座資産0.00に対して1単位。ここでは口座資産8単位に対して1単位とする)					
					100.00
	−1	−12.50	2	25.00	112.50
	2	28.13	−1	−14.06	126.57
	−1	−15.82	2	31.64	142.39
	2	35.60	−1	−17.80	160.19

　本節では抑えておくべき重要なポイントが2つある。ひとつは、同時賭けまたはポートフォリオトレーディングでは若干の効率ロスが発生するという点である。これはプレーのたびごとに資産配分の調整ができないことに起因する。そして、もうひとつは、システム間に正の完全相関があり、それぞれのシステムが正の算術的期待値を持っているかぎり、マーケットシステムを組み合わせても期間ごとの資産の成長率は減少しないという点である。しかし、組み合わせるマーケットシステムが増えれば、効率ロスは大きくなる。例えば、10のマーケットシステムを組み合わせ、それぞれが同時に損失を被れば、口座は破産しかねない。各トレードは平行して連続的に行われたはずで、したがって損失が出てもその都度ベットサイズを減らすことはできないからである。

　したがって、マーケットシステムを新たにポートフォリオに追加しても効果的なのは、その追加したマーケットシステムが1以下の相関係数を持ち、かつ算術的期待値が正の場合、あるいは算術的期待値が負であってもポートフォリオのほかのシステムに対する相関がその負の算術的期待値を十分埋め合わせることができるほど低い場合に限られる。また、マーケットシステムを新たに加えるたびに幾何平均はわずかながら減少していく。つまり、幾何平均について言えば、マーケ

ットシステムを増やしてもメリットはないということになる。さらに、マーケットシステムを新たに加えるたびに、結果が順次発生ではなく同時に発生するため、効率ロスは大きくなる。ポートフォリオトレーディングでは、マーケットシステムを増やしていくとある時点でメリットよりもデメリットのほうが大きくなるので、この点に注意が必要だ。

一定の目標に達するまでにかかる時間と分割 f の問題点

　任意のシステムの算術平均HPRと幾何平均HPRが与えられたとしよう。HPRの標準偏差（SD）は推定幾何平均の公式から求めることができる。

$$EGM = \sqrt{AHPR^2 - SD^2}$$

ただし、
AHPR＝算術平均HPR
SD＝HPRの母標準偏差

したがって、SDの推定値は次のようになる。

$$SD^2 = AHPR^2 - EGM^2$$

　ペイオフレシオが２：１のコイン投げに戻ろう。このゲームの期待値は0.50ドル、オプティマル f は資産４ドルにつき賭け金１ドルなので、幾何平均は1.06066である。算術平均HPRは次式で計算できる。

$$AHPR = 1 + (ME \div \$f) \tag{5.03}$$

ただし、
AHPR＝算術平均HPR
ME＝算術期待値（用いている単位で表現）
$f＝最大損失÷－f
f＝オプティマルf（0と1の間の数値）

したがって、算術平均は次のようになる。

$$\begin{aligned}
AHPR &= 1 + (0.5 \div (-1 \div -0.25)) \\
&= 1 + (0.5 \div 4) \\
&= 1 + 0.125 \\
&= 1.125
\end{aligned}$$

AHPRとEGMが計算できたので、前述の式を使ってHPRの推定SDを計算する。

$$\begin{aligned}
SD^2 &= AHPR^2 - EGM^2 \\
&= 1.125^2 - 1.06066^2 \\
&= 1.265625 - 1.124999636 \\
&= 0.140625364
\end{aligned}$$

SD^2はHPRの分散で、その値は0.140625364である。SDを求めるにはSD^2の平方根を取ればよい。SD^2の平方根を計算すると、√0.140625364＝0.3750004853になる。計算には推定幾何平均が用いられているので、得られた数値は推定SDである点に注意しよう。正確な数値ではないが、本書の目的で用いるには十分な精度である。

これらの数値（HPRのSDまたは分散、算術平均、幾何平均）を分割fトレーディングに用いるには、目的に合うように変換する必要がある。そのための変換式は以下のとおりである。

$$FAHPR = (AHPR - 1) \times FRAC + 1 \tag{5.04}$$
$$FSD = SD \times FRAC \tag{5.05}$$
$$FGHPR = \sqrt{FAHPR^2 - FSD^2} \tag{5.06}$$

ただし、
FRAC＝われわれが求めようとしているfの分割割合
AHPR＝オプティマルfにおける算術平均HPR
SD＝オプティマルfにおけるHPRの標準偏差
FAHPR＝分割fにおける算術平均HPR
FSD＝分割fにおけるHPRの標準偏差
FGHPR＝分割fにおける幾何平均HPR

一例として、ペイオフレシオが2：1のコイン投げのハーフf（FRAC＝0.5）におけるFAHPR、FGHPR、FSDを求めてみよう。AHPRが1.125、SDが0.3750004853なので、

$$\begin{aligned}
FAHPR &= (AHPR - 1) \times FRAC + 1 \\
&= (1.125 - 1) \times 0.5 + 1 \\
&= 0.125 \times 0.5 + 1 \\
&= 0.0625 + 1 \\
&= 1.0625
\end{aligned}$$

$$\begin{aligned}
FSD &= SD \times FRAC \\
&= 0.3750004853 \times 0.5
\end{aligned}$$

$$= 0.1875002427$$

$$\begin{aligned}
\text{FGHPR} &= \sqrt{\text{FAHPR}^2 - \text{FSD}^2} \\
&= \sqrt{1.0625^2 - 0.1875002427^2} \\
&= \sqrt{1.12890625 - 0.03515634101} \\
&= \sqrt{1.093749909} \\
&= 1.04582499
\end{aligned}$$

オプティマルｆ＝0.25（資産4ドルにつき1ドル賭ける）に対するHPRの算術平均、幾何平均、SDはそれぞれ1.125、1.06066、0.3750004853で、これをハーフｆ（＝0.125）（資産8ドル当たり1ドル賭ける）に対する数値に変換すると、それぞれ1.0625、1.04582499、0.1875002427になる。

それでは、分割ｆ戦略について見ていくことにしよう。分割ｆの下では、フルｆを使ったときよりも利益は等比級数的に減少するということはすでに分かっている。また、分割ｆの下では、ドローダウンとリターンの分散も減少する。では、一定の目標に達するまでにかかる時間についてはどうだろう。

一定の目標に達するまでにどれくらいトレードすればよいのかは数値的に推定することが可能だ。これは一定の目標に達するまでにかかる時間ではないが、かかる時間と経過トレード数はほぼ同じ意味と考えてよい。

$$T = \ln(\text{目標値}) \div \ln(\text{幾何平均}) \tag{5.07}$$

ただし、
T＝特定の目標に達するまでに必要なトレード回数
目標値＝当初資産の倍率で見た目標値。つまり、TWR

ln() ＝自然対数関数

または、

$$T = \text{Log}_{幾何平均}(目標) \tag{5.07a}$$

ペイオフレシオが２：１のコイン投げでは、オプティマルｆにおける幾何平均は1.06066で、ハーフｆにおける幾何平均は1.04582499である。したがって、当初資産が２倍（目標＝２）になるのに必要な推定トレード数は、フルｆでは、

$$T = \ln(2) \div \ln(1.06066)$$
$$= 0.6931472 \div 0.05889136$$
$$= 11.76993$$

したがって、フルｆで賭けた場合、当初資産を２倍にするには11.76993回プレー（トレード）しなければならないことになる。

次にハーフｆで賭けた場合を計算してみよう。

$$T = \ln(2) \div \ln(1.04582499)$$
$$= 0.6931472 \div 0.04480604$$
$$= 15.46995$$

したがって、ハーフｆで賭けた場合、当初資産を２倍にするには15.46995回トレードしなければならない。つまり、ハーフｆではフルｆで賭けた場合に比べて目標達成までには31.44％長く時間がかかるということである。

これはそれほど悪い数値ではない。31.44％時間が延びても、ドロ

ーダウンは半減し、トレードの分散も半減する。ハーフfはかなり魅力的な方法だと言えよう。fの分割割合が小さくなるほど、資産カーブは滑らかになる。したがって、最悪のドローダウン期間も短くなる。

それではこれを別の視点から見てみよう。2つの口座を開設したとする。ひとつはフルfでのトレーディング用、もうひとつはハーフfでのトレーディング用である。12回プレーしたあと、フルf口座は2倍以上（2.02728259倍＝1.06066^{12}）に増えるが、ハーフf口座は1.712017427倍（＝1.04582499^{12}）である。ハーフf口座を2倍以上（2.048067384＝1.04582499^{16}）にするには16回トレードしなければならない。したがって、3分の1だけ長く待てば、フルfでトレードしたときと同じ目標額に達することができる。しかも、心の動揺は半分で済む。しかし、16回トレードした時点ではフルf口座は当初資産の2.565777865倍（＝1.06066^{16}）にもなっている。この差は時間とともに拡大する。例えば、100回トレードしたあとでは、ハーフf口座は88.28796546倍にすぎないが、フルf口座は361.093016倍にもなる。

ここまで見てきてお分かりのように、フルfと分割fとの違いは、目標に達するまでにかかる時間だけなのである。しかし、トレーディングでは時間がすべてである。Tビルに金を投じれば、きわめて小さなドローダウンと分散で一定の時間内に一定の目標に達することができる。トレーディングで最も重要なものは時間なのである。

トレーディングシステムの比較

これまで見てきたように、2つのシステムはそれぞれのオプティマルfにおける幾何平均で比較できる。また、オプティマルfの大きさによっても比較できる。オプティマルfが大きいシステムほどリスクは高い。これは、システムは過去に少なくともfパーセントの資産減少を被ったことがあるという事実による。つまり、システムを比較す

るための測度は２つ——オプティマルｆにおける幾何平均（幾何平均が高いほど優れたシステム）とオプティマルｆそのもの（オプティマルｆが小さいほど優れたシステム）——ということになる。これからも分かるように、システムのパフォーマンスはひとつの尺度、つまり１次元で測定するのではなく、２次元平面（一方の座標軸が幾何平均、もう一方の座標軸がオプティマルｆ）で測定しなければならない。**オプティマルｆにおける幾何平均が大きいほど、またオプティマルｆが小さいほど優れたシステムである。**

　幾何平均はドローダウンとは一切無関係である。幾何平均が大きいからといってドローダウンが大きいあるいは小さいとは限らない。幾何平均はあくまでリターンに関係するものである。一方、オプティマルｆは期待最小ヒストリカルドローダウンを資産の減少率（ｆパーセント）として測定したものである。したがって、オプティマルｆが大きいほどリターンが大きいまたは小さいとは言えない。これらのベンチマークは分割ｆを使ったシステムとフルｆを使ったシステムの比較にも用いることができる。

　したがって、システムを評価するときには、幾何平均の大きさとオプティマルｆの大きさを見る必要がある。例えば、幾何平均が1.05、オプティマルｆが0.8のシステムＡと、幾何平均が1.025、オプティマルｆが0.4のシステムＢがあったとしよう。システムＡでは40％の期待最小ヒストリカルドローダウン（最悪の資産減少）はハーフｆのとき、システムＢではフルｆのときであるが、システムＡのハーフｆにおける幾何平均はシステムＢのフルｆにおける幾何平均よりも大きい。したがって、システムＡのほうが優れたシステムである。

　「ちょっと待ってよ。システムとして大事なのは、幾何平均が１より大きくて、儲かるシステムであるってことだけで、あとはマネーマネジメントを利用すればいいんじゃないの？」と思う人もいるだろう。もちろんそのとおりなのだが、どれくらい儲けられるかもオプティマ

ルfにおける幾何平均の関数なのである。そして資産の期待バラツキは用いているf値の関数になるはずだ。したがって、オプティマルfにおける幾何平均が1よりも大きい（つまり、期待値が正の）システム**を持つことが必要**であり、そういったシステムでは十分な回数トレードすれば実質的に無限大の利益を稼ぎ出すことができるのは事実であるが、資産の成長率（一定の目標に達するのに必要なトレード回数）は用いているf値における幾何平均の関数であることも忘れてはならない。その目標に達するまでの資産のバラツキもまた用いているf値の関数なのである。

幾何平均の大きさと用いているf値は2つのシステム、あるいは期待値が正で将来的なパフォーマンスに対する信頼度が同じテクニックを比較するのに便利に使えるが、**最も重要なのは**期待値が正であるということである。

最大損失に対する過敏性

オプティマルfアプローチ全般に関してよく言われることは、最大損失に依存しすぎているということである。これはトレーダーにとっては大きな不安材料である。今日トレードする枚数は過去に発生した唯一のバッドトレードにあまり依存しすぎるべきではないというのが彼らの言い分である。

これまで、この最大損失に対する過敏性を低減させるためにいろいろなアルゴリズムが試されてきた。これらのアルゴリズムの多くは、最大損失を上方あるいは下方修正して市場の現在のボラティリティの関数にするというものだ。その場合、最大損失はボラティリティの二次式になる。つまり、最大損失の絶対値はボラティリティの上昇速度よりも速く増大するということである（彼らの多くはボラティリティを、前の数週間における1日の平均の値幅、前の数週間における1日

の正味価格変動の絶対値の平均、あるいは従来のボラティリティの尺度と定義している)。しかし、これらの関係式は最大損失とボラティリティとの関係を確定するものではない。つまり、今日のボラティリティがXだとしても、最大損失はX^Yには**ならない**ということである。単にX^Y**付近の値**になるにすぎない。

　今日発生し得る最大損失がいくらになるのかが事前に分かれば、マネーマネジメントはもっとうまくいくはずだ(最大損失の限定に効果的なのがオプション戦略である。原資産取引のポジションと逆になるようにコールまたはプットを買うか、単に原資産を買う代わりにオプションを買うことで、絶対最大損失の上限を定めることができる。これは、マネーマネジメントの観点で見た場合、とりわけオプティマルｆ戦略においては非常に便利な方法である。さらに、最大損失がいくらになるのかが事前に分かっているような場合(例えば、デイトレードの場合)、$F＝最大損失額÷オプティマルｆの関係より各トレードの$ｆを確実に計算することができる。例えば、あるデイトレーダーのオプティマルｆが0.4であったとすると、今日の１単位当たりストップを900ドルに設定した場合、口座資産2250ドル［900ドル÷0.4］当たり１単位トレードすればよいことが分かる)。そこでまた最悪の場合のシナリオを想定しなければならないことになる。問題は、今日発生し得る最大損失がはっきりと分からない点である。これを予測することができるアルゴリズムがあったとしても、アルゴリズムでは対処できない状況が存在するため、われわれにとってそれほど役には立たない。

　例えば、夜間にある市場を外因性のショックが襲ったとする。事件発生以前はボラティリティはきわめて低かったが、それから数日間にわたってストップ安が続いた。あるいは、ストップ安にはならなかったものの、翌日あなたに大きく不利な向きに寄り付いたとしよう。こういった事件の発生は今に始まったわけではなく、商品市場や株式市

場が始まった当初から後を絶たない。事件というものは起こるものであり、ボラティリティの上昇によって**事前に知らされるとは限らない**。

一般に、ボラティリティの低い現在の市場を反映させるために、過去の最大損失を「下方修正する」ようなことはしないほうがよい。さらに、**将来、過去に被った最大損失よりも大きな損失を被る可能性がある**ことも忘れてはならない。過去の最大損失が今日の最大損失になるという保証はどこにもないのである。これは今日のボラティリティとは無関係である。

経験から言えば、問題は過去に最適であったf値が過去の最大損失の関数になっているという点である。これはいかんともしがたい事実である。しかし、このあとのパラメトリック手法では、将来、過去に発生した損失よりも大きな損失が発生しても対応可能である。過去に発生した最大損失よりも大きな損失が将来発生することは避けられないことなので、われわれはそういった事態に備えなければならない。つまり、過去のオプティマルfに市場の今の状態を反映させるために最大損失を市場の状態に合わせて調整するのではなく、パラメトリック手法を学んだほうがよいということである。

シナリオプランニングはパラメトリック手法である。したがってこの問題のひとつの解決法になる。しかも、シナリオプランニングは経験的に導出したオプティマルfにも、これから学習するパラメトリック手法で導出したオプティマルfにも適応可能である。

逆正弦定理とランダムウォーク

それでは、ドローダウンに話を進めよう。その前に、第一および第二逆正弦定理について若干知っておく必要がある。これはランダムウォークに関連する法則である。トレードを何度も続けた場合、得られる損益(PL)は必ずしもランダムであるとは言えない。あなたのPL

がランダムではない度合いが強いほど、この議論はあなたのPLの分析には役立たなくなる。しかし一般に、一連のトレードのPLはランテストや線形相関係数（系列相関）が示すようにほぼランダムであると考えてよい。

さらに、逆正弦定理は勝ったときに得られる額と負けたときに失う額が事前に分かっていることを前提としているだけでなく、勝ったときに得られる額と負けたときに失う額が同じであり、しかも常に一定であることも前提としている。したがってここでは、勝ったときの利益と負けたときの損失は1プレーにつき1ドルと仮定する。逆正弦定理が前提としていることはこれだけではない。勝率と敗率がそれぞれ50％であることも前提としている。つまり、逆正弦定理は期待値がゼロのゲームを前提としたものなのである。

こうしたことを踏まえれば、逆正弦定理はトレーディングよりもシンプルなゲームには役立つが、トレーディングには適用できないということになる。しかし、ここではこの定理を学ぶことが目的なので、今のところはこの事実は無視することにする。

コイン投げのようなランダム系列を考えてみよう（経験的テストによれば、コイン投げはコインに若干の偏りがあるため真にランダムな系列ではないことが分かっているが、本書全体を通じて、コイン投げの話が出てきたときには、表と裏が出る確率がそれぞれ50％の偏りのないコインを用いるものと仮定する）。このコイン投げでは、勝ったら1単位もらえ、負けたら1単位支払わなければならない。コインをX回投げたときの資産カーブをグラフ化した場合、グラフ上の任意の点は(X,Y)で表現することができる。ただし、XはX回目のコイン投げを意味し、YはX回投げた時点での累積損益を意味する。

このグラフにおいて、資産カーブがX軸よりも上にあるとき、あるいはひとつ前のコイン投げの時点での資産カーブがX軸よりも上にあり、今回投げた時点での資産カーブがX軸上にあるときを**正の領域**と

定義する。同様に、資産カーブがX軸よりも下にあるとき、あるいはひとつの前のコイン投げの時点での資産カーブがX軸よりも下にあり、今回投げた時点での資産カーブがX軸上にあるときを**負の領域**と定義する。この場合、正の領域にある点の総数と、負の領域にある点の総数は同じになると思うのが普通だが、実際にはそうはならない。

コインをN回投げたとき、K回正の領域に入る確率は以下のとおりである。

$$\text{確率} \sim \frac{1 \div \pi \times \sqrt{K} \times \sqrt{N-K}}{K(N-K)} \tag{5.08}$$

「〜」記号は極限において両辺が等しくなることを意味する。この式では、Kあるいは$(N-K)$が無限大になると、両辺は等しくなる。

コインを10回（$N=10$）投げたときにK回正の領域に入る確率は以下のとおりである。

K	確率
0	0.14795
1	0.1061
2	0.0796
3	0.0695
4	0.065
5	0.0637
6	0.065
7	0.0695
8	0.0796
9	0.1061
10	0.14795

（式（5.08）ではＫもＮもゼロになることはできない［ＫやＮがゼロになると、数学で定義されていないゼロで割るという演算が必要になる］ので、Ｋ＝０かつＫ＝Ｎに相当する確率は、Ｋ＝１のときからＫ＝Ｎ－１のときまでの確率を合計し、得られた値を１から引き、最後に２で割って算出する）

おそらくあなたは10回コインを投げれば５回は正の領域に入ると思っただろうが、実際にはそうはならない。実際には、10回とも正の領域に入るか、１回も正の領域に入らないかのいずれかになる確率が最も高い。
これを**第一逆正弦定理**という。第一逆正弦定理を式で表すと以下のようになる。

Ａが一定のとき（ただし、０＜Ａ＜１）、Ｎが無限大に近づくと、Ｋ÷Ｎが正の側に位置する回数が＜Ａになる確率は、

$$\text{確率}\{(K \div N) < A\} = 2 \div \pi \times \sin^{-1} \sqrt{A} \tag{5.09}$$

と表すことができる。Ｎが20のときでも、この式でほぼ正確な確率を計算することができる。
式（5.09）で得られた数値が0.1のとき、資産カーブが原点の同じ側に位置する確率は99.4％、0.2のときは97.6％、0.5のときは85.35％である。つまり式（5.09）で表される第一逆正弦定理が意味するものは、偏りのないコイン投げの資産カーブは大きく偏る、ということである。
次は**第二逆正弦定理**である。これは同じく式（5.09）で表される。したがって得られる確率も第一逆正弦定理の場合と同じだが、意味はまったく異なる。第二逆正弦定理は、資産カーブが最大または最小に達する確率が高いのは端部であって中央ではないことを述べたもので

ある。分布は第一定理とまったく同じである。

コインをN回投げたとき、資産カーブがK点で最大（または最小）に達する確率は同じく式（5.08）で表される。下の式は式（5.08）を再掲したものだ。

$$確率 \sim \frac{1 \div \pi \times \sqrt{K} \times \sqrt{N-K}}{K(N-K)}$$

したがって、コインを10回投げたとき、K回目のコイン投げで資産が最大（または）最小に達する確率は以下のとおり、前出の確率と同じである。

K	確率
0	0.14795
1	0.1061
2	0.0796
3	0.0695
4	0.065
5	0.0637
6	0.065
7	0.0695
8	0.0796
9	0.1061
10	0.14795

前述のように、第二逆正弦定理は一言で言えば、資産カーブはカーブの中央ではなく端部で最大または最小に達する確率が高いことを述べたものである。

ドローダウンの長さ（期間）

　逆正弦定理の前提をもう一度振り返ってみよう。逆正弦定理では、勝率と敗率はそれぞれ50％、勝ったときの利益と負けたときの損失は同額、得られる一連の結果は完全にランダムであることを前提とする。しかし、実際のトレーディングはこれほど単純ではない。したがって、逆正弦定理は厳密に言えばトレーディングには適用できないが、考え方そのものはトレーディングのような複雑なゲームにも十分通用する。

　逆正弦定理は期待値がゼロのゲームを前提とするものだ。したがって、第一定理は、ゼロラインのいずれかの側に存在する確率は算術的期待値のいずれかの側に存在する確率と解釈することができる。同様に第二定理は、絶対的な最大値や最小値を探すのではなく、期待値の上側の最大値と期待値の下側の最小値を探すことになる。したがって、期待値の下側の最小値が期待値の上側の最大値よりもあとに発生し、期待値が水平なゼロラインではなく（トレーディングのケースのように）上昇ラインであれば、期待値の下側の最小値が期待値の上側の最大値より大きくなることもある。

　逆正弦定理の考え方は次の条件の下でトレーディングに応用することができる。まず、それぞれのトレードはその損益の額とは無関係に１単位の利益、１単位の損失のいずれかであると仮定する。したがって、逆正弦定理における傾きがゼロの水平線とは違って、勝ちトレード数と負けトレード数との差と勝ちトレード数と負けトレード数との和の比が傾きになるようなラインが得られる。

　例えば、４回トレードし、３回が勝ちトレードだったとすると、得られるラインの傾きは（３－１）÷（３＋１）＝２÷４＝0.5になる。これが私のトレードの傾き、すなわち期待値である（ただし、勝ちトレードは＋１、負けトレードは－１であるとする）。

つまり、トレーディングにおいては、第一逆正弦定理は、期待値の一方の側にいる確率のほうがもう一方の側にいる確率よりもはるかに高いことを意味する。一方、第二定理は、期待値から上方または下方に最も大きく乖離するのは、資産カーブの中心付近ではなく端部（つまり、資産カーブの始点または終点近く）であることを意味する。

推定幾何平均（結果の分散が幾何的成長に与える影響）

簡単にするために、ここではギャンブルを例に説明する。まず２つのシステムを考えてみよう。システムＡは勝率が10％、ペイオフレシオが28：１、システムＢは勝率が70％、ペイオフレシオが１：１である。賭け金１単位当たりの期待値はＡが1.9、Ｂが0.4である。したがって、賭け金１単位当たりのシステムＡの平均リターンはシステムＢの4.75倍ということになる。しかし、固定比率トレーディングではどうなるだろうか。期待値をペイオフレシオ（式（4.05））で割ってオプティマルｆを計算すると、システムＡのオプティマルｆは0.0678、システムＢのオプティマルｆは0.4になる。また、それぞれのオプティマルｆにおける幾何平均は以下のとおりである。

A = 1.044176755
B = 1.0857629

システム	勝率	ペイオフレシオ	ME	f	幾何平均
A	0.1	28：１	1.9	0.0678	1.0441768
B	0.7	１：１	0.4	0.4	1.0857629

上の表から分かるように、システムＢは期待値はシステムＡの４分

の１を下回るが、１ベット当たりの儲け（オプティマルｆで再投資した場合、平均リターンは１ベット当たり全資産の8.57629％）はシステムＡ（オプティマルｆで再投資した場合、平均リターンは１ベット当たり全資産の4.4176755％）のおよそ２倍である。

資産の50％のドローダウンが発生した場合、それを取り戻すには100％のリターンが必要であるとすると、

> システムＡの場合、1.044177のｘ乗が2.0になるのはｘがおよそ16.5のとき。したがって、50％のドローダウンを取り戻すには16回以上トレードする必要がある。これに対してシステムＢの場合、1.0857629のｘ乗が2.0になるのはｘがおよそ９のとき。したがって、50％のドローダウンを取り戻すのに必要なトレード回数は９回。

これはどういうことなのだろうか。システムＢのほうが勝率が高いからなのか。実は、システムＢのパフォーマンスがシステムＡのパフォーマンスよりも高いのは、結果が分散していることと、結果の分散が成長関数に与える影響に関係がある。ほとんどの人は成長関数TWRを次式で表されるものと勘違いしている。

$$TWR = (1 + R)^T$$

ただし、
Ｒ＝期間ごとの金利（例えば、７％＝0.07）
Ｔ＝期間数

１＋ＲはHPRのことを意味するので、ほとんどの人は成長関数TWR（さらに、HPR^Tを計算するときHPRの値として算術平均HPR

を間違って使う人が多い。ここで説明したように、算術平均HPRを使えばT回プレーしたあとのTWRの正しい値を得ることはできない。正しいTWRの値を得るには、算術平均HPRではなく幾何平均HPRを使わなければならない。ただし、HPRの標準偏差が0のときは、HPRの算術平均と幾何平均は一致するので、どちらを使っても構わない）を次式のように勘違いしていることになる。

$$TWR = HPR^T$$

ただし、この式が使えるのはリターン（つまり、HPR）が一定のときだけであり、これはトレーディングではあり得ない。

トレーディング（または、HPRが一定でないイベント）における正しい成長関数はHPRの数列の積である。例えば、コーヒーをトレードしているとしよう。オプティマルfは資産2万1000ドルにつき1枚である。2回トレードした結果は210ドルの損失と210ドルの利益、したがってHPRはそれぞれ0.99と1.01である。この場合、TWRは次のように計算する。

$$\begin{aligned} TWR &= 1.01 \times 0.99 \\ &= 0.9999 \end{aligned}$$

ここで、幾何平均の近似として推定幾何平均（EGM）を用いることにしよう（式（3.04））。

$$G = \sqrt{A^2 - S^2}$$

または、

$$G = \sqrt{A^2 - V}$$

ただし、
G ＝ 幾何平均HPR
A ＝ 算術平均HPR
S ＝ HPRの標準偏差
V ＝ HPRの分散

　式（3.03）と式（3.04）より、HPRの数列の積で表された成長関数（式（4.17））、つまり真のTWRの近似値を求めることができる（ただし、式（3.03）では総トレード数としてNを使っているが、これは期間数Tと同じことを意味するので、N＝Tと考える）。

$$TWR = \left(\sqrt{A^2 - S^2}\right)^T \tag{5.10}$$

ただし、
T ＝ 期間数
A ＝ 算術平均HPR
S ＝ HPRの母標準偏差

　これから分かることは、算術平均トレード（HPR）の増加とHPRのバラツキ（HPRの標準偏差または分散）の増加とは数学的にトレードオフの関係にあるということである。勝率が70％でペイオフレシオが1：1のシステムBのほうが、勝率が10％でペイオフレシオが28：1のシステムAよりもパフォーマンスがよいのはこれで説明がつく。
　われわれが目指すものは、式（3.04）、つまり式（5.10）の係数を最大化することである。具体的に言えば、**HPRの2乗からHPRの分散**

を引いたものの平方根を取った値を最大化することである。

　推定TWRの指数Tは、例えば、トレードする市場を増やしたり、短期システムの数を増やしたりすることで増やすことができるので特に問題はない。

　式（3.04）は次のように書き直すことができる。

$$A^2 = G^2 + S^2$$

　これでA、G、Sの関係ははっきりしたはずだ。そう、これはおなじみのピタゴラスの定理（直角三角形において、直角をはさむ辺をそれぞれ2乗したものの和は斜辺の2乗に等しい）である（**図5.2を参照**）。ただし、ここでわれわれが最大化したいものは斜辺Aではなく、直角をはさむ一方の辺Gである。

　この式において、Sが増えれば同じ量だけAを増やさなければならない。Sがゼロのとき、A＝Gとなり、先ほどのTWR＝$(1+R)^T$という間違った成長関数に結びつく。したがって、Sはゼロにはならない。

　したがって、Gに対する相対効果で考えれば、Aを増やせば同じ量だけSを減らさなければならない（あるいはその逆）。これをトレーディングに置き換えれば、トレードのバラツキが減少（標準偏差の減少）すれば、同じ量だけ算術平均HPRは増えるということになる。これはオプティマルfでトレードしているときもそうでないときも同じである。

　もし固定比率ベースでトレードしているのであれば、必ずしもAではなくGを最大化したいはずだ。Gを最大化するに当たって注意しなければならないのは、ピタゴラスの定理によって、標準偏差SはAと同じ量だけGに影響を及ぼすということである。したがって、トレードの標準偏差（S）を減らせば、算術平均HPR（A）は同じ量だけ増える（あるいはその逆）。

トレーディングの基本式

トレーディングのパフォーマンスを上げるには、損失を小さくするか、トレードのバラツキを減らせばよいことが次第に分かってきたことと思う。それでは、推定TWRの式（5.10）に戻ろう。式（5.10）はさらに簡潔に次のように書くことができる。

$$TWR = (A^2 - S^2)^{T/2} \tag{5.10a}$$

推定TWRの式を簡素化した式（5.10a）はトレーディングにおける異なるファクターA、S、Tがトレーディング・パフォーマンスに与える影響を示したもので、これをトレーディングの基本式と呼ぶことにする。

この式を見てすぐに分かることがいくつかある。まず第一に、Aが1以下の場合、ほかの2つの変数SとTの値にかかわらず、TWRは1よりも大きくはならない。Aが1よりも小さい場合、Tが無限大に近づくにつれ、Aはかぎりなくゼロに近づく。つまり、Aが1以下のとき（期待値＝A－1より、期待値はゼロ以下になる）、利益が得られるチャンスはない。また、Aが1よりも小さいとき、破産するのは時間の問題である。

Aが1よりも大きい場合、Tを増やせば総利益が増える。なぜなら、トレード回数が1回増えるたびに、式（5.10a）の係数は係数の2分の1乗ずつ乗じられるからだ。

Tが1増えるごとに、TWRは係数の2分の1乗（＝幾何平均）倍ずつ増えていく。トレードをするたびに、あるいはHPRが増えるたびに、Tが1増え、そして係数は幾何平均倍ずつ増えていく。

トレーディングの基本式について注目すべき重要な点は、パフォーマンスを上げるには標準偏差を算術平均HPRを減らす以上に減らせ

図5.2 マネーマネジメントにおけるピタゴラスの定理

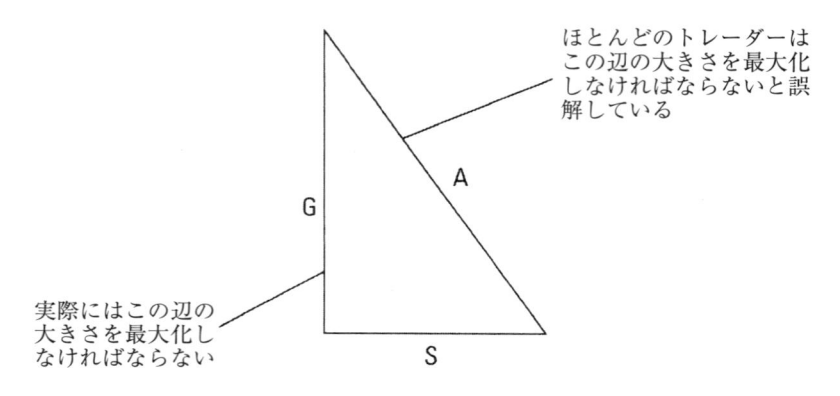

```
         ほとんどのトレーダーは
         この辺の大きさを最大化
         しなければならないと誤
         解している
      A
   G
実際にはこの辺の
大きさを最大化し
なければならない
      S
```

ばよい、ということである。損失を減らすことができればパフォーマンスが上がることは明白だが、基本式が示すように、損失を減らしていってもある程度まで減らすとそれ以上損失を減らしてもパフォーマンスは上がらなくなる時点が存在する。それは、そのまま持っていれば利益になったであろう小さな含み損を抱えるトレードを手仕舞いしすぎたことが原因であり、その結果AをS以上に減らしてしまったからである。

同じ理由で、大きな勝ちトレードを減らすことでA以上にSを減らすことができればパフォーマンスの向上につながる。これは多くの場合、トレーディングプログラムにオプションを組み込むことで達成することができる。この場合、（オプションを買うか売るかして）原資産ポジションと逆になるようにオプションポジションを持つ。

トレーディングの基本式から分かるように、今のトレーディング方法には見直さなければならない点が多く存在することが分かる。この式は、例えば、ストップの設定方法（もっとタイトにあるいはゆるく）、目標の設定方法の見直しに大いに役立ちそうである。このように、多くの点を見直さなければならないということは、今のトレーディング方法には非効率が多く存在するだけでなく、トレーディングプログラ

ムや方法論のなかにも非効率が存在することを意味する。

オプティマルfはなぜ最適なのか

fが最適なのは、fが最適値のときに資産を最大化することができるからである。これを示したものが次式である。

$$G = \left(\prod_{i=1}^{T} HPR_i\right)^{1 \div T}$$

および

$$G = \left(\prod_{i=1}^{T} HPR_i\right)^{1 \div T} = \exp\left(\frac{\sum_{i=1}^{T} \ln(HPR_i)}{T}\right)$$

したがって、各保有期間ごとに幾何平均を最大化し、しかもその期間が十分長ければ、**独立**変数の和（上の式の右辺の分子）に弱法則である大数の法則または強法則である中心極限定理のいずれかを適用すれば、ほかの意思決定ルールを用いるよりもほぼ確実に最終資産額は大きくなる。

fの最適性はロルの定理を使って調べることもできる。ここで言う**最適**とは、試行数を増やしたときに幾何平均を最大にすることができることを意味する。平均幾何成長を測るための尺度はTWRである。したがって、TWRが最大になるfの値が存在することを証明すればよいわけである。

ロルの定理は、区間a－bで**連続**な関数がX軸に平行な線とa、b

の2点で交差するとき、その一次導関数がゼロになる点がその区間内に少なくともひとつ存在する（少なくともひとつの相対的な極値が存在）ことを述べたものである。

　算術的期待値が正のいかなる関数もX軸（＝f軸）とf＝0およびその右側の点（分散が算術平均から1を引いたものよりも大きくなるようなHPR値を持つf値）の2点で交わるとすると、区間a－bはX軸上に存在する（このX軸上の区間a－bを、0よりも大きい無限に小さいf値においてTWRが0よりも大きい無限に小さいX軸に平行な線で交わる点と、X軸に向けて下降するときに0よりも大きい無限に小さいX軸に平行なこの線と再び交わる点の間の区間とみなす）。さらに、トレーディング基本式（推定TWRの式）の一次導関数はその区間におけるすべてのf値において連続である。なぜなら、その区間内のf値はAHPRとHPRの分散から計算される値であり、この関数（推定TWRの式）はその区間におけるこれらの点で微分可能だからである。したがって、この関数（推定TWRの式）は区間a－bで連続である。ロルの定理によれば、この関数は区間a－bにおいて少なくともひとつの相対的極値を持たなければならず、また区間a－bはX軸よりも上の正の区間なので、この区間には少なくともひとつの最大値が含まれなければならない。

　幾何平均HPR（または、TWRのT乗根。幾何平均HPR＝TWRのT乗根より）がAHPRと分散の変化の直接関数であるとするならば、ピタゴラスの定理によって**fが変化するとAHPRと分散は逆方向に変化する**ので、ピークはただひとつしか存在しない。したがって、この区間にはただひとつのピークしか存在しない。そして最適なfは、TWRのfについての一次導関数がゼロになる点（ピーク）においてただひとつ存在する。

　ここで再び式（4.07）に戻ろう。ここでもペイオフレシオが2：1のコイン投げを考える。トレードを2回行うと、2つの可能なシナリ

オが考えられる。fについて式（4.07）の導関数をとると、

$$\frac{dTWR}{df} = \left(\left(1 + f \times \left(\frac{-\text{トレード}_1}{\text{最大損失}}\right)\right) \times \left(\frac{-\text{トレード}_2}{\text{最大損失}}\right)\right)$$
$$+ \left(\left(\frac{-\text{トレード}_1}{\text{最大損失}}\right) \times \left(1 + f \times \left(\frac{-\text{トレード}_2}{\text{最大損失}}\right)\right)\right) \quad (5.11)$$

トレードが２つ以上の場合も考え方は同じだが、式が非常に複雑になるため、ここでは簡単にするために、トレードが２つの場合のみを考えた。したがって、f＝0.25における２つのトレード結果が＋２と－１の場合の一次導関数の値は次のようになる。

$$\frac{dTWR}{df} = \left(\left(1 + 0.25 \times \left(\frac{-2}{-1}\right)\right) \times \left(\frac{+1}{-1}\right)\right) + \left(\left(\frac{-2}{-1}\right)\right.$$
$$\left. \times \left(1 + 0.25 \times \left(\frac{+1}{-1}\right)\right)\right)$$
$$= ((1 + 0.25 \times 2) \times -1) + (2 \times (1 + 0.25 \times -1))$$
$$= ((1 + 0.5) \times -1) + (2 \times (1 - 0.25))$$
$$= (1.5 \times -1) + (2 \times 0.75)$$
$$= -1.5 + 1.5 = 0$$

つまり、この関数は接線の傾きがゼロになるf＝0.25、つまりオプティマルfで最大値を取る。また、ピタゴラスの定理による制約によってそのほかの局所的極値は存在しない。

最後に、オプティマルfはTの値には無関係であることを見ておこう。推定TWRの式（5.10a）のTについての一次導関数は次式のようになる。

$$\frac{dTWR}{dT} = \frac{1}{2} \times (A^2 - S^2)^{T/2} \times \ln(A^2 - S^2) \tag{5.12}$$

$\ln(1) = 0$なので、$A^2 - S^2 = 1$つまり$A^2 - 1 = S^2$（分散）ならば、TWRはfに対してただひとつの最大値を持つ。ただし、A（HPRの算術平均）もS（HPRの標準偏差）もTの関数ではないためTとは無関係であることに注意しよう。つまり、式（5.10a）はオプティマルfにおいてはTとは無関係ということである。つまり、推定TWRを最大化するという意味で最適なf値は、Tの値にかかわらず常に一定ということになる。

第6章
成長の法則、効用、有限流列

Laws of Growth, Utility, and Finite Streams

　本書が成長に関する数学を扱っている以上、成長の法則について述べておかなければならないだろう。成長という概念を数学的に論じる場合、成長関数や対応する成長率を使って説明することができる。

　成長関数は成長**率**によって3つのタイプに分類することができる。**図6.1**はこれら3つのタイプの成長関数をラインB、C、Dとして表したもので、それぞれの関数の成長率を表すのはその左側のラインである。したがって、成長関数B、C、Dの成長率はそれぞれラインA、B、Cとなる。

　まず、成長関数Bだが、これは線形成長関数で、この関数の成長率はラインAで表される。ラインBは成長関数であるとともに、指数成長関数Cの成長率を表すラインでもある。

　このように、成長関数には**線形型**、**指数型**、**双曲線型**の3つのタイプがあり、双曲線型成長関数の成長率は指数関数で表され、指数成長関数の成長率は線形関数で表され、線形成長関数の成長率は定数関数で表される。

　ここではX軸とY軸には注意が必要だ。成長関数（B、C、D）について議論しているときは、Y軸は量を表し、X軸は時間を表すが、成長率について議論しているときは、Y軸は時間に対する量の変化を表し、X軸は量を表す。

図6.1　3つの成長関数

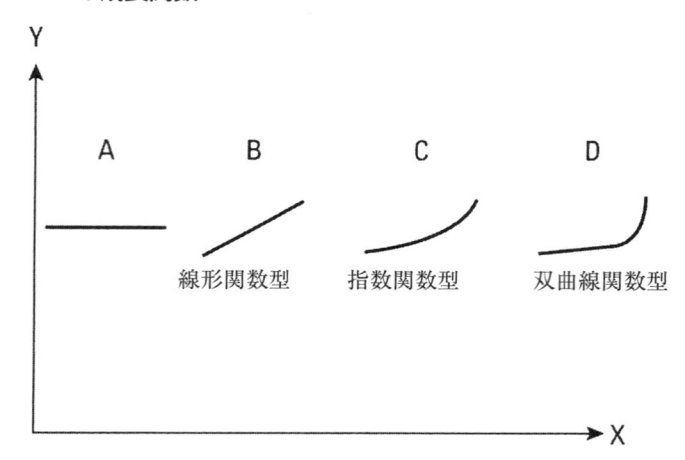

```
Y
↑
      A        B         C          D
   ─────      ╱        ╱          ╱
            ╱        ╱         ╱
         線形関数型  指数関数型   双曲線関数型
                                              → X
```

　成長率と成長関数を一般論として論じるときには、何らかの集団の人口増加を例に取り上げるのが普通だ。それでは代表的な3つの成長関数について話を進めよう。まずは線形成長関数（ラインB）だが、この関数の成長率はラインAで表される。人口増加がこの成長関数で特徴づけられる集団は一定の共生水準を簡単に見いだせる傾向が高い。

　次は指数成長関数（ラインC）で、この関数の成長率はラインBで表される。人口増加がこの関数によって特徴づけられる集団では、競争が生まれ、適者生存の法則が働く。しかし、指数関数型成長社会では突然変異が発生し、その突然変異のなかで選択的優位性を持つ種が定着する。

　最後が双曲線型成長関数（ラインD）で、この関数の成長率はラインCで表される。成長率が線形の指数関数型とは異なり、この関数は指数関数的に成長する。つまり、量が多くなるほど成長率は速い。したがって、指数関数型とは異なり、この関数はいわゆる**特異点**を持つ。つまり、垂線を漸近線として無限大に大きくなるということである。これに対して、指数関数はただ増加し続けるだけである。双曲線型成長社会もまた、競争社会であり、適者生存の社会である。双曲線型成

長社会はある時点まで進化すると、そのほかの成員数の急激な増加によって、突然変異のなかで選択的優位性を持つ種が定着することは不可能になる。

指数成長関数または双曲線型成長関数社会では、その集団内の競合する種の間に機能的なつながりがあれば、それによって次のような事態が発生する可能性がある。

1．パートナー同士の競争が激化する
2．パートナー同士の相互安定
3．その集団の成員が全員絶滅する

人口という概念は本書を通じて出てくる概念である。人口を議論することなく成長の数学を議論することは不可能に近いとさえ言えるだろう。成長の数学は、人口増加と本書で提示する新たな枠組みをつなぐものであり、脳科学で言えば左右の大脳皮質をつなぐ脳梁のような役割を果たすものである。

トレーディングは指数関数的であって、**双曲線型関数的ではない**。しかし、例えばあなたが約束どおりのパフォーマンスを達成したらトレード資金を提供するとだれかが言い、その人が無尽蔵の資金を持っていたとしたら、あなたのトレーディングは双曲線型関数的になることもある。これはいわゆるマネージドファンドのマネーマネジャーの話と考えてもらえばよいが、マネーマネジャーにとって問題なのは、**約束どおりのパフォーマンスを達成したら**という条件が付けられているという点だ。これに対する対処法については本書でこのあと述べる。

期待平均複利成長の最大化

本書ではこれまで、漸近的にみて支配的な f 値の求め方について見

てきた。つまり、任意のマーケットシステムのｆ値として唯一の数値を求めてきたわけだが、これはトレード間に従属性がないとするならば、トレード数（つまり、保有期間）が無限大に近づくにつれて資産の幾何的成長を確実に最大化するｆ値である。このｆ値を使えば、長期的に見ればほぼ100％の確率で、ほかのいかなるマネーマネジメント戦略を使った場合よりも資産を増やすことができる。

　１プレーだけの場合、保有期間全体における算術平均リターンを最大化する（つまり、ｆ＝１）ことで資産の成長を最大化するが、プレーを無限に続ける場合は、保有期間全体における幾何平均リターンを最大化する（つまり、ｆ＝オプティマルｆ）ことで資産の成長を最大化する。しかし、**真にオプティマルなｆはプレーする時間の長さ──有限保有期間数──の関数である**。

　保有期間数が１の場合、正の算術期待値を持つゲームのオプティマルｆは必ず1.0になる。1.0以外のｆ値で賭けて、１保有期間だけでゲームをやめれば、期待平均幾何的成長を最大化することはできない。オプティマルｆが最適解になるのは、無限の保有期間数にわたってプレーするときだけである。真に最適なｆ値は正の算術的期待値を持つゲームを１回行うときの１に始まり、保有期間数が無限大に近づくにしたがってオプティマルｆ値に収束していくのである。

　ここで再びペイオフレシオが２：１のコイン投げを例にとって説明しよう。このコイン投げのオプティマルｆは0.25である。つまり、それぞれのコイン投げが前のコイン投げの影響を受けない（非従属的）とするならば、それぞれのコイン投げに資産の25％を賭ければ、ゲーム期間（＝コイン投げの回数＝保有期間数）が無限大に近づけば確実に資産の幾何的成長を最大化できる。つまり、１プレーごとに資産の25％を賭ければ、このゲームの期待平均幾何的成長──結果のあらゆる組み合わせを考えた場合に、最終的に期待できるもの──は最大になるということである。

もっと具体的に見てみよう。最初のコイン投げは勝率は50％で、勝てば2ドルもらえ、負ければ1ドル支払わなければならない。2番目のコイン投げでは、1回目に勝って2ドルもらったあと2回目も勝って2ドルもらえる確率は25％、1回目に勝って2ドルもらったあと2回目は負けて1ドル支払う確率は25％、1回目に負けて1ドル支払ったあと2回目は勝って2ドルもらえる確率は25％、1回目も2回目も負けてそれぞれ1ドルずつ支払う確率は25％である（これらの試行は非従属試行であるためこういった確率になる）。結果の組み合わせは下の表に示すようなツリー構造になる。このコイン投げのシナリオスペクトルには2つのシナリオ（表が出るか裏が出るか）しかないため、ツリーの各節（ノード）から出る枝は2つしかない。シナリオ数が増えれば、ツリーの各ノードから出る枝はもっと増える。

コイン投げの回数

1回目	2回目	3回目
表	表	表
		裏
	裏	表
		裏
裏	表	表
		裏
	裏	表
		裏

最初のコイン投げに資産の25％を賭け、ゲームをそれでやめれば、期待平均複利成長（EACG）は最大化されない。

それでは２回投げてゲームをやめた場合はどうだろう。１回投げてゲームをやめる場合はｆ＝１で賭ければEACGは最大化され、無限にゲームを続ける場合にはオプティマルｆで賭ければEACGは最大化されることを踏まえれば、２回投げてゲームをやめる場合の最適な掛け金はいくらになるだろうか。

　１回目と２回目のｆ値として異なる値を許容するとし、２回目のプレーが終わった時点で幾何平均HPRを最大化することを目標とするならば、次のようなことが言える。まず第一に、１回プレーしてゲームをやめる場合のオプティマルｆは1.0だが、２回プレーしてやめる場合には１回目も２回目もオプティマルｆを0.5にすればオプティマルｆは漸近的にオプティマルになる。つまり、２回プレーしてゲームをやめるつもりなら、資産の成長を最大化するためには１回目も２回目もオプティマルｆ＝0.5で賭けなければならないということである（１回目と２回目のｆ値は違ってもよいとしたが、このケースでは同じｆ値になる。これは、有限流列でも無限流列でも、成長を最大化することを目指す場合、最適なｆ値は一定である、という事実による）。

　それでは詳しく見てみよう。コインを２回投げた場合の起こり得る結果の組み合わせは次の表のようになる。

コイン投げの回数

１回目	２回目
表	表
	裏
裏	表
	裏

　これを結果（損益）で表すと、次のようになる。

第6章 成長の法則、効用、有限流列

コイン投げの回数

1回目	2回目
2	2
	−1
−1	2
	−1

　これらの結果はf値に対する保有期間のリターン（HPR）として表すことができる。次の表は、1回目のコイン投げのf値が0.5、2回目のコイン投げのf値も0.5の場合のHPRを示したものだ（式（4.06）を参照）。

コイン投げの回数

1回目	2回目
2	2
	0.5
0.5	2
	0.5

　このコイン投げをTWRで表したものが以下の表である。TWRは各回のHPRを掛け合わせたものになる。2回目のコイン投げのTWR値の右側のカッコの数値は、このTWRのn乗根を取ったもの（nはHPR数、つまりコイン投げの回数。したがって、このケースではn＝2）で、ツリーの最終ノードにおける幾何平均HPRを示している。

323

コイン投げの回数	
1回目	2回目
2	4 （2.0）
	1 （1.0）
0.5	1 （1.0）
	0.25 （0.5）

幾何平均HPRを合計し、その算術平均を取ったものが**期待平均複利成長**である。

$$\frac{\begin{array}{r}2.0\\1.0\\1.0\\0.5\end{array}}{4} = \frac{4.5}{4} = 1.125$$

したがって、このケースの場合、プレーを2回でやめるとし、これ（プレーを2回でやめること）を無限回数繰り返すとするならば、各プレーでは資産の0.5を賭けるのが最適な賭け方であり、この賭け方でプレーすることでEACGを最大化することができる。

プレーを1回でやめる場合にEACGを最適化するにはオプティマル f ＝1.0で賭けなければならないが、プレーを2回でやめるこのケースでは、EACGを最大化するには1回目も2回目もオプティマル f ＝0.5で賭ける（1回目のプレーの f 値は1.0ではないことに注意）。

成長を最大化するための最適な f 値はすべてのプレーで一定だが、f 値はプレーの長さの関数であることに注意が必要だ。1回プレー

してやめるつもりなら、算術平均HPRが最大になるｆ値が最適なｆ値である（この場合、正の期待値を持つゲームではｆ値は常に1.0で、負の期待値を持つゲームではｆ値は常に0.0）。正の期待値を持つゲームをしている場合、最適なｆ値はゲームをやめるまでの期間が長くなるにつれて小さくなるが、漸近的には（無限時間にわたってプレーをする場合）、幾何平均HPRを最大にするｆ値が最適なｆ値になる。また、負の期待値を持つゲームの場合、最適なｆ値はゼロである。

　しかし、成長を最大化するためのｆ値は常に一定で、その値はゲームをやめるまでの時間の関数である。ペイオフレシオが２：１のゲームにおいて１プレーだけでやめるつもりならば、成長を最大化するｆ値は1.0で、２プレーでやめるつもりならば、成長を最大化するｆ値は１回目のプレーでも２回目のプレーでも0.5である（１回目のプレーのｆ値は1.0ではないことにくれぐれも注意しよう）。同様に、無限にプレーを続けるつもりなら、１回目も２回目もｆ値は0.25である。

　ここで注意してもらいたいのは、**無限**には**永久**にという意味ではないということである。いかなる流列も有限である。なぜなら、われわれ人間はいつかは死ぬからだ。したがって、期待平均複利リターンを最大化するｆ値としてオプティマルｆの話をするときは、かぎりなく長期にわたってプレーすると仮定した場合に期待平均複利リターンを最大にする値のことを話しているという点に注意してもらいたい。われわれが永久にプレーし続けることができないことを考えると、このｆ値は厳密に言えば最適値ではなく、準最適値ということになる。そして、EACGを最大化するｆ値はわれわれがオプティマルｆと呼んでいる値よりもやや大きい値になる——つまり、オプティマルｆのときよりもやや大きいポジションを取るということ。

　では、３プレーでやめる場合はどうなるだろうか。かぎりなく長期にわたってプレーし続ける場合の0.25よりも大きくて、２プレーでやめる場合の0.5よりも小さい値になるのだろうか。

3回プレーした場合の結果を表したツリーを見てみよう。

コイン投げの回数

1回目	2回目	3回目
表	表	表
		裏
	裏	表
		裏
裏	表	表
		裏
	裏	表
		裏

これを損益で表すと次のようになる。

コイン投げの回数

1回目	2回目	3回目
2	2	2
		-1
	-1	2
		-1
-1	2	2
		-1
	-1	2
		-1

3プレーでやめるときに期待平均複利成長を最大化するf値をコンピューターによる繰り返し演算で求めると、その値は0.37868になる。それぞれのプレーでf値＝0.37868で賭けた場合のHPRは以下のとおりである（式（4.06）を参照）。

コイン投げの回数

1回目	2回目	3回目
1.75736	1.75736	1.75736
		0.62132
	0.62132	1.75736
		0.62132
0.62132	1.75736	1.75736
		0.62132
	0.62132	1.75736
		0.62132

このコイン投げをTWRで表すと以下の表のようになる。それぞれの回のTWRの値はその回のHPRにそれ以前の回のHPR値を掛けて算出する。最後の回のTWRの右側のカッコの数値は、最後の回のTWRのn乗根を取ったもの（n＝HPR数＝コイン投げの回数。したがって、このケースではn＝3）で、ツリーの最終ノードにおける幾何平均HPRを表す。

コイン投げの回数

1回目	2回目	3回目
1.75736	3.088314	5.427280(1.75736)
		1.918831(1.242641)
	1.09188	1.918831(1.242641)
		0.678409(0.87868)
0.62132	1.09188	1.918831(1.242641)
		0.678409(0.87868)
	0.386039	0.678409(0.87868)
		0.239853(0.621320)

$$\frac{8.742643}{8} = 1.09283 (= \text{EACG})$$

　少しでも信じられない気持ちがあるのであれば、前のいくつかの例を使って、コンピューターでも手動でも構わないので、ここに提示したEACGよりも大きなEACGの値が得られるf値があるかどうか自分で計算してみるとよいだろう。その場合、各プレーのf値は異なる値でも構わないものとする。あなたの計算値はここに提示したf値に一致するはずだ。f値はゲームの長さの関数であるにもかかわらず、どのプレーのf値も同じ値になるはずだ。

　これまでの結果をまとめておこう。

1．EACGを最大化するf値は必ず一定値になる。つまり、f値は全プレーを通じて一定ということである。
2．EACGを最大化する最適なf値はゲームの長さの関数である。正の期待値を持つゲームでは、プレーを1回でやめる場合は、算

術平均HPRが最大になるｆ値が最適なｆ値となり、その値は1.0である。そしてプレー回数が増えるたびに、ｆ値は徐々に減少し、かぎりなく長期にわたってプレーし続けると仮定した場合のｆ値は幾何平均HPRを最大化する値になる（本書ではこのｆ値をオプティマルｆという）。

3. 流列はどんなに長く続くものでも長さは有限なので、われわれがオプティマルｆと呼んでいるｆ値はどんなに長くトレードしても実際には真の最適値になることはないが、保有期間が長くなるほど最適値に近づく。結局、われわれは真にオプティマルな状態の左側、つまりｆカーブのピークの左側に常にいるわけである。とはいえ、本書でこのあと説明するレバレッジ空間のn＋1次元地形——それぞれのマーケットシステムのオプティマルｆに対してあなたが実際にいる場所のペナルティーとペイオフ——についての話がウソであるというわけではない。この地形があなたがゲームをやめるまでの保有期間数の関数になっているのは事実である。本書のテクニックを使って推定するこの地形は漸近的な地形（高度）、つまりプレーをずっと続けた場合にどういった地形に近づくか、を示したものである。

それでは詳しく見てみよう。再びペイオフレシオが２：１のコイン投げを例に取る。**図6.2**は、プレーをやめる回数が１回から８回までの、EACGを最大化するｆ値を示したものである。保有期間数が無限大に近づくにつれ、ｆ値は漸近的に成長を最大化するオプティマルｆの値0.25に近づくことが分かる。

2：1のコイン投げ

ゲームをやめるまでの保有期間数	EACGを最大化する f 値
1	1.0
2	0.5
3	0.37868
4	0.33626
5	0.3148
6	0.3019
7	0.2932
8	0.2871
⋮	⋮
無限大	0.25（これがわれわれがオプティマル f と呼んでいる値）

　実際には、本書でオプティマル f と呼んでいるものでトレードしても、最適状態にはやや及ばないが、保有期間数が増えるほど最適状態からの乖離度は減少する。どれくらいの保有期間数トレードするのかが明確に分かっているのであれば、EACGを最大化する f 値（オプティマル f よりも若干大きい）が分かるので、その値を使えば真に最適な状態でトレードすることができるが、実際にはどれくらいの保有期間数トレードするかは分からないことが多いため、われわれがオプティマル f と呼んでいるものは、保有期間数が増えるほどEACGを最大化する最適な値に近づくという事実に甘んじるしかない。本書ではこのあと**継続的優位**のテクニックについて説明するが、これは口座をアクティブな口座と非アクティブな口座に分割（オプティマル f よりも消極的にトレーディングしているときの状態）したときにEACGを最大化することを可能にするテクニックである。

　これらの概念は従来の平均分散リスクリターン・モデルでは語られることも、触れられることもなかった。平均分散リスクリターン・モ

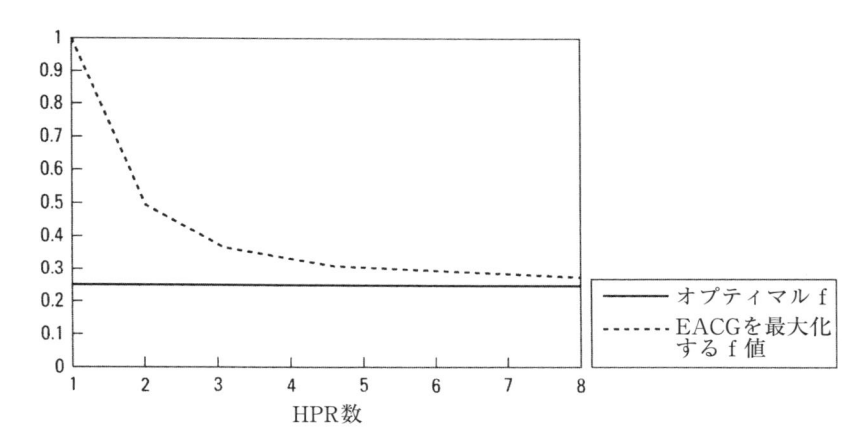

図6.2　漸近線としてのオプティマル f

デルについては次章の最初に解説する。従来のモデルではレバレッジ
とその働きについてはほとんど無視されている。本書ではこのあと新
たなポートフォリオ構築モデルを紹介するが、このモデルを開発した
目的はこういった従来モデルの欠陥部分を補うためである。

効用理論

　効用理論を本書で取り上げたのは、幾何平均を最大化しようとする
者は対数関数の形を取る効用のみを最大化しようとしているにすぎな
いという批判を浴びることが多いからである。つまり、資産を最大化
することしか考えず、投資家の満足度を最大化しようとはしない、と
いうことである。本書では、幾何平均の最大化は各人がどういった効
用選好関数を用いるかにかかわらず、効用理論に適用することができ
ることを示していく。その準備段階として、まず効用理論全般につい
て話をしておきたいと思う。

　効用理論は投資家の振る舞いを説明するための理論として学術研究

者が作り上げた象牙の塔のなかの空論にすぎないとして批判されることが多い。しかしながら、こういった批判は、投資家の選択する効用関数はすべて対数効用関数であるという推測的仮定を設けた人々によるものがほとんどである。つまり、投資家が求めているものは資産の最大化であると仮定しているわけである。著者は効用理論の支持者ではないが、投資家の選好を読者によりよく理解してもらうために効用理論をあえて取り上げることにした。しかし、投資家の効用関数が対数効用関数以外の効用関数であれば、市場や投資全般は投資家の資産や効用を最大化するのに適切な場所ではない、というのが著者の正直な気持ちである。というのは、あなたの効用選好曲線がどういった形であれ、あなたは紛れもなく第9章で論じるn+1次元の視点に立ち、最適を外れることに対するペナルティーを実際の金で支払わなければならないからである。つまり、市場は資産を最大化しようとしない者が居る場所ではないということである。彼らには精神科医の長いすのほうがお似合いかもしれない。

期待効用理論

　ある男が空港にいて500ドル持っている。しかし、彼が**買わなければならない**チケットの代金は600ドルである。そのときこの男はある賭けを持ちかけられた。それは勝てば100ドルもらえ、負ければ500ドル支払わなければならないという賭けである。勝ち負けの確率は50：50だ。この賭けは良い賭けだろうか。例えば、彼がチケットを買えるかどうかが死活問題であるとするならば、この賭けは**良い賭け**である。

　この例においては、効用の期待値と資産の期待値とは大きく異なる。効用理論では**良い賭け**かどうかは**資産**の期待値ではなく**効用**の期待値で判断するため、この例においては、たとえ資産の期待値が正でなくても、効用の期待値は正であると仮定する。これは、**効用**と**満足度**は

同じことを意味すると考えれば納得がいくはずだ。

いわゆる**期待効用理論**とは、**投資家はそれぞれに資産の効用関数U（x）──ただし、xは資産を意味する──を持っており、この関数を最大化するように投資の意思決定を行う傾向がある**ことを述べたものである。期待効用理論に基づく意思決定と資産の最大化に基づく意思決定とが一致するのは、効用選好関数U(x)がln(x)のとき、つまり、投資家の関心が資産の効用、あるいは資産に対する満足度を最大化することにあるときのみである。

効用選好関数の性質

効用選好関数は以下に述べる5つの大きな性質を持つ。

1. 効用関数に正の線形変換を施しても（意思決定）結果は変わらない。したがって、例えば前述のln(x)のような効用選好関数があったとすると、これに任意の数を加えて新たな効用関数25＋ln(x)を作っても、あるいは任意の数を掛けたり割ったりして71×ln(x)やln(x)÷1.453456といった効用関数を作っても、投資に関する意思決定はln(x)のときと変わらない。つまり、効用関数に任意の正の定数を施しても（足す、引く、掛ける、割るの四則演算を施しても）、選択される投資は同じであるということである。効用を最大化する投資は、正の定数を施す前後で変わらない。
2. 少ないよりも多いほうがよい。これを経済用語では**非飽和**という。つまり、結果がはっきり分かっているとき、あるいはそれぞれの結果の確率が等しいとき、効用関数は資産が多くなるほうを選択するように選ばなければならないということである。資産が増えるほど効用も増すので、効用関数の資産についての一次導関数は正でなければならない。

$$U'(x) >= 0 \tag{6.01}$$

　資産をX軸、効用をY軸にしてグラフを描くと、効用選好関数曲線の傾きは負にはならない。
　効用関数が$\ln(x)$のとき、その一次導関数はx^{-1}である。
3．投資家のリスクに対する考え方、つまり**リスク回避**に関しては3つの仮定が可能だ。リスク回避的か、リスク中立的か、リスク愛好的かの3つである。公平なギャンブルを例にとって説明しよう。例えば、表が出たら1ドルもらえ、裏が出たら1ドル支払うコイン投げのような公平なギャンブルでは、資産の算術期待値はゼロである。リスク回避的な人はこの賭けを受け入れないが、リスク愛好的な人はこの賭けを受け入れるだろう。また、リスク中立的な人はこの賭けを受け入れるかどうかには無関心を示すだろう。
　リスク回避度は効用選好関数の2次導関数$U''(x)$によって表される。効用選好関数の2次導関数は、リスク回避的な人の場合は負、リスク愛好的な人の場合は正、リスク中立的な人の場合はゼロになる。
　図6.3は基本的な3つのタイプの効用選好関数を投資家のリスク回避度、つまり$U''(x)$を基にグラフ化したものである。リスク中立的な人の効用選好関数は$\ln(x)$で表される。つまり、投資家は公平なギャンブルには無関心ということである（投資家は公平なギャンブルは拒否すべきである。投資家が投資に使える金には制限があるため、吸収壁は低くなる。例えば投資家が公平なギャンブルを繰り返し受け入れたとすると、その低い吸収壁の頂上に達するのは時間の問題である。つまり、公平なギャンブルを続ければ、ほぼ100％の確率で破産するということである）。効用選好関数が$\ln(x)$のとき、その二次導関数は$-x^{-2}$である（つまり、

図6.3 基本的な3つのタイプの効用関数

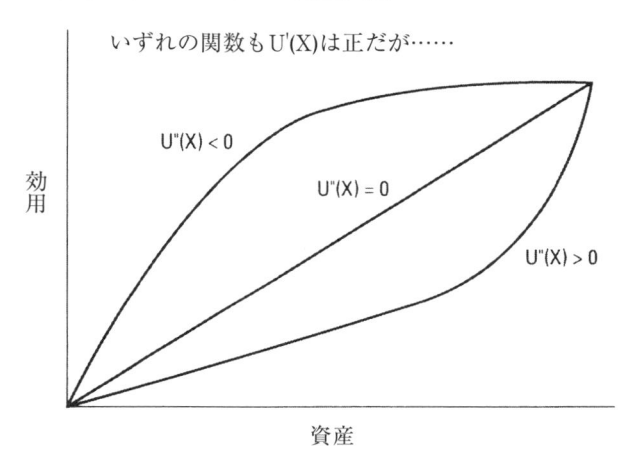

いずれの関数もU'(X)は正だが……

U''(X) < 0
U''(X) = 0
U''(X) > 0

効用

資産

リスク回避度は資産の増加に伴い減少)。

4. 効用選好関数の4番目の性質は、投資家のリスク回避度が資産の変化に伴ってどう変化するかに関するものである。これを**絶対リスク回避度**という。この場合も投資家は3つのカテゴリーに分類される。資産の増加に伴って、絶対リスク回避度を上げていく人、絶対リスク回避度を変えない人、絶対リスク回避度を下げていく人、の3種類である。絶対リスク回避度を上げていく人は、資産の増加に伴ってリスク資産を減らしていく。絶対リスク回避度を変えない人は、資産が増加してもリスク資産は変えない。そして、絶対リスク回避度を下げていく人は、資産の増加に伴ってリスク資産を増やしていく。

絶対リスク回避度A(x)は次式で定義される。

$$A(x) = \frac{-U''(x)}{U'(x)} \qquad (6.02)$$

資産の変化に伴って絶対リスク回避度がどう変わっていくか

を調べるには、A(x)のx（資産）についての一次導関数を取る。絶対リスク回避度を上げていく人はA'(x) ＞ 0、絶対リスク回避度の変わらない人はA'(x) = 0、絶対リスク回避度を下げていく人はA'(x) ＜ 0となる。

ln(x)の効用選好関数には、絶対リスク回避度**減少**派が含まれる。

$$A(x) = \frac{-(-x^{-2})}{x^{-1}} = x^{-1}$$

したがって、

$$A'(x) = -x^{-2} < 0$$

5. 効用選好関数の5番目の性質は、資産の変化に伴ってリスク資産に投じる資産の比率がどう変化するかに関するものである。これを**相対リスク回避度**という。つまり、資産の変化に伴って、リスク資産の絶対額がどう変わるかではなく、リスク資産の比率がどう変わるかということである。この場合も各投資家は3つのカテゴリーに分類される。リスク資産の比率の増加に伴って、相対リスク回避度を増やす人、変えない人、減らす人の3種類である。

相対リスク回避度R(x)は次式で定義される。

$$R(x) = \frac{(-x \times U''(x))}{U'(x)} = x \times A(x) \tag{6.03}$$

相対リスク回避度の一次導関数R'(x)は資産の変化に伴って相対リスク回避度がどう変化するかを示すものである。したがって、相対リスク回避度を上げていく人はR'(x) ＞ 0、相対リスク回避度を変えない人はR'(x) = 0、相対リスク回避度を下げていく人はR'(x) ＜ 0となる。

ln(x)の効用選好関数には、相対リスク回避度**一定派**が含まれる。

$$R(x) = \frac{(-x \times (-x^{-2}))}{x^{-1}} = 1$$

したがって、

$$R'(x) = 0$$

古典的な効用関数に代わる理論

　効用理論は一般に広く普及した理論ではあるが、投資家の振る舞いを説明する理論としては万人が認めているわけではない。例えば、R・C・ウエントワースは期待効用理論について、平均を使うのは特定の場合にしか通用しないため、正しい前提とは言えないと反論している。彼は、いかなる場合においても通用するのは平均ではなくモード（最頻値）であり、プレーヤーはこれを最大化するようにプレーすべきであると主張している。

　私は個人的にはウエントワースの理論には非常に興味がある（ウエントワースの論文『Utility, Survival, and Time: Decision Strategies under Favorable Uncertainty』および『A theory of Risk Management under Favorable Uncertainty』を参照。いずれも未刊。8072 Broadway Terrace, Oakland, CA 94611）。彼の論文のなかで特に興味深いのは、古典的効用理論を真っ向から批判している点である。これは、非線形の**富の効用**関数を理論的枠組みの基礎とする世界中のすべてのマネージメントサイエンス分野の教授を敵に回すも同然である。彼は論文のなかで**モードを最大化するもの**と進化とを比較し、これを**生き残り仮説**と呼んでいる。次の表は、古典的効用理論と彼の生き残り仮説との簡単な比較を示したものだ。

効用理論

リスクの高い「一発勝負 　　　非線形の　　　　　観測された
的」な意思決定　　　　　＋　富の効用関数　≧　振る舞い

生き残り仮説

リスクの高い「一発　　　等価な時系　　　　観測された振る舞い
勝負的」な意思決定　＋　列への拡張　≧　（効用理論の場合と同じ）

　さらに、生物学の分野では興味深い実験がいくつか行われており、ウエントワースの考えの正しさを実証する結果が出ている。そのひとつが、古典的効用理論に基づき、クマバチが花蜜を吸うのはなぜなのかを調べるために行われた制御実験である。

　古典的効用理論をここまでこき下ろしておきながら、なぜ古典的効用理論について語るのか、という疑問が読者には当然出てくるはずだ。効用理論に関して何らかの前提を設けることは本書の意図するところではないが、本書で述べる資産分配の新しい枠組みと効用との間には相互関係があり、効用という概念を認める人に対してその適用方法を示すことは必要だろうという判断の下で効用理論を取り上げた。本書のこの部分は、効用選好関数という概念に不案内な読者を対象とするものである。投資家の振る舞いを説明するのに効用関数が有効かどうかについては意見の分かれるところではあると思う（本書は効用理論を支持する立場にはない）が、効用以外のものをベースとする方法も存在することは知っておくべきだろう。

あなたの効用選好関数はどういった関数か

　古典的効用理論に賛同するかどうかはともかくとして、自分自身のことは知らないよりは知っておいたほうがよい。本節では、あなた自身の効用選好関数を決定するための方法について説明する。これから述べることは、チュールズ、ハーロー、ストーン共著による『ザ・コモディティー・フューチャーズ・ゲーム——フー・ウィンズ、フー・ルージス？（The Commodity Futures Games, Who Wins? Who Loses?)』（Richard J. Tewles, Charles V. Harlow, and Herbert L. Stone, New York: McGrow-Hill Book Company, 1977）を本書の内容に合うように手直ししたものである。

　まず最初に、極端なトレード結果を示す２つの極値（正値と負値）を決める。通常は、次のトレードで勝った場合に期待できる最大利益と負けた場合の予想最大損失の３〜５倍の大きさの値を選ぶ。

　例えば、次のトレードの最大利益を5000ドル、最大損失を3000ドルと見積もった場合、２つの極値は２万ドルと－１万ドルにする、といった具合だ。

　次に、以下に示すような表を作成する。項目は一番左の列が**最良結果の発生確率**で、1.0から0.1ずつ減らしながら０まで記入する（11行）。次の列は**最悪結果の発生確率**で、各行には１から最良結果の発生確率を引いた数字を記入する。３番目の列は**確実同値額**の列で、一番上の行には最良結果、一番下の行には最悪結果を記入する。

P（最良結果の 発生確率）	P（最悪結果の 発生確率）	確実同値額	効用計算値
1.0	0	20,000ドル	
0.9	0.1		
0.8	0.2		
0.7	0.3		
0.6	0.4		
0.5	0.5		
0.4	0.6		
0.3	0.7		
0.2	0.8		
0.1	0.9		
0	1.0	−10,000ドル	

　3番目の列の**確実同値額**とは、トレード機会の代わりに受け取る金額、あるいはトレード機会を回避するために支払うべき金額を意味する。

　それでは3番目の列を1行目から埋めていこう。1行目は2万ドルだが、これは100％の確率で2万ドルの利益が出るトレードを行わなくても今すぐにキャッシュで2万ドル受け取れることを意味する。同様に最後の行は1万ドルだが、これは100％の確率で1万ドルの損失が出るトレードを避けるためには1万ドル支払わなければならないことを意味する。

　2行目は2万ドルの利益を得る確率が90％で、1万ドルの損失を被る確率が10％のトレードに対する確実同値額である。つまり、このトレードを行う代わりにキャッシュでいくら欲しいか、を意味する。これは実際のバイイングパワーによる実際の金であること、そしてこの取引の報酬（結果）は今すぐキャッシュで受け取れるという点に注意しよう。例えば、あなたにとってこの金額が1万5000ドルであるとすると、それは2万ドルの利益を得る確率が90％で、1万ドルの損失を被る確率が10％のトレードを行う代わりに、あなたが今すぐキャッシ

ュで得られる金が１万5000ドルであることを意味する。

　この考えに基づいて確実同値額の列をすべて埋める。例えば、下から２行目は、２万ドルの利益を得る確率が10％で、１万ドルの損失を被る確率が90％のトレードを回避するためにはいくらだったら進んで支払うことができるかを自問自答する。これはあなたが支払う金額なので確実同値額の数値は負数になる。

　確実同値額の列がすべて埋まったら、次は**効用計算値**の列に進む。効用計算値は次式を使って計算する。

効用計算値＝U×P（最良の結果）＋V×（最悪の結果）　　　（6.04）

ただし、
U＝任意の定数（このケースでは1.0）
V＝任意の定数（このケースでは−1.0）

したがって、効用計算値の２行目の数値は次のように計算できる。

$$\begin{aligned}効用計算値 &= 1 \times 0.9 - 1 \times 0.1 \\ &= 0.9 - 0.1 \\ &= 0.8\end{aligned}$$

P（最良結果の発生確率）	P（最悪結果の発生確率）	確実同値額	効用計算値
1.0	0	20,000	1.0
0.9	0.1	15,000	0.8
0.8	0.2	10,000	0.6
0.7	0.3	7,500	0.4
0.6	0.4	5,000	0.2
0.5	0.5	2,500	0
0.4	0.6	800	−0.2

0.3	0.7	−1,500	−0.4
0.2	0.8	−3,000	−0.6
0.1	0.9	−4,000	−0.8
0	1.0	−10,000	−1.0

　表が完成したら、確実同値額をX軸、効用計算値をY軸とするグラフを描く（**図6.4**を参照）。

　次に、最良結果と最悪結果の金額を変えてテストを繰り返す。例えば、前の表からひとつの確実同値額を選んでそれを次のテストの**最良結果**とし、別のひとつを選んでそれを、**最悪結果**とする。最良結果として1万ドル、最悪結果として−4000ドルを選んだとすると、確実同値額が1万ドルに対応する効用計算値は0.6、−4000ドルに対応する効用計算値は−0.8である。したがって、次の表の効用計算値を決定する際のUとVの値はそれぞれ0.6および−0.8になる。前の表と同様に、確実同値額の列を埋めて対応する効用計算値を計算すると次のような表が出来上がる。

P（最良結果の発生確率）	P（最悪結果の発生確率）	確実同値額	効用計算値
1.0	0	10,000	0.6
0.9	0.1	8,000	0.46
0.8	0.2	6,000	0.32
0.7	0.3	5,000	0.18
0.6	0.4	4,000	0.04
0.5	0.5	2,500	−0.10
0.4	0.6	500	−0.24
0.3	0.7	−1,000	−0.38
0.2	0.8	−2,000	−0.52
0.1	0.9	−3,000	−0.66
0	1.0	−4,000	−0.80

figure 6.4　効用関数のグラフ

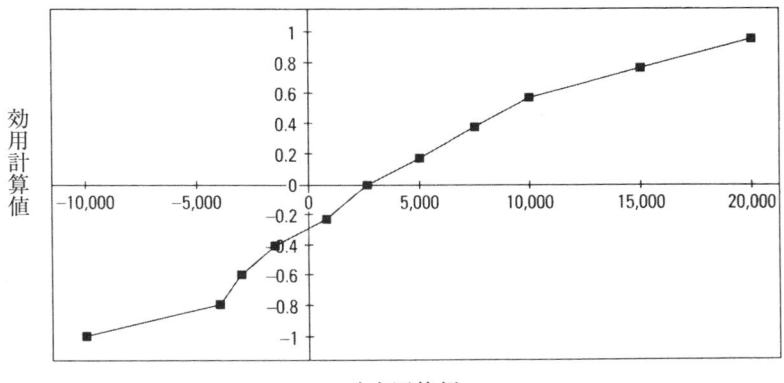

効用計算値

確実同値額

　表が完成したらグラフにプロットする。このプロセスを数回繰り返し、各テストの数値はすべて同じグラフにプロットする。数回のテスト結果を同じグラフにプロットすると、数値に若干の散らばりが見られることが分かるはずだ。つまり、各テスト結果は同一線上には重ならないということである。これらの数値の散らばり具合があなた自身のことを表しているのである。散らばり具合が大きいほど、意思決定に一貫性がないということである。通常、大きな散らばりが見られるのはグラフの左右の極値近くである。ほとんどの人のグラフはこうなるが、これは勝ったり負けたりした経験があまりない領域を表しているにすぎない。

　曲線の形も重要である。曲線の形に関しては、前の節の「効用選好関数の性質」を参照しながらチェックしてもらいたい。曲線は本書に示したようなきれいな凹型、凸型、直線にならないのがむしろ普通である。これもあなた自身のことを表しているので注意深く分析することが重要だ。

　資産を最大化するための効用選好関数の形で最も多いのが、右肩上

がりの直線である。これは資産が増えるにしたがって絶対リスク回避度を下げ、相対リスク回避度は変えず、公平なギャンブルにはほとんど無関心な投資家を表している。つまり、算術期待値が非常に小さな正の値さえ下回るようなギャンブルには無関心ということである。あなたの効用選好関数を表す直線がこれよりも悪い場合、自分は何を望んでいるのか、そしてその**理由**をじっくりと考えてみることだ。おそらくは自分自身の考え方を変える必要があるはずだ。

効用と新しい枠組み

本書において効用理論を引き合いに出すのは次に述べる文脈においてのみである――**あなたの効用選好関数がいかなるものであっても、あなたの居る位置は、ゲームを個別に行う場合は図9.2に示すレバレッジ空間のなかの位置で示すことができ、複数のゲームを同時に行う場合はn＋1次元レバレッジ空間のなかの位置で示すことができる。**効用選好のいかんにかかわらず、**これらの空間におけるあなたの位置によって、得られる利益と支払うべきペナルティーが決まる**ことになる。

判断基準として幾何平均を用いることに関しては、資産を最大化することしか視野になく、しかも効用を最大化できるのは効用関数が対数関数の場合のみであると批判されることがよくある。

しかし実際には、効用選好関数が対数関数でなくても、われわれがオプティマルfで資産を最大化するのと同様に、オプティマルfを使って効用も最大化することができる。ただし、効用を最大化する場合、オプティマルfの値は保有期間ごとに異なる。つまり、効用選好関数が対数関数（目的は資産の最大化）以外の関数のとき、資産を最大化するオプティマルfの値は一定だが、効用を（漸近的に）最大化するオプティマルfの値は一定ではないということである。もっと具体

に言えば、利益の増加に伴って、あなたの効用関数はリスクを低減するような関数になるため、オプティマルｆの値は保有期間が長くなるにつれて小さくなるということである。

　ここで述べた概念と前に述べた概念とを混同しないように注意しよう。前に述べた概念は、期待平均複利成長を最大化するのに最適なｆ値はゲームをやめるときの保有期間数の関数であるというものであり、ここで述べた概念は、効用を最大化するのに最適なｆ値は保有期間全体を通じて一定ではないというものである。例えば、ペイオフレシオが２：１のコイン投げで３回プレーしたあと、つまり３保有期間後にゲームをやめるつもりの場合、それぞれのプレーで賭け率を0.37868にすることで資産の成長を最大化することができる。つまり、３回のプレーのいずれも賭け率は0.37868で一定ということである。

　次に、効用を最大化する場合を考えてみよう。効用関数は資産を最大化する関数以外の関数（つまり、対数関数以外の関数）であるとする。この場合、それぞれのプレーにおける賭け率、つまりｆ値は一定ではなく、プレーごとに異なる。

　つまり、保有期間ごとに**異なるｆ値**を用いることを前提とすれば、効用選好関数が対数関数（つまり、資産の最大化を目指しているということ）のとき、最適なｆ値は常に一定である。したがって、どのプレーでも一定の率で賭ければよい。一方、効用選好関数が対数関数以外の場合は、保有期間ごとに異なるオプティマルｆの値を使わなければならない。

　資産の最大化同様、効用も資産の最大化とまったく同じ方法で最大化することが可能だ。この場合、それぞれのシナリオの結果にドル価を割り当てる代わりに、**util**数を割り当てる。**util**は満足度の単位である。効用を最大化するに当たってシナリオグループを設定する場合、損失を伴う負のシナリオをひとつ以上含ませる必要があったが、この場合も同様に、utilが負のシナリオを少なくともひとつ含ませる必要

がある。また、シナリオグループ全体の（算術）期待値は正のutilでなければならないが、シナリオの全体的な組み合わせが良くなるのであれば負のutilでも構わない。

　ここで問題となるのが、効用選好関数が対数関数以外の場合、保有期間ごとに異なるｆ値をどのように決定すればよいかである。新たな保有期間が発生し、口座資産が変動するごとに結果の値（単位はutil）を更新すればその都度新たなオプティマルｆの値が得られるが、その値を最大損失シナリオの最大損失（単位はutil）で割ればオプティマルｆの金額換算値（単位はutil）が得られ、それを基にトレードする枚数を知ることができる。手順は簡単だ。ドルをutilで置き換えればよい。このほかにやらなければならないのは、口座の累積util（つまり、資産の代理）をトラッキングすることだけである。この手順を実際に行ってみる（ただし、効用選好関数は対数関数以外の関数）と、保有期間ごとに異なるｆ値は**ドル価**で得られる。

　再び２：１のコイン投げで考えてみよう。ただし、表が出たら２ドルもらえ、裏が出たら１ドル支払わなければならないものとする。このコイン投げではどれくらい賭ければよいのだろうか。目的が資産の最大化で、このゲームを何度も繰り返し行うつもりで、それぞれのプレーの元手はゲームを開始した当初の手持ち金であるとすると、最適な賭け率はどのプレーにおいても資産の25％であることはすでに見てきたとおりである。この賭け率は資産を最大化するだけでなく、２ドルの利益が１ドルの損失の２倍価値があるものであるとするならば、効用も最大化することもできる。

　しかし、２ドルの利益が１ドルの損失の1.5倍の価値しかないとするとどうなるだろうか。このときに効用を最大化するためには、負けるシナリオ（コインの裏が出る）には－１utilを割り当て、勝つシナリオ（コインの表が出る）には1.5utilを割り当てる。このとき、ドルではなくutilをベースにオプティマルｆを求めると、0.166666になる。

つまり、幾何平均効用を最大化するためにはそれぞれのプレーで資産の16.6666％を賭ければよいということである。そして、この時点までの累積utilを0.166666で割れば、得られた値がトレードする枚数になる。

次に、この値から、口座資産何ドルごとに何枚トレードすればよいかを割り出し、得られた値から実際に使っている（utilベースではなく、ドルベース）ｆ値（ゼロと１の間の数値）を求めることができる。

資産の最大化を目的とする２：１のコイン投げの曲線はｆ＝0.25の位置にピークを持つ曲線（**図9.2**を参照）で、われわれは今その曲線の横軸（つまり、ｆ値）0.166666の位置にいる。つまり、われわれのｆ値は資産を最大化するオプティマルｆに及ばない準最適値ということになるため、それに対するペナルティーを支払わなければならない。しかし、効用をベースとするもうひとつのｆカーブのピークは0.166666で、われわれはこのカーブではオプティマルｆの位置にいる。もしこのカーブでｆ値として0.25を使えば、ピークの右側にずれるため、効用に関してはペナルティーを支払わなければならないことになる。

この保有期間では儲けが出たので、今回だけシナリオの結果をutilベースに訂正すると、資産が増えたので、次の保有期間における勝ちシナリオの効用は1.4utilに減少する。再び、utilオプティマルｆを求め、累積utilに基づいて次の保有期間におけるトレード枚数を決めると、そこからドルベースでのｆ値（０と１の間の数値）を知ることができる。この値は前の保有期間のｆ値とは違った値になるはずだ。

ここに示した例では、２回以上プレーすることを想定し、それぞれのプレーの元手には当初資産を使うものとした。１回だけ（つまり、１保有期間だけ）プレーするのであれば、あるいはプレーごとに資金を追加できるのであれば、効用の算術期待値を最大化するのが最良の戦略になる。しかし、ほとんどの場合、最後のプレーに使ったのと同

額の金を次のプレー（次の保有期間）でも使わなければならず、したがって成長の幾何期待値を最大化しなければならない。これが、資産の幾何期待成長の最大化を意味するのか、効用の幾何期待成長の最大化を意味するのかは、人によって異なるが、用いる数学は同じである。いずれもn＋1次元空間に2つの曲線――資産最大化カーブと効用最大化カーブ――を持つ。資産の期待成長を最大化したい人の場合、これら2つの曲線は一致する。

あなたの効用選好関数が対数関数（資産の最大化を目指す）以外の関数の場合、ここで提示したテクニックを用いることができる。ただしその場合、各シナリオの結果は金額ではなくutilで表さなければならないため、オプティマルf値は保有期間ごとに異なる値になる。

こういったトレーダーに警告しておきたいのは、資産最大化のn＋1次元レバレッジ空間で最適値以外のf値を用いた場合、資産を最大化できないというペナルティーを支払わなければならないという点である。繰り返しになるが、あなたの効用選好関数がいかなるものであっても、あなたの居る位置は、ゲームを個別に行う場合は**図9.2**に示すレバレッジ空間のなかの位置で示すことができ、複数のゲームを同時に行う場合はn＋1次元レバレッジ空間のなかの位置で示すことができる。効用選好のいかんにかかわらず、これらの空間におけるあなたの位置によって、得られる利益と支払うべきペナルティーが決まる。したがって、結局は効用選好関数は対数関数であるのが理想的ということになる。

第7章
古典的ポートフォリオ構築法

Classical Portfolio Construction

現代ポートフォリオ理論

　第4章で言及したオプティマルfとマーケットシステムのドローダウンについてのパラドックスを覚えているだろうか。優れたマーケットシステムほどf値は高いが、オプティマルfを使ってトレーディングしている場合、（ヒストリカル）ドローダウンはfを下回ることはない。したがって一般に、優れたマーケットシステムほど、口座資産の減少率で見たドローダウン（ただし、オプティマルfでトレーディングしているものとする）は大きくなる。すなわち、口座資産の幾何的成長を最大化しようと思えば、それを達成する過程で幾度かの大きなドローダウンは避けられないということである。

　fカーブのピークからそれほど外れることなく（ただし、ハーフf戦略などは用いないものとする）このドローダウンを緩和する最も効果的な方法が、マーケットシステムの分散である。ひとつのマーケットシステムがドローダウンに入っても、同じ口座でトレーディングしている別のマーケットシステムが順調であれば、先のシステムのドローダウンはもうひとつのマーケットシステムの利益で相殺できるからである。これはまた口座全体に対する触媒効果も生み出す。つまり、ドローダウンが発生した（そして今、徐々に調子を戻しつつある）マ

ーケットシステムは、(そのドローダウンを相殺してくれる別のマーケットシステムのおかげで) トレーディングを再開するに当たり、ドローダウン発生当初と同じ運用資金を確保できるのである。

あるマーケットシステムグループとそのグループに含まれるマーケットシステムそれぞれのオプティマル f が与えられた場合、定量化可能な最適ポートフォリオミックスというものが存在する。過去に最適であったポートフォリオミックスが将来的にも最適と言えるかどうかは分からないが、過去に最適であったシステムパラメーターが将来的にも最適である可能性よりは、最適あるいは最適に近い可能性は高い。なぜなら、最適なシステムパラメーター値が期間ごとに急速に変化するのに対し、最適なポートフォリオミックスは (オプティマル f の値がそうであるように) きわめて緩やかにしか変化しないからである。一般に、マーケットシステム間の相関は一定に維持される傾向がある。これは、最適ポートフォリオミックス、すなわちマーケットシステム間の最適分散を見つけたトレーダーにとっては朗報である。

マーコビッツモデル

現代ポートフォリオ理論が誕生するきっかけとなったのは、ハリー・マーコビッツ博士が書いた一編の小論文(『ポートフォリオ・セクション (Portfolio Selection: Efficient Diversification of Investments)』、New Haven, CY: Yale University Press, 1959) であった。マーコビッツはその論文の中で、優れたポートフォリオ管理は、(最も一般的なやり方である) 個々の株式の選択ではなく、複数の株式の組み合わせであることを提唱した。

マーコビッツはまた、分散が効果的なのはポートフォリオに含まれる市場の相関係数が負である場合に限られるとも言っている (線形相関係数については第 1 章を参照)。したがって、今ひとつの株式で構

第7章 古典的ポートフォリオ構築法

図7.1　正の相関を持つ2つのマーケットシステムからなるポートフォリオ——悪い選択

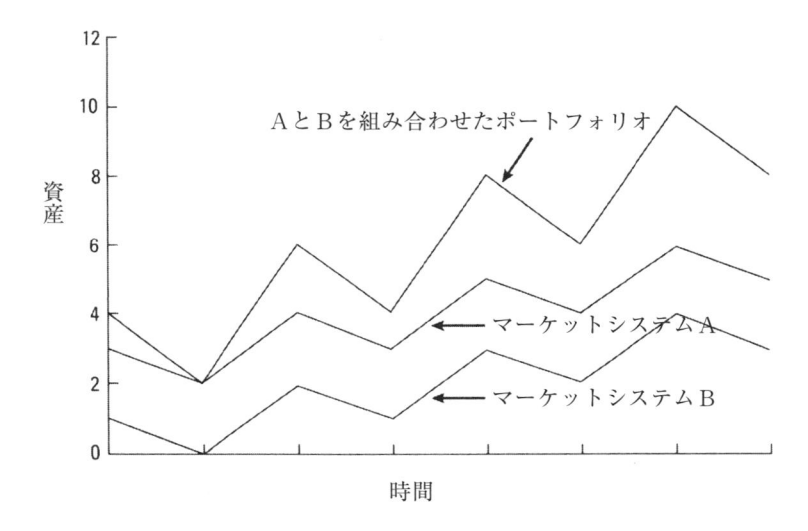

図7.2　負の相関を持つ2つのマーケットシステムからなるポートフォリオ——良い選択

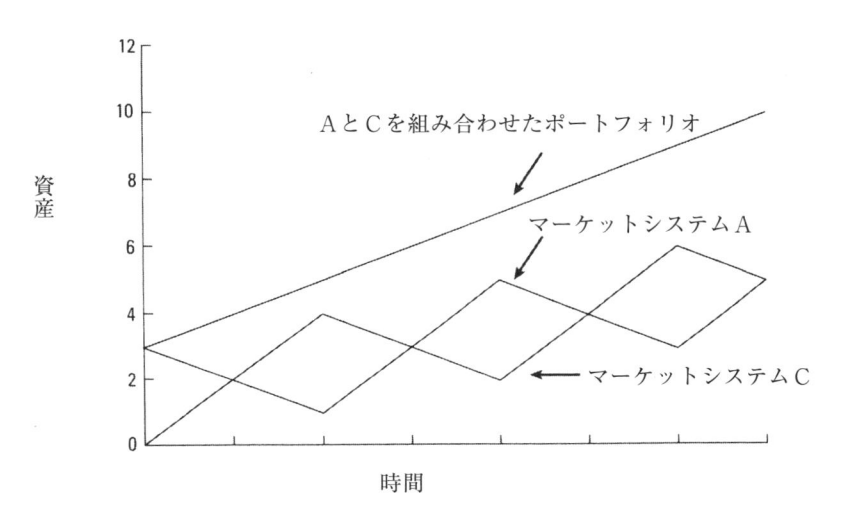

図7.3　現代ポートフォリオ理論に基づく各種ポートフォリオのリスクとリワードの関係

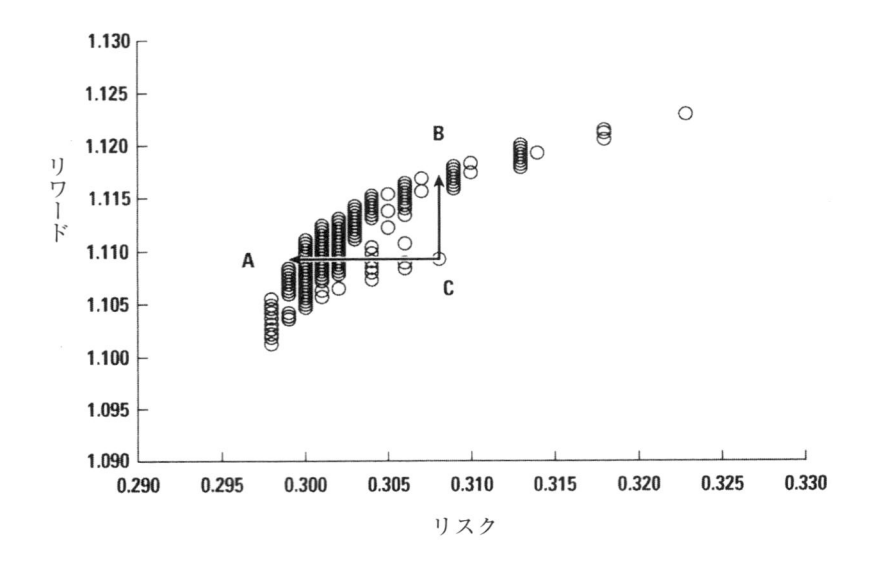

　成されたポートフォリオを保有しているとすると、ベストな分散方法は、株価の相関ができるだけ低い別の株式を選ぶということになる。こうして構築されたポートフォリオ（相関が負の2つの株式で構成されたポートフォリオ）は、ポートフォリオ全体としての価格の分散が、どちらの株式の株価の分散よりも低くなる（**図7.2**を参照）。

　図7.1に示したポートフォリオ（マーケットシステムAとBの組み合わせ）の分散は、これら2つのマーケットシステムの相関係数が＋1.00であるため、両方のマーケットシステムの分散を合わせたものと同じかそれ以上になるのは明らかである。

　一方、**図7.2**に示したポートフォリオ（マーケットシステムAとCの組み合わせ）の分散は、これら2つのマーケットシステムの相関係数が負であるため、どちらのマーケットシステムの分散よりも低くなる。

マーコビッツは、投資家は合理的に行動すべきであるとしたうえで、選択の自由が与えられた場合には、リターンは今と同じでリスクは今よりも低いポートフォリオ、あるいは今よりもリターンは高くリスクは今と同じポートフォリオのいずれかを選択することを提唱している。また、任意のレベルのリスクに対して利回りが最大になる最適ポートフォリオが存在すること、および任意のレベルの利回りに対してリスクが最小になる最適ポートフォリオが存在することにも言及している。利回りが上昇してもそれに伴ってリスクは増えないようなポートフォリオ、またはリスクが低下してもそれに伴って利回りが低下しないようなポートフォリオを保有する投資家は、**非効率的**ポートフォリオを保有しているという。

図7.3はある考察の下で考えられ得るすべてのポートフォリオを示したものである。今保有しているポートフォリオをCとすると、リターンは一定でリスクを下げたいのであれば、ポートフォリオAを選べばよく、リスクは一定でリターンを上げたいのであれば、ポートフォリオBを選べばよい。

マーコビッツはこれを**効率的フロンティア**という概念を使って説明している。効率的フロンティアとは、**図7.3**のグラフの上方左側の領域に位置するポートフォリオの集合のことをいう。この領域に位置するポートフォリオは、利回りが上がればリスクも上昇し、リスクを下げれば利回りも下がるという特徴を持つ。こういった効率的フロンティア上に位置するポートフォリオのことを**効率的**ポートフォリオという。

一般に、効率的フロンティアの上方右側および下方左側に位置するポートフォリオは、株式間の分散が十分になされていない。最もよく分散されたポートフォリオは効率的フロンティアの中間に位置するポートフォリオである。投資家がどういったポートフォリオを選択するかは、その投資家のリスク回避度、つまりどれくらいのリスクを受け

入れるか、によって決まる。マーコビッツモデルでは、効率的フロンティア上にあればどんなポートフォリオを選択してもよいとされている。効率的フロンティアのどの部分に位置するポートフォリオを選択するかは個人の好みによる（効率的フロンティア上には最適点が存在するが、これについてはのちほど説明する）。

マーコビッツが最適ポートフォリオをモデル化するに当たって最初に行ったのが、リスクの定量化である。彼はリスクを、ポートフォリオのリターンのバラツキと定義したが、この定義に対しては多くの人々が異議を唱えた。

問題の定義

オプティマルｆの話はのちにすべてを統合するときが来るまで、いましばらくは脇に置いておこう。効率的フロンティアの導出方法を分かりやすく説明するために、まずは、株式ポートフォリオから見ていくことにしよう。これらの株式の口座は現物口座であり、購入代金はすべて現金で支払わなければならない。つまり、信用取引ではないということである。

こういった状況の下で、これからポートフォリオの効率的フロンティアを導出していく（本章では、これらのテクニックに関して重要な前提が設けられる。その前提とは、生成分布（リターンの分布）は有限の分散を持つ、ということである。つまり、これらのテクニックは用いられる入力データが有限の分散を持つときのみ有効であるということである。詳しくはユージン・F・ファーマの論文『ポートフォリオ・アナリシス・イン・ア・ステーブル・パレティアン・マーケット（Portfolio Analysis in a Stable Paretian Market）』、Management Science 11, pp.404-419, 1965を参照のこと。ファーマは本論文で、ポートフォリオを構成する証券のリターンがすべて単一の現物市場指数に依存する

とき、同じ累乗係数Aを持つ安定分布した証券の効率的フロンティアをパラメトリック手法で求めるためのテクニックについて述べている。これはあくまでポートフォリオを構成する証券のリターンが有限の分散を持っている場合のみで、分散が無限の場合には別の方法で効率的フロンティアを求めなければならないことに注意しよう。本書ではファーマのテクニックについては言及しないが、関心のある読者は前述の論文を参照してもらいたい。なお安定パレート分布については本書第2章を、無限の分散については本書第2章の「スチューデント分布」を参照してもらいたい）。つまり、任意のレベルの期待利益に対して予想されるリスクが最小になるような株式の組み合わせを決めるということである。ただし、任意のレベルはその投資家のリスク回避度によって決まる。したがって、マーコビッツのこの基本理論（マーコビッツの理論は一般に近代ポートフォリオ理論と呼ばれるが、それとは区別する）はE－V理論（期待リターン・リターンの分散理論）とも呼ばれている。ここで、入力量はリターンをベースとしたものであることに注意しよう。つまり、効率的フロンティアの導出に用いる入力量は、それぞれの株式に対して期待できるリターンと、そのリターンに対して予想される分散ということである。一般に、株式のリターンは任意の期間にわたる予想配当と、その期間における株価の上昇（または下落）を上昇率（または下落率）で表したものとを足し合わせたものとして定義することができる。

　ここで4つの潜在的な投資を考えてみよう。そのうちの3つは株式への投資、残りのひとつは年利8.5％の普通預金である。ただし、保有期間、つまりリターンや分散を計算する期間は1年とする。

投資	期待リターン	リターンの期待分散
Toxico	9.5%	10%
Incubeast Corp.	13.0%	25%
LA Garb	21.0%	40%
普通預金	8.5%	0%

　期待リターンは上記の数値に1を足せばHPRとして表すことができる。また、リターンの期待分散はその平方根を取れば、リターンの期待標準偏差として表すことができる。期待リターンとリターンの期待分散をそれぞれHPRおよびリターンの期待標準偏差として表したものが下の表である。

投資	HPRとして表した期待リターン	リターンの期待標準偏差
Toxico	1.095	0.316227766
Incubeast Corp.	1.13	0.5
LA Garb	1.21	0.632455532
普通預金	1.085	0

　期間はすべての構成要素に対して同じであれば、どういった期間でも構わない。例えば、期待リターンについて議論する場合、期待リターンとリターンの標準偏差を計算する期間は、すべての構成要素に対して同じであれば、1年でも、1四半期でも、5年、あるいは1日であってもよいということである（つまり、どの構成要素も期待リターンとリターンの標準偏差は翌年の1年間、翌日の1日といった具合に、同じ期間について計算するということ）。
　期待リターンは**潜在的利益**と同義であり、期待リターンの分散（または標準偏差）は**潜在的リスク**と同義である。このモデルは2次元モデルである。つまり、ひとつの軸（通常は縦軸またはY軸）に期待リターンを取り、もうひとつの軸（通常は横軸またはX軸）にリターン

図7.4　デカルト平面の右上象限

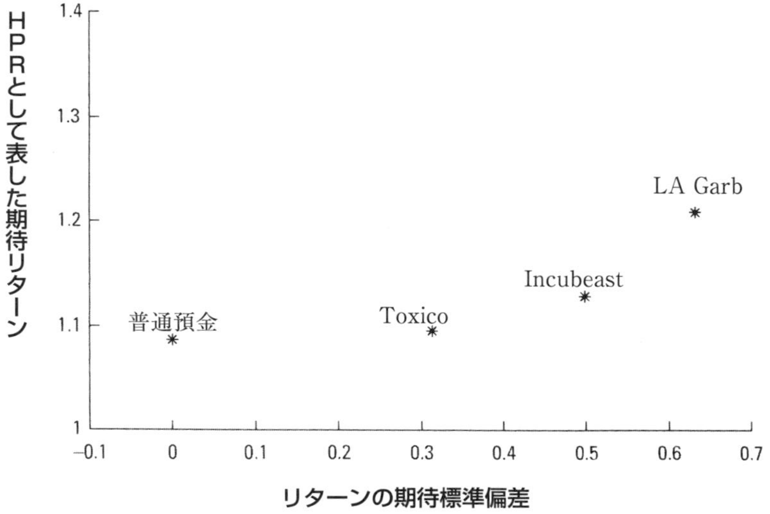
HPRとして表した期待リターン
1.4
1.3
1.2
1.1
1
LA Garb
Incubeast
Toxico
普通預金
–0.1
0
0.1
0.2
0.3
0.4
0.5
0.6
0.7
リターンの期待標準偏差

の期待分散または標準偏差を取ることで、このモデルはデカルト平面の右上象限上で表すことができる（**図7.4**を参照）。

潜在的リスクには、例えばカタストロフィック・ロス（壊滅的損失）といったものも存在するが、E－V理論では壊滅的損失も潜在的リスクのひとつととらえ、リターンの分散の計算に含めている。これはもちろん正しいのだろうが、われわれはE－V理論をあくまで古典理論として議論するつもりなので、この概念に関してはこれ以上言及しない。しかし、マーコビッツ自身は、E－V理論によって導かれたポートフォリオは投資家の効用、つまり「満足度」が期待リターンとその分散の関数であるときのみ最適であるとはっきり述べている。つまり、彼は投資家の効用には、期待リターンの歪度や尖度といった、分散の２次以上のモーメント（E－V理論が議論対象としているもの）が内包されていることを示唆しているわけである。

潜在的リスクはわれわれが定義しようとしたものよりもはるかに広

義で、漠然としたものである。人為的なサンプルの分散である場合もあれば、多次元の超立方体上で表される場合もあれば、分散のさらなるモーメントを含む場合もある。このように、潜在的リスクはあまりにも広義で漠然としているため、一義的に定義することは難しい。しかし、本書における定義は明確にしておかなければならないだろう。本書ではわれわれは潜在的リスクは期待リターンの分散と定義する。しかし実際にはリスクとはこんなに単純なものではなく、もっと幅の広いものであり、明確には定義できないものであることだけは忘れないでもらいたい。これについては第12章でさらに詳しく説明する。

　したがって、Ｅ－Ｖ理論の下で効率的フロンティアを導出するために投資家がまずやらなければならないことは、ある対象期間（保有期間）を想定したうえで、選んだ証券のその間の期待リターンとリターンの分散について自分の信じていることに基づいて定量化するという作業である。これらの**パラメーター**は経験的に入手することができる。つまり、対象とする証券の過去の価格履歴を調べ、特定した保有期間にわたるリターンとその分散を計算するということである。前にも述べたが、**リターン**は配当だけでなく、その証券の価格の上昇・下落（上昇率・下落率）も含むことに注意しよう。**分散**はパーセンテージで表したリターンの統計的分散である。このアプローチを使う場合、過去のリターンの線形回帰を使って次の保有期間のリターン（期待リターン）を求める人が多い。これは、過去の各データ点とその推定値との差（次の期待リターンを予測するために計算された回帰直線との差ではないことに注意）を計算し、得られた値からリターンの分散を推定するというものだ。この方法のメリットは、これらの数値を経験的に収集することなく、将来のリターンおよびその分散と自分が信じるものを簡単に推定できる点である。おそらくはこれら２つの方法を組み合わせるのがベストな方法と言えるだろう。つまり、データを経験的に収集し、将来の期待リターンとその分散について自分が信じている

ことを必要に応じて反映させるのである。

次に必要なパラメーターはリターンの線形相関係数である。これらの数値に関しても、経験的、推定、これらの組み合わせのいずれを使ってもよい。

相関係数を求めるうえで重要なのは、用いるデータ点は期待リターンとその分散を求めるのに用いたものと同じ時間枠のものを用いるということである。例えば、年ベースの期待リターンとその分散を求めるのに1年分のデータを使ったのであれば、相関係数を求めるときも1年分のデータを使わなければならない。また、デイリーベースの期待リターンとその分散を求めるのに日次のデータを使ったのであれば、相関係数も日次のデータを使って計算しなければならない。

また、われわれが求めているものは**リターン**（株価の上昇率または減少率＋配当）の相関係数であって、株価の相関係数ではないという点にも注意が必要だ。

先ほどの4つの投資の例で考えてみよう。投資対象は、Toxico、Incubeast、LA Carbへの株式投資と普通預金の4つである。簡単にするために、それぞれをT、I、L、Sで表すことにする。これらの線形相関係数を表にしたものが以下の表である。

	I	L	S
T	−0.15	0.05	0
I		0.25	0
L			0

2つの証券間の**共分散**は次式を使って求めることができる。

$$COV_{a,b} = R_{a,b} \times S_a \times S_b \tag{7.01}$$

ただし、

$COV_{a,b}$ = 証券 a と証券 b の間の共分散
$R_{a,b}$ = 証券 a と証券 b の間の線形相関係数
S_a = 証券 a の標準偏差
S_b = 証券 b の標準偏差

標準偏差S_aおよびS_bは証券 a および証券 b の期待リターンの分散の平方根を取ったものである。

それでは実際に数値を代入してみよう。Toxico（T）とIncubeast（I）の間の共分散は以下のように計算できる。

$$COV_{T,I} = -0.15 \times \sqrt{0.10} \times \sqrt{0.25}$$
$$= -0.15 \times 0.316227766 \times 0.5$$
$$= -0.02371708245$$

こうして共分散と標準偏差が与えられれば、線形相関係数は次式で求めることができる。

$$R_{a,b} = COV_{a,b} \div (S_a \times S_b) \tag{7.02}$$

ただし、
$COV_{a,b}$ = 証券 a と証券 b の間の共分散
$R_{a,b}$ = 証券 a と証券 b の間の線形相関係数
S_a = 証券 a の標準偏差
S_b = 証券 b の標準偏差

ある証券のその証券に対する線形相関係数は 1 なので、ある証券のその証券に対する共分散はその証券の分散に等しい。

$$
\begin{aligned}
COV_{x,x} &= 1 \times S_x \times S_x \\
&= 1 \times S_x^2 \\
&= S_x^2 \\
&= V_x
\end{aligned}
\tag{7.03}
$$

ただし、

$COV_{x,x}$ = ある証券のその証券に対する共分散

S_x = その証券の標準偏差

V_x = その証券の分散

4つの投資の共分散を計算したものが以下の表である。

	T	I	L	S
T	0.1	−0.0237	0.01	0
I	−0.0237	0.25	0.079	0
L	0.01	0.079	0.4	0
S	0	0	0	0

パラメーターについての基本的な情報が出そろったところで、キーポイントを述べておこう。第一に、ポートフォリオを構成する証券の重み（投資比率）を合計したものは1になる。なぜなら、各証券の口座はいずれも現物口座であり、購入代金はすべて現金で支払われるからである。

$$
\sum_{i=1}^{N} X_i = 1
\tag{7.04}
$$

ただし、

N = ポートフォリオを構成する証券の数

X_i ＝証券 i の重み（投資比率）

　式（7.04）で注意しなければならないのは、X_i は負であってはならないということである。つまり、X_i はゼロか正値でなければならない。
　次の式は、ポートフォリオ全体の期待値を表すものである。これはE－V理論のEに当たる。この式の意味するものは、ポートフォリオ全体の期待値はポートフォリオを構成する各証券のリターンにそれぞれの重みを掛けたものの合計に等しいということである。

$$\sum_{i=1}^{N} U_i \times X_i = E \tag{7.05}$$

ただし、
E＝ポートフォリオの期待リターン
N＝ポートフォリオを構成する証券の数
X_i ＝証券 i の重み
U_i ＝証券 i の期待リターン

　最後はE－V理論のVに当たる期待リターンの分散である。ポートフォリオ全体の期待リターンの分散はポートフォリオを構成する各証券の分散の合計と、ポートフォリオを構成する証券のあらゆる2つの組み合わせにおける共分散の合計とを足し合わせたものである。

$$V = \sum_{i=1}^{N} \sum_{j=1}^{N} X_i \times X_j \times COV_{i,j} \tag{7.06a}$$

$$V = \sum_{i=1}^{N} \sum_{j=1}^{N} X_i \times X_j \times R_{i,j} \times S_i \times S_j \tag{7.06b}$$

$$V = \Bigl(\sum_{i=1}^{N} X_i^2 \times S_i^2\Bigr) + 2 \times \sum_{i=1}^{N} \sum_{j=1+1}^{N} X_i \times X_j \times COV_{i,j} \tag{7.06c}$$

$$V = \Bigl(\sum_{i=1}^{N} X_i^2 \times S_i^2\Bigr) + 2 \times \sum_{i=1}^{N} \sum_{j=1+1}^{N} X_i \times X_j \times R_{i,j} \times S_i \times S_j \tag{7.06d}$$

ただし、

V＝ポートフォリオの期待リターンの分散

N＝ポートフォリオを構成する証券の数

X_i＝証券 i の重み

S_i＝証券 i の期待リターンの標準偏差

$COV_{i,j}$＝証券 i と証券 j の間の期待リターンの共分散

$R_{i,j}$＝証券 i と証券 j との間の期待リターンの線形相関係数

式（7.06a）～式（7.06d）はすべて同値であり、これらの式の解は必ず正値になる。

われわれの目標は、すべて足し合わせると1になり、Eの任意の値に対してVの値が最小となるようなX_iの値を見つけることである。G（X,Y）といった条件や制約の下で、関数H（X,Y）を最大化（または最小化）するといった問題を解くときに使われるひとつの方法がラグランジュの乗数法である。

そのためにはまずラグランジュ関数F（X,Y,L）を次のように定義する。

$$F(X,Y,L) = H(X,Y) + L \times G(X,Y) \tag{7.07}$$

式（7.07）の形に注目しよう。これは、関数H（X,Y）が拘束条件G（X,Y）の下で極値を取る必要条件は、変数Lを加えた関数F（X,Y,L）

が極値を取る条件に等しいことを意味する。

次に、ラグランジュ関数を各変数について偏微分し、その偏導関数を0とおき、連立方程式を解けば相対的極値点（X_1, Y_1）を求めることができる。

$F_X(X,Y,L) = 0$
$F_Y(X,Y,L) = 0$
$F_L(X,Y,L) = 0$

解き方を実例で見てみることにしよう。例えば、合計が20になる2つの数字の積が最大になるように2つの数字を求めたいとする。求める2つの数字をX、Yとすると、H（X,Y）＝X×Yが条件G（X,Y）＝X＋Y－20＝0の下で最大になるようなXとYの値を求めればよい。まず、ラグランジュ関数を定義する。

$F(X,Y,L) = X \times Y + L \times (X + Y - 20)$
$F_X(X,Y,L) = Y + L$
$F_Y(X,Y,L) = X + L$
$F_L(X,Y,L) = X + Y - 20$

$F_X(X,Y,L) = 0$、$F_Y(X,Y,L) = 0$と置き、XおよびYをLで表すと、

$Y + L = 0$
$Y = -L$

および、

$X + L = 0$

$X = -L$

ここで$F_L(X,Y,L) = 0$とすると、$X + Y - 20 = 0$。この式にLで表したXとYを代入してLの値を求めると、

$$(-L) + (-L) - 20 = 0$$
$$2 \times (-L) = 20$$
$$L = -10$$

$Y = -L$より、$Y = 10$。また、$X = -L$より、$X = 10$。このときXとYの積は最大値100（$10 \times 10 = 100$）を取る。

ここで示したのは2変数で拘束関数がひとつの場合であるが、変数や拘束関数の数が増えてもこの解法は使える。例えば、3変数で拘束関数が2つの場合のラグランジュ関数は次のように表すことができる。

$$F(X,Y,Z,L_1,L_2) = H(X,Y,Z) + L_1 \times G_1(X,Y,Z) + L_2 \times G_2(X,Y,Z) \tag{7.08}$$

この場合、相対的極値点を求めるには、5つの未知数を含む5つの方程式を連立で解かなければならない。これについてはのちほど説明する。

この問題は、次の2つの拘束条件の下での分散Vの最小化問題と言い換えることができる。

$$\left(\sum_{i=1}^{N} X_i \times U_i \right) - E = 0 \tag{7.09}$$

$$\left(\sum_{i=1}^{N} X_i \right) - 1 = 0 \tag{7.10}$$

ただし、
N＝ポートフォリオを構成する証券の数
E＝ポートフォリオの期待リターン
X_i＝証券 i の重み
U_i＝証券 i の期待リターン

このように、拘束条件のある多変数関数の最小値は、ラグランジュ乗数の導入と、各変数の偏微分とによって求めることができる。したがって、われわれの問題はラグランジュ関数を使って表すことができる。そのラグランジュ関数をTとすると、以下のように書くことができる。

$$T = V + L_1 \times \left(\left(\sum_{i=1}^{N} X_i \times U_i \right) - E \right) + L_2 \times \left(\left(\sum_{i=1}^{N} X_i \right) - 1 \right) \tag{7.11}$$

ただし、
V＝ポートフォリオの期待リターンの分散（式（7.06））
N＝ポートフォリオを構成する証券の数
E＝ポートフォリオの期待リターン
X_i＝証券 i の重み
U_i＝証券 i の期待リターン
L_1＝第1ラグランジュ乗数
L_2＝第2ラグランジュ乗数

分散（つまり、リスク）が最小のポートフォリオは、Tを各変数について偏微分し、それぞれの偏導関数をゼロと置くことで求めることができる。

ここで再び、前述の4つの投資——Texaco、Incubeast、LA Garb、普通預金——の例に戻ろう。TをX_1について偏微分すると、

$$\frac{\partial T}{\partial X_1} = 2 \times X_1 \times COV_{1,1} + 2 \times X_2 \times COV_{1,2} + 2 \times X_3 \times COV_{1,3}$$
$$+ 2 \times X_4 \times COV_{1,4} + L_1 \times U_1 + L_2 \tag{7.12}$$

この式をゼロと置いて、両辺を2で割ると、

$$X_1 \times COV_{1,1} + X_2 \times COV_{1,2} + X_3 \times COV_{1,3} + X_4 \times COV_{1,4}$$
$$+ 0.5 \times L_1 \times U_1 + 0.5 \times L_2 = 0$$

X_2、X_3、X_4についても同様の計算を行うと以下の式を得る。

$$\frac{\partial T}{\partial X_2} = X_1 \times COV_{2,1} + X_2 \times COV_{2,2} + X_3 \times COV_{2,3} + X_4 \times COV_{2,4}$$
$$+ 0.5 \times L_1 \times U_2 + 0.5 \times L_2 = 0$$

$$\frac{\partial T}{\partial X_3} = X_1 \times COV_{3,1} + X_2 \times COV_{3,2} + X_3 \times COV_{3,3} + X_4 \times COV_{3,4}$$
$$+ 0.5 \times L_1 \times U_3 + 0.5 \times L_2 = 0$$

$$\frac{\partial T}{\partial X_4} = X_1 \times COV_{4,1} + X_2 \times COV_{4,2} + X_3 \times COV_{4,3} + X_4 \times COV_{4,4}$$
$$+ 0.5 \times L_1 \times U_4 + 0.5 \times L_2 = 0$$

また、$\frac{\partial T}{\partial L_1}$および$\frac{\partial T}{\partial L_2}$はそれぞれ式（7.09）および式（7.10）としてすでに求められている。

以上より、要素数がNのとき任意のEに対するVの最小化問題は、

N + 2の未知数を含むN + 2個の方程式として表すことができることが分かった。一例として、要素数が4つの場合の一般形は以下のとおりである。

$$X_1 \times U_1 + X_2 \times U_2 + X_3 \times U_3 + X_4 \times U_4 = E$$

$$X_1 + X_2 + X_3 + X_4 = 1$$

$$X_1 \times COV_{1,1} + X_2 \times COV_{1,2} + X_3 \times COV_{1,3} + X_4 \times COV_{1,4}$$
$$+ 0.5 \times L_1 \times U_1 + 0.5 \times L_2 = 0$$

$$X_1 \times COV_{2,1} + X_2 \times COV_{2,2} + X_3 \times COV_{2,3} + X_4 \times COV_{2,4}$$
$$+ 0.5 \times L_1 \times U_2 + 0.5 \times L_2 = 0$$

$$X_1 \times COV_{3,1} + X_2 \times COV_{3,2} + X_3 \times COV_{3,3} + X_4 \times COV_{3,4}$$
$$+ 0.5 \times L_1 \times U_3 + 0.5 \times L_2 = 0$$

$$X_1 \times COV_{4,1} + X_2 \times COV_{4,2} + X_3 \times COV_{4,3} + X_4 \times COV_{4,4}$$
$$+ 0.5 \times L_1 \times U_4 + 0.5 \times L_2 = 0$$

ただし、
E＝ポートフォリオの期待リターン
X_i＝証券 i の重み
U_i＝証券 i の期待リターン
$COV_{A,B}$＝証券Aと証券Bとの間の共分散
L_1＝第1ラグランジュ乗数
L_2＝第2ラグランジュ乗数

これは一般形なので、要素数がいくつになってもこの基本形を用いることができる。例えば、要素数が3（つまり、N = 3）の場合、式は次のようになる。

$$X_1 \times U_1 + X_2 \times U_2 + X_3 \times U_3 = E$$
$$X_1 + X_2 + X_3 = 1$$
$$X_1 \times COV_{1,1} + X_2 \times COV_{1,2} + X_3 \times COV_{1,3} + 0.5 \times L_1 \times U_1 + 0.5 \times L_2 = 0$$
$$X_1 \times COV_{2,1} + X_2 \times COV_{2,2} + X_3 \times COV_{2,3} + 0.5 \times L_1 \times U_2 + 0.5 \times L_2 = 0$$
$$X_1 \times COV_{3,1} + X_2 \times COV_{3,2} + X_3 \times COV_{3,3} + 0.5 \times L_1 \times U_3 + 0.5 \times L_2 = 0$$

　この式を解くには、まず期待リターン（E）を決める必要がある。そして最小の分散でそのEを生み出す重みの組み合わせがこの式の解になる。Eが決まったら、係数行列の作成に必要な入力変数はすべてそろったことになる。

　係数行列の1行目の一番右側のE欄にはあなたが決定した数値を記入する。1行目はそれぞれの証券の期待リターンに重みを掛けたものを足し合わせたものがEに等しくなることを意味する。2行目は重みの合計が1になることを意味する。これは証券数が3の場合の係数行列を示したものだが、証券数がいくつになってもこの一般形を用いることができる。

　それぞれの証券の期待値と共分散（前出の共分散表を参照）を使って数値を計算し、係数行列に入力する。証券数が4（N＝4）の場合の係数行列の行数は6（N＋2）行である。

X_1	X_2	X_3	X_4	L_1	L_2		解
0.095	0.13	0.21	0.085				E
1	1	1	1				1
0.1	−0.0237	0.01	0	0.95	1		0
−0.0237	0.25	0.079	0	0.13	1		0
0.01	0.079	0.4	0	0.21	1		0
0	0	0	0	0.085	1		0

　係数行列では期待値は**HPR**としてではなく、「小数のまま」の形で

表すことに注意しよう。

　係数の列も6列で、各式の解は | で仕切ってその右側に記入する。このように、連立方程式の係数と解（定数項）からなる行列を**拡大係数行列**という。解の列のことを**右辺ベクトル**ともいう。

　係数行列の係数は式の一般形に対応していることに注意しよう。

$$
\begin{aligned}
&X_1 \times U_1 + X_2 \times U_2 + X_3 \times U_3 + X_4 \times U_4 &&= E \\
&X_1 + X_2 + X_3 + X_4 &&= 1 \\
&X_1 \times COV_{1,1} + X_2 \times COV_{1,2} + X_3 \times COV_{1,3} + X_4 \times COV_{1,4} \\
&\quad + 0.5 \times L_1 \times U_1 + 0.5 \times L_2 &&= 0 \\
&X_1 \times COV_{2,1} + X_2 \times COV_{2,2} + X_3 \times COV_{2,3} + X_4 \times COV_{2,4} \\
&\quad + 0.5 \times L_1 \times U_2 + 0.5 \times L_2 &&= 0 \\
&X_1 \times COV_{3,1} + X_2 \times COV_{3,2} + X_3 \times COV_{3,3} + X_4 \times COV_{3,4} \\
&\quad + 0.5 \times L_1 \times U_3 + 0.5 \times L_2 &&= 0 \\
&X_1 \times COV_{4,1} + X_2 \times COV_{4,2} + X_3 \times COV_{4,3} + X_4 \times COV_{4,4} \\
&\quad + 0.5 \times L_1 \times U_4 + 0.5 \times L_2 &&= 0
\end{aligned}
$$

　お分かりのように、係数行列は上の式の係数を矩形に並べたものにほかならない。この行列を解くには、Eの水準を決める必要がある。行列を解いて得られた解が、特定したEの水準に対してポートフォリオの分散を最小化する各証券の最適な重みである。

　数値例で見てみよう。われわれの希望するEの水準をE＝0.14（期待リターンが14％であることを表す）とする。行列のEの欄に0.14を記入し、最初の2行の変数L_1およびL_2の欄に0を記入すると先ほどの行列が完成する。

X_1	X_2	X_3	X_4	L_1	L_2		解
0.095	0.13	0.21	0.085	0	0		0.14
1	1	1	1	0	0		1
0.1	-0.0237	0.01	0	0.095	1		0
-0.0237	0.25	0.079	0	0.13	1		0
0.01	0.079	0.4	0	0.21	1		0
0	0	0	0	0.085	1		0

この行列を解くことは、未知数がN＋2個のN＋2個の連立方程式を解くことと同じである。

行対等行列による連立1次方程式の解き方

1つ以上の項の和の形で表された代数式を**多項式**という。また、1つの項のみからなる多項式を**単項式**、2つの項からなる多項式を**2項式**、3つの項からなる多項式を**3項式**という。4つ以上の項からなる多項式はまとめて多項式という。例えば、$4 \times A^3 + A^2 + A + 2$ は4つの項を持つ多項式である。各項は＋記号で分離される。

多項式では、最も高い次数を持つ項の次数がその多項式の**次数**となる。各項の次数は、その項に含まれる変数の指数を足し合わせたものである。先ほどの多項式の場合、項 $4 \times A^3$ に注目すると変数Aが3乗されており、ほかのどの項よりも累乗数が大きいので、この多項式は3次多項式ということになる。この項が $4 \times A^3 \times B^2 \times C$ だったらどうなるだろう。この項の変数の指数の和は6（＝3＋2＋1）なので、この多項式は6次多項式である。

1次多項式のことは**線形方程式**とも呼ばれ、グラフは直線になる。また、2次多項式は**2次方程式**とも呼ばれ、グラフは放物線である。3次、4次、5次多項式は、それぞれ3次、4次、5次方程式とも呼ばれる。これ以上の次数の多項式には特別な名前はない。3次以上の多項式のグラフはどういった形になるかは分からない。多項式は項数

にも次数にも制限はない。幸い、本書で扱うのは1次多項式のみである。

2つ以上の線形方程式を連立で解かなければならないとき、**行対等行列法**を使って解くことができる。これは別の名を**ガウス・ジョーダン消去法**または**ガウスの消去法**ともいう。

それではこの方法を説明しよう。まず、拡大係数行列を作る。次に、この拡大係数行列に**基本変形**を施して**恒等行列（単位行列）**を得る。**基本変形**とは、元の行列とは見た目は異なるけれども等価な行列を得るための操作をいい、具体的には**行変形**を行うことを意味する。

恒等行列とは、対角要素がすべて1で非対角要素はすべて0の正方行列のことをいう。われわれの例で用いている 6×6 の係数行列に対する恒等行列は以下に示したとおりである。

$$\begin{matrix} 1 & 0 & 0 & 0 & 0 & 0 \\ 0 & 1 & 0 & 0 & 0 & 0 \\ 0 & 0 & 1 & 0 & 0 & 0 \\ 0 & 0 & 0 & 1 & 0 & 0 \\ 0 & 0 & 0 & 0 & 1 & 0 \\ 0 & 0 & 0 & 0 & 0 & 1 \end{matrix}$$

この行列のように、行と列の数が等しい行列を**正方行列**という。幸い、任意のEに対してVを最小化するというわれわれが解こうとしている問題は一般化形式であるため、われわれが扱う行列は正方係数行列のみである。

行変形によって得られた恒等行列は元の係数行列と等価な行列とみなすことができる。したがって、右辺ベクトルの各値が求める解になる。まず恒等行列の1行目の対角要素1は変数X_1に対応しているので、その行の右辺ベクトルの値＝X_1となる。同様に、2行目の右辺ベクトルの値＝X_2となり、そのほかの変数についても同じである。

行変形を用いることで、元の行列が恒等行列になるまで基本変形を繰り返し行うことができる。こうして得られた恒等行列の右辺ベクトルの値が、ポートフォリオの各構成要素X_1、……、X_Nの重みを表しており、これらの重みで構築したポートフォリオが任意のレベルの期待リターンEに対して分散が最小となるポートフォリオになる（これらの重みを使えば、任意のEに対して分散が最小となるポートフォリオを構築できるが、それは各要素のEとVおよび各要素の各組み合わせにおける線形相関係数が既知で、リターンの分散が有限の場合に限られる）。

行変形に用いることができる変形は次の3種類である。

1. 2つの行を入れ替える。
2. 1つの行に0でない数を掛ける。
3. 1つの行に0でない数を掛けて、別の行に加える。

これら3つの行変形を用いて、係数行列を恒等行列に変換するための手順を簡単に述べておこう。

（1）(1,1) 成分を1にする操作を行う。
（2）第1列の (1,1) 成分以外の成分をすべて0にする操作を行う。
（3）(2,2) 成分を1にする操作を行う。
（4）第2列の (2,2) 成分以外の成分をすべて0にする操作を行う。
（5）(3,3) 成分を1にする操作を行う。
（6）第3列の (3,3) 成分以外の成分をすべて0にする操作を行う。
（7）(4,4) 成分を1にする操作を行う。
（8）第4列の (4,4) 成分以外の成分をすべて0にする操作を行う。
（9）(5,5) 成分を1にする操作を行う。

(10) 第5列の (5,5) 成分以外の成分をすべて0にする操作を行う。
(11) (6,6) 成分を1にする操作を行う。
(12) 第6列の (6,6) 成分以外の成分をすべて0にする操作を行う。

こうした操作を行った結果、最終的に得られる行列が恒等行列であり、右辺ベクトルの値が求める解になる。

以上の手順を示したものが以下の行列計算である。

拡大係数行列の作成

X_1	X_2	X_3	X_4	L_1	L_2		解	施した行変形
0.095	0.13	0.21	0.085	0	0		0.14	
1	1	1	1	0	0		1	
0.1	−0.023	0.01	0	0.095	1		0	
−0.023	0.25	0.079	0	0.13	1		0	
0.01	0.079	0.4	0	0.21	1		0	
0	0	0	0	0.085	1		0	

行変形1

1	1.3684	2.2105	0.8947	0	0		1.47368	行1×(1÷0.095)
1	1	1	1	0	0		1	
0.1	−0.023	0.01	0	0.095	1		0	
−0.023	0.25	0.079	0	0.13	1		0	
0.01	0.079	0.4	0	0.21	1		0	
0	0	0	0	0.085	1		0	

行変形2

X_1	X_2	X_3	X_4	L_1	L_2		解	施した行変形
1	1.3684	2.2105	0.8947	0	0		1.47368	
0	−0.368	−1.210	0.1052	0	0		−0.4736	行2+(−1×行1)
0	−0.160	−0.211	−0.089	0.095	1		−0.1473	行3+(−0.1×行1)
0	0.2824	0.1313	0.0212	0.13	1		0.03492	行4+(0.0237×行1)
0	0.0653	0.3778	−0.008	0.21	1		−0.0147	行5+(−0.01×行1)
0	0	0	0	0.085	1		0	

第7章 古典的ポートフォリオ構築法

行変形3

1	1.3684	2.2105	0.8947	0	0	|	1.47368	
0	1	3.2857	−0.285	0	0	|	1.28571	行2×(1÷−0.36842)
0	−0.160	−0.211	−0.089	0.095	1	|	−0.1473	
0	0.2824	0.1313	0.0212	0.13	1	|	0.03492	
0	0.0653	0.3778	−0.008	0.21	1	|	−0.0147	
0	0	0	0	0.085	1	|	0	

行変形4

1	0	−2.285	1.2857	0	0	|	−0.2857	行1+(−1.368421×行2)
0	1	3.2857	−0.285	0	0	|	1.28571	
0	0	0.3164	−0.135	0.095	1	|	0.05904	行3+(0.16054×行2)
0	0	−0.796	0.1019	0.13	1	|	−0.3282	行4+(−0.282431×行2)
0	0	0.1632	0.0097	0.21	1	|	−0.0987	行5+(−0.065315×行2)
0	0	0	0	0.085	1	|	0	

行変形5

X_1	X_2	X_3	X_4	L_1	L_2	|	解	施した行変形
1	0	−2.285	1.2857	0	0	|	−0.2857	
0	1	3.2857	−0.285	0	0	|	1.28571	
0	0	1	−0.427	0.3002	3.1602	|	0.18658	行3×(1÷0.31643)
0	0	−0.796	0.1019	0.13	1	|	−0.3282	
0	0	0.1632	0.0097	0.21	1	|	−0.0987	
0	0	0	0	0.085	1	|	0	

行変形6

1	0	0	0.3080	0.6862	7.2233	|	0.14075	行1+(2.2857×行3)
0	1	0	1.1196	−0.986	−10.38	|	0.67265	行2+(−3.28571×行3)
0	0	1	−0.427	0.3002	3.1602	|	0.18658	
0	0	0	−0.238	0.3691	3.5174	|	−0.1795	行4+(0.7966×行3)
0	0	0	0.0795	0.1609	0.4839	|	−0.1291	行5+(−0.16328×行3)
0	0	0	0	0.085	1	|	0	

行変形7

1	0	0	0.3080	0.6862	7.2233	$\mid$	0.14075
0	1	0	1.1196	-0.986	-10.38	$\mid$	0.67265
0	0	1	-0.427	0.3002	3.1602	$\mid$	0.18658
0	0	0	1	-1.545	-14.72	$\mid$	0.75192 行4×(1÷−0.23881)
0	0	0	0.0795	0.1609	0.4839	$\mid$	-0.1291
0	0	0	0	0.085	1	$\mid$	0

行変形8

X_1	X_2	X_3	X_4	L_1	L_2	$\mid$	解	施した行変形
1	0	0	0	1.1624	11.760	$\mid$	-0.0908	行1+(−0.30806×行4)
0	1	0	0	0.7443	6.1080	$\mid$	-0.1692	行2+(−1.119669×行4)
0	0	1	0	-0.360	-3.139	$\mid$	0.50819	行3+(0.42772×行4)
0	0	0	1	-1.545	-14.72	$\mid$	0.75192	
0	0	0	0	0.2839	1.6557	$\mid$	-0.1889	行5+(−0.079551×行4)
0	0	0	0	0.085	1	$\mid$	0	

行変形9

1	0	0	0	1.1624	11.761	$\mid$	-0.0909	
0	1	0	0	0.7445	6.1098	$\mid$	-0.1693	
0	0	1	0	-0.361	-3.140	$\mid$	0.50823	
0	0	0	1	-1.545	-14.72	$\mid$	0.75192	
0	0	0	0	1	5.8307	$\mid$	-0.6655	行5×(1÷0.28396)
0	0	0	0	0.085	1	$\mid$	0	

行変形10

1	0	0	0	0	4.9831	$\mid$	0.68280	行1+(−1.16248×行5)
0	1	0	0	0	1.7685	$\mid$	0.32620	行2+(−0.74455×行5)
0	0	1	0	0	-1.035	$\mid$	0.26796	行3+(0.3610×行5)
0	0	0	1	0	-5.715	$\mid$	-0.2769	行4+(1.5458×行5)
0	0	0	0	1	5.8312	$\mid$	-0.6655	
0	0	0	0	0	0.5043	$\mid$	0.05657	行6+(−0.085×行5)

行変形11

X_1	X_2	X_3	X_4	L_1	L_2		解	施した行変形
1	0	0	0	0	4.9826		0.68283	
0	1	0	0	0	1.7682		0.32622	
0	0	1	0	0	−1.035		0.26795	
0	0	0	1	0	−5.715		−0.2769	
0	0	0	0	1	5.8312		−0.6655	
0	0	0	0	0	1		0.11217	行6×(1÷0.50434)

行変形12

X_1	X_2	X_3	X_4	L_1	L_2		解	施した行変形
1	0	0	0	0	0		0.12391	行1+(−4.98265×行6)
0	1	0	0	0	0		0.12787	行2+(−1.76821×行6)
0	0	1	0	0	0		0.38407	行3+(1.0352×行6)
0	0	0	1	0	0		0.36424	行4+(5.7158×行6)
0	0	0	0	1	0		−1.3197	行5+(−5.83123×行6)
0	0	0	0	0	1		0.11217	

得られた恒等行列

X_1	X_2	X_3	X_4	L_1	L_2		解	施した行変形
1	0	0	0	0	0		0.12391	$= X_1$
0	1	0	0	0	0		0.12787	$= X_2$
0	0	1	0	0	0		0.38407	$= X_3$
0	0	0	1	0	0		0.36424	$= X_4$
0	0	0	0	1	0		−1.3197÷0.5	$= −2.6394 = L_1$
0	0	0	0	0	1		0.11217÷0.5	$= 0.22434 = L_2$

得られた結果が意味するもの

こうして得られた恒等行列は何を意味するのだろうか。各要素の期待リターンとその分散、および2つの要素の可能なすべての組み合わ

せにおけるそれらの要素間の線形相関係数がすべて与えられた場合、恒等行列から得られた解集合はポートフォリオ全体の期待リターン14％を達成するための最適な解集合である。ここでいう**最適**とは、この解集合がリターン14％に対する分散を最小にする解集合であるという意味である。分散はこのすぐあとで計算するとして、まずは得られた結果の意味を考えてみることにしよう。

最初の4つの数値X_1〜X_4は、期待リターン14％のこの最適ポートフォリオを得るために各投資先にどれくらいの比率で投資すればよいかを示す重み（各投資への投資比率）である。恒等行列より、Toxicoには12.391％、Incubeastには12.787％、LA Garbには38.407％、普通預金には36.424％投資すればよいことが分かる。全投資額を5万ドルとすると、各投資先への投資額は以下のようになる。

投資先	投資比率	投資額（＝全投資額×投資比率）
Toxico	0.12391	6,195.50ドル
Incubeast	0.12787	6,393.50ドル
LA Garb	0.38407	19,203.50ドル
普通預金	0.36424	18,212.00ドル

したがって、Incubeastへの投資額は6393.50ドルということになる。同社の今の株価が20ドルだとすると、**最適な**トレード株数は319.675株（＝6393.5÷20）。しかし現実世界では、株の売買単位は1株なので、トレードすべき最適株数は319株か320株かのいずれかになる。もし最初に300株だけ買って、あとで端数の19株または20株買うとするとどうなるだろうか。その場合には代償を支払わなければならない。端数の19株または20株を買うときの株価は若干上がっているのが普通だ。したがって、支払うべき購買代金は上昇し、それはIncubeastの期待リターンに影響を与え、最終的には最適ポートフォリオミックスにも

影響を与える。この場合は端数を除いた切りのよい株数だけトレードするのがよい。このケースでは300株である。お分かりのように、最適ポートフォリオは小数点以下の精度で求めることはできるが、現実との間には若干のズレが生じる。

さらに、投資資産が多いほど、実際のトレード株数（枚数）は理論値に近づく。例えば、全投資額を5万ドルではなく500万ドルのファンドを運用しているとすると、（投資先としてこれら4つの投資先のみを考えているものとすると）Incubeastへの投資比率は12.787％なので、投資額は500万ドル×0.12787＝63万9350ドルになる。したがって株価を20ドルとすると、トレード株数は3万1967.5株（＝63万9350÷20）となる。これを切りのよい数字に丸めると3万1900株になり、理論値とのズレはわずか0.2％にすぎない。これに対して、投資資産が5万ドルの場合は理論値319.675に対して実際にトレードする株数は300株なので、理論値とのズレは6.5％にもなる。

次はラグランジュ乗数について考えてみよう。行列計算は0.5を乗じたままの数値で計算したので、まず得られたラグランジュ乗数は0.5で割らなければならないことに注意しよう。変数$L_1 = -\frac{\partial V}{\partial E}$であるが、これは$L_1$が期待リターンの限界分散であることを意味する。われわれの例では$L_1 = -2.6394$である。これは、$E = 0.14$の地点においてEが1単位増えるとVは$-L_1$（＝$-(-2.6394) = 2.6394$）単位だけ増えることを意味する。

次は変数L_2だが、L_2を解釈するに当たっては問題を記述しなおす必要がある。ここでは$\Sigma = 1$ではなく、$\Sigma = M$とする。ただし、Mは全投資額を意味する。したがって、$L_2 = \frac{\partial V}{\partial M}$となる。つまり、$L_2$は投資額の増減に伴う限界リスクを意味する。

さて、ここでポートフォリオ全体の分散に戻ろう。式（7.06）よりポートフォリオの分散は以下のように表すことができる。式としては（7.06a）〜（7.06d）のいずれを使っても構わないが、ここでは式（7.06a）

を用いることにする。

$$V = \sum_{i=1}^{N} \sum_{j=1}^{N} X_i \times X_j \times COV_{i,j}$$

上式に各値を代入して計算すると、次の数値が得られる。

X_i		X_j		$COV_{i,j}$		
0.12391	×	0.12391	×	0.1	=	0.0015353688
0.12391	×	0.12787	×	−0.0237	=	−0.0003755116
0.12391	×	0.38407	×	0.01	=	0.0004759011
0.12391	×	0.36424	×	0	=	0
0.12787	×	0.12391	×	−0.0237	=	−0.0003755116
0.12787	×	0.12787	×	0.25	=	0.0040876842
0.12787	×	0.38407	×	0.079	=	0.0038797714
0.12787	×	0.36424	×	0	=	0
0.38407	×	0.12391	×	0.01	=	0.0004759011
0.38407	×	0.12787	×	0.079	=	0.0038797714
0.38407	×	0.38407	×	0.4	=	0.059003906
0.38407	×	0.36424	×	0	=	0
0.36424	×	0.12391	×	0	=	0
0.36424	×	0.12787	×	0	=	0
0.36424	×	0.38407	×	0	=	0
0.36424	×	0.36424	×	0	=	0
						0.0725872809

したがって、E = 0.14のとき、V = 0.0725872809でVは最小値を取る。

ここで、E = 0.18のときにはどうなるかを計算してみよう。前と同様に、まずは拡大係数行列を作成する。E = 0.18のときの拡大係数行列は1行目の右辺ベクトルの値が0.18に変わるだけで、あとはE = 0.14のときと同じである。

拡大係数行列

X_1	X_2	X_3	X_4	L_1	L_2		解
0.095	0.13	0.21	0.085	0	0		0.18
1	1	1	1	0	0		1
0.1	−0.023	0.01	0	0.095	1		0
−0.023	0.25	0.079	0	0.13	1		0
0.01	0.079	0.4	0	0.21	1		0
0	0	0	0	0.085	1		0

これに行変形を施すと、次の恒等行列が得られる。

1	0	0	0	0	0		$0.21401 = X_1$
0	1	0	0	0	0		$0.22106 = X_2$
0	0	1	0	0	0		$0.66334 = X_3$
0	0	0	1	0	0		$-0.0981 = X_4$
0	0	0	0	1	0		$-1.3197 \div 0.5 = -2.639 = L_1$
0	0	0	0	0	1		$0.11217 \div 0.5 = 0.22434 = L_2$

E＝0.14のときと異なるのは、右辺ベクトルの上から4番目の数値が負数になっている点である。これは負の投資、つまり普通預金への投資を9.81％減らすことを意味する。

X_iのいずれかの値が負になった場合、つまり、最初のN行の右辺ベクトルのいずれかがゼロ以下になった場合、その行＋2の行（例えば、2行目の右辺ベクトルの値がゼロ以下になったとすると、2＋2＝「4行目」）とその変数を表す列（この場合、「2行目」の右辺ベクトルの値がゼロ以下になったので、「2列目」）を最初の拡大係数行列から削除した行列を新たな拡大係数行列として、再び計算しなおす。また、最後の2行の右辺ベクトルのいずれかがゼロ以下になった場合、この操作を行う必要はない。行列の要素がいくつであっても、最後の2つの行の右辺ベクトルはラグランジュ乗数であり、ラグランジュ乗数は負数であっても構わないからである。

このケースの場合、負の値が返された変数は4番目の要素の重みに

対応しているため、最初の拡大係数行列から第4列と第6行を削除し、得られた行列を新たな拡大係数行列として再計算する。新たな拡大係数行列は以下のとおりである。

新たな拡大係数行列

X_1	X_2	X_3	L_1	L_2	解
0.095	0.13	0.21	0	0	0.18
1	1	1	0	0	1
0.1	-0.023	0.01	0.095	1	0
-0.023	0.25	0.079	0.13	1	0
0.01	0.079	0.4	0.21	1	0

これに行変形を施すと、次の恒等行列が得られる。

1	0	0	0	0		$0.1283688 = X_1$
0	1	0	0	0		$0.1904699 = X_2$
0	0	1	0	0		$0.6811613 = X_3$
0	0	0	1	0		$-2.38 \div 0.5 = -4.76 = L_1$
0	0	0	0	1		$0.210944 \div 0.5 = 0.4219 = L_2$

このように行や列を削除したときに気をつけなければならないのは、どの行がどの変数に対応しているかを確認することである。削除した行や列の数が複数のときには特に注意が必要だ。一例として、E＝0.1965の場合を考えてみよう。この場合は得られる恒等行列のX_1（toxico）とX_4（普通預金）の重みが負数になる。最初の拡大係数行列は以下のとおりである。

拡大係数行列

X_1	X_2	X_3	X_4	L_1	L_2	|	解	対応する投資
0.095	0.13	0.21	0.085	0	0	|	0.1965	Toxico
1	1	1	1	0	0	|	1	Incubeast
0.1	−0.023	0.01	0	0.095	1	|	0	LA Garb
−0.023	0.25	0.079	0	0.13	1	|	0	普通預金
0.01	0.079	0.4	0	0.21	1	|	0	L_1
0	0	0	0	0.085	1	|	0	L_2

上の拡大係数行列から第3行と第1列（Toxico関連）および第6行と第4列（普通預金関連）を削除すると次の拡大係数行列が得られる。

拡大係数行列

X_2	X_3	L_1	L_1	|	解	対応する投資
0.13	0.21	0	0	|	0.1965	Incubeast
1	1	0	0	|	1	LA Garb
0.25	0.079	0.13	1	|	0	L_1
0.079	0.4	0.21	1	|	0	L_2

これに行変形を施すと、次の恒等行列が得られる。

1	0	0	0	|	0.169		Incubeast
0	1	0	0	|	0.831		LA Garb
0	0	1	0	|	$-2.97 \div 0.5$	$= -5.94$	L_1
0	0	0	1	|	$0.2779695 \div 0.5$	$= 0.555939$	L_2

行列を解くもうひとつの方法は係数行列の**逆行列**を使う方法である。逆行列とは、元の行列を掛けたら恒等行列になるような行列のことをいう。なお、この説明においては、行列の掛け算についての細かい説明は省略する。

行列の演算では行列は太字の大文字で表すことが多い。例えば、**C**

と表すといった具合だ。行列の逆行列は、行列を表す太字の大文字に上付きの−1を付けて表す。したがって、行列Cの逆行列はC^{-1}と表される。

この解法では、まず係数行列の逆行列を求める。この場合、係数行列に右辺ベクトルを加える代わりに、恒等行列を加えて拡大係数行列を作成する。今見ている投資先が4つの例では、拡大係数行列は次のようになる。

拡大係数行列

X_1	X_2	X_3	X_4	L_1	L_2	恒等行列
0.095	0.13	0.21	0.085	0	0	1 0 0 0 0 0
1	1	1	1	0	0	0 1 0 0 0 0
0.1	−0.023	0.01	0	0.095	1	0 0 1 0 0 0
−0.023	0.25	0.079	0	0.13	1	0 0 0 1 0 0
0.01	0.079	0.4	0	0.21	1	0 0 0 0 1 0
0	0	0	0	0.085	1	0 0 0 0 0 1

次に、行変形を施して係数行列を恒等行列に変形する。この過程において、左辺に施された行変形は同時に右辺にも施される。行変形が終わったときには、右辺は係数行列Cの逆行列C^{-1}に変形されていることになる。上記の拡大係数行列に行変形を施して左辺を恒等行列にすると、次のような行列を得る。

C			C^{-1}			
1 0 0 0 0 0	2.2527	−0.1915	10.1049	0.9127	−1.1370	−9.8806
0 1 0 0 0 0	2.3248	−0.1976	0.9127	4.1654	−1.5726	−3.5056
0 0 1 0 0 0	6.9829	−0.5935	−1.1370	−1.5726	0.6571	2.0524
0 0 0 1 0 0	−11.5603	1.9826	−9.8806	−3.5056	2.0524	11.3337
0 0 0 0 1 0	−23.9957	2.0396	2.2526	2.3248	6.9829	−11.5603
0 0 0 0 0 1	2.0396	−0.1734	−0.1915	−0.1976	−0.5935	1.9826

逆行列C^{-1}が得られたら、それに右辺ベクトルを掛ける。右辺ベ

クトルは以下のとおりである。

$$\begin{matrix} E \\ S \\ 0 \\ 0 \\ 0 \\ 0 \end{matrix}$$

これらの行列の積を計算すると6行1列の行列が得られ、各要素の数値がそれぞれの投資に対する最適投資比率とラグランジュ乗数を表す。

E×2.2527＋S×(－0.1915)　＝最初の株式に対する最適投資比率
E×2.3248＋S×(－0.1976)　＝2番目の株式に対する最適投資比率
E×6.9829＋S×(－0.5935)　＝3番目の株式に対する最適投資比率
E×(－11.5603)＋S×1.9826　＝4番目の株式に対する最適投資比率
E×(－23.9957)＋S×2.0396　＝第1ラグランジュ乗数の0.5倍
E×2.0396＋S×(－0.1734)　＝第2ラグランジュ乗数の0.5倍

期待リターンを14％（E＝0.14）、重みの合計を1として上式に代入すると、次式を得る。

0.14×2.2527＋1×(－0.1915)　＝0.315378－0.1915＝0.1239　Toxico
0.14×2.3248＋1×(－0.1976)　＝0.325472－0.1976＝0.1279　Incubeast
0.14×6.9829＋1×(－0.5935)　＝0.977606－0.5935＝0.3841　LA Garb
0.14×(－11.5603)＋1×1.9826　＝－1.618442＋1.9826＝0.3641　普通預金
0.14×(－23.9957)＋1×2.0396　＝－3.359398＋2.0396＝－1.319798
0.14×2.0396＋1×(－0.1734)＝0.285544－0.1734＝0.112144

したがって、-1.319798÷0.5＝-2.6395 L_1
および、0.112144÷0.5＝0.2243 L_2

係数行列の逆行列が計算できたら、求めようとする最適重みがすべて正値であれば、Eの値がどういった値であっても解は簡単に得られる。最適重みに負数のものがある場合は、その重みを除去した係数行列を作成し、その逆行列を計算しなおさなければならない。

これまでは、買う場合のみを考えてきたが、空売りを含む場合はどうなるだろうか。

空売り対象となる株式としては当然ながら株価の下落が予想される株式を選ぶはずだ。思い出してもらいたいのは、「リターン」とは配当だけでなくその株式の株価の上昇または下落（上昇率または下落率）も含まれるということである。したがって、空売りポジションのリターンを決めるに当たっては、価格が下落することが予想される株式に対してどれくらいの価格下落率が見込めるかを推定し、その数値からは配当（パーセンテージ）（ただし、EとVの計算対象期間となる保有期間の間に配当落ちする配当が多い）を**差し引く**ことが必要になる（本章では、すべての取引は現物口座で行うことを想定している。空売りをするには実際には信用取引口座が必要だが、ここでは便宜上証拠金に対する利息は考えない）。最後に、2つの株式間の線形相関係数は、いずれかの株式が空売り対象になっている場合、その線形相関係数に-1を掛ける。例えば、Toxicoを空売りしようと考えている場合、ToxicoとIncubeastの間の線形相関係数は-0.15なので、ToxicoとIncubeastの間の線形相関係数としては0.15（＝-0.15×(-1)）を用いなければならない。ToxicoとIncubeastのいずれも空売り対象になっている場合の線形相関係数は-0.15×(-1)×(-1)＝-0.15になる。要するに、2つの株式間の線形相関係数は、一方だけ空売りしようと思っている場合は符号が変わり、両方とも空売りし

ようと思っている場合は符号はそのままということである。

　ここまでは、われわれが目指す期待リターンEに対する最適なポートフォリオとその分散を求める方法を見てきた。また、Vが分かっているときにEを求めることも可能だ。最も簡単な方法は、本章で解説した反復計算によるものである。

　本章に出てきた行列演算は数多あるなかのごく一部にすぎず、連立線形方程式を行列演算を使って解く方法はほかにも存在する。例えば、クラメルの公式やシンプレックス法（またはシンプレックス表）といったテクニックなどがそうだが、これらのテクニックは本章で紹介したものよりも複雑ではあるが同類のテクニックである。行列演算はビジネスや科学の分野で幅広く応用されており、この話題については話せばきりがない。本章では、われわれの目標を達成するうえで必要としている部分だけを取り上げたにすぎない。行列演算およびそのビジネス・科学分野での応用についてさらに詳しく知りたい人には、『Sets, Matrices, and Linear Programmming』（Robert L. Childress）の一読をお勧めする。

第8章
平均分散ポートフォリオの幾何学

The Geometry of Mean Variance Portfolios

　これまで、任意のマーケットシステムのオプティマルfの見つけ方をいろいろな観点から議論するとともに、効率的フロンティアの導出方法についても見てきた。本章では、オプティマルfおよび古典的ポートフォリオ理論という2つの概念を融合させるとともに、ポートフォリオ構築の幾何学についても詳しく見ていきたいと思う。

資本市場線

　ポートフォリオのパフォーマンスは、その一定比率をキャッシュに投資することで向上させることができる。図8.1はその関係をグラフ化したものである。

　図8.1において、点Aは無リスク利子率を示している。無リスク利子率は一般に91日物Tビルのリターンを意味する。無リスク資産はリスク（リターンの標準偏差）のない資産なので、点Aの横軸成分はゼロである。

　点Bは接点ポートフォリオを示している。これは、点Aから効率的フロンティアに向けて引いた線と効率的フロンティアとの接点の位置に存在する、効率的フロンティア上の唯一のポートフォリオである。線分AB上のポートフォリオは接点ポートフォリオと無リスク資

産とを組み合わせたポートフォリオである。点Bのポートフォリオはリスク資産のみからなるポートフォリオで、点Aのポートフォリオは無リスク資産のみからなるポートフォリオである。線分AB上のポートフォリオは効率的フロンティア上にある同じリスク水準のどのポートフォリオよりも優れたポートフォリオである。なぜなら、リスクは同じでもリターンは高いからである。したがって、ポートフォリオBよりもリスクの低いポートフォリオを構築したい投資家は、ポートフォリオBよりもリスクの低い効率的フロンティア上のポートフォリオに100％投資するよりも、投資資産の一部をポートフォリオBに投資し、一部を無リスク資産に投資する方法を選ぶのがよい。

点Aから効率的フロンティアと1点で接するように引いた直線を資本市場線（キャピタルマーケットライン＝CML）という。CMLの点Bよりも右側の線分は、資金を借り入れてポートフォリオBへの投資額を増やしたポートフォリオを表している。CML上の点Bよりも右側に位置するポートフォリオは同じリスク水準の効率的フロンティア上のポートフォリオよりも高いリターンが期待できるため、ポートフォリオBよりも高いリターンを望む投資家はCML上の点Bよりも右側に位置するポートフォリオを選ぶのがよい。

通常、ポートフォリオBはよく分散されたポートフォリオである。効率的フロンティアの点Bよりも右上および左下のポートフォリオのほとんどは組み込み銘柄がきわめて少ない。

昔から、合理的な投資家は任意のリスクに対しては最大のリターンをもたらし、任意のリターンに対してはリスクが最小になるようなポートフォリオを選択する、というのが通説である。つまり、投資家にとって最も優れたポートフォリオはCML上のポートフォリオということになる。CML上のどの位置のポートフォリオを選ぶかは、どれくらいのレバレッジを望むかによって異なる。このように、リスク資産の組み合わせの決め方と、リスク資産と無リスク資産の組み合わ

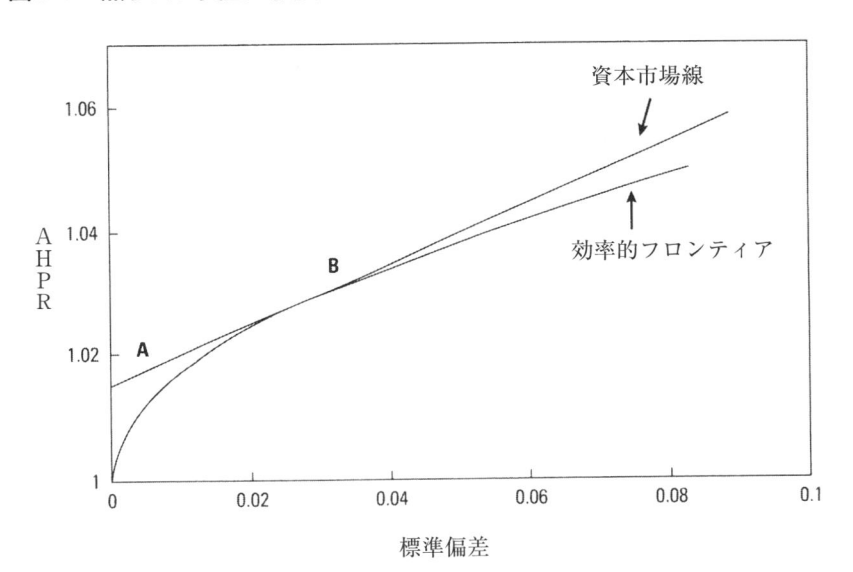

図8.1 無リスク資産に投資することでリターンを向上させる

せの決め方が、それぞれ別々に行われることを示したものが**分離定理**（Tobin, James, "Liquidity Preference as Behavior Towards Risk," Review of Economic Studies 25, pp.65-85, February 1958）である。

ここで、**図8.1**における縦軸（E－V理論のEに相当）をポートフォリオの算術平均HPR（AHPR）、横軸（E－V理論のVに相当）をHPRの標準偏差とすると、任意の無リスク利子率に対する接点ポートフォリオの位置は次の関数の値を最大にする座標値として求めることができる。

$$接点ポートフォリオ = MAX\{((AHPR - 1) - RFR) \div SD\} \qquad (8.01)$$

ただし、
MAX{} ＝ 最大値
AHPR ＝ 算術平均HPR。効率的フロンティア上の任意のポートフォ

リオのE座標
SD＝HPRの標準偏差。効率的フロンティア上の任意のポートフォリオのV座標
RFR＝無リスク利子率

　式（8.01）のカッコ（{ }）の中の式（8.01a）はシャープレシオと呼ばれているもので、リスク調整済みリターンを測定したものである。具体的にはポートフォリオのシャープレシオは、超過期待リターンの標準偏差に対する比率を測定したものである。したがって、シャープレシオの最も高いポートフォリオは、任意のRFRに対してCMLと効率的フロンティアとの接点の位置にあるポートフォリオということになる。

　シャープレシオにそれを導出した期間数の平方根を掛けたものがt統計量である。t統計量からは、リターンの分散が有限であるとした場合、AHPRがRFRを偶然以上の確率で上回る信頼度を計算することができる。

　次に示す表は式（8.01）の使い方と、これまでの話のプロセスを示したものである。最初の2列は効率的フロンティア上のいろいろなポートフォリオの座標を示している。座標は（AHPR, SD）の形で表し、それぞれ**図8.1**のY軸とX軸の値に対応する。3番目の列は式（8.01a）の計算値である。ただし、無リスク利子率は1.5％とする（HPRは四半期ごとのHPR。したがって、1.5％の四半期無リスク利子率は年利換算ではおよそ6％に相当する）。表の3行目の座標値を使って式（8.01a）を計算すると以下のようになる。

$$((AHPR - 1) - RFR) \div SD = ((1.002 - 1) - 0.015) \div 0.00013$$
$$= (0.002 - 0.015) \div 0.00013$$
$$= -0.013 \div 0.00013$$

= −100

　効率的フロンティア上のすべての座標に対して式（8.01a）を計算したものが表の3列目の数値である。式（8.01）は式（8.01a）の値が0.502265のときが最大で、そのときの座標は（1.03, 0.02986）である。つまり、図8.1の点Bに対応するCMLと効率的フロンティアとの接点の座標がこの座標である。この接点は効率的フロンティア上にあるポートフォリオである。シャープレシオはCMLの傾きで、傾きが最も急な線が効率的フロンティアとの接線になる。

効率的フロンティア			CML	
AHPR	SD	式（8.01a）	比率（％）	AHPR
RFR = 0.015				
1.00000	0.00000	0	0.00	1.0150
1.00100	0.00003	−421.902	0.11	1.0150
1.00200	0.00013	−100.000	0.44	1.0151
1.00300	0.00030	−40.1812	1.00	1.0152
1.00400	0.00053	−20.7184	1.78	1.0153
1.00500	0.00083	−12.0543	2.78	1.0154
1.00600	0.00119	−7.53397	4.00	1.0156
1.00700	0.00163	−4.92014	5.45	1.0158
1.00800	0.00212	−3.29611	7.11	1.0161
1.00900	0.00269	−2.23228	9.00	1.0164
1.01000	0.00332	−1.50679	11.11	1.0167
1.01100	0.00402	−0.99622	13.45	1.0170
1.01200	0.00478	−0.62783	16.00	1.0174
1.01300	0.00561	−0.35663	18.78	1.0178
1.01400	0.00650	−0.15375	21.78	1.0183
1.01500	0.00747	0	25.00	1.0188
1.01600	0.00849	0.117718	28.45	1.0193
1.01700	0.00959	0.208552	32.12	1.0198
1.01800	0.01075	0.279036	36.01	1.0204
1.01900	0.01198	0.333916	40.12	1.0210

1.02000	0.01327	0.376698	44.45	1.0217
1.02100	0.01463	0.410012	49.01	1.0224
1.02200	0.01606	0.435850	53.79	1.0231
1.02300	0.01755	0.455741	58.79	1.0238
1.02400	0.01911	0.470873	64.01	1.0246
1.02500	0.02074	0.482174	69.46	1.0254
1.02600	0.02243	0.490377	75.12	1.0263
1.02700	0.02419	0.496064	81.01	1.0272
1.02800	0.02602	0.499702	87.12	1.0281
1.02900	0.02791	0.501667	93.46	1.0290
1.03000	0.02986	0.502265 (最大値)	100.02	1.0300
1.03100	0.03189	0.501742	106.79	1.0310
1.03200	0.03398	0.500303	113.80	1.0321
1.03300	0.03614	0.498114	121.02	1.0332
1.03400	0.03836	0.495313	128.46	1.0343
1.03500	0.04065	0.492014	136.13	1.0354
1.03600	0.04301	0.488313	144.02	1.0366
1.03700	0.04543	0.484287	152.13	1.0378
1.03800	0.04792	0.480004	160.47	1.0391
1.03900	0.05047	0.475517	169.03	1.0404
1.04000	0.05309	0.470873	177.81	1.0417
1.04100	0.05578	0.466111	186.81	1.0430
1.04200	0.05853	0.461264	196.03	1.0444
1.04300	0.06136	0.456357	205.48	1.0458
1.04400	0.06424	0.451416	215.14	1.0473
1.04500	0.06720	0.446458	225.04	1.0488
1.04600	0.07022	0.441499	235.15	1.0503
1.04700	0.07330	0.436554	245.48	1.0518
1.04800	0.07645	0.431634	256.04	1.0534
1.04900	0.07967	0.426747	266.82	1.0550
1.05000	0.08296	0.421902	277.82	1.0567

再び表に戻ろう。4番目の列の「比率」は、CML上のその行の標準偏差で表される座標にいるときの、接点ポートフォリオに投資すべ

き資産比率を示している。例えば、表の最後の行は、CML上の標準偏差座標0.08296の位置では資産の277.82％を接点ポートフォリオに投資しなければならないことを意味する（全資産を投資したうえで、すでに投資した額1ドルにつき1.7782ドル借り入れてさらに投資するということ）。この資産比率の数値は、次式で示すように接点ポートフォリオの標準偏差から算出する。

$$P = SX \div ST \tag{8.02}$$

ただし、
SX＝CML上の任意の点の標準偏差座標
ST＝接点ポートフォリオの標準偏差座標
P ＝CML上の点SXに位置するポートフォリオを構築するために、接点ポートフォリオに投資すべき資産比率

例えば、表の最後の行で考えてみると、CML上の標準偏差座標が0.08296なので、それを接点ポートフォリオの標準偏差座標0.02986で割ると2.7782になる。したがって投資比率は277.82％である。

そして表の最後の列のAHPRは任意の標準偏差座標におけるCMLのAHPRを示している。これは次式を使って計算する。

$$ACML = (AT \times P) + ((1 + RFR) \times (1 - P)) \tag{8.03}$$

ただし、
ACML＝任意のリスク座標または式（8.02）で計算した対応する投資比率におけるCMLのAHPR
AT＝式（8.01a）で計算した、接点におけるAHPR
P ＝式（8.02）で計算した、接点ポートフォリオへの投資比率

RFR = 無リスク利子率

任意のAHPRに対するCML上の任意の点における標準偏差を知りたいときがあるかもしれないが、それは次式によって求めることができる。

$$SD = P \times ST \tag{8.04}$$

ただし、
SD = 任意のAHPRに対応する投資比率Pに対応する、CML上の任意の点における標準偏差
P = 式（8.02）で計算した接点ポートフォリオへの投資比率
ST = 接点ポートフォリオの標準偏差座標

幾何的効率的フロンティア

図8.1の問題点は、縦軸に算術平均HPRが使われている点である。利益を再投資している場合、見なければならないのは幾何平均HPRである。したがって、図8.1の効率的フロンティアの縦軸は幾何平均HPRにしなければならない。これで様相は一変する。効率的フロンティア上の任意の点の算術平均HPRを幾何平均HPRに変換する式は以下のとおりである。

$$GHPR = \sqrt{AHPR^2 - V}$$

ただし、
GHPR = 幾何平均HPR
AHPR = 算術平均HPR

V＝分散座標（＝標準偏差座標の2乗）

図8.2は、算術平均HPRに対応する効率的フロンティアと幾何平均HPRに対応する効率的フロンティアを示したものだ。再投資したとき、効率的フロンティアがどう変化するかに注目しよう。

幾何的最適ポートフォリオ（GHPRライン上の最も高い位置にあるポートフォリオ）は**図8.2**から知ることもできるが、AHPR効率的フロンティア上の各ポートフォリオのAHPRとVを式（3.04）を使ってGHPRに換算することで決定することもできる（GHPRが最も大きなポートフォリオが幾何的最適ポートフォリオ）。しかし、幾何的最適ポートフォリオはもっと簡単な方法で決定することができる。AHPR効率的フロンティア上の各ポートフォリオのAHPRとVが与えられれば、次式を満たすポートフォリオが幾何的最適ポートフォリオになる。

$$AHPR - 1 - V = 0 \tag{8.05a}$$

ただし、
AHPR＝算術平均HPR。効率的フロンティア上の任意のポートフォリオのE座標に相当

V＝HPRの分散。効率的フロンティア上の任意のポートフォリオのV座標に相当。これは標準偏差の2乗

式（8.05a）は次のように書き換えることができる。

$$AHPR - 1 = V \tag{8.05b}$$
$$AHPR - V = 1 \tag{8.05c}$$
$$AHPR = V + 1 \tag{8.05d}$$

図8.2 再投資したときとしないときの効率的フロンティア

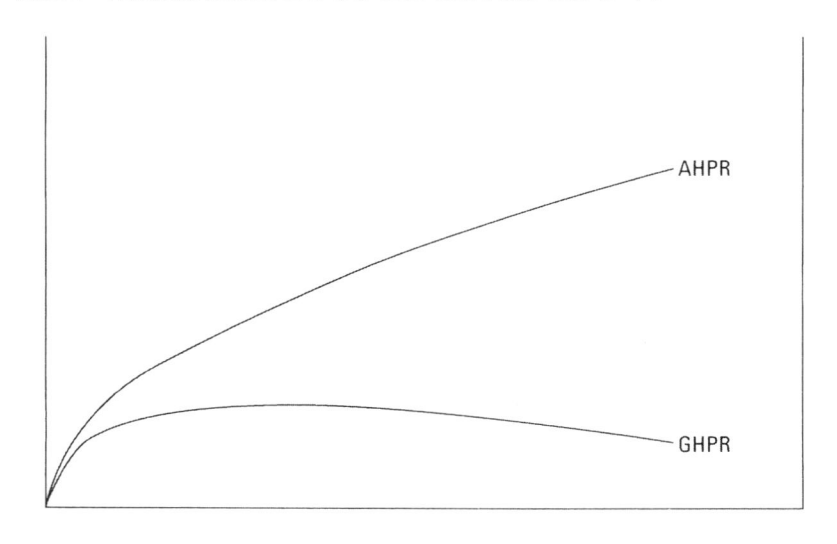

　ここで幾何的最適ポートフォリオについて簡単にまとめておこう。一般に、ポートフォリオの分散が大きければドローダウンも大きくなるため、ポートフォリオの分散はドローダウンと正の相関関係を持つ。幾何的最適ポートフォリオはEとVが等しい（E＝AHPR－1より）ポートフォリオなので、幾何的最適ポートフォリオのドローダウンは大きくなると考えられる。事実、GHPRはAHPRと正の相関関係を持つため、幾何的最適ポートフォリオのGHPRが大きいほど、つまり、稼げるポートフォリオであるほど、資産の減少率として見たドローダウンは大きくなる。ここにもまたパラドックスが存在する。われわれが求めているのは幾何的最適ポートフォリオである。しかし、ポートフォリオの幾何平均が大きくなるほど、資産の減少率として見たドローダウンは大きくなる。幾何平均とドローダウンは互いに反対方向に引っ張り合うので、分散投資を考える場合、ドローダウンを最小化することよりも幾何平均を最大化することを重視しなければならな

い。幾何的最適ポートフォリオは原点から傾き1で引いたラインとAHPR効率的フロンティアとの交点の位置にあるポートフォリオである。

図8.2は1トレードベースでの効率的フロンティアを示したものだ。つまり、1トレードだけトレードした場合に何が期待できるかを示しているわけである。幾何平均HPRは次式を使ってTWRに変換することができる。

$$GTWR = GHPR^N \tag{8.06a}$$

ただし、
GTWR＝N回トレードしたときの任意のGHPRに対応する縦軸座標
GHPR＝幾何平均HPR
N＝観測するトレードの数

したがって、50回トレードしたときのGHPRが1.0154だとすると、それをGTWRに換算すると$1.0154^{50} = 2.15$になる。つまり、50回トレードした場合、当初資産は2.15倍に増えていることが期待できるということである。

同様に、AHPR効率的フロンティアは次式を使ってATWR効率的フロンティアに変換することができる。

$$ATWR = 1 + N \times (AHPR - 1) \tag{8.06b}$$

ただし、
ATWR＝N回トレードしたときの任意のAHPRに対応する縦軸座標
AHPR＝算術平均HPR

N＝観測するトレードの数

したがって、50回トレードした場合、算術平均HPRが1.03だとすると、当初資産は1＋50×(1.03－1)＝1＋50×0.03＝1＋1.5＝2.5倍に増えていることが期待できる。ただし、これは利益を再投資しない場合である。式（8.06）は一定枚数でトレードした場合に期待できるTWRである。

図8.2は1トレードしたときの算術TWRと幾何TWRを示しているのに対し、**図8.3**は数回トレードしたときの算術TWRと幾何TWRを示している。**図8.3**を見ると分かるように、GTWRはATWRに徐々に近づきつつある。つまりNがもっと増えれば、GTWRはATWRを上回るはずである。**図8.4**はNをさらに増やしたときの算術TWRと幾何TWRを示したものである。幾何TWRが算術TWRを上回っていることに注目しよう。トレード回数をさらに増やしていけば、幾何TWRは算術TWRよりも無限に大きくなる。

「では、何回トレードすれば幾何TWRは算術TWRを上回るのか」という疑問が当然ながら出てくるだろう。次式は特定の目標に達するまでに必要なトレード回数を計算するための式である。

T＝ln(目標値)÷ln(幾何平均) 　　　　　　　　　（5.07の再掲）

ただし、
T＝特定の目標に達するまでに必要なトレード回数
目標値＝当初資産の倍率で見た目標値。つまり、TWR
ln()＝自然対数関数

幾何的最適ポートフォリオと同じVに対するAHPRを目標値とし、幾何的最適ポートフォリオの幾何平均を分母にすると、1トレードし

第8章 平均分散ポートフォリオの幾何学

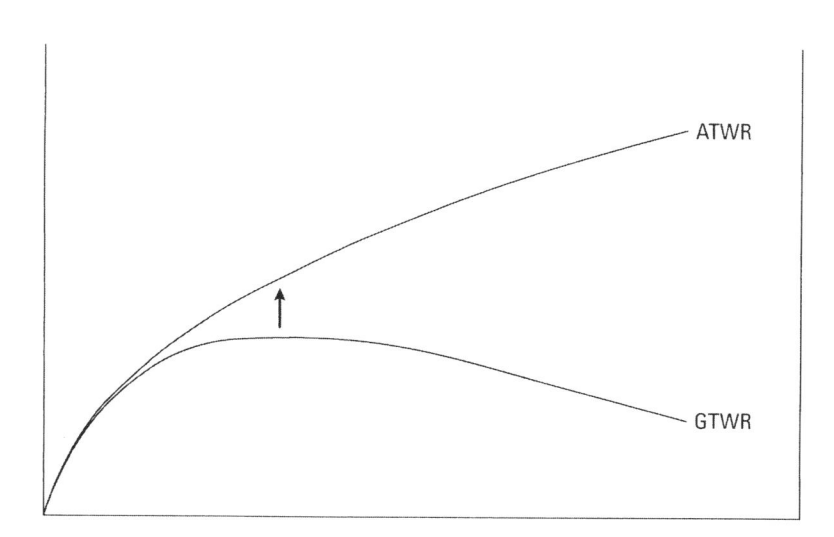

図8.3 再投資したときとしないときの効率的フロンティア

たあと、幾何的最適ポートフォリオに対応する（Vが同じ）算術ポートフォリオに等しくなるのに必要なトレード回数は次式のように計算できる。

$$T = \ln(1.031) \div \ln(1.01542)$$
$$= 0.0305292 \div 0.0153023$$
$$= 1.995073$$

（**編集注** 1.01542は正しくはこの数字にはならないが、このあとの話の整合性を取るために、原文のままとした）

したがって、1回トレードしたあと、最適GHPRが対応する（Vが同じ）AHPRに等しくなるのに必要なトレード回数は1.995073回、つまりおよそ2回ということが分かる。

問題は、2回トレードが経過したという事実をATWRに反映させ

図8.4 再投資したときとしないときの効率的フロンティア

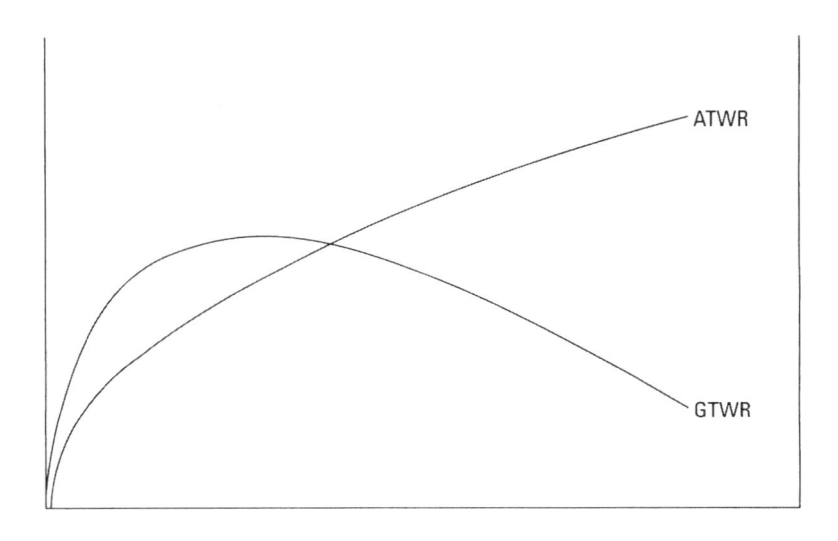

なければならないことである。なぜなら、GTWRがATWRに近づいていく間、ATWRも一定の率ではあるが増えるからだ（これに対してGTWRは加速度的に増える）。前出の幾何TWRと算術TWRの式（8.06）より、この問題は数学的に次のように表すことができる。

$$\text{GHPR}^N = > 1 + N \times (\text{AHPR} - 1) \tag{8.07}$$

N＝1のとき、GはAよりも小さいことが分かっているので、「GがAと等しくなるのはNがいくつのときか」を調べればよい。これは数学的には次のように書くことができる。

$$\text{GHPR}^N = 1 + N \times (\text{AHPR} - 1) \tag{8.08a}$$

この式は次のように書き直すことができる。

$$1 + N \times (\text{AHPR} - 1) - \text{GHPR}^N = 0 \tag{8.08b}$$

$$1 + N \times \text{AHPR} - N - \text{GHPR}^N = 0 \tag{8.08c}$$

$$N = (\text{GHPR}^N - 1) \div (\text{AHPR} - 1) \tag{8.08d}$$

式（8.08a）～式（8.08d）はすべて等価で、これらを使って得られるNは、幾何HPRが算術HPRに等しくなるときのNの値である。この式は反復法を使って解く。例えば、幾何的最適ポートフォリオのGHPRが1.01542で、対応するAHPRが1.031だとすると、式（8.08a）～式（8.08d）のいずれかの式を使ってNの値を計算すると、N＝83.49894になる。つまり、83.49894回トレードしたとき、幾何的最適ポートフォリオの分散座標に対応するTWRに対して幾何TWRは算術TWRを上回るということである。

AHPRに対するCMLが存在するように、GHPRに対するCMLも存在する。**図8.5**はAHPRとGHPRおよび同じ無リスク利子率から引いたそれぞれに対するCMLを示したものである。

GHPRに対するCMLは、AHPRに対するCMLから次式を使って算出することができる。

$$\text{CMLG} = \sqrt{\text{CMLA}^2 - \text{VT} \times \text{P}} \tag{8.09}$$

ただし、

CMLG ＝ GHPRに対するCMLの、Pに対応する任意のV座標に対するE座標（縦座標）

CMLA ＝ AHPRに対するCMLの、Pに対応する任意のV座標に対するE座標（縦座標）

P ＝ 接点ポートフォリオへの投資比率（式（8.02）から算出）

VT ＝ 接点ポートフォリオの分散座標

図8.5　AHPRとGHPRおよびこれらに対するCML

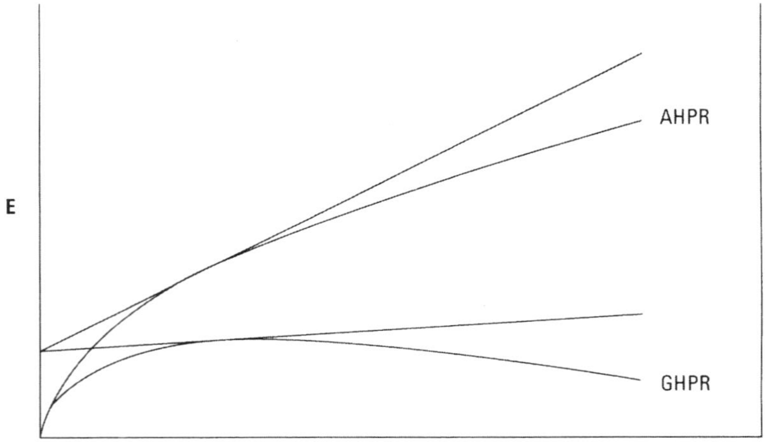

任意の無リスク利子率に対して、接点ポートフォリオと幾何的最適ポートフォリオとは必ずしも一致しない（通常は一致しない）ことに注意しよう。これら２つのポートフォリオが一致するのは、次の式が満たされたときだけである。

RFR＝GHPROPT－1　　(8.10)

ただし、
RFR＝無リスク利子率
GHPROPT＝幾何的最適ポートフォリオの幾何平均HPR。このポートフォリオと効率的フロンティアとの接点のE座標

式（8.10）から分かるように、幾何的最適ポートフォリオと接点ポートフォリオとが一致するのは、幾何的最適ポートフォリオのGHPRから１を引いた値が無リスク利子率に等しくなる場合のみである。RFR＞GHPROPT－１のとき、幾何的最適ポートフォリオは接点ポートフォリオの左側に位置し（分散が接点ポートフォリオのそれより

も小さい)、RFR＜GHPROPT－1のとき、接点ポートフォリオが幾何的最適ポートフォリオの左側に位置する（分散が幾何的最適ポートフォリオのそれよりも小さい）。しかし、いかなる場合も接点ポートフォリオのGHPRが幾何的最適ポートフォリオのGHPRを上回ることがないことは言うまでもない。

　注目したいのは、CMLとGHPRとの接点のSD座標とCMLとAHPRとの接点のSD座標が一致する点である。GHPRの接点ポートフォリオは次式で示すように、式（8.01）のAHPRをGHPRで置き換えることで求めることができる。

接点ポートフォリオ = MAX｛((GHPR − 1) − RFR) ÷ SD｝　　　(8.11)

ただし、
MAX｛｝= 最大値
GHPR = 幾何平均HPR。効率的フロンティア上の任意のポートフォリオのE座標
SD = HPRの標準偏差。効率的フロンティア上の任意のポートフォリオのSD座標
RFR = 無リスク利子率

制約のないポートフォリオ

　重みの合計に対する制約を取り除けば、GCML（GHPRに対するCML）を上回るリターンを得ることができる。ここではその方法について見ていくことにしよう。まずは、幾何的最適ポートフォリオを振り返ってみよう。前述の4つのマーケットシステム――Toxico、Incubeast、LA Garb、普通預金――で幾何的最適ポートフォリオを構築しようと考えている場合、E ＝ 0.1688965およびV ＝ 0.1688965

のときに幾何的最適ポートフォリオを得ることができる。これは式（8.05a）～式（8.05d）に一致する。したがって、このポートフォリオの幾何平均は1.094268で、各マーケットシステムへの投資比率は次のようになる。

Toxico	18.89731%
Incubeast	19.50506%
LA Garb	58.58874%
普通預金	3.01058%

式（8.05a）～式（8.05d）を使って解を得るには、反復計算が必要になる。まず、Eのテスト値を選び（AHPRの最小値と最大値の中間値である－1当たりから始めるのがよいだろう）、そのEの値で行列を解く。分散がEよりも大きくなったら、Eの値が大きすぎたことになるので、次はEの値として少し小さめの値を使って再び行列を解いてみる。逆に、分散がEよりも小さくなったら、Eの値を少し大きめにして再び行列を解いてみる。こうしてEの値を変えながら用いた式（8.05a）～式（8.05d）のいずれかが解けるまでこの操作を繰り返して幾何的最適ポートフォリオを求める（これまでに議論してきたポートフォリオはすべて、AHPR効率的フロンティア上のものであろうとGHPR効率的フロンティア上のものであろうと、重み（投資比率）の合計が1（100%）という制約が設けられていることに注意しよう）。

ポートフォリオの最適重み（最適投資比率）を求めるのに、最初の拡大係数行列に用いられる条件式は以下のとおりである。これは重みの合計が1になることを制約するための式である。

$$\left(\sum_{i=1}^{N} X_i\right) - 1 = 0$$

ただし、
N＝ポートフォリオを構成する証券の数
X_i＝証券 i の重み

上の式は次のように書き直すことができる。

$$\sum_{i=1}^{N} X_i = 1$$

　上式の左辺を1よりも大きくすることで、重みの合計が1になるという制約のない最適ポートフォリオを得ることができる。制約のない最適ポートフォリオを得るための最も簡単な方法は、最初の拡大係数行列に別のマーケットシステム——**無利子のキャッシュ**（NIC）——を加えることである。このマーケットシステム（NIC）の日々のHPRの算術平均は1.0、そのHPRの母標準偏差（および分散と共分散ともに）は0である。つまり、NICのHPRは毎日変わらず1.0であり、ほかのマーケットシステムとの共分散係数はすべて0ということである。

　ここで、重みの合計を1よりも大きい任意の数値に設定する。とりあえずは、NICを除くマーケットシステムの数の3倍から始めるのがよいだろう。用いているマーケットシステムは（NICを除くと）4つなので、重みの合計は4×3＝12に設定する。今のところは、重みの合計が1よりも小さくなる場合については考えず、1よりも大きくなる場合についてのみ考える。この任意に設けた1よりも大きい重みの合計と実際の重みの合計との差が、NICの重みになる。

　しかし、NICに実際に投資するわけではない。NICという架空のマーケットシステムを加えたのは、重みの制約を設けないときにそれぞれのマーケットシステムにどれくらいの比率で投資すればよいかを決めるためである。4つのマーケットシステムとNICのパラメーターは

以下のとおりである（4つのマーケットシステムのパラメーターについては第7章を参照のこと）。

投資	HPRで表した期待リターン	リターンの期待標準偏差
Toxico	1.095	0.316227766
Incubeast	1.13	0.5
LA Garb	1.21	0.632455532
普通預金	1.085	0
NIC	1.0	0

NICを含む5つのマーケットシステム間の共分散は以下のとおりである。

	T	I	L	S	N
T	0.1	−0.0237	0.01	0	0
I	−0.0237	0.25	0.079	0	0
L	0.01	0.079	0.4	0	0
S	0	0	0	0	0
N	0	0	0	0	0

NICを含む5つのマーケットシステムの拡大係数行列の一般形は次のように書き表すことができる。

$$X_1 \times U_1 + X_2 \times U_2 + X_3 \times U_3 + X_4 \times U_4 + X_5 \times U_5 = E$$

$$X_1 + X_2 + X_3 + X_4 + X_5 = S$$

$$X_1 \times COV_{1,1} + X_2 \times COV_{1,2} + X_3 \times COV_{1,3} + X_4 \times COV_{1,4} + X_5 \times COV_{1,5}$$
$$+ 0.5 \times L_1 \times U_1 + 0.5 \times L_2 = 0$$

$$X_1 \times COV_{2,1} + X_2 \times COV_{2,2} + X_3 \times COV_{2,3} + X_4 \times COV_{2,4} + X_5 \times COV_{2,5}$$
$$+ 0.5 \times L_1 \times U_2 + 0.5 \times L_2 = 0$$

$$X_1 \times COV_{3,1} + X_2 \times COV_{3,2} + X_3 \times COV_{3,3} + X_4 \times COV_{3,4} + X_5 \times COV_{3,5}$$
$$+ 0.5 \times L_1 \times U_3 + 0.5 \times L_2 = 0$$
$$X_1 \times COV_{4,1} + X_2 \times COV_{4,2} + X_3 \times COV_{4,3} + X_4 \times COV_{4,4} + X_5 \times COV_{4,5}$$
$$+ 0.5 \times L_1 \times U_4 + 0.5 \times L_2 = 0$$
$$X_1 \times COV_{5,1} + X_2 \times COV_{5,2} + X_3 \times COV_{5,3} + X_4 \times COV_{5,4} + X_5 \times COV_{5,5}$$
$$+ 0.5 \times L_1 \times U_5 + 0.5 \times L_2 = 0$$

ただし、

E = ポートフォリオの期待リターン

S = 重みの合計に対する制約

$COV_{A,B}$ = 証券Aと証券Bの間の共分散

X_i = 証券 i の重み

U_i = 証券 i の期待リターン

L_1 = 第1ラグランジュ乗数

L_2 = 第2ラグランジュ乗数

したがって、NICを含む拡大係数行列は次のようになる。

X_1	X_2	X_3	X_4	X_5	L_1	L_2	解
0.095	0.13	0.21	0.85	0			E
1	1	1	1	0			12
0.1	−0.0237	0.01	0	0	0.095	1	0
−0.0237	0.25	0.079	0	0	0.13	1	0
0.01	0.079	0.4	0	0	0.21	1	0
0	0	0	0	0	0.085	1	0
0	0	0	0	0	0	1	0

2行目の解（重みの合計）は（NICを除く）マーケットシステムの数に3を掛けた12になることに注意しよう。

NICを含む拡大係数行列を作成するときに注意しなければならない

のは、NICはN個のマーケットシステムのN番目のマーケットシステムとして拡大係数行列の一番最後に加えなければならないという点である。

第7章で行ったように、3つの基本行変形を使ってこの拡大係数行列を解くと、制約のないAHPR効率的フロンティアと制約のないGHPR効率的フロンティアを得ることができる。制約のないAHPR効率的フロンティアはレバレッジは効かせるが再投資はしないことを意味する。

GHPR効率的フロンティアはレバレッジを効かせるとともに利益の再投資も行うことを意味する。われわれが目指すものは制約のない幾何的最適ポートフォリオである。つまり、最大の幾何的成長を達成できるポートフォリオである。効率的フロンティア上のどのポートフォリオが幾何的最適ポートフォリオであるかは式（8.05a）〜式（8.05d）を使って見つけることができるが、その場合、Eの値（拡大係数行列の最初の行の解の数値）としてどんな値を使っても、同じポートフォリオが得られる。つまり、われわれの望むE値を達成できるようにレバレッジを上げた普通預金のみからなるポートフォリオである。普通預金のみからなるポートフォリオはEの値がどんな値でもVは最小（この場合はゼロ）になる。

したがって、行列から普通預金を除いて最初からやり直さなければならない。つまり、Toxico、Incubeast、LA Garb、NICの4つのマーケットシステムの拡大係数行列を作成し、重みの合計は9に設定する。行列のひとつの要素の分散がゼロで、AHPRが1よりも大きくなったとき、その要素のレバレッジ効果によって求めるEが得られるため、そのポートフォリオが最適ポートフォリオである。

さて、この行列を解くと、Eが0.2457のとき式（8.05a）〜式（8.05d）が満たされる。これは幾何的最適ポートフォリオなので、Vも0.2457である。そして得られる幾何平均は1.142833である。このポートフォ

リオの投資比率は以下のとおりである。

Toxico　　　102.5982％
Incubeast　　49.00558％
LA Garb　　　40.24979％
NIC　　　　　708.14643％

「ちょっと待ってよ。100％以上投資するって、一体どうやって？」と思う人がいるかもしれないが、これについてはのちほど説明する。
　NICが幾何的最適ポートフォリオに含まれないときは、重みの合計Sはもっと高くしなければならない。NICが幾何的最適ポートフォリオに含まれるようになるまで重みの合計Sを増やし続ける。ポートフォリオの構成要素が2つで、その共分散係数が−1で、いずれも正の期待値を持っているとすると、トレード枚数は無限になるため無限の投資資金が必要になる。なぜなら、こういったポートフォリオは負けることがないからである。ポートフォリオを構成する要素間の共分散係数が小さくなるほど、それぞれの要素に対する投資比率は増大する。実際の投資比率と重みの合計に対する制約Sとの差を埋めるものがNICなのである。幾何的最適ポートフォリオにおいてNICの投資比率がゼロということは、そのポートフォリオはSで制約にひっかかるため、これは制約のない幾何的最適ポートフォリオではないということである。NICには実際に投資するわけではないので、NICが幾何的最適ポートフォリオに含まれていさえすれば、その投資比率がどんなに高くなろうと構わないわけである。

最適ポートフォリオにおけるオプティマル f の重要性

　第7章で述べたように、ポートフォリオを構築するに当たっては、まずそのポートフォリオを構成する各要素の期待リターン（パーセンテージ）とその期待分散を求める必要がある。一般に、期待リターン（およびその分散）は株価のデータを使って求める。そして、次に各要素の最適投資比率（重み）を決める。そして、各要素の投資比率が決まったら、口座資産に各要素の重みを掛けて各要素への投資額を求め、投資額を現在の株価で割ればトレードすべき株数（枚数）が決まる。

　これが現在一般的に行われているポートフォリオ戦略である。しかし、これは**最適な戦略ではない**。最適なポートフォリオを構築するためには、期待リターンとその分散は株価のデータから求めるのではなく、各要素のドル価オプティマル f から求めなければならない。つまり、算術平均HPRとその分散を入力量として用いなければならないということである。この場合のHPRはトレードのHPRではなく、式（4.14）で用いたような、例えば、数日、数週間、数カ月、数四半期、数年といった一定期間におけるHPRである。

　日々のHPR = (A ÷ B) + 1

　ただし、
　A = その日に儲けた、あるいは損をした金額（ドル価）
　B = ドル価オプティマル f

　一定期間としてはどういった長さの期間でも構わないが、ポートフォリオの各要素に対しては同じ期間を用いることが重要だ（2つの要素のHPR間の共分散係数の計算にも同じ期間を用いる）。例えば、ド

ル価オプティマルfが2000ドルのマーケットシステムのある日の利益が100ドルだったとすると、そのマーケットシステムのその日のHPRは1.05、といった具合だ。

　等化データを基にオプティマルfを計算しているのであれば、日々のHPRは次式を使って計算する。

　日々のHPR ＝ D$ ÷ f$ ＋ 1

　ただし、
　D$ ＝ 前日からの1単位当たりの利益または損失（ドル価）。計算式
　　　 ＝ (今日の終値 － 前日の終値) × 1ポイント当たりのドル価
　f$ ＝ 現在のドル価オプティマルf。ただし、価格は前日の終値

　つまり、ある要素の1単位当たりのドル価オプティマルfが分かっているのであれば、1単位当たりの日々の資産変動をHPRに変換すればよく、等化データを使っているのであれば、後者の式を使えばよいということである。ポートフォリオを構築するときには、それを構成するすべてのマーケットシステムのデータ——つまりオプティマルfとその派生量——は統一しなければならない。等化したデータを用いるのであればすべての要素に対して等化したデータを用い、等化していないデータを用いるのであればすべての要素に対して等化していないデータを用いることが重要だ。

　データがそろったら、HPRの算術平均を計算し、そこから1を引いた値がその要素の期待リターンになる。次に日々のHPR（週ごと、月ごと等のHPRでもよい）の分散を計算し、最後に各2つのマーケットシステムの日々の（あるいは週ごと、月ごと等の）HPRの間の共分散係数を決定する。

　忘れてはならないのは、**ポートフォリオのパラメーター（各要素の**

期待リターンとその分散、および共分散係数）をその要素の価格データから計算した場合、そのポートフォリオは真に最適なポートフォリオではないということである。真に最適なポートフォリオを得るためには、各要素をオプティマルfで1単位トレードしたときに得られるであろうパラメーターを入力量として用いなければならない。fカーブのピークはオプティマルf以外では達成できない。各要素のパラメーターを現在の市場価格を基に算出するということは、自由裁量的な値を用いることにほかならず、必ずしも最適なパラメーターであるとは限らないということである。

　それでは、100％以上投資するという先ほどの問題について考えてみよう。まず大前提として、重みと量は同じものではないということを念頭に置いておいてもらいたい。幾何的最適ポートフォリオから導き出した重みは、そのポートフォリオの各構成要素のオプティマルfに反映させなければならない。そのためには、各要素のオプティマルfをその要素の重みで割ればよい。例えば、各要素のドル価オプティマルfが以下のようになったとしよう。

　Toxico　　2500ドル
　Incubeast　4750ドル
　LA Garb　　5000ドル

（**注意**　等化データを用いている場合、オプティマルfとその派生量は等化データをベースに算出されるため、ドル価オプティマルfは前日の終値と前出の式に基づいて毎日変更する必要がある）

　各要素のドル価オプティマルfが得られたら、それを各要素の重みで割る。

　Toxico　　2500ドル÷1.025982＝2436.69ドル

Incubeast   4750ドル÷0.4900558＝9692.77ドル
LA Garb   5000ドル÷0.4024979＝12422.43ドル

　こうして「調整した」ｆ値でトレードすることで、古典的ポートフォリオ理論に基づく幾何的最適ポートフォリオを得たことになる。例えば、Toxicoをあるマーケットシステムと仮定すると、このマーケットシステムを使って資産2436.69ドル当たり1枚トレードする（そのほかのマーケットシステムも調整したｆ値でトレードする）ことで、制約のない幾何的最適ポートフォリオを得たことになる。また、Toxicoが株式の場合は「1枚」ではなく100株がトレード単位になる。当面は、委託証拠金については一切考えない。証拠金の問題についてはのちほど言及する。

　読者からはここでまた「待った」がかかるはずだ。「最適ポートフォリオをオプティマルｆを使って変更した場合、変更したポートフォリオが依然として最適であることを証明する必要があるのではないか？　しかし、変更後のポートフォリオのリターン座標は元のポートフォリオのリターン座標とは異なるはずだから、必ずしも効率的フロンティア上に乗るとは限らない。つまり、ｆの値を再評価し続ければ、ポートフォリオが最適であり続けるわけがない」ということだろう。

　注意してもらいたいのは、ｆ値は変わってはいないという点である。ｆ値（資産何ドル当たり何枚トレードするか）は同じなのである。計算を使って近道をしたために、ｆ値が「変更された」ように見えただけである。われわれは最適ポートフォリオを各構成要素を1単位トレードしたときに得られる期待リターンとその分散、および各要素の間の相関係数に基づいて導き出し、そこから最適な重み（各構成要素の投資比率）を導き出す。したがって、あるマーケットシステムのオプティマルｆが2000ドルで、最適な重みが0.5だとすると、このマーケットシステムには口座資産の50％をフルオプティマルｆ（2000ドル）

で投資する。これは、口座資産の100％をオプティマルfを最適な重みで割った値（2000ドル÷0.5＝4000ドル）当たり1枚トレードするのと同じことを意味する。言い換えるならば、口座資産の50％についてはオプティマルfの2000ドル当たり1単位トレードするということである。そしてそれは、口座資産100％について、口座資産4000ドル当たり1単位トレードするのと同じことである。

行列の入力量であるAHPRとSDはドル価オプティマルfの値に基づいて算出される。株式の場合は、AHPR、SD、およびオプティマルfの値は1株ベース、100株ベース等（何株ベースでもよい。何株を1単位にするかは任意）で計算する。

信用取引を行わない株式ポートフォリオのようにレバレッジの効かない状況では、重みと量とは意味は同じである。しかし、先物ポートフォリオのようにレバレッジの効く状況では、重みと量とは意味が違ってくる。われわれが知りたいのは最適な量であり、それは最適な重みの**関数**であることが分かってきたはずだ。

正の算術期待値を持つ2つのマーケットシステムのHPRの相関係数を計算すると、正の値になることが多い。それは、どちらのマーケットシステムの資産カーブ（日々の資産変動の累積合計）も右肩上がりに上昇する傾向があるからである。これは紛らわしい。そこで、各資産カーブに対して最小二乗回帰線を引き、各時点における資産カーブと回帰線との差を取る。次に、トレンドを除去した資産カーブを単なる日々の資産変動（累積ではなく、トレンドを除去した資産カーブの日々の資産変動）に変換する。そして最後に、この処理を施したデータを使って相関を計算する。

このテクニックは、価格の相関ではなく日々の資産変動の相関を使っているかぎり有効である。価格を使えば百害あって一利なしである。価格と日々の資産変動が関連づけられることは非常に多い。その一例が、長期移動平均クロスオーバーシステムである。今述べたトレンド

除去テクニックを用いるときには十分な注意が必要だ。また、日々のAHPRとHPRの標準偏差は必ずトレンド除去前のデータを使って計算しなければならないことに注意しよう。

データからトレンドを除去した場合、あまり頻繁にトレードしないシステムには問題が発生する。1週間に1回、それぞれ別々の日にトレードする2つのデイトレーディングシステムを考えてみよう。この2つのシステムの相関係数はかろうじて正の値になるはずだ。しかし、データからトレンドを除去すると、これら2つのシステムの相関係数は正の大きな値になる。これは2つのシステムの回帰線が毎日少しずつ右肩上がりに上昇していることによる。しかし、日々の資産変動はゼロに近い。したがって、資産カーブから回帰線を引いた値は負になる。両方のマーケットシステムはともに同じ状況なので、2つのシステムは高い正の相関を持つという間違った結果が導き出される。

議論の締めくくり

制約のないポートフォリオ（重みの合計が1よりも大きく、NICをひとつの構成要素として含むポートフォリオ）についてはっきりと言えることがひとつある。それは、Eの値がどういった値であってもポートフォリオは変わらないということである。異なるのはレバレッジの大きさだけである（これは、重みの合計に制約のある効率的フロンティア上のポートフォリオには**当てはまらない**）。つまり、制約のない効率的フロンティア（AHPR効率的フロンティアであろうと、GHPR効率的フロンティアであろうと）上のどの点においても、それぞれのマーケットシステムの重みの比は同じということである。

試しに、幾何的最適ポートフォリオを構成する異なるマーケットシステム間の重みの比を計算してみることにしよう。ToxicoのIncubeastに対する比は102.5982％÷49.00558％＝2.0936である。その

ほかのマーケットシステム間の重みの比も同様に計算すると、以下のようになる。

Toxico/Incubeast = 2.0936
Toxico/LA Garb = 2.5490
Incubeast/LA Garb = 1.2175

ここで再び制約のないポートフォリオに戻って、異なるEの値に対する各マーケットシステムの投資比率を計算してみよう。任意のEの値に対して分散が最も小さくなる制約のないポートフォリオの各構成要素の重みは以下のとおりである。各構成要素間の重みの比はEの値にかかわらず同じである。

	E = 0.1	E = 0.3
Toxico	0.4175733	1.252726
Incubeast	0.1994545	0.5983566
LA Garb	0.1638171	0.49145

つまり、**制約のない効率的フロンティアはレバレッジが異なるだけで、ただひとつに決まる**ということである。重みの合計に関する制約を取り除いたときEの値によってレバレッジが異なるただひとつのこのポートフォリオは、重みの合計が1という制約を設けたときには第2ラグランジュ乗数がゼロになる。

したがって、制約のない幾何的最適ポートフォリオの構築は簡単である。まず、重みの合計が1.00という制約を設けたときに第2ラグランジュ乗数がゼロになるポートフォリオを見つける。こういったポートフォリオを見つけるひとつの方法が反復計算によるものである。得られたポートフォリオはEの任意の値を満たすようにレバレッジ水準が変化する制約のないポートフォリオである。式 (8.05a) 〜式 (8.05d)

のいずれかを満たすEの値が制約のない幾何的最適ポートフォリオを生み出すEの値になる。

　制約のないAHPR効率的フロンティア上のどのポートフォリオが幾何的最適ポートフォリオであるかを見つけるための別の方法は、第1ラグランジュ乗数を使う方法だ。第1ラグランジュ乗数を使えば、制約のないAHPR効率的フロンティア上の任意の点におけるポートフォリオを見つけることができる。前章で述べたように、ポートフォリオの構成比率を行対等行列を使って求める際の副産物のひとつが第1ラグランジュ乗数である。第1ラグランジュ乗数は期待リターンに対する分散の瞬間変化率の符号を逆にしたものである。したがって、第1ラグランジュ乗数が－2であるということは、その時点における分散は期待リターンが1増えるごとに2減少するという変化率で変化していたことを意味する。第1ラグランジュ乗数としてこの値を用いることで幾何的最適ポートフォリオを求めることができる。

$$L_1 = -2 \tag{8.12}$$

ただし、

L_1＝制約のないAHPR効率的フロンティア上の任意のポートフォリオの第1ラグランジュ乗数（したがって、幾何的最適ポートフォリオは、重みの合計が1という制約を設けたときに第2ラグランジュ乗数がゼロになり、制約を設けないときには第1ラグランジュ乗数が－2になるポートフォリオであるということができる。このようなポートフォリオは制約を設けないときの第2ラグランジュ乗数もゼロになる）

　これらの概念を結びつけると興味深い事実が分かってくる。**制約のない効率的フロンティア（AHPR効率的フロンティアであろうと**

GHPR効率的フロンティアであろうと）上でレバレッジを増減させたポートフォリオは、重みの合計が1.00でNICを含まない、RFR＝0から引いたCMLに対する接点ポートフォリオである。

　したがって、重みの合計が1.00で、RFR＝0から引いたCMLに対する接点ポートフォリオをまず見つけ、次にそのポートフォリオが幾何的最適ポートフォリオになる地点までレバレッジを引き上げていけば制約のない幾何的最適ポートフォリオを決定することができる。ところで、制約のあるポートフォリオを制約のない幾何的最適ポートフォリオにするためにはレバレッジはどれくらい引き上げればよいのだろうか。

　接点ポートフォリオは、制約のある効率的フロンティア（AHPR効率的フロンティア、GHPR効率的フロンティアのいずれでも構わない）上のポートフォリオで、式（8.01）で表されるシャープレシオが最大のポートフォリオ（式（8.01））であったのを覚えているだろうか。このポートフォリオのレバレッジを引き上げていくにあたり、そのポートフォリオの各要素の重みに変数qを掛ける。qの近似式は以下のとおりである。

$$q = (E - RFR) \div V \qquad (8.13)$$

ただし、
　E＝接点ポートフォリオの（算術的）期待リターン
　RFR＝無リスク利子率（この利率で金を借りることができるものとする）
　V＝接点ポートフォリオの分散

　式（8.13）は実際のオプティマルqのかなり正確な近似式である。オプティマルqの役割は実例を使って説明しよう。われわれの制約

のない幾何的最適ポートフォリオは以下のとおりである。

構成要素	重み
Toxio	1.025982
Incubeast	0.4900558
LA Garb	0.4024979

このポートフォリオのAHPRは1.245694で、分散は0.2456941である。簡単にするため、これ以降はRFR＝0と仮定する（ちなみに、このポートフォリオのシャープレシオ（(AHPR－1)－RFR）÷SDは0.49568である）。

行列にこれらのリターン、分散、相関係数として同じ値を入力して、重みの合計が1.00でNICを含まないときの、RFR＝0から引いたCMLに接する接点ポートフォリオを求めると、次のポートフォリオが得られる。

構成要素	重み
Toxico	0.5344908
Incubeast	0.2552975
LA Garb	0.2102117

この接点ポートフォリオのAHPRは1.128、分散は0.066683、シャープレシオは0.49568である。興味深いことに、**接点ポートフォリオ、つまり重みの合計が1.00でNICを含まないポートフォリオのシャープレシオは、制約のない幾何的最適ポートフォリオのシャープレシオに一致する**。

AHPRから1を引くと、ポートフォリオの算術平均リターンが得られる。つまり、制約のある接点ポートフォリオに対して、制約のない幾何的最適ポートフォリオのリターンと同じリターンを得るためには、制約のある接点ポートフォリオに1.9195を掛けなければならないこと

が分かる。

0.245694 ÷ 0.128 = 1.9195

したがって、制約のある接点ポートフォリオの各構成要素の重みに1.9195をかければ、制約のない幾何的最適ポートフォリオが得られる。

構成要素	重み	重み×1.9195
Toxico	0.5344908	1.025955
Incubeast	0.2552975	0.4900436
LA Garb	0.2102117	0.4035013

1.9195という数字は制約のない幾何的最適ポートフォリオのリターンを制約のある接点ポートフォリオのリターンで割ったものである。しかし通常は、制約のある接点ポートフォリオしか分かっていない状態で制約のない幾何的最適ポートフォリオを求めるというのが一般的である。そこで登場するのが先ほどのオプティマル q である（Latane, Henry, Donald Tuttle, "Criteria for Portfolio Building," Journal of Finance 22, September 1967, pp.362-363)。RFR = 0 と仮定すると、制約のある接点ポートフォリオのオプティマル q は以下のように計算できる。

$$q = (E - RFR) \div V$$
$$= (0.128 - 0) \div 0.066683$$
$$= 1.919529715$$

RFRに関する注意点をいくつか述べておこう。まず第一に、先物を扱うときには必ずRFR = 0 と仮定しなければならない。ポートフォリオのレバレッジを上げたり下げたりするのに実際に金を貸し借り

するわけではないので、RFR＝0と仮定するのが妥当である。しかし、株式の場合は話は別である。用いるRFRの値はこうした事実を踏まえたうえで決めなければならない。しかし、あなたが用いるレバレッジの値においてはRFR＝0以外を想定する必要はおそらくはないだろう。

　ポートフォリオのAHPRと分散は、通常はポートフォリオの構成要素の日々のHPRから計算することが多い。そういった場合は、RFRは年利から日歩に換算しなおす必要がある。やり方はいたって簡単で、まず年利が**実効年利**であることを確認する。金利は通常は年利で表示されるが、**名目年利**で表示されることも多いからである。1年間に得られる利息は、1年複利よりも半年複利、四半期複利等のほうが多くなる（名目金利は1年複利がベース）。複利が1年よりも短い期間で実施される場合、実効年利は名目年利から算出することができる。われわれが計算に用いるのは実効年利である。名目年利から実効年利への変換式は以下のとおりである。

$$E = (1 + R \div M)^M - 1 \tag{8.14}$$

ただし、
E＝実効年利
R＝名目年利
M＝1年間で複利が実施される回数

　例えば、名目年利が9％で、月次で複利が実施される場合、実効年利は以下のように計算できる。

$$E = (1 + 0.09 \div 12)^{12} - 1$$
$$ = (1 + 0.0075)^{12} - 1$$

$$= 1.0075^{12} - 1$$
$$= 1.093806898 - 1$$
$$= 0.093806898$$

したがって、実効年利は9.38％をやや上回る。HPRをウイークデイベースで計算する場合、ウイークデイは１年間に平均で365.2425÷7×5＝260.8875日あるので、0.093806898を260.8875で割ると日次のRFRは0.0003595683887になる。

ポートフォリオのレベレッジを上げるために実際に利息を支払い、制約のある接点ポートフォリオから制約のない幾何的最適ポートフォリオを求めるには、RFRの値をシャープレシオの式（8.01）とオプティマル q の式（8.13）に代入すればよい。

それでは議論を締めくくろう。ポートフォリオのRFRがゼロではないとしたうえで、適用可能なRFRから引いたCMPに接する制約のないポートフォリオを最初に求めることなく、幾何的最適ポートフォリオを求めるには、まず行列からスタートし、重みの合計を１よりも大きい任意の値に設定し、NICを含め、RFRがゼロよりも大きいときの制約のない幾何的最適ポートフォリオを求めればよいのだろうか。まさにそのとおりであり、NICを除く（NICの期待リターンはゼロ、あるいは算術平均HPRが1.00）各構成要素の期待リターンからRFRを引けばよい。そして行列を解けば、その解がRFRがゼロよりも大きいときの制約のない幾何的最適ポートフォリオである。

制約のない効率的フロンティアは異なるレバレッジ水準に対してただひとつに決まるので、制約のない効率的フロンティアに接するCMLを引くことは不可能である。CMLを接線として引けるのは制約のある（つまり、重みの合計が１になるということ）AHPRまたはGHPR効率的フロンティアに対してのみでり、制約のないAHPRやGHPR効率的フロンティアにはCMLを引くことはできない。

第9章
レバレッジスペースモデル

The Leverage Space Model

　1950年代にポートフォリオ構築という概念が誕生して以来、ポートフォリオ構築はポートフォリオをリスクとリターンという2つの相対するファクターの関数で表すことで最適ポートフォリオを見いだすという方法が主流であった。つまり、リターンを最大化するとともに、リスクを最小化することを目指していたわけである。このパラダイムはすでに過去のものであるが、今でも根強く残っている。

　トーマス・クーンは次のように述べている。「あるパラダイムというものが設定され、それによってより深遠なる研究が可能になったとき、それはその科学分野が将来的に大きく進歩することを示唆するものである」(Thomas S. Kuhn, "The Structure of Scientific Reduction", The University of Chicago Press, 1962)。

　ポートフォリオ構築の世界においてもこれとまったく同じことが起こった。第二次世界大戦後、ポートフォリオ構築にはそれまで欠いていた厳密な数学的定義が加えられた。それ以前は、ほかの多くの分野同様、ポートフォリオ構築も実証主義に基づく手法が主流であったが、いわゆる**近代ポートフォリオ理論（E－V理論または平均分散モデルとしても知られている）**というパラダイム（枠組み）が発表されてからは、より掘り下げた研究が行われるようになった。

　このパラダイムの最大の問題点は、最小化したいファクターである

リスクが十分に定義されていないことであった。リスクは最初はリターンの分散と定義されたが、のちに、リターンの分散は無限大になる可能性があり漠然としすぎている、リターンのバラツキは真のリスクとは言えない、非常に大きな損失がリスクである、といった論争が繰り広げられ、リスクの定義づけは混乱をきわめていった。

　無知の克服にはそれまでとはまったく異なる新しい物の見方が必要になる。

この新しい枠組みが優れているわけ

　これまでのほぼ40年にわたって、ポートフォリオ構築は縦軸をリターンとし、横軸をリスク（実際にはリスクの代理尺度）とする2次元平面で表されてきた。この2次元平面上において任意のリスクに対してリターンを最大化するか、任意のリターンに対してリスクを最小化する、というのが基本的な考え方である（**図9.1**を参照）。

　これから紹介する新しい枠組みは、ポートフォリオ構築を、リスクとリターンとが競合する2次元平面で考えるというこれまでとはまったく異なる視点に立って考えるための方法を示すものである（しかし第12章では、本章で述べる方法を使って構築したポートフォリオをドローダウンと結びつけることで、任意の「リスク」に対して真にリターンを最大化する方法について見ていく）。

　古い枠組みに比べてこの新しい枠組みが優れているのは、パラメーターとして期待リターンおよび（漠然とした）期待リターンの分散あるいはリスクの代理尺度を使わない点にある。この新しいモデルではパラメーターとして、それぞれの投資によって発生し得る**シナリオ**（リターンの実際の分布のより正確な近似）を用いる。古い枠組みで使われてきた期待リターンやその分散といった量を推定するのではなく、投資マネジャーの考え方により近い量（例えば、x％の利益が得

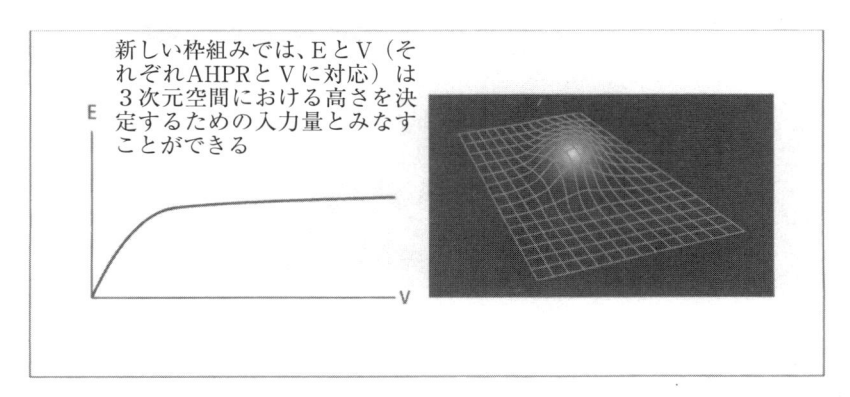

図9.1　古い枠組み（左のグラフ）と新しい枠組み（右のグラフ）

新しい枠組みでは、EとV（それぞれAHPRとVに対応）は3次元空間における高さを決定するための入力量とみなすことができる

られるか損失を被る確率がy％）をパラメーターとして用いるのである。したがって、この新しいモデルでは発生確率が非常に低い一風変わったシナリオもパラメーターとして設定することが可能になる。

具体的には、それぞれのマーケットあるいはマーケットシステム（任意の方法でトレードする任意のマーケット）ごとのシナリオ**スペクトル**をパラメーターとして入力し、複数のシナリオスペクトルを同時にトレードすると仮定したうえで、各シナリオスペクトルに対する最適配分を決定する。

すでに見てきたように、古いモデルではリターンおよびその分散だけでなく、2つのリターンの可能なかぎりの組み合わせにおける相関係数もパラメーターとして用いられている。

注意しなければならないのは最後のパラメーター――**2つのリターンの可能なかぎりの組み合わせにおける相関係数**――である。ここでまた2：1のコイン投げを考えてみよう。このゲームを単独で行うのであればオプティマルfは0.25である。

しかし、これと同じゲームを2つ同時に行ったとすると、オプティマルfは2つのゲームの間の相関係数の関数になる。

相関が＋1.0なら、1つのゲームには（0.25－x）だけ賭け、もうひとつのゲームにはx賭けるのが最適な賭け方である（ただし、x≧0、x≦＝0.25）。したがって、トータル的なエクスポージャはオプティマルfを上回ることはない（つまり、正の完全相関の場合、トータルエクスポージャはひとつのゲームのエクスポージャーを上回ることはない）。

一方、相関が－1の場合、それぞれのゲームのオプティマルfは0.5である。ネットエクスポージャは1.0（100％）になるが、相関係数が－1の場合、同時に行うゲームで両方とも負けることはない。

また、相関が0の場合、それぞれのゲームに対する最適な賭けサイズは0.23で、1プレー当たりのトータルエクスポージャは0.46である。これはゲームを1つだけ行ったときのトータルエクスポージャを上回る。つまり、口座の最適成長を目指そうとする場合、**分散投資してもリスクを減らすことはできない**ということである。分散投資すればリスクはむしろ増える。両方のゲームともに負ける確率が4分の1であったとすると、両方とも負ければ46％のドローダウンがただちに発生する（資産が46％減少）ことから、これは明らかである。

この2：1のコイン投げを同時に2ゲーム行う例からも分かるように、一般に、相関がゼロに近づくほど、オプティマルfはわずかしか緩和されなくなる。

今見ているのは二項分布に従う結果（表か裏か）の相関である。結果はランダムに発生し、人間の感情には支配されない。しかし市場価格など別のタイプの環境では、相関係数は非常に危険な性質を露呈してくる。

2つ1組の組み合わせの一方の要素のほうに大きな動きが発生すると、相関は劇的に増大する傾向がある。例えば、市場Aに大きな値動きが発生し、市場Aと市場Bの相関が増大した場合、市場Aに大きな値動きが発生した期間の市場Aと市場Cの相関も増大し、したがって

同期間における市場Bと市場Cの相関も増大する。

つまり、ある市場に大きな値動きが発生すると、その期間はどの市場も（相関係数が示す以上に）足並みをそろえて同じような動きをする、ということである。それ以外のほとんどの期間では相関係数はゼロに近づく。

具体例として次に示す市場を考えてみよう。市場はまったく種類の異なる市場をランダムに選んだ。人によって選び方は異なるだろうが、とりあえず私の選んだ市場で説明することにしよう。私が選んだ市場は、3つの商品――原油（CL）、金（GC）、トウモロコシ（C）（いずれも修正つなぎ足データを使用。こうしたデータの使用はブルース・バブコックと働いていた1985年に考案）、S&P500株価指数(SPX)、および4つの個別株――エクソン（XOM）、フォード（F）、マイクロソフト（MSFT）、ファイザー（PFE）の8つである。用いたデータは1986年1月～2006年5月のおよそ20年分のデータである。

日次データを用いたので、取引所が開いている市場と閉じている市場とが混在する日については調整を必要とした。特に2001年9月中旬の期間については調整に苦労した。

データ調整上の問題（結局、結果には大きな影響はなかった）はあったにせよ、市場で取引される2つ1組の価格間の相関係数を用いることの危険性を裏付ける結果が得られた。

それぞれの市場の価格として、日々の価格を前日の価格で割って価格変動率（前日比）として表したものを用い、各市場ごとに日々の価格の変動率の標準偏差を計算した。

次に、これら8つの市場の日々の価格の変動率の相関係数を計算した。得られた値は「ベンチマーク」として「すべての日」欄に記入した（このあとの表を参照）。古典的ポートフォリオの構築には通常この値が用いられる。

次に、あるひとつの市場の動きが3標準偏差以上の日のみの相関係

429

数と、1標準偏差以内の日(偶発的な日)のみの相関係数を計算した。

例えば、表題が「CL　3σ以上」の欄は、原油が3標準偏差以上動いた日のみの相関係数を示しており、表題が「CL　1σ以内」の欄は、原油の動きが1標準偏差以内の日のみの相関係数を示している。

原油と金の「すべての日」の相関係数は0.18168298092886612で、原油が3標準偏差以上動いた日は金も原油と同じ方向に大きく動いており、相関係数は0.6060715468257946である。

原油の動きが1標準偏差以内の「偶発的な日」では、金は原油とほぼ無関係のランダムな動きをしており、相関係数は0.08754532513257751である。

価格変動率の標準偏差の計算に用いる価格変動率の平均、および標準偏差そのものの計算には、「すべてを予見できる」という思い込みエラーを防ぐために、すべてのデータセットは用いることはせず、直近200日のローリングウィンドウを用いた。したがって、計算した標準偏差は200日ローリングウィンドウ標準偏差ということになる。最初の200日はデータ構築期間なので、実際の計算開始日は1987年10月19日である(したがって、このリサーチに用いたトレード日はトータルで4682日)。

このリサーチからは、ひとつの市場が大きく動くとほかの市場もそれにつられて大きく動き、あまり動かなければほかの市場も動かないという多数の例証が得られた。相関効果が大きくなるほど、状況は極端化する。一例として、フォード(F)とファイザー(PFE)の相関を見てみよう。これら2つの株式のすべての日を対象に計算した相関は0.15208857952056634だが、S&P500指数(SPX)が3標準偏差以上動いた日のフォードとファイザーの相関は0.7466939906546621になり、S&P500指数の動きが1標準偏差以内の日のフォードとファイザーの相関はわずか0.0253249911811074である。

トウモロコシ(C)とマイクロソフト(MSFT)の相関はどうだろ

う。すべての日を対象に計算した、これら２つの性質がまったく異なる市場間の相関は0.022097632770092066だが、金（GC）が３標準偏差以上動いた日の相関は0.24606355445287773と高く、金の動きが１標準偏差以内の日の相関は0.011571945077398543と小さくなる。

　また、負の相関についても同様の現象が見られる場合もある。例えば、金とS&P500指数の相関を見てみると、すべての日を対象に計算した相関は－0.140572093416518だが、原油が３標準偏差以上動いた日の相関は－0.49033570418986916と上昇し、原油の動きが１標準偏差以内の日は－0.10905863263068859と縮小する。

　このリサーチから明らかなのは、ひとつの市場が大きく動くと、そのほかの市場間の相関は増大し、あまり動かなければ相関は低下する、ということである。こういった傾向が見られる要因としては、ひとつにはこれらの市場がすべて米ドル建てであることが挙げられるが、これはひとつの**要因**にすぎない。要因はともかくとして、市場間の相関にこういった特徴があるという事実は、相関パラメーターは相関を最も当てにしたいときには当てにできないということを警告するものである。

　このように相関は、ある市場の動きが小さいときと、ボラティリティと動きが大きいときとでは性質が異なるため、２つの要素の連帯的な動きを見るのに相関係数を唯一のパラメーターとするのは危険であることは明らかである。

　さらに、正規分布では、平均から１σ以内に含まれるデータポイントは全体の68.26894921371％である。したがって、4682データポイントのうち3196.352データポイントは平均から１σ以内に含まれることになる。しかし、実際にはこれ以上のデータポイントが含まれることも往々にしてある。さらに正規分布では全データの99.73002039367％は平均から３σ以内に含まれる。したがって、データが３σよりも外

の領域に含まれる確率は1－0.99730020393＝0.002699797％ということになる。全4682データポイントのうち、3σよりも外の領域に含まれるデータポイントは4682×0.002699797＝12.64045データポイントであるが、このリサーチではどの市場においても3σよりも外の領域にはこれ以上のデータが含まれていた。市場価格分布は一般に「ファットテール」を持つが、このリサーチの結果はこの事実に一致している。

1σ以内に含まれるデータが予想よりも多く、3σよりも外の領域に含まれるデータも予想よりも多いということは、1σと2σの間に含まれるデータが予想よりも少ないことを意味する。今のこの議論との関連性で言えば、価格が正規分布に従う場合、相関がよりランダムになる傾向のある日は予想よりも頻繁に発生するが、相関が高く危険な日も頻繁に発生するということであり、これは従来のモデルの致命傷とも言える。

ここで再び、同時に行う2：1のコイン投げの例を考えてみよう。相関係数がゼロのとき、どの要素にも0.23賭けるのが最適な賭け方であることはすでに見てきたとおりである。しかし、相関係数がゼロというのは思い違いで、実際には例えば＋1.0だということが分かったとしたらどうなるだろうか。

このような場合、相関係数をゼロだと思い違いしたため、1プレーにつき0.46賭けることになるが、オプティマルfは0.25である。つまり、fカーブのかなり右側に偏ってしまうことになる。

このように、相関係数だけに依存すれば間違った判断をすることになる。われわれの新しいモデルでは、2つの要素の動きを表すパラメーターとして相関を唯一のパラメーターとしては使わない。新しいモデルではこの問題を**深刻な問題**としてとらえ、対処法を模索した。その結果、相関係数に代わるパラメーターとして創案されたのが、2つのシナリオが同時に発生する確率である。これは価格データの履歴から必然的に生まれた考え方である。

第9章 レバレッジスペースモデル

すべての日
(4682データポイント中、4682データポイント)

CL	GC	0.18168298092886612
CL	C	0.06008614529554469
CL	SPX	−0.06337343876830624
CL	XOM	0.12237528928675677
CL	F	−0.056071166990844516
CL	MSFT	−0.008336837297919815
CL	PFE	−0.03971512674407262
GC	C	0.07558861340485105
GC	SPX	−0.140572093416518
GC	XOM	−0.03185944850989464
GC	F	−0.07649165457662757
GC	MSFT	−0.06175684105762799
GC	PFE	−0.06573632473755334
C	SPX	0.03147493683616401
C	XOM	0.02623205260520187
C	F	0.030704335620653868
C	MSFT	0.022097632770092066
C	PFE	0.013735926438934488
SPX	XOM	0.463700373245729
SPX	F	0.44747978695133384
SPX	MSFT	0.4644715701985205
SPX	PFE	0.39712431335046133
XOM	F	0.18406887477828698
XOM	MSFT	0.17555859825807965
XOM	PFE	0.17985680973424692
F	MSFT	0.19472214174383298
F	PFE	0.15208857952056634
MSFT	PFE	0.15655275607502264

CL 3σ以上
(4682データポイント中、57データポイント)

CL	GC	0.6060715468257946
CL	C	0.16773966461586043
CL	SPX	−0.4889254290079874
CL	XOM	0.30834231052418093
CL	F	−0.4057990096591226
CL	MSFT	−0.043298612614148003
CL	PFE	−0.2862619588205237
GC	C	0.2136979555796156
GC	SPX	−0.4903357041898916
GC	XOM	−0.04638590060660794
GC	F	−0.34101700944373253
GC	MSFT	−0.04792818652129692
GC	PFE	−0.23339206379967778
C	SPX	−0.13498070111097166
C	XOM	0.1282166452534864
C	F	−0.07574638268565898
C	MSFT	−0.046367278697754616
C	PFE	0.0217178721712413 9
SPX	XOM	0.372022007741134 5
SPX	F	0.7508447148878216
SPX	MSFT	0.26583237333985554
SPX	PFE	0.5576012125272648
XOM	F	0.19597328384286486
XOM	MSFT	0.2817265916572091
XOM	PFE	0.14847216371343516
F	MSFT	0.24795671036100472
F	PFE	0.45818973137924285
MSFT	PFE	0.09703388355674258

CL 1σ以内
(4682データポイント中、3355データポイント)

CL	GC	0.08754532513257751
CL	C	0.0257566754226136
CL	SPX	0.018864830486201915
CL	XOM	0.07275446285160611
CL	F	−0.006035919250607675
CL	MSFT	0.0039040541983706815
CL	PFE	−6.725739893499835E-4
GC	C	0.07071392644936346
GC	SPX	−0.10905863263068859
GC	XOM	−0.038050306091619565
GC	F	−0.046995783946869804
GC	MSFT	−0.035463714683264834
GC	PFE	−0.06020481387795751
C	SPX	0.028262511037748024
C	XOM	0.017421211262930312
C	F	0.027058713971227104
C	MSFT	0.023756786611237552
C	PFE	0.014823926818879715
SPX	XOM	0.41388474915130574
SPX	F	0.4175520920293062
SPX	MSFT	0.4157760485443937
SPX	PFE	0.36192135400550934
XOM	F	0.16278071355175439
XOM	MSFT	0.1319530034838986
XOM	PFE	0.1477015704953524
F	MSFT	0.16753417657993877
F	PFE	0.1252262292338115 8
MSFT	PFE	0.12969188109495833

GC　3σ以上
（4682データポイント中、49データポイント）

CL	GC	0.37610799881628454
CL	C	0.013505453061135679
CL	SPX	0.4663766105812081
CL	XOM	0.1236757784439896
CL	F	0.26893323996770363
CL	MSFT	0.25074947066586095
CL	PFE	0.34522609666192644
GC	C	0.12339691398398928
GC	SPX	0.2256870226039319
GC	XOM	0.17825193598720657
GC	F	0.2932885892847866
GC	MSFT	0.0942827495583651
GC	PFE	0.08178972441698702
C	SPX	0.2589426127779489
C	XOM	0.324334753787739
C	F	0.17993600277237867
C	MSFT	0.24606355445287773
C	PFE	0.0632678902662783
SPX	XOM	0.6106538927488477
SPX	F	0.7418500480107237
SPX	MSFT	0.814073269082298
SPX	PFE	0.633315841773823
XOM	F	0.3731941584747982
XOM	MSFT	0.29680898662233957
XOM	PFE	0.5191106683884512
F	MSFT	0.5875623837594202
F	PFE	0.35514526049741935
MSFT	PFE	0.46225966739620467

C　3σ以上
（4682データポイント中、63データポイント）

CL	GC	0.09340139862063926
CL	C	0.15937424801870365
CL	SPX	0.034836945862889324
CL	XOM	0.31262202861570143
CL	F	0.0015035928633431528
CL	MSFT	-0.035100428463551
CL	PFE	-0.042790208990554315
GC	C	0.07554730971707264
GC	SPX	-0.09770624459871546
GC	XOM	-0.1178996789974603
GC	F	-0.1580599457490364
GC	MSFT	0.017408456343824652
GC	PFE	0.05711641234541667
C	SPX	0.12610050901450232
C	XOM	0.06491379177062588
C	F	0.13713180201552985
C	MSFT	0.118466909561641
C	PFE	0.07365117745748967
SPX	XOM	0.6379868873961733
SPX	F	0.6386287499447472
SPX	MSFT	0.3141265015844073
SPX	PFE	0.07148466884745952
XOM	F	0.352541750183325
XOM	MSFT	0.15822517152455984
XOM	PFE	-0.01714503647656309
F	MSFT	0.2515504291514764
F	PFE	0.17915715988166248
MSFT	PFE	4.0302517044280364E-4

GC　1σ以内
（4682データポイント中、3413データポイント）

CL	GC	0.08685001387886367
CL	C	0.03626120508953206
CL	SPX	-0.026042510508209223
CL	XOM	0.1244488722949365
CL	F	-0.03218089855875674
CL	MSFT	-0.0015484284736459364
CL	PFE	-0.023185426431743598
GC	C	0.036165047593 64234
GC	SPX	-0.1187633862400288
GC	XOM	4.506758967026326E-5
GC	F	-0.05680170397975439
GC	MSFT	-0.04749027255821666
GC	PFE	-0.05546821106288489
C	SPX	0.020548509330959506
C	XOM	0.009891493444709805
C	F	0.03164457405193553
C	MSFT	0.011571945077398543
C	PFE	0.021658621577528698
SPX	XOM	0.38127728674269895
SPX	F	0.45590991052598297
SPX	MSFT	0.4658428532832456
SPX	PFE	0.34733314433363616
XOM	F	0.15700577420431003
XOM	MSFT	0.12789055576162093
XOM	PFE	0.1226203887798495
F	MSFT	0.19737706075000538
F	PFE	0.11755272888079606
MSFT	PFE	0.13784745249948008

C　1σ以内
（4682データポイント中、3391データポイント）

CL	GC	0.17533527416024455
CL	C	0.02685883 0610224073
CL	SPX	0.0732811159519982
CL	XOM	0.1028138088787534
CL	F	-0.05102926721840804
CL	MSFT	-0.01099110090022178
CL	PFE	-0.047128710608280625
GC	C	0.0577391087166 3286
GC	SPX	0.1360779110437837
GC	XOM	-0.02099718827227882
GC	F	0.06222113210658744
GC	MSFT	-0.04966940059247658
GC	PFE	0.07413097933730392
C	SPX	-0.00883286682481027
C	XOM	-4.4357501736777734E-4
C	F	0.003482794137395384
C	MSFT	0.001127703 0286577093
C	PFE	0.006559218632362692
SPX	XOM	0.3825048808789464
SPX	F	0.41829697072918165
SPX	MSFT	0.4395087414084105
SPX	PFE	0.4980432926054 7564
XOM	F	0.1475733885968429
XOM	MSFT	0.13663720618579042
XOM	PFE	0.21209220175136173
F	MSFT	0.16502841838609542
F	PFE	0.188267473055017
MSFT	PFE	0.1868337356456869

第9章 レバレッジスペースモデル

SPX　3σ以上
（4682データポイント中、37データポイント）

CL	GC	0.262180235243967
CL	C	0.2282732831599413
CL	SPX	0.0951075990026 3809
CL	XOM	0.15585802115704978
CL	F	0.03830267479460007
CL	MSFT	0.11346892107581757
CL	PFE	0.014716269207474146
GC	C	0.2149326327219606
GC	SPX	0.2724333717672031
GC	XOM	0.20973685485328555
GC	F	0.5133205870466547
GC	MSFT	0.2718742251789026
GC	PFE	0.1537215627 8838536
C	SPX	0.2725294357044 3455
C	XOM	0.28696147861064464
C	F	0.28903764586090686
C	MSFT	0.2682496194114376
C	PFE	0.1575739360953595
SPX	XOM	0.8804915455367398
SPX	F	0.8854422072373676
SPX	MSFT	0.9353021184213065
SPX	PFE	0.8785677290825513
XOM	F	0.7720878305603963
XOM	MSFT	0.8107472671261666
XOM	PFE	0.8581109151100405
F	MSFT	0.867848932613579
F	PFE	0.7466939906546621
MSFT	PFE	0.8244864622745551

SPX　1σ以内
（4682データポイント中、3366データポイント）

CL	GC	0.1411703426148108
CL	C	0.07065326135001565
CL	SPX	0.04672042595452156
CL	XOM	0.1369231929185177
CL	F	0.03833898351928496
CL	MSFT	0.008249795822319618
CL	PFE	0.039824997750446386
GC	C	0.07487815673746215
GC	SPX	0.098702234833124
GC	XOM	0.0126749627781548
GC	F	0.025504778030182328
GC	MSFT	0.00765011591991 9071
GC	PFE	0.03409826874750128
C	SPX	0.003708524331 8329152
C	XOM	0.007681382976920977
C	F	0.01230259339362 3804
C	MSFT	0.023440459199345766
C	PFE	0.020051710510815043
SPX	XOM	0.24274905226797128
SPX	F	0.25706355236368167
SPX	MSFT	0.23491561078843676
SPX	PFE	0.22050509324437187
XOM	F	0.051567190213371944
XOM	MSFT	0.011930867235937883
XOM	PFE	0.03903218211997973
F	MSFT	0.049167377717242194
F	PFE	0.0253249911811074
MSFT	PFE	0.01813554953465995

XOM　3σ以上
（4682データポイント中、31データポイント）

CL	GC	0.08619386913767751
CL	C	0.12281769759782755
CL	SPX	0.1598136682243572
CL	XOM	0.19657554427842094
CL	F	0.20764047880440853
CL	MSFT	0.20143983941373977
CL	PFE	0.06491145921791507
GC	C	-0.3440263176542505
GC	SPX	-0.6127703828515739
GC	XOM	-0.21647163055987845
GC	F	-0.5586655697340519
GC	MSFT	-0.49757437569583096
GC	PFE	-0.6574499556463053
C	SPX	0.46950837936435447
C	XOM	0.10204725109291456
C	F	0.5528812200193067
C	MSFT	0.3962060773300878
C	PFE	0.4835629447364572
SPX	XOM	0.26560300433620926
SPX	F	0.9513940647043279
SPX	MSFT	0.951627088342409
SPX	PFE	0.9398381191 84664
XOM	F	0.2073529344817686
XOM	MSFT	0.23527599847538386
XOM	PFE	0.1587269337304879
F	MSFT	0.9093988444935664
F	PFE	0.8974023710639419
MSFT	PFE	0.8661556879321936

XOM　1σ以内
（4682データポイント中、3469データポイント）

CL	GC	0.1626123169907851
CL	C	0.06385666453921195
CL	SPX	-0.10197617432497605
CL	XOM	0.10671051194661867
CL	F	-0.06561037074518512
CL	MSFT	-0.03369575980606431
CL	PFE	-0.049704601320327516
GC	C	0.0699568184904768
GC	SPX	-0.14448139178331096
GC	XOM	-0.02183888080921421
GC	F	-0.07949839243937246
GC	MSFT	-0.06427915157699021
GC	PFE	-0.056426779255276956
C	SPX	0.002666684318 03068
C	XOM	0.008152806548151075
C	F	0.02130372788477299
C	MSFT	0.02696846819596459
C	PFE	0.023479323154123974
SPX	XOM	0.4439456452926861
SPX	F	0.410255598243555
SPX	MSFT	0.40962971140985116
SPX	PFE	0.3337542998608116
XOM	F	0.16171670346660708
XOM	MSFT	0.1522471847121916
XOM	PFE	0.14027113549516057
F	MSFT	0.1595418685080 9635
F	PFE	0.09692360471545824
MSFT	PFE	0.11103574324620878

435

F　3σ以上
（4682データポイント中、43データポイント）

CL	GC	0.27427702981787166
CL	C	−0.036710270159938795
CL	SPX	−0.05122250042406012
CL	XOM	0.019879344178947128
CL	F	−0.1619398623288661
CL	MSFT	0.06113040620102775
CL	PFE	−0.03052373880511025
GC	C	−0.2105245502328284
GC	SPX	−0.39275282180603993
GC	XOM	−0.2660521070959948
GC	F	−0.07998977703405707
GC	MSFT	−0.39045981709259187
GC	PFE	−0.15655811237828485
C	SPX	0.4394625985396639
C	XOM	0.5111084269242103
C	F	0.05517927015323412
C	MSFT	0.418713605628322
C	PFE	0.4114006944120061
SPX	XOM	0.8858315365005958
SPX	F	0.32710966702049354
SPX	MSFT	0.9438851500634157
SPX	PFE	0.842765820623699
XOM	F	0.23769276790825533
XOM	MSFT	0.8786892436047334
XOM	PFE	0.7950187695417785
F	MSFT	0.26860165851836737
F	PFE	0.2978173791782456
MSFT	PFE	0.8111631403849762

MSFT　3σ以上
（4682データポイント中、39データポイント）

CL	GC	0.05288220924874525
CL	C	0.03238866347529909
CL	SPX	0.23409424184528582
CL	XOM	0.27655163811605127
CL	F	0.21291573296289484
CL	MSFT	0.23473959359375538
CL	PFE	0.22620918949312924
GC	C	0.17132011394477453
GC	SPX	−0.27621216630360723
GC	XOM	−0.31742556492355695
GC	F	−0.39376436665709946
GC	MSFT	0.03872797470182633
GC	PFE	−0.34653065475607997
C	SPX	0.284134498584l967
C	XOM	0.2722771622858543
C	F	0.1930254456039821
C	MSFT	0.10837798889022507
C	PFE	0.24059844829500385
SPX	XOM	0.9370778598025431
SPX	F	0.9173970725342884
SPX	MSFT	0.21910290988946773
SPX	PFE	0.8750562187811304
XOM	F	0.852903525597108
XOM	MSFT	0.2832902911l5636173
XOM	PFE	0.8689912705869133
F	MSFT	0.1224603844278996
F	PFE	0.7914349481572399
MSFT	PFE	0.08342580014726039

F　1σ以内
（4682データポイント中、3513データポイント）

CL	GC	0.14512911921800759
CL	C	0.047640657886711776
CL	SPX	−0.038662740379307635
CL	XOM	0.13475499739302577
CL	F	−0.02779741081029594
CL	MSFT	0.002124836307259393
CL	PFE	−0.0346544213095382
GC	C	0.07406272080516503
GC	SPX	−0.08216193364828302
GC	XOM	0.0018927626451161
GC	F	−0.04189153921839398
GC	MSFT	−0.017734781l3621854
GC	PFE	−0.03394532760699087
C	SPX	0.00863250682585783
C	XOM	−0.0024652908939917476
C	F	0.03824383087240428
C	MSFT	0.026328712743665918
C	PFE	−0.009582466225759407
SPX	XOM	0.3300910692705658
SPX	F	0.3879282004829515
SPX	MSFT	0.37619527832248406
SPX	PFE	0.3522133339947073
XOM	F	0.12461137390050991
XOM	MSFT	0.08511094562657419
XOM	PFE	0.11899749055724199
F	MSFT	0.1291334261723857
F	PFE	0.09432105016323611
MSFT	PFE	0.10326939903567782

MSFT　1σ以内
（4682データポイント中、3788データポイント）

CL	GC	0.1780064461248614
CL	C	0.05816017421928696
CL	SPX	−0.08387058206522074
CL	XOM	0.11404112460697703
CL	F	−0.0581086900122653
CL	MSFT	−0.04785934015162996
CL	PFE	−0.04252837463155281
GC	C	0.06971353618749605
GC	SPX	−0.10854537254629587
GC	XOM	−0.02305369375053341
GC	F	−0.0433322968281354
GC	MSFT	−0.05714331580093729
GC	PFE	−0.04492680308546143
C	SPX	0.01597033368734539
C	XOM	0.01678577953312174
C	F	0.019585474298717553
C	MSFT	0.02122632581008932
C	PFE	0.01121828967048508
SPX	XOM	0.35173508501967765
SPX	F	0.3788577061068169
SPX	MSFT	0.510722761985027
SPX	PFE	0.3308252244568856
XOM	F	0.12245205070590215
XOM	MSFT	0.11855012193953615
XOM	PFE	0.112787l934860319
F	MSFT	0.18490175993452032
F	PFE	0.1035829207843917
MSFT	PFE	0.16958846505571112

2つの要素の関係を表すパラメーターとして同時発生確率を採用したことも注目に値するが、それよりも重要なのは、この新しいモデルはリターンのいかなる分布にも対応できる点である。これまでのポートフォリオ構築モデルはリターンが正規分布に従うと仮定したうえで投資結果を予測するのがほとんどであった。しかし、実際の価格分布は正規分布には従わない。つまり、正規分布を仮定するということは、実際の分布よりも両裾（極端に良い結果と極端に悪い結果）が薄くなることを意味する。したがって、これまでのモデルでは投資結果として発生する可能性のある非常に良い結果と悪い結果が過小評価される傾向があった。しかし、新しいモデルでは結果分布の裾はさまざまなシナリオで構成され、所望する確率を割り当てることができる。まだ完全に解明されていない安定パレート分布に従うリターンでさえさまざまなシナリオで特徴づけることが可能で、リターンがこういった分布に従う場合でも最適ポートフォリオを見いだすことができる。いかなる分布もシナリオスペクトルでモデル化することができる。つまり、シナリオスペクトルを用いることで、あなたの望む確率分布の形を想定することができるということである。したがって「この分布の最頻値からxだけ離れている確率」を調べる必要はなく、「これらのシナリオが起こる確率」を調べればよいだけなので非常に簡単でもある。

　この新しい枠組みは正規分布だけでなく、リターンのいかなる分布にも適用することができる。したがって、「ファットテール」を持つ実際の分布を用いることが可能になる。シナリオスペクトルはいわば分布を表現する別の方法と考えてもらえばよいだろう。

　最も重要なのは、この新しい枠組みはそれまでのものとは違って、組成よりも進行を重視する点である。つまり、レバレッジを重視するということであり、口座資産の変動に伴ってレバレッジをどう増やして（あるいは減らして）いくかを考えるということである。

　実は、レバレッジ（いくら借り入れるか）と、時間とともにレバレ

ッジをどう増やして（あるいは減らして）いくかは、実際には同じことを言っているのである。

　通常、レバレッジとは「一定の資産を保有するのにどれくらい借り入れればよいか」を意味する。例えば、１株50ドルのXYZ社の株を100株保有したいと思っている場合、購入代金として5000ドルかかる。したがって、口座資産が5000ドルに満たないとすると、いくら借り入れればよいか。これがレバレッジの元々の意味である。

　しかし、レバレッジは自分の金を借り入れる場合にも適用できる。例えば、今口座に100万ドルあったとする。そしてXYZ社の株を100株買う。XYZ社の株価が上昇する。すると購入した100株に対して利益が出る。そこで保有株を200株に増やしたいと考える。100株に対する利益は5000ドルには達していない（つまり、XYZ社の株価はまだ100ドルにはなっていない）が、とにかくもう100株買う。XYZ株（またはXYZ株を保有している期間に保有している別の株式）を将来買う（または売る）ときどういったスケジュールに基づいて買う（または売るか）のか。そのスケジュールがレバレッジである。金を借り入れるのか、自分の金を使うのか。これがこの意味におけるレバレッジである。この概念をしっかり理解しておけば、資産配分における新しい枠組みもスムーズに理解できるはずだ。

　つまり、**レバレッジ**とは、資産のなかにあるポジションを建てるときの借り入れ比率、または資産のなかにポジションの増し玉をするときにどういった**スケジュール**でそれを行うのか（金を借り入れるのか否か）を意味するものである。

　新しい枠組みの中心となる概念は**レバレッジ**であり、レバレッジは（投機）資産のなかにあるポジションを建てるときの借り入れ比率を意味することから、レバレッジの適用対象となるのは投機ビークルであることは容易に理解できるはずだ。しかし、レバレッジはポジションを増減させるときにどういったスケジュールに基づいて行うのか、

を意味するものでもあるため、そういった意味では最も保守的なものも含めたすべての資産がレバレッジの適用対象になる。結局、レバレッジはいずれの意味においてもマーケットタイミングと同じくらい重要なものである。つまり、非常に保守的な債券ファンドでさえその資産をどう増やし減らすかは、債券市場へのマーケットタイミング、つまり債券を選ぶプロセスと同じくらい重要だということである。

オプティマルfという概念は先物やオプションのトレーダーにとって重要であるばかりでなく、いかなる資産配分手法においても重要な概念であり、しかも投資ビークル間の資産配分を決める以上の意味を持つことが分かってきたはずだ。

トレーディングの世界はデリバティブの普及によって数十年前とは大きく様変わりした。デリバティブの最大の特徴はレバレッジ効果である。古い枠組み、つまり古い2次元のE－Vの枠組みはこの種の問題に十分対応することができなかった。近代のトレーディング環境において**要求されるもの**は、レバレッジ効果を重視した新しい資産配分の枠組みである。われわれの新しい枠組みはまさに今時代が求めているこの枠組みなのである。

われわれの新しい枠組みがこれまでの枠組みよりも優れているのは、レバレッジ効果を重視した枠組みだからである。新しい枠組みも資産間の最適な相対配分を教えてくれる。この点は古い枠組みと同じだが、新しい枠組みが与えてくれるものはこれだけではない。新しい枠組みはもっとダイナミックだ。資産配分増減のスケジュールが大きな効果、つまり大きなペイオフを生み出すことを教えてくれるだけでなく、どういったスケジュールに従えばどういった結果やリワードが期待できるかを示す**枠組み**、つまりマップも示してくれる。マップ上のどの位置に興味を持つかは一人ひとりのニーズや要望によって異なるだろう。ある人にとって最適なものでも別の人から見れば最適ではない場合もある。しかし、この**マップ**は何人にとっても、一定のスケジュールに

したがって物事を進めていくことで何が期待できて、何をあきらめなければならないのかを知るうえで役立つものである。これはこれまでの枠組みにはなかった。新しい枠組みとこれまでの枠組みが多くの点で異なるのはこの特徴——レバレッジスペースというマップ（ここではレバレッジは２つの意味を持つことに注意）——によるところが大きいが、この特徴だけでも、新しい枠組みをこれまでの枠組みよりも優位に立たせるのに十分である。

　新しい枠組みがこれまでの枠組みよりも優れているのは、ユーザーが自分の行動の結果を簡単に知ることができる点にある。「任意のＥに対するＶが若干高めだったらどうなるのか？」これがこれまでの枠組みである。新しい枠組みでは、３次元空間のどの高さに自分がいるのかを正確に知ることができる。つまり、どのレバレッジ水準（本書を通じてレバレッジは２つの意味を持つことに注意）で運用すれば当初資産の何倍儲けることができるのか（３次元空間のピークに対してどの高さにいるのか）を正確に知ることができるということである。あるいはどの**レバレッジ**水準で運用すれば**最小**ドローダウンはどれくらいになるのかを正確に知ることができるということである。新しい枠組みは、資産配分が自分の利益と痛みにとっていかに重要であるかを明確に示してくれるのである。

　まとめると、新しい枠組みがこれまでのリスクとリターンが競合関係にある２次元の枠組みに比べて優れているのは、新しい枠組みが、①レバレッジの**力学**に重点を置いている、②自分がこうだと思い込んだ間違った相関係数を用いる代わりにシナリオ（つまり、「ビン分割」された実際の分布）という分かりやすいパラメーターを入力量として用いている、③リターンのどういった分布にも対応できる、④自分の行動に対して期待できるリワードと結果を簡単に知ることができる——からである。

複数同時プレー

　図9.2は2：1のコイン投げの結果を示したものである。このゲームを2つ同時に行うとしよう。コインは同じものを使うものとする。さて、賭け金はいくらにすればよいだろうか。答えは2つのゲームの関係によって異なる。2つのゲームの間に相関がなければ、各ゲームで元手の23％を賭けるのが最適な賭け方である（図9.3を参照）。しかし、2つのゲームが正の完全相関の関係にある場合、各ゲームに対する最適な賭け率は12.5％になる。各ゲームで25％以上賭ければ破産する。そしてゲームの長さが長くなるほど、破産する確率は100％に近づく。

　トレードするマーケットシステムが2つ以上になると、ひとつのピークを持つ2次元のラインではなく、ひとつのピークを持つn＋1（n＝トレードするマーケットシステムの数）次元地形で考えなければならない。コインを1回投げる場合、ライン上の25％の位置にピークがあった。ゲームを1回行うこの例では、n＝1なので、ひとつのピークを持つ2（n＋1＝2）次元地形（つまり、ライン上）にわれわれはいる。このゲームを2つ同時に行えば、われわれのいる空間はひとつのピークを持つ3（n＋1＝3）次元地形のレバレッジ空間になる。2つのゲームの間の相関がゼロの場合、ひとつのゲームのピークは23％、もうひとつのゲームのピークも23％である。地形の次元数が増えてもピークはひとつしかないことに注意しよう。

　2つのゲームを同時に行う場合、3次元地形のなかで最も高い位置を探さなければならない。3つのゲームを同時に行う場合は、4次元地形のなかで最も高い位置を探さなければならない。われわれがピークを探さなければならない地形の次元はプレーしているゲーム（市場、システムなど）の数＋1である。

　プレー数が増えていくにつれてピークは高くなり、ピークと地形

図9.2　2：1のコイン投げ（40回プレーした場合）。各プレーごとに当初資産の異なるパーセンテージを賭けたときの最終資産の対当初資産倍率

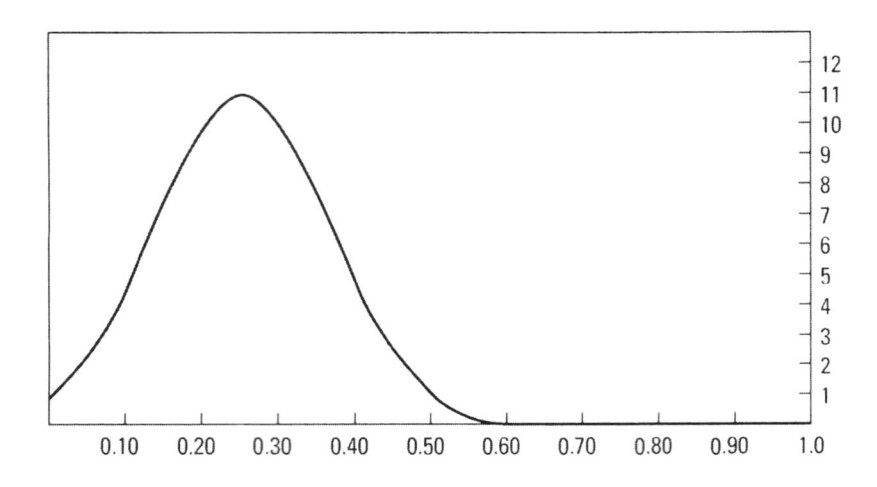

上のそのほかの地点との高度差が拡大することに注目しよう（**図9.3、図9.4、図9.5**を参照）。つまり、プレー数が増えるほど、ピークにいることとそのほかの地点にいることとの違いは大きくなるということである。これはトレードしている市場やシステムの数がいくつでも同じである。たとえトレードしている市場やシステムの数がひとつであっても変わりはない。

つまり、ピークを外せば莫大なコストを払わなければならないのである。コインを1回投げるという単純なゲームでピークを外したときにどうなったかを思い出してみよう。同時に行うプレー数が増えれば、結果はさらに悪化する。n＋1次元地形でピークを外すと、破産速度はひとつのゲームを行うときよりも速い。

この概念を知っていようがいまいが、**われわれはこの概念からは逃れられない**という事実に変わりはない。つまり、どの市場にいるどんな手法を用いているどんなトレーダーにも、必ずf値が割り当てられているということである。例えば、ひとつのマーケットシステムをト

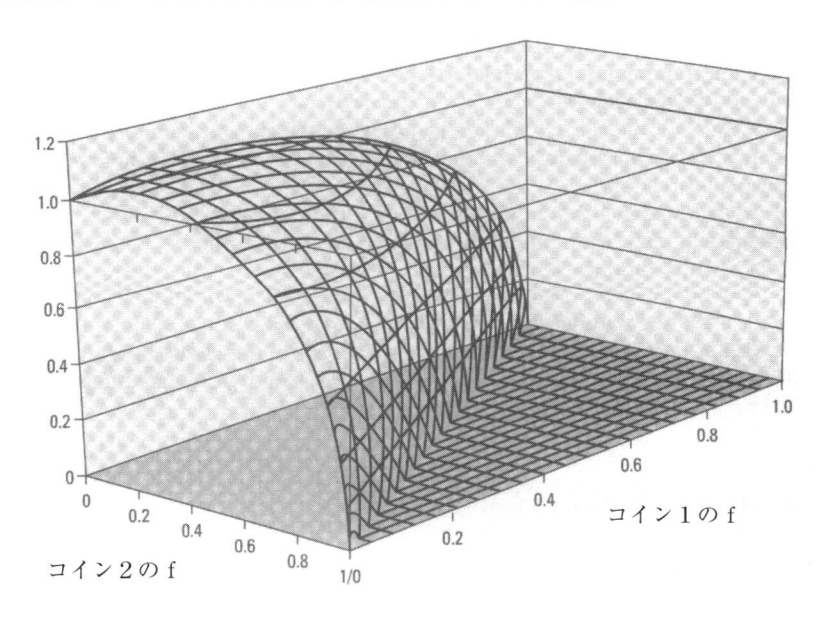

図9.3　2：1のコイン投げ（1回だけプレーした場合）

レードしている場合、そのマーケットシステムのfカーブのピークを外せば、運が良ければ、当然得られたであろう利益の一部を得ることができるが、被るドローダウンは想定したものを大幅に上回る。そして運が悪ければ、**そのシステムが大きな利益を生むシステムであっても確実に破産する。**

　そして、市場またはシステムをポートフォリオでトレードしている場合、n＋1次元空間におけるピークを外したときの影響はトレードしている市場またはシステムの数だけ増大する。

古い枠組みとの比較

　この新しい枠組みによる結果と古いE－Vの枠組みによる結果を簡

図9.4 ２：１のコイン投げ（10回プレーした場合）

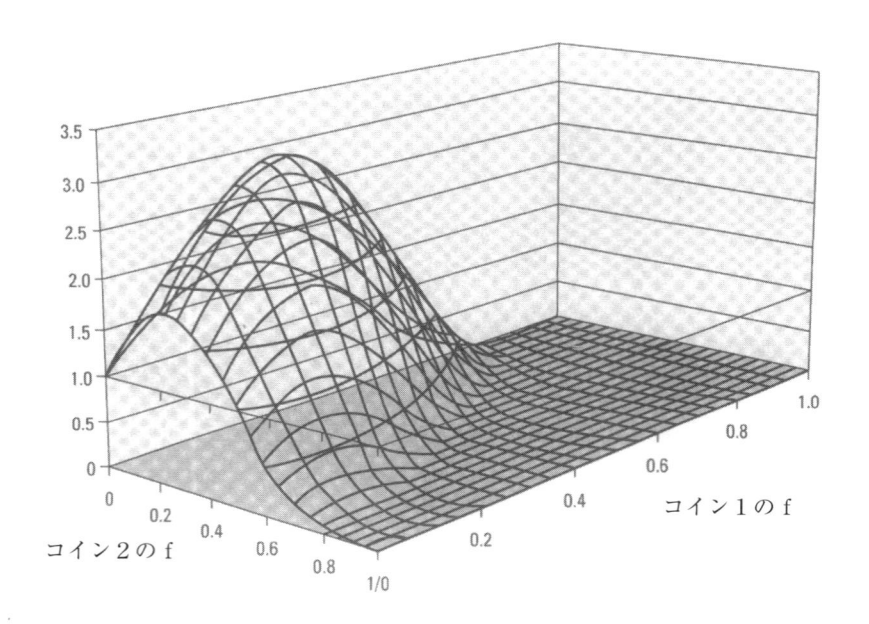

単に比較してみることにしよう。

　簡単にするため、２つのゲームを同時に行うプレーを考える。いずれのゲームもいまやお馴染みの２：１のコイン投げである。さらに、結果の２つの組み合わせにおける相関はゼロであると仮定する。新しい枠組みによれば、３次元地形（この場合、n ＋ 1 ＝ 3）におけるピークはいずれのゲームでも23％の位置にある。

　一方、古い枠組みは、結果の２つの組み合わせにおける相関は同じくゼロで、E値（平均）は0.5、V値（分散）は2.25である。したがって、いずれのゲームでも0.5賭けるのが最適な賭け方ということになる。

　これは、古い枠組みの下では、口座資産の50％ずつをそれぞれのゲームに賭けることを意味するが、レバレッジの観点では何を意味するのだろうか。ひとつのゲームの賭け金は？　もしひとつのゲームの賭

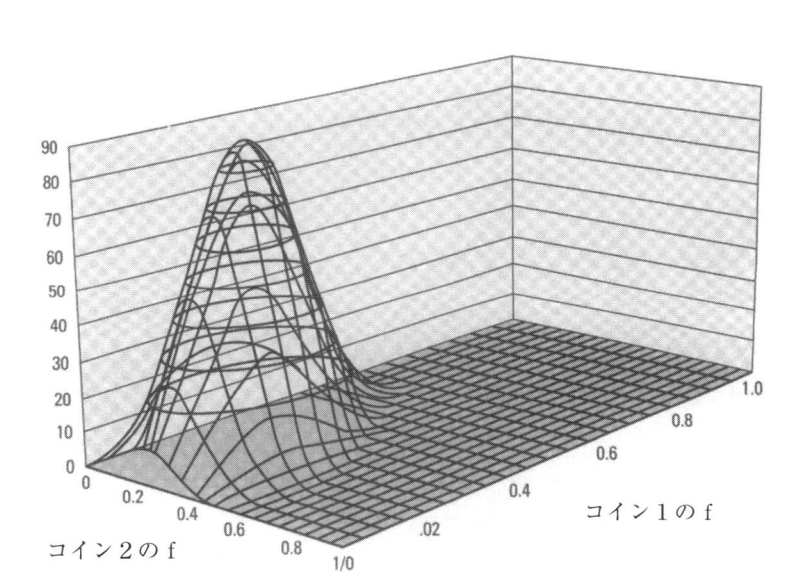

図9.5　２：１のコイン投げ（40回プレーした場合）

け金が１ドルだとすると、最大の損失額は0.5になり、最適額0.23をはるかに上回る。プレーを進めていくなかで元手を増やすにはどうすればよいのか。正しい答え、つまりレバレッジに関して数学的に最適な答えは、口座資産の0.46×0.5ということになる。古い平均分散モデルではこういったことは分からない。なぜなら古いモデルではレバレッジ（前述の２つの意味においての）については一切考慮されていないからである。古いモデルから得られる答えからは、自分がn＋１次元地形のどの位置にいるのかは分からない。また、n＋１次元地形のなかにはピークよりも重要な地点がある。詳しくは次章で見ていくが、例えば、地形内の屈曲点もピークに劣らず重要な地点である。古いE－Ｖモデルはこういったことについては何も教えてくれない。

　古いモデルが教えてくれるのは、元手の半分をそれぞれのゲームに

賭けることが、任意の分散に対して最大のリターンが得られるか、もしくは任意のリターンに対して分散を最小にすることができるという意味で**最適**であるということだけである。あなたがどれくらいのレバレッジを望んでいるのかはあなたの効用の問題、つまりあなたの個人的な選好の問題というわけである。

しかし実際にはn＋1次元地形には最適レバレッジ点というものが存在する。またこの地形内には、最適レバレッジ点だけではなく、そのほかの重要な地点も存在する。あなたがトレードするとき、あなたが知ろうと知るまいと、あなたは自動的にこの空間の住人になり、あなたのいる場所はこの空間内のどこかの位置になる。古いモデルからはこの重要な事実がすっぽり抜け落ちていた。新しいモデルはこの問題に真っ向から取り組んでいる。そしてここが最も重要な部分だが、最適ポートフォリオのなかでレバレッジを正しく使っているのか、間違った使い方をしているのかをわれわれに教えてくれる。要するに、新しい枠組みは古い枠組みよりも多くの貴重な情報を提供してくれるということである。

繰り返すが、トレーダーが2つのマーケットシステムを同時に使っている場合、最も重要なのは、彼が3次元地形内のどの位置にいるか、である。3次元地形内のどの位置にいるかは、用いるマーケットシステム、タイミング、トレーディング能力に引けを取らず重要な要素なのである。

数学的最適化

任意のパラメーター（単数または複数）に対する目的関数の最大値または最小値を求めるためのプロセスを数学的最適化という。目的関数を解くための唯一の方法が反復演算である。

数学的最適化の一例として挙げられるのが、ひとつのマーケットシ

ステムやひとつのシナリオスペクトルのオプティマルfを求めるプロセスである。この場合、数学的最適化は0から1.0まで0.01刻みにf値を増やしながらすべてのf値を試すという原始的なやり方で行わなければならないかもしれない。また、第4章で紹介した、さまざまな異なる状況下における任意のf値に対する幾何平均HPRを求めるための目的関数もこれに当たる。この関数のパラメーターはf値であり、0から1までの値を順に試しながら幾何平均HPRを求めていく。

目的関数が返してくる値と目的関数に入力したパラメーター値がn＋1次元空間におけるわれわれのいる位置の座標である。ひとつのマーケットシステムやひとつのシナリオスペクトルのオプティマルfを求めるという簡単なケースでは、n＝1なので、得られる座標値は2次元空間における座標である。座標のひとつの要素が目的関数に入力したf値で、もうひとつの要素がこのf値を入力した目的関数が返してくる値である。

4次元以上の空間を想像するのは難しいので、簡単にするためにnの値としては2を用いることにする（したがって、扱う空間は3次元空間）。この場合、目的関数が返してくる値は3次元地形における高さ、つまり**高度**である。一方のシナリオスペクトルのf値に対応するのが南北座標、もう一方のシナリオスペクトルのf値に対応するのが東西座標と考えればよいだろう。各シナリオスペクトルは任意のマーケットシステムの起こり得る結果を表したものだ。したがって、2つのマーケットシステムを同時にトレードする場合、例えば南北座標はこれこれのシステムでこれこれの市場をトレードするときのf値、東西座標は市場またはシステムの少なくともいずれか一方を変えてトレードするときのf値と考えることができる。

目的関数は任意のf値の組に対する高度を与えてくれるものである。つまり、ひとつの東西座標とひとつの南北座標で与えられる任意の点に対応する高度を与えてくれるものである。つまり、幅と奥行きが目

447

的関数に入力したf値の組で、その点における高さが目的関数が返してくる値ということである。

　1点の座標（幅、奥行き、高さ）が求まったら、次は空間のピークにできるだけ早く簡単に達することができるように目的関数に入力するf値を変更するためのサーチ手順、つまり数学的最適化を行う。

　われわれが今やろうとしているのは、n＋1次元空間における地形の設計である。なぜなら、その空間におけるピークに対応する座標が各マーケットシステムで用いるオプティマルfの値になるからである。

　この数年にわたって数多くの数学的最適化手法が編み出され、非常に精密で効率的なものも多く存在する。したがって選択肢は豊富にある。そういったなか、新しい枠組みにおいて緊急課題となっているのが、「どういった目的関数にこういった数学的最適化手法を適用すべきか」である。目的関数は資産配分のこの新しい枠組みの中枢をなすものでもあるため、最適化手法に進む前にまずは目的関数とその使い方について見ておきたいと思う。

目的関数

　われわれが最適化したい目的関数は幾何平均HPRである。これをGと呼ぶことにする。

$$G(f_1...f_n) = \left(\prod_{k=1}^{m} \text{HPR}_k\right)^{\left(1 \div \sum_{k=1}^{m} \text{Prob}_k\right)} \tag{9.01}$$

ただし、
　n＝シナリオスペクトル（またはマーケットシステムあるいはポートフォリオの構成要素）の数
　m＝異なるシナリオスペクトル（マーケットシステム）間の結果の

可能な組み合わせの数。これは各シナリオスペクトルに含まれるシナリオの数によって決まる。

　計算式は、m＝第1のスペクトルに含まれるシナリオの数×第2のスペクトルに含まれるシナリオの数×…×第nのスペクトルに含まれるシナリオの数

Prob＝任意のf値の組に対してHPRの確率を1からmまで計算した値の合計。ΣProb$_k$は任意のf値の組に対して式（9.02）のカッコ内を1からmまで計算した値の合計。

HPR＝それぞれのkに対する保有期間全体のリターン。これの計算式は次式で表される。

$$HPR_k = \left(1 + \left(\sum_{i=1}^{n}(f_i \times (-PL_{k,i} \div BL_i))\right)\right)^{Prob_k} \quad (9.02)$$

ただし、

n＝ポートフォリオを構成する要素（シナリオスペクトル、つまりマーケットシステム）の数

f_i＝要素iのf値。f_iはゼロ以上でなければならず、無限大になることもある（つまり、1.0よりも大きくなることもある）

$PL_{k,i}$＝シナリオのk番目の組み合わせに対する要素（シナリオスペクトルまたはマーケットシステム）iの結果（損益）

BL_i＝シナリオスペクトル（マーケットシステム）iのなかで最悪の結果

式GにおけるProb$_k$の推定値は次式によって求めることができる。

$$\text{Prob}_k = \left(\prod_{i=1}^{n-1}\left(\prod_{j=i+1}^{n} P(i_k, j_k)\right)\right)^{(1\div(n-1))} \tag{9.03}$$

$P(i_k, j_k)$はシナリオのk番目の組み合わせにおけるスペクトルiのシナリオとスペクトルjのシナリオが同時に発生する確率を表している。例えば、コインが3つあったとすると、それぞれのコインが変数nで表されるシナリオスペクトルを表している。また、各スペクトルにはそれぞれ2つのシナリオ（表と裏）が含まれる。したがって、変数mで表されるシナリオの可能な組み合わせの数は8（＝2×2×2）である。

式（9.01）において、変数kは取り得る値が1、2、3、…、mと**オドメータのように**増えていく。

コイン1	コイン2	コイン3	k
t	t	t	1
t	t	h	2
t	h	t	3
t	h	h	4
h	t	t	5
h	t	h	6
h	h	t	7
h	h	h	8

まず最初に一番左と真ん中のスペクトルのシナリオを最悪の値（t）に設定したら、一番右のシナリオスペクトルをそのすべてのシナリオで循環させる。これが終わったら、真ん中のシナリオスペクトルを次のシナリオに変えて、一番右のシナリオスペクトルをそのすべてのシナリオで循環させる。次に、一番左のスペクトルのシナリオを次のシナリオに変えて、同様の操作を繰り返す。この操作は車のオドメータの動作とまったく同じだ。**オドメータのように**と言ったのはこのため

第9章　レバレッジスペースモデル

である。

　したがって、P（i_k j_k）においてkが3、iが1、jが3だとすると、コイン1が裏でコイン3が裏になる確率を求めることになる。式（9.03）はn個のスペクトルで特定のシナリオが同時に発生する確率を推定するときに便利に使える。例えばシナリオスペクトルが2つだとすると、任意のkの値に対する同時確率の数は、スペクトル1とスペクトル2のシナリオの組み合わせのひとつだけである。シナリオスペクトルが3つになると、同時確率の数は3つ（スペクトル1と2、スペクトル1と3、スペクトル2と3）になり、シナリオスペクトルが4つになると、同時確率の数は6つ、シナリオスペクトルが5つだと、同時確率の数は10個になる。シナリオスペクトルがn個のときの同時確率の数は次式を使って簡単に算出することができる。

　　n!÷(n−2)!÷2＝式（9.03）の計算に用いる同時確率の数

　では、式（9.03）の使い方を数値例で見ていくことにしよう。例えば、シナリオスペクトルが3つ（A、B、Cとする）あり、各シナリオスペクトルから起こり得る結果はそれぞれ2つ（HおよびTとする）であるとしよう。われわれが求めたいのは、各スペクトル間のシナリオのすべての組み合わせにおける同時確率の積である。

　もし、n＝3、k＝1ならば、各シナリオスペクトル間のシナリオ結果がすべて裏（確率は0.5）になる同時確率の積を求めればよく、それは$((A_T,B_T) \times (A_T,C_T) \times (B_T,C_T))^{\frac{1}{(n-1)}}$で求めることができる。数値を代入すると、

$$= (0.25 \times 0.25 \times 0.25)^{\frac{1}{(3-1)}}$$
$$= 0.015625^{\frac{1}{2}}$$
$$= 0.125$$

となる。

これは非常に簡単な例で、3つの異なるシナリオスペクトル間の任意の2つのシナリオの同時確率は常に0.25になる。しかし現実世界では同時確率が常に同じ値になることはめったにない。

式（9.03）から得られる値は単なる**推定値**にすぎない。つまり、すべての要素は互いにランダムに動く、つまり任意の2つの要素の間の相関係数はゼロ、という大前提が設けられているということである。われわれは$Prob_k$を求めるのに式（9.03）を用いるが、これは発生し得る事象のうち任意の2つの事象が同時に発生する確率だけが分かっているときの、n個の事象の同時確率である（シナリオスペクトルが2つしかないときは、先ほどの前提は実際には前提ではない）。要するに、われわれが求めようとしているのは実際の同時確率の近似値ということになる。

例えば、A、B、Cという3つの状態が存在するとしよう。AとBの同時確率は0.5、AとCの同時確率は0.6、BとCの同時確率は0.1である。

しかし、AとBが同時に発生する場合、BとCが同時に発生する確率は0かもしれない（実際には0と1の間の値を取り得る）。したがって、A、B、Cの同時確率を決定するには、これら3つの状態が実際に**発生した**のはいつなのかを調べる必要がある。2つの事象が同時に発生する確率が分かっていたとしても、事象の数が3つ以下か、各2つの事象間の相関がゼロでなければ、3つの事象がすべて同時に発生する確率を推定することはできない。

3つ以上の事象の同時確率は経験的データを使って導き出すか、推定値を用いるしかない。同時確率の数が3以上、または2つの要素間の相関係数がゼロでないときには、式（9.03）は使えないが、本章のこのあとの例では説明を簡単にするために式（9.03）を実際の同時

確率の代理として**あえて**用いる。目的関数は式（9.1）および式（9.2）より次のように書くことができる。

$$G(f_1...f_n) = \left(\prod_{k=1}^{m} \left(1 + \left(\sum_{i=1}^{n} \left(f_i \times \left(\frac{-PL_{k,i}}{BL_i} \right) \right) \right) \right)^{Prob_k} \right)^{\frac{1}{\sum_{k=1}^{m} Prob_k}} \quad (9.04)$$

　これがわれわれが最大化したい目的関数であり、資産配分の新しい枠組みの要となる式でもある。つまり、n＋1次元空間において用いたf値で表される座標の**高度**、つまり幾何平均HPRを求める式ということである。この式を使えば、用いるシナリオまたはシナリオスペクトルの数がいくつであっても、**正確な**値を求めることができる。これが**レバレッジスペースモデルの目的関数**である。

　式（9.04）を見て思わずひるんだ人がいるかもしれないが、それほど恐れる必要はない。式（9.04）は式（9.1）に式（9.2）を代入してひとつにまとめただけのものであって、簡単な形の式（9.1）のほうを使えばより簡単だ。

　再び3つのコインの例に戻ろう。表が出たら2ドルもらえ、裏が出たら1ドル支払わなければならないとする。この例におけるシナリオスペクトルの数は3、つまりコイン1、コイン2、コイン3という3つのマーケットシステムである。各シナリオスペクトル、つまり各コインの持つシナリオは、表および裏という2つのシナリオである。簡単にするために、これら3つのシナリオスペクトル間の相関係数はすべてゼロであるとする。

　したがって求めなければならないのは3つの異なるf値——成長が最大になるコイン1、コイン2、コイン3のオプティマルfの組——である。つまり、幾何平均HPR（式（9.01）または式（9.04））が最大になる3つのf値の組み合わせを求めればよいわけである。3つのコインのオプティマルfはそれぞれf_1、f_2、f_3とする。

当面は用いる最適化手法については考えない。今は目的関数を解くことに集中する。何かを最適化する場合、パラメーターに初期値を与えるのが一般的なやり方である。今のこのケースにおいては、3つのf値の初期値として0.1を用いる。

　用いる式は（9.04）ではなくシンプルなほうの式（9.01）を用いることにする。まず、式（9.02）を使って、kの値を1からmまで変えながらシナリオのすべての組み合わせに対するHPRを計算し、得られたHPRをすべて掛け合わせる。式（9.02）でHPRを算出するときにはProb$_k$の値も常に記録しておく。Prob$_k$をすべて足し合わせた値（つまり、ΣProb$_k$）があとで必要になるからだ。

　まずはk＝1のとき、シナリオスペクトル1（コイン1）は裏で、そのほかの2つのシナリオスペクトル（コイン2とコイン3）も裏である。

　ここで式（9.02）を次のように書き換えよう。

$$HPR_k = (1 + C)^x \qquad (9.02a)$$

$$C = \sum_{i=1}^{n} (f_i \times (-PL_{k,i} \div BL_i))$$

$$x = \left(\prod_{i=1}^{n-1} \left(\prod_{j=i+1}^{n} P(i_k, j_k) \right) \right)^{\frac{1}{(n-1)}}$$

　この式は、ただ単に式（9.02）の指数（トラッキングすべきProb$_k$）を変数xで置き換えたものである。

　Cの値を得るには、まずシナリオのk番目の組み合わせにおけるスペクトルiのシナリオの結果の符号を逆にしたものを、そのシナリオスペクトルのなかの最悪の結果で割り、得られた値にそのシナリオス

ペクトルのf値を掛ける。この操作をすべてのシナリオスペクトルについて行い、得られた値をすべて足し合わせたものがCの値である。

　変数iは今見ているシナリオスペクトルを表す。シナリオスペクトル1の最悪の結果は裏が出ることであり、これは1ドルの損失（つまり、-1）を意味する。したがって、$BL_1 = -1$である（ほかの2つのシナリオスペクトルにおける最大損失も-1なので、BL_2もBL_3も同じく-1である）。シナリオのこのときの組み合わせにおけるスペクトル1のシナリオの結果は-1なので、スペクトル1のPLは-1である（ほかの2つのシナリオスペクトルも同じ）。今のf値は初期値0.1（ほかの2つのシナリオスペクトルも同じ）なので、Cの値は次のように計算できる。

$$C = \sum_{i=1}^{n} \left(f_i \times \left(\frac{-PL_{k,i}}{BL_i} \right) \right)$$
$$= \left(0.1 \times \left(\frac{--1}{1} \right) \right) + \left(0.1 \times \left(\frac{--1}{1} \right) \right) + \left(0.1 \times \left(\frac{--1}{1} \right) \right)$$
$$= (0.1 \times -1) + (0.1 \times -1) + (0.1 \times -1)$$
$$= -0.1 + -0.1 + -0.1$$
$$= -0.3$$

　いずれのシナリオスペクトルのPLも負数なので、その符号を逆にすると正数になることに注意しよう。

　Cの値が求まったので、次はxの値を求める。

　$P(i_k, j_k)$はシナリオのk番目の組み合わせにおけるスペクトルiのシナリオとスペクトルjのシナリオが同時に発生する確率である。今はk = 1なので、3つのスペクトルのシナリオはいずれも裏である。xの値を求めるには、スペクトル1と2のシナリオの同時確率と、スペクトル1と3のシナリオの同時確率と、スペクトル2と3のシナリオの同時確率を掛け合わせればよい。これを表にすると次のようにな

る。

i	j
1	2
1	3
2	3

スペクトルの数が4つの場合は同時確率の数は以下の表のとおり6で、これら6つの同時確率をすべて掛け合わせたものがxの値になる。

i	j
1	2
1	3
1	4
2	3
2	4
3	4

このケースの場合、同時確率はすべて0.25なので、xの値は次のように計算できる。

$$x = \left(\prod_{i=1}^{n-1}\left(\prod_{j=i+1}^{n} P(i_k, j_k)\right)\right)^{\frac{1}{(n-1)}}$$
$$= (0.25 \times 0.25 \times 0.25)^{\frac{1}{(n-1)}}$$
$$= (0.015625)^{\frac{1}{(3-1)}}$$
$$= (0.015625)^{\frac{1}{2}}$$
$$= 0.125$$

したがって、xの値は0.125である。これはk番目の組み合わせのシナリオの同時確率を表している(われわれは2つの確率変数の同時

確率を使って3つの確率変数の同時確率を求めようとしていることに注意)。

したがって、k = 1のとき、$HPR_k = 0.7^{0.125} = 0.9563949076$になる。式(9.02)より、$HPR_k$の値についてはk = 1からmまでのすべての値(今のケースでは、m = 8)を求めなければならない。k = 1から8までのHPR_kの値を計算すると次の表のような数値が得られる。

k	HPR_k	$Prob_k$
1	0.956395	0.125
2	1	0.125
3	1	0.125
4	1.033339	0.125
5	1	0.125
6	1.033339	0.125
7	1.033339	0.125
8	1.060511	0.125

$Prob_k$の値をすべて足し合わせると1になり(つまり、$\Sigma Prob_k = 1$)、HPRをすべて掛け合わせると1.119131になる。これらの値を式(9.01)に代入すると、Gの値は1.119131になる。これはf_1、f_2、f_3がそれぞれ0.1、0.1、0.1のときのGの値である。

$$G(0.1, 0.1, 0.1) = \left(\prod_{k=1}^{m} HPR_k\right)^{\frac{1}{\sum_{k=1}^{m} Prob_k}}$$

$$= (0.956395 \times 1 \times 1 \times 1.033339 \times 1 \times 1.033339 \times 1.033339 \times 1.060511)^{\frac{1}{(0.125+0.125+0.125+0.125+0.125+0.125+0.125+0.125)}}$$

$$= (1.119131)^{\frac{1}{1}}$$

$$= 1.119131$$

このプロセスをf値を変えながら繰り返して数学的最適化を行うわけだが、これを実際にやってみると、$f_1=0.21$、$f_2=0.21$、$f_3=0.21$が最適f値の組み合わせであることが分かる。このときのHPR_kおよび$Prob_k$は次の表に示す値になる。

k	HPR_k	$Prob_k$
1	0.883131	0.125
2	1	0.125
3	1	0.125
4	1.062976	0.125
5	1	0.125
6	1.062976	0.125
7	1.062976	0.125
8	1.107296	0.125

したがって、式（9.01）よりこのときのGの値は次のようになる。

$$G(0.21, 0.21, 0.21) = \left(\prod_{k=1}^{m} HPR_k\right)^{\frac{1}{\sum_{k=1}^{m} Prob_k}}$$

$$= (0.883131 \times 1 \times 1 \times 1.062976 \times 1 \times 1.062976 \times 1.062976 \times 1.107296)^{\frac{1}{(0.125+0.125+0.125+0.125+0.125+0.125+0.125+0.125)}}$$

$$= 1.174516^{\frac{1}{1}}$$

$$= 1.174516$$

f値がこの組み合わせのときにこれらのシナリオスペクトルに対するGの値は最大になる。この例は非常に簡単な例である。シナリオスペクトルはすべて等しく、すべてのシナリオ間の相関係数はゼロである。その結果、3つのシナリオスペクトルのf値はすべて0.21になっ

た。しかし現実世界ではこういったケースはめったになく、シナリオスペクトルごとにf値が異なるのが普通である。

さて、各シナリオスペクトルの最適f値が求まったので、各スペクトルにおける最大損失シナリオをそのスペクトルの最適f値の負数で割って、ドル価f値を求めることができる。例えば、最初のスペクトルであるコイン1の場合、最大損失は－1なので、これをf値の負数－0.21で割ると、コイン1のドル価fは4.761904762になる。

それでは数学的最適化の手順をまとめておこう。

1. f ($f_1...f_n$) の初期値を設定する（nはポートフォリオを構成する要素、つまりマーケットシステムまたはシナリオスペクトルの数）。fの初期値は用いる最適化手法によって異なる。
2. シナリオの組み合わせkの値を1からmまでオドメータのように変えながら、各kの値に対するHPRを算出する。このとき$Prob_k$の値も常にトラッキングするのを忘れないこと。
3. kの最後の値mまでHPRを計算し終えたら、得られたすべてのHPRを掛け合わせて、その値を、1をすべてのHPRの確率の合計で割った値で累乗する。得られた値がG（幾何平均HPR）である。
4. この幾何平均HPRはn＋1次元空間におけるひとつの**高度**を与えるものである。われわれはこの空間におけるピークを求めたいので、f値を変えながら同じプロセスを繰り返し、幾何平均HPRが最大（ピーク）になるf値の組を求める。

数学的最適化と根（解）の探求

方程式には左辺と右辺がある。左辺から右辺を引くと、あるいは右辺から左辺を引くとゼロになる。方程式を満たす（つまり、方程式の値をゼロにする）独立変数（これを根または解という）の値を求める

ことを**根（解）を求める（根または解の探求）**という。方程式の根を求める方法には**ニュートン・ラプソン法**などがある。

　（極値を持つ）最適化関数の一次導関数がゼロになるという意味では、根を求めることは数学的最適化と関係があると言えるだろう。したがって、ニュートン・ラプソン法などの根の探求法が最適化問題を解くのに使えると考えてよい（ただし、方程式の根を求めるのに最適化手法を用いる場合、パンドラの箱を空けてしまうことにもなりかねないので注意が必要）。

　しかし、われわれの関心はあくまで最適化手法であって、根を求めることそのものではない。最適化手法のなかでも最良なものが**数値計算レシピ**である。これ以降登場する最適化手法はこの数値計算レシピがベースになっている（William H. Press, Brian P. Flannery, Saul A. Teukolsky, and William T. Vetterling, "Numerical Recipes: The Art of Scientific Computing," New York: Cambridge University Press, 1986）。

最適化手法

　数学的最適化は一言で言えば次のように説明できる——１つ以上の独立変数を持つ目的関数（本書ではＧと呼んでいる）があった場合、この目的関数を最小化する（あるいは、最大化。われわれのケースは後者）独立変数の値（本書では$f_1...f_n$と呼んでいる）を求めることを数学的最適化という。最大化と最小化とは本質的には同じものである（つまり、ある人にとってのＧは別の人にとっては－Ｇになり得るということ）。

　最適化の最も原始的な方法は、パラメーターのありとあらゆる組み合わせを目的関数に代入して、最良の結果を生むパラメーターの組み合わせを見つける、という方法である。例えば、２つのコインを同時

に投げるゲームのオプティマルｆを求めたいと思っているとする。求めるオプティマルｆの値の精度は0.01だ。この場合、コイン１のオプティマルｆの値を０に固定したまま、コイン２のオプティマルｆの値を0.01、0.02……と0.01刻みで変えながら1.0になるまで目的関数を計算する。これが終わったら次はコイン１のオプティマルｆの値を0.01に変えて、前と同様にコイン２のオプティマルｆの値を0.01から1.0まで0.01刻みで変えながら目的関数を計算する。このプロセスを両方の値が1.0になるまで繰り返し行う。このケースの場合、各変数の取り得る値は101個（０から1.0まで0.01刻み）なので、変数の組み合わせの数は101×101＝10,201である。したがって目的関数は１万201回計算しなければならない。

変数の精度は0.01よりも小さくすることもできる。例えば、変数の精度を0.001にした場合、変数の可能な組み合わせの数は1001×1001＝1,002,001なので、目的関数は100万2001回計算しなければならない。さらに、変数の数を３つに増やして、変数の精度を0.001にした場合、目的関数の計算回数は10億３百万3001回（1001×1001×1001＝1,003,003,001）と、10億回以上計算しなければならない。変数がわずか３つで、変数の精度をわずか0.001にしただけでこの計算回数である。

この原始的な方法は最も堅牢な最適化手法ではあるが、あまりにも時間がかかりすぎるためほとんどのケースでは使えない。

それではこういった方法はどうだろうか。まず、第１変数の最適値を求め、次に第１変数を最適値に固定したまま第２変数の値を変えながら目的関数を計算して第２変数の最適値を求め、次に第１変数と第２変数の値を最適値に固定したまま第３変数の値を変えながら目的関数を計算して第３変数の最適値を求める。

この方法の問題点は、最適パラメーターの組はこの方法では求めることができない場合が多いという点である。第３変数の最適値を求める計算では、第１変数と第２変数は定数として扱われているところに

問題がある。こうして得られたパラメーター値の組は最適なパラメーター値の組ではなく、第1変数の最適値、第1変数が最適値のときの第2変数の最適値、そして第1変数が最適値で、第2変数は準最適値だが第1変数に干渉されると最適値になるときの第3変数の最適値にすぎない。各変数の値を変えながら最終的に最適パラメーターの組にたどり着くことは可能かもしれないが、変数が4つ以上になると、他変数の干渉を考えると気が遠くなるほどの時間がかかる。

　数学的最適化を行う方法はこれまで述べてきた2つの原始的な方法よりも優れた方法が存在する。これは現代数学のなかでも非常に面白い分野であり、ぜひとも学習することをお勧めする。何かを学習することから得られる満足感ほど心を充足させてくれるものはない。

　最大値や最小値などの極値は**全体的な**極値（真の最大値または最小値）のときもあれば、**局所的な**極値（小範囲における最大値または最小値）のときもある。独立変数の取り得る値の範囲は分からないので、全体的な極値を知ることは実際には不可能だ。取り得る値の範囲が分からなければ、局所的な極値しか知ることはできない。したがって、人々が全体的な極値のことを話しているとき、それは実際には広範囲の独立変数値に対する局所的な極値のことを言っていることが多い。

　広範囲の独立変数値に対する局所的な最大値または最小値を求める方法は多数ある。いかなるタイプの数学的最適化においても、その極値に対して満たされなければならない**条件（制約）**を変数に設けるのが普通である。例えば、われわれのケースでは、すべての独立変数（f値）は0以上という条件が設けられている。通常は、満たさなければならない制約関数（用いている変数を含み、一定の値以上または以下の値を取る関数）を設定する。制約付き最適化のなかでもよく発達した方法が**シンプレックス法**などの**線形計画法**であるが、この方法は最適化対象の関数と制約関数が線形式（1次多項式）のときにしか使えない。

数学的最適化手法をカテゴリー別および用いる適切なテクニック別に分類すると次のようになる。

1. 1変数（2次元）目的関数対多変数（3次元以上）目的関数
2. 線形法対非線形法。前述したように、最適化対象の関数と制約関数が1次式（次数が1よりも大きい項を含まない）の場合、極値を求めるよく発達した方法は多数ある。
3. 導関数。数学的最適化手法のなかには、目的関数の1次導関数の計算が必要になる方法もある。多変数の場合、1次導関数は**傾き**と呼ばれるベクトル量。
4. 計算効率。極値をできるだけ敏速に（つまり、計算量が少ないということ）かつ簡単に（導関数の計算が必要な方法において考慮すべきこと）求めたいのであれば、コンピューターの使用メモリーをできるだけ少なくする。
5. 堅牢さ。あなたが求めたいのは、全体的な極値の代理として使える、広範囲のパラメーター値に対する局地的極値である。したがって、この範囲内に2つ以上の極値が存在する場合、小さいほうの極値を極値として選びたくはないはずだ。

われわれが関心があるのは多次元のケースのみ、つまり、2つ以上の変数（シナリオの組が2つ以上）を扱う最適化アルゴリズムのみである。**ただひとつのf値を求める場合、つまりひとつのマーケットシステムまたはひとつのシナリオの組のf値を求める場合、『ポートフォリオ・マネージメント・フォーミュラズ（Portfolio Management Formulas）』の第4章で述べた放物線補間法が最も早く最も効率的な方法である。**

多次元のケースを扱うアルゴリズムには優れたものが数多く存在するが、残念ながら完璧なものはない。扱う問題のタイプによって、向

くものと向かないものとがある。結局、どの多次元最適化手法を用いるかは個人の好みによるところが大きい（ただし、選んだ最適化手法を実行するのに十分な能力のコンピューター機器を持っているものとする）。

多次元手法は大きく5つのカテゴリーに分類される。

ひとつ目が、**山登りシンプレックス法**である。計算量が多い場合、この方法は最も非効率的な方法かもしれないが、簡単で1次偏導関数の計算が不要というメリットはある。しかし残念ながら、この方法はあまり速い方法とは言えず、n^2オーダーという莫大な量のコンピューターメモリーを必要とする。

2番目の方法は**方向集合法**で、**直線探索法**あるいは**共役方向法**ともいう。この方法のなかで最も有名なのが各種パウエル法である。この方法は速さの点では山登りシンプレックス法（前述した線形関数のためのシンプレックス法と混同しないように）よりも効率的であり、1次偏導関数の計算も不要だが、山登りシンプレックス法と同じくn^2オーダーという莫大な量のメモリーを必要とする。

3つ目が**共役勾配法**で、最も有名なのがフレッチャー・リーブズ法とそれと密接な関係にあるポラック・リビエール法である。速度と使用メモリー（必要メモリー量は$n \times x$オーダー）の点では最も優れた方法だが、1次偏導関数の計算を必要とする。

4つ目の方法が**準ニュートン法**で、**可変計量法**ともいう。ダビッドソン・フレッチャー・パウエル（DFP）アルゴリズムおよびブロイデン・フレッチャー・ゴールドファーブ・シャノ（BFGS）アルゴリズムがこのカテゴリーに含まれる。共役勾配法と同様、これらの方法は1次偏導関数の計算を必要とし、極値に敏速に収束するが、n^2オーダーという莫大な量のメモリーを必要とする。しかし、歴史が長く、広く普及し、資料が豊富という点では共役勾配法に勝る。

そして5番目の方法が**自然シミュレーション**である。自然界に見

られる現象をシミュレートすることで極値を求めるというこの方法は、自然が持つと考えられている極値探求性を利用したもので、ほかの4つのカテゴリーに比べるとはるかに興味をそそられる方法である。このカテゴリーに属する方法には、適者生存プロセスを通じて極値を求める**遺伝的アルゴリズム**と、結晶化過程をシミュレートすることで極値を求める**擬似焼きなまし法**とがある。焼きなまし法という言葉は、結晶の温度を下げていくことで系のエネルギー状態を最小にする工学の焼きなましから来ている。この方法は最も堅牢な方法で、局地的極値に陥ることがなく、非常に複雑な問題を解くのに適している。しかし、速度の点では必ずしも効率的とはいえない。最も新しい方法で、未知の部分も多い。

これらのうちどのアルゴリズムを用いてもよいが、私が最も好むのは遺伝的アルゴリズムである。すべての変数の組み合わせを計算するという原始的な方法を除き、最も堅牢なアルゴリズムだからだ。

これまで多くの最適化問題を解くのに適用されてきたのは**汎用的**最適化・検索手法である。この手法は厄介な非線形問題にも対応できるという性質をもつため、ニューラルネットワークに用いられることも多い。また、勾配情報を必要としないため、不連続関数、経験的関数、解析関数にも適用することができる。

このアルゴリズムはニューラルネットワークに用いられることが多いが、用途はこれだけではなく、n + 1次元地形における最適点の探索テクニックとしても用いることができる。

遺伝的アルゴリズム

このアルゴリズムのメカニズムを簡単に説明すると、まず候補解を選び出し、その候補解を目的関数に入力したときの出力値の適合度に基づいて候補解をランク付けする。自然淘汰と同じように、最も適合

度の高い解が**親解**として生き残り、その親解の性質を受け継ぐ新しい世代の候補解を生成する。母集団の平均的な適合度は何世代にもわたる淘汰を経て最適値に近づく。

このアルゴリズムの最大の欠点は候補解を評価・保持するのに大きな処理オーバーヘッドがかかる点である。しかし、その堅牢性と、大きな非線形問題を含む広範囲にわたる最適化問題を効果的に処理できるという性質とによって、（このアルゴリズムの持つ性質を兼ね備えたより優れたアルゴリズムが出現しないかぎり）将来的にはこのアルゴリズムが最適化問題を解くうえでの事実上の標準アルゴリズムになることを著者は確信している。コンピューターの処理能力がますます向上し廉価になるにしたがって、遺伝的アルゴリズムの欠点である大きな処理オーバーヘッド問題もさほど気にならなくなるだろう。処理速度さえ気にしなければ、数学的最適化問題を解くのに用いるテクニックはこの遺伝的アルゴリズムが最良だろう。

遺伝的アルゴリズムの基本的な手順は以下のとおりである。

1. **遺伝子長** まず**遺伝子**の長さを決める必要がある。遺伝子とは、候補解の母集団のなかの個々の解を2進値で表したものであり、各解の値は各変数の値（つまり、各シナリオスペクトルのf値）を表す。したがって、遺伝子長をシナリオスペクトルの数の12倍と決めた場合、各変数（つまり各f値）は12ビット長の2進値で表され、各変数の取り得る値は0から4095になる。

    $2^0 + 2^1 + 2^2 + ... + 2^{11} = 4095$

    例えばシナリオスペクトルの数が3で、各シナリオスペクトルが12ビット長を持つ場合、各候補解を表す遺伝子は36ビット長（12×3＝36ビット）の2進値で表される。

数値をビットストリングで表すこのコード化では、各数値の取り得る値は整数に限定されるため、共通の除数で割れば各値は浮動小数点値として表すこともできる。したがって、共通の除数として1000を用いた場合、各値は0÷1000（＝0）から4095÷1000（＝4.095）までの数値で表されるため、各数値の精度は0.001になる。

このコード化を使って候補解をすべて2進値に変換する。

2. **初期化**　初期母集団、つまり候補解の母集団を発生させる。この第一世代の各候補解の値はランダムに決定する。母集団のサイズが大きいほど良い解が得られるが、処理時間は長くなる。

3. **目的関数の計算**　各候補解を表す2進値を10進値に戻し、この10進値を使って目的関数を計算する（シナリオスペクトルの数が2つで、各シナリオスペクトルのｆ値がＸ座標とＹ座標で表されるとするならば、3次元地形の高度、つまりＺ座標の値を与えてくれるものが目的関数）。目的関数はすべての候補解について計算し、得られた目的関数値を保存する（目的関数の値は負数であってはならない）。

4. **繁殖**

　　a．**適合度に基づくスケーリング**　得られた目的関数値をスケーリングする。手順としては、まず目的関数値のなかから最も値の小さいものを選び出し、その値をすべての目的関数値から引き、得られた値をすべて足し合わせる。次に、各目的関数値から最小の目的関数値を引いた値を先ほどの和で割る。得られた値が、各候補解の適合度を0から1までの間の数値で表した値になる。すべての候補解の適合度を足し合わせた数は1.0になるはずである。

　　b．**適合度に基づく選択淘汰**　適合度を計算した目的関数を次のように並べる。例えば、第1の目的関数値の適合度が0.05、第2の目的関数値の適合度が0.1、第3の目的関数値の適合

度が0.08だとすると、選択淘汰を行うに当たり、これら3つの目的関数値に対して次のような値（適合度の合計に占める各候補解の適合度の割合。選択される確率）を設定する。

第1候補解　　0〜0.05
第2候補解　　0.05〜0.15
第3候補解　　0.15〜0.23

この操作を最後の候補解の上限が1.0になるまで行う。

次に、用いた選択淘汰法に基づき0と1の間で2つの乱数を発生させる。発生させた2つの乱数が次世代の候補解を生み出す2つの親になる。親は次世代の候補解ひとつにつき1組生成する。

c．**交叉（組み換え）**　第1の親の第1ビットを子の第1ビットに複写する。各ビットを複写するとき、同時に乱数を発生させる。その乱数が交叉確率÷遺伝子長以下のとき、次のビットからは第2の親のビットを複写する。したがって、例えばシナリオスペクトルの数が3で、各変数が12ビットの2進値で表される場合、遺伝子長は36である。交叉確率として0.6を用いるとすると、乱数が0.6÷36、つまり0.01667以下であれば、次のビットからは第2の親のビットから複写することになる。こうして親のすべてのビットを子に複写する。この操作を新世代の候補解のすべてに対して行う。

通常、交叉確率としては0.6から0.9の間の数値が用いられる。交叉確率が0.9の場合、生成された新世代の子が組み換えによるものである確率が90％、一方の親のレプリカント（完全コピー）である確率が10％であることを意味する。

d．**突然変異**　親から子に各ビットを複写するとき、第2の乱数も発生させる。この乱数が突然変異率よりも小さい場合、そのビットの0と1を入れ換える。したがって、例えばその位置の親のビ

ットが0であれば、子のビットは1になり、1であれば0になる。突然変異は母集団の多様性を維持するのに効果を発揮する。通常、突然変異率は小さな値（≦0.001）に設定する。突然変異率が大きいとランダム検索になる傾向が高くなるからだ。しかし、アルゴリズムが最適値に近づくにつれ、突然変異はますます重要性を帯びてくる。なぜなら、n＋1次元地形のような局所的な空間においては交叉では遺伝的多様性が維持できないからである。

ここまで終えたら、第3ステップに戻り、今度は次世代について同じプロセスを繰り返す。この過程で、返される目的関数値のなかで最も大きな値を持つものと対応する遺伝子を記録する。最良の目的関数値が見つかるX世代までこの操作を繰り返し、その最良の目的関数値に対応する遺伝子を解の組として用いる。

それではこの遺伝子アルゴリズムを実際にやってみよう。用いる目的関数は次の形を持つものとする。

$$Y = 1500 - (X - 15)^2$$

簡単にするため、変数はひとつだけとする。したがって、母集団の各個体はそのひとつの変数に対する2進値のみを持つ。

目的関数よって、Xの最適値は15で、そのときのYの値は1500である。変数の最適値は分からないのが普通だが、今はこのアルゴリズムの流れを説明することが目的なので、変数の最適値は分かっているものとする。

初期母集団の個体数を3とし、それぞれの個体は5ビットストリングでコード化されたランダム変数値を持つものとする。

第1世代

個体番号	X	Xの2進値	Y	適合度スコア
1	10	01010	1475	0.4751
2	0	00000	1275	0
3	13	01101	1496	0.5249

適合度に基づく選択淘汰を行った結果、第2世代の個体1に対する親として第1世代の個体1と3が選ばれた（適合度0の親2は死滅したため、その遺伝子的特徴は次世代には受け継がれない）。ランダムな交叉が4番目のビットのあとで発生したとすると、第2世代の個体1は最初の4つのビットは第1世代の個体1から受け継ぎ、残りの1つのビットは第1世代の個体3から受け継ぐことになるため、その遺伝子コードは01011になる。

次に、第2世代の個体2の親も同じく第1世代の個体1と3が選ばれたとする。交叉は最初のビットと3番目のビットのあとでのみ発生する。したがって、第2世代の個体2は最初のビットは第1世代の個体1から受け継ぎ、2番目と3番目のビットは第1世代の個体3から受け継ぎ、最後の2つのビットは第1世代の個体1から受け継ぐため、その遺伝子コードは01110になる。

次に第2世代の個体3の親だが、これは2つとも第1世代の個体1が選ばれた。したがって、第2世代の個体3は第1世代の個体1の完全コピーになるため、遺伝子コードは01010になる。

第2世代

個体番号	X	Xの2進値
1	11	01011
2	14	01110
3	10	01010

突然変異によって、個体1の3番目のビットが反転した。こうして最終的に得られた値が目的関数の評価に用いられる。

第2世代

個体番号	X	Xの2進値	Y	適合度スコア
1	15	01111	1500	0.5102
2	14	01110	1499	0.4898
3	10	01010	1475	0

2世代後にYの平均値が上昇、つまり進化していることに注目しよう。

遺伝的アルゴリズムに関する注意点

一般に、最も強い個体の遺伝子コードをそっくりそのまま次世代に受け継いだほうが有利な結果を生むことが多い。そうすることで、良い解の組が確実に得られるだけでなく、アルゴリズムの進行も速まる。この場合、遺伝子的多様性を維持するためには交叉確率と突然変異率の値を上げればよい。例えば、交叉確率の値として2、突然変異率の値として0.05を用い、最も適合度の高い個体を次々と次世代に受け継げば、ランダム検索に陥ることなく解への収束速度を上げることができる。

また母集団のサイズが無限大に近づくにつれ、つまり、母集団のサイズが大きくなるほど、得られる解の精度は上がる。また、世代数も無限大に近づくにつれ、つまり、第3ステップ以降の操作を繰り返す世代数が大きくなるほど、得られる解の精度は上がる。ただし、母集団のサイズと世代数が増えれば、計算に時間がかかる。

遺伝的アルゴリズムは時間集約的にすることも可能だ。シナリオス

ペクトルの数が増えるほど、また各スペクトルに含まれるシナリオ数が増えるほど、必要な処理時間は幾何学的に増大する。したがって、シナリオスペクトルの数や各スペクトルに含まれるシナリオ数は自分の時間的制約を考慮したうえで対処可能な数に抑えたほうがよいだろう。遺伝的アルゴリズムが特に有効なのは、これから第12章で見ていくように、レバレッジスペースの地形が不連続な場合である。

最適ポートフォリオを決定したら、つまり、ｆ値の組を決定できたら、各ｆ値を対応するシナリオスペクトルのなかの最大損失で割った値がそのシナリオスペクトルのドル価ｆ値である。これは、前の章で最適ポートフォリオにおけるトレード枚数を決定するのに行ったこととまるっきり同じである。

第10章
レバレッジスペース・ポートフォリオの幾何学
The Geometry of Leverage Space Portfolios

　何人もどこかのf値の位置にいる。それと同時に、何人もレバレッジスペースのどこかの位置にいる。彼らが気づいていようといまいと、この事実に変わりはなく、自分のいるf値とレバレッジスペースにおける位置とによって結果が大きく左右されるという事実から、何人も逃れることはできない。

希薄化

　最適配分をフルに使ってポートフォリオをトレーディングすれば、ポートフォリオ全体の、資産の減少率で見たドローダウンは莫大なものになる可能性もある。

　ブルーチップ銘柄で構成されたポートフォリオといえども、幾何的最適ポートフォリオ水準でトレードすれば、ドローダウンは莫大なものになるだろう。しかし、分散（リスク）に対する潜在的な幾何的利益を最大化し、最短時間で目標を達成するためには、これらのブルーチップ銘柄はそれぞれの幾何的最適ポートフォリオ水準でトレードしなければならない。こういった観点から見ると、ブルーチップ銘柄をトレードするのはポークベリーをトレードするのとリスク度はさほど変わらず、ポークベリーをトレードするのはブルーチップ銘柄をトレ

ードするの同じくらい保守的ということになる。同じことは、商品や債券のポートフォリオについても言える。

　通常、投資家たちは意識的あるいは無意識的に希薄化という操作を行っている。例えば、あるポートフォリオのある構成要素の＄ｆが2500ドルだとしよう。以前の章で述べたように、いかなるポジションにもｆ値を割り当てることができるため、資産カーブを平滑化しドローダウンを抑えるために意識的にハーフｆ（つまり、資産5000ドル当たり1枚）でトレードしている場合もあれば、無意識的にハーフｆでトレードしている場合もある、ということである。人々がよく用いる資産配分方法は、資産を2つのサブ口座――アクティブな口座と非アクティブな口座――に分割するというものだ。これは実際に口座を2つ持つという意味ではなく、ひとつの口座を仮想的に2つの勘定に分けることを意味する。

　それではこのテクニックを詳しく説明しよう。まず、オプティマルｆの当初分割割合を決める。例えば、最初、口座をハーフｆ水準で運用したいと思っていたとすると、当初分割割合は0.5（当初分割割合は0よりも大きく1よりも小さい値でなければならない）である。つまり、全資産の50％を非アクティブな口座に入れ、残りの50％をアクティブな口座に入れるということである。当初資産が10万ドルだとすると、非アクティブな口座は5万ドル、アクティブな口座も5万ドルになる。トレード量（何単位トレードするか）を決めるのに用いるサブ口座はアクティブな口座である。繰り返すが、サブ口座は資産をより効果的に運用するためにひとつの口座を仮想的に分割したものにすぎない。このテクニックでは常にフルオプティマルｆを使う。資産の変動が反映されるのはアクティブな口座である。したがって、口座の総資産（未決済ポジションを値洗いし、決済済み資産に値洗いした未決済ポジションを加算したもの）を毎日チェックし、そこから非アクティブな口座（この口座は不変）を差し引いてアクティブな口座を計

算する必要がある。こうして計算したアクティブな口座を基にフルｆでトレードする単位数を算出する。

　例えば、マーケットシステムＡのオプティマルｆが口座資産2500ドルにつき１枚トレードすることであるとすると、１日目のアクティブな口座は５万ドルなので、トレードする単位数は20単位である。ハーフｆ戦略を用いている場合、１日目にトレードする単位数は同じく20単位である。ハーフｆでは口座資産5000ドル（2500ドル÷0.5）につき１単位トレードするのが最適トレードであり、トレードする単位数は全資産10万ドルを5000ドルで割って算出するからである。したがって、ハーフｆ戦略でも１日目のトレード単位数はフルｆ戦略と同じく20単位ということになる。

　しかし、トレード単位数は口座資産の変動に伴って変化する。１日目に5000ドル儲けたとすると、口座総資産は10万5000ドルに増える。したがって、２日目のトレード単位数はハーフｆ戦略では21単位になる。しかし、資産分割テクニックでは、口座総資産10万5000ドルから非アクティブな口座の５万ドルを差し引くので、アクティブな口座は５万5000ドルである。フルｆ戦略では口座資産2500ドルにつき１単位トレードするので、トレード単位数は22単位になる。

　損失を出した場合も手順は同じだが、この場合、分割ｆ戦略よりも資産分割テクニックのほうがトレードできる単位数は急速に減少する。例えば、１日目に5000ドルの損失を出したとすると、口座総資産は９万5000ドルに減少する。分割ｆ戦略では、２日目のトレード単位数は19単位（９万5000ドル÷5000ドル）だが、資産分割テクニックではアクティブな口座には４万5000ドルしかないため、トレード単位数は18単位（４万5000ドル÷2500ドル）になる。

　資産分割テクニックでは、資産の変動に伴ってオプティマルｆの分割割合が変化することに注意しよう。資産分割テクニックではまず最初に用いるオプティマルｆの分割割合を決める。今の例では、オプテ

ィマルfの当初分割割合として0.5を使った。資産が増えると、このオプティマルfの分割割合も増え、資産が無限大になると1に近づく。一方、資産が減ると、オプティマルfの分割割合も減少し、口座資産が非アクティブな口座に等しくなったときオプティマルfの割合は0になる。つまり、資産分割テクニックには保険が内蔵されているということであり、これはこのテクニックの最大の強みである。これについては本章でこのあと詳しく説明する。

資産分割テクニックではオプティマルfの分割割合が資産の変動に伴って変化するため、分割割合が不変の分割f戦略(これを**静的**分割f戦略と呼ぶ)に対して、**動的**分割f戦略と呼ぶことにする。

動的分割f戦略は口座資産(ただし、最初の口座サイズはアクティブな口座に等しい)をフルオプティマルfでトレードするのと同じである。

したがって、幾何的最適ポートフォリオの希薄化方法には2通りある。静的分割fでトレードするか、動的分割fでトレードするかである。これら2つの方法は関連性はあるものの、異なるものである。どちらがベストな方法なのだろうか。

まず、n個のシナリオスペクトルをそれぞれのf値($f_1...f_n$)で同時にトレードするときの算術平均HPRとその分散を求める。

$$\mathrm{AHPR}(f_1...f_n) = \frac{\sum_{k=1}^{m}\left[\left(1 + \sum_{i=1}^{n}\left(f_i \times \left(\frac{-\mathrm{PL}_{k,i}}{\mathrm{BL}_i}\right)\right)\right) \times \mathrm{Prob}_k\right]}{\sum_{k=1}^{m}\mathrm{Prob}_k} \quad (10.01)$$

ただし、

n = シナリオスペクトル(またはマーケットシステムあるいはポー

トフォリオの構成要素）の数

m ＝ 異なるシナリオスペクトル（マーケットシステム）間の結果の可能な組み合わせの数。これは各シナリオスペクトルに含まれるシナリオの数によって決まる。計算式は、m＝第1のスペクトルに含まれるシナリオの数×第2のスペクトルに含まれるシナリオの数×…×第nのスペクトルに含まれるシナリオの数

Prob＝任意のf値の組に対してHPRの確率を1からmまで計算した値の合計。ΣProb_kは任意のf値の組に対して式（9.02）のカッコ内を1からmまで計算した値の合計。

f_i＝要素iのf値。f_iはゼロ以上でなければならず、無限大になることもある（つまり、1.0よりも大きくなることもある）

$PL_{k,i}$＝シナリオのk番目の組み合わせに対する要素（シナリオスペクトルまたはマーケットシステム）iの結果（損益）

BL_i＝シナリオスペクトル（マーケットシステム）iのなかで最悪の結果

Prob_kは式（9.03）に等しい。

つまり、式（10.1）は各HPRの係数にその確率を掛けたものを1からmまで合計し、それを確率の合計で割ったものである。

任意のf値で同時にトレードしている複数のシナリオスペクトルの組に対するHPRの分散は、まずは次に示すHPRの**未調整係数**

$$\text{HPRの未調整係数}_k = 1 + \sum_{i=1}^{n} \left(f_i \times \left(\frac{-PL_{k,i}}{BL_i} \right) \right) \quad (10.02)$$

を、k＝1からk＝mまで計算し、それらを合計したものを平均し

て未調整係数算術平均を計算する。

$$未調整係数算術平均 = \frac{\sum_{k=1}^{m} 未調整係数_k}{m} \qquad (10.03)$$

すると、分散Vは次式で求めることができる。

$$V = \frac{\sum_{k=1}^{m} (未調整係数_k - 未調整係数算術平均)^2 \times Prob_k}{\sum_{k=1}^{m} Prob_k} \qquad (10.04)$$

ただし、前述のように$Prob_k$は式（9.03）で求めることができる。

AHPRと任意のf水準（例えば、オプティマルf水準）における分散が分かっているとき、これらの値は一定の希薄化水準における数値（FRACと呼ぶことにする）に変換することができる。また、この直角三角形の2つの辺に相当するこれら2つの値が分かれば、残りのひとつの辺、つまりその希薄化水準における推定幾何平均HPRも算出することができる。希薄化AHPR（FAHPRと呼ぶ）、希薄化標準偏差（分散の平方根を取ったもの。FSDと呼ぶ）、および希薄化幾何平均HPR（FGHPRと呼ぶ）の計算式は以下のとおりである。

$$FAHPR = (AHPR - 1) \times FRAC + 1$$
$$FSD = SD \times FRAC$$
$$FGHPR = \sqrt{FAHPR^2 - FSD^2}$$

ただし、
FRAC＝われわれが求めようとしているオプティマルfの分割割合

AHPR＝オプティマルfにおける算術平均HPR
SD＝オプティマルfにおけるHPRの標準偏差
FAHPR＝分割fにおける算術平均HPR
FSD＝分割fにおけるHPRの標準偏差
FGHPR＝分割fにおける幾何平均HPR

AHPRが1.0265のシステムがあったとしよう。HPRの標準偏差は0.1211（式（10.04）で計算した分散の平方根を取ったもの）である。したがって、推定幾何平均は1.019である。静的分割fの値として0.2および0.1を用いたとすると、次の表に示した結果が得られる。

	フルf	0.2f	0.1f
AHPR	1.0265	1.0053	1.00265
SD	0.1211	0.02422	0.01211
GHPR	1.01933	1.005	1.002577

もうひとつ役に立つ式を示しておこう。これは第５章で出てきた特定の目標値に達するまでにかかる推定時間の式である。

T＝ln(目標値)÷ln(幾何平均)　　　　　　　　　　（5.07の再掲）

ただし、
T＝特定の目標に達するまでに必要なトレード回数
目標値＝当初資産の倍率で見た目標値。つまりTWR
ln()＝自然対数関数

それでは、幾何平均が1.005の0.2静的分割f戦略と、１日の幾何平均が1.01933の0.2動的分割f戦略（最初のアクティブな資産が全資産の20％）とを比べてみることにしよう。静的分割f戦略の場合、当初

資産が2倍になるまでにかかる時間（幾何平均が日次なので日数）は式（5.07）より以下のように計算できる。

$$\frac{\ln(2)}{\ln(1.005)} = 138.9757$$

動的分割f戦略の場合、目標値は2ではなく6になる。アクティブな資産は全資産の20％なので、全資産が10万ドルだとすると、当初のアクティブな資産は2万ドルである。非アクティブな資産は8万ドルのまま変わらないので、当初資産としての全資産を2倍の20万ドルにするには、アクティブな資産は12万ドルに増えなければならない。これはつまりTWRが6になることを意味する。したがって、0.2動的分割fの場合、当初資産が2倍になるのにかかる推定時間は次のようになる。

$$\frac{\ln(6)}{\ln(1.01933)} = 93.58622$$

以上より、当初資産が2倍になるのにかかる推定時間は、動的分割f戦略では93日、静的分割f戦略では138日ということになる。

次に、0.1分割fの場合を見てみよう。静的分割戦略の場合、当初資産を2倍にするのに必要な推定日数は以下とおりである。

$$\frac{\ln(2)}{\ln(1.002577)} = 269.3209$$

一方、動的分割fの場合は、当初のアクティブな資産は全資産の10％なので、TWRは11になる。したがって、当初資産を2倍にするのにかかる推定日数は次のようになる。

$$\frac{\ln(11)}{\ln(1.01933)} = 125.2456$$

したがって、0.1分割 f で口座資産を２倍にするには、動的戦略が125日であるのに対して、静的戦略では269日もかかる。動的戦略と静的戦略の比較から分かることは、ｆの分割割合が小さいほど、動的戦略が静的戦略をアウトパフォームする速度が速いということである。

次に、0.2分割 f 戦略で当初資産を３倍にする場合を見てみよう。0.2分割 f 戦略で当初資産を３倍にするのにかかる推定日数は、静的戦略では以下のとおりである。

$$\frac{\ln(3)}{\ln(1.005)} = 220.2713$$

一方、動的戦略では以下のとおりである。

$$\frac{\ln(11)}{\ln(1.01933)} = 125.2456$$

さらに、400％の利益（目標値、つまりＴＷＲが５）を達成するのにかかる推定日数は、0.2静的戦略では、

$$\frac{\ln(5)}{\ln(1.005)} = 322.6916$$

動的戦略では、

$$\frac{\ln(21)}{\ln(1.01933)} = 159.0199$$

この例の場合、400％の利益を達成するのに動的戦略は静的戦略のほぼ半数の日数で目標に達する。次に、静的戦略で当初資産が２倍に

なる322.6916日後に動的戦略ではTWRがいくらになっているかを計算してみると次のようになる。

$$TWR = 0.8 + 1.01933^{322.6916} \times 0.2$$
$$= 0.8 + 482.0788790 \times 0.2$$
$$= 97.21578$$

つまり、静的戦略が400％の利益を稼ぐあいだに、動的戦略では9600％を超える利益が稼げるということになる。

ここで、特定の目標（TWR）を達成するのに必要な推定時間を求める式（5.07）を、静的分割 f 戦略と動的分割 f 戦略の両方に対応できるように改良してみよう。まず、静的分割 f 戦略の場合、式（5.07）は次式（5.07b）のように改良できる。

$$T = \frac{\ln(目標値)}{\ln(FGHPR)} \qquad (5.07b)$$

ただし、
　T＝特定の目標値に達するまでに必要な推定保有期間数
　目標値＝当初資産の倍率で表した目標値。つまり、TWR
　FGHPR＝調整幾何平均。式（5.06）を使って任意の静的分割 f に
　　　　　対する幾何平均を求めたもの。
ln()＝自然対数関数

一方、動的分割 f 戦略の場合、式（5.07）は次式（5.07c）のように改良できる。

$$T = \frac{\ln\left(\left(\frac{(目標値 - 1)}{FRAC}\right) + 1\right)}{\ln(幾何平均)} \qquad (5.07c)$$

ただし、
T＝特定の目標値に達するまでに必要な推定保有期間数
目標値＝当初資産の倍率で表した目標値。つまり、TWR
FRAC＝当初のアクティブな資産の全資産に対する割合
幾何平均＝オプティマルfにおける未調整幾何平均HPR。式（5.07）
　　　　　では調整幾何平均が使われているが、ここでは未調整幾
　　　　　何平均が用いられる。
ln()＝自然対数関数

　それでは、0.1のアクティブな資産で口座資産を2倍（つまり、TWR＝2）にするのに必要な時間を式（5.07c）を使って計算してみよう。ただし、幾何平均＝1.01933とする。

$$T = \frac{\ln\left(\left(\frac{(\text{目標値}-1)}{\text{FRAC}}\right)+1\right)}{\ln(\text{幾何平均})}$$

$$= \frac{\ln\left(\left(\frac{(2-1)}{0.1}\right)+1\right)}{\ln(1.01933)}$$

$$= \frac{\ln\left(\left(\frac{1}{0.1}\right)+1\right)}{\ln(1.01933)}$$

$$= \frac{\ln(10+1)}{\ln(1.01933)}$$

$$= \frac{\ln(11)}{\ln(1.01933)}$$

$$= \frac{2.397895273}{0.01914554872}$$

$$= 125.2455758$$

　したがって、幾何平均が保有期間が日次ベースのシナリオを基に決められる場合、当初資産が2倍になるまでにかかる推定日数はおよそ

図10.1　一定枚数戦略、静的ｆ戦略、動的ｆ戦略の保有期間と成長率との関係

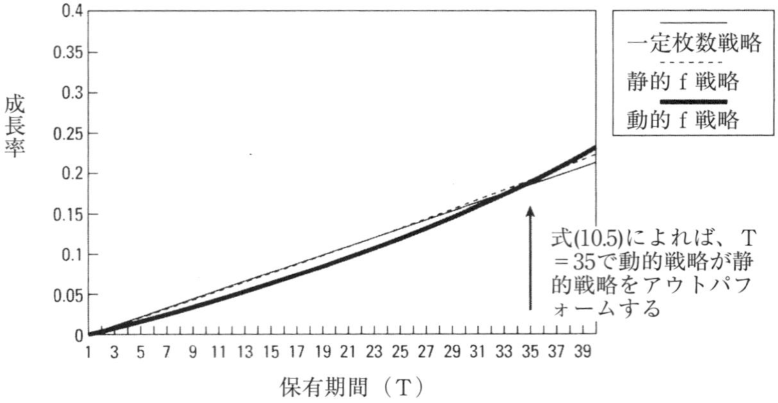
成長率
0.4
0.35
0.3
0.25
0.2
0.15
0.1
0.05
0
1 3 5 7 9 11 13 15 17 19 21 23 25 27 29 31 33 35 37 39
保有期間（T）
一定枚数戦略
静的 f 戦略
動的 f 戦略
式(10.5)によれば、T＝35で動的戦略が静的戦略をアウトパフォームする

125.25日ということになる。シナリオの保有期間が月次ベースの場合、当初資産が２倍になるまでにかかる時間はおよそ125.25カ月である。

Ｔの値が十分に大きくて式（5.07c）の値が式（5.07b）の値を上回る場合、動的分割ｆ戦略を使ったほうが有利である。これを式で表すと次のようになる。

$$\mathrm{FGHPR}^{T} \leqq \text{幾何平均}^{T} \times \mathrm{FRAC} + 1 - \mathrm{FRAC} \qquad (10.05)$$

この式を満たすＴの値を求めるには、右辺の値が左辺の値を上回るまで反復計算する。反復計算によって得られたＴの値（保有期間数）が、再配分を行うまでに待たなければならない時間である。つまり、動的分割ｆ戦略から静的分割ｆ戦略に切り換えるタイミングがこのＴの値ということである。

図10.1はこれをグラフで示したものである。矢印は式（10.05）の左辺と右辺が等しいときのＴの値を示している。

したがって、アクティブな資産の全資産に対する割合として20％（つ

まり、FRAC＝0.2）を使っているのであれば、FGHPRは0.2fをベースに計算しなければならない。数値例として、フルオプティマルfにおける幾何平均が1.01933で、0.2fにおける幾何平均（FGHPR）が1.005の場合、次の式を満たすTの値を求めればよい。

$$1.005^T \leq 1.01933^T \times 0.2 + 1 - 0.2$$

Tの候補値としてまず１四半期（およそ63トレード日）を考えてみよう。上式にT＝63を代入すると次式のようになる。

$1.005^{63} \leq 1.01933^{63} \times 0.2 + 1 - 0.2$
$1.369184237 \leq 3.340663933 \times 0.2 + 1 - 0.2$
$1.369184237 \leq 0.6681327866 + 1 - 0.2$
$1.369184237 \leq 1.6681327866 - 0.2$
$1.369184237 \leq 1.4681327866$

したがって、T＝63のとき、式（10.05）は満たされる。つまり、再配分を行うことができるのは１四半期経過した時点であり、これ以降は動的分割f戦略に切り換える。

図10.1のグラフは当初のアクティブな資産が全資産の20％のときの静的分割f戦略と動的分割f戦略のパフォーマンスを示している。トレード開始時点における単位数はいずれの戦略でも同じなので、一定枚数戦略の一定枚数にはこの単位数を用いた。このグラフの作成に用いられたフルオプティマルfにおける幾何平均HPRは1.01933である。したがって、0.2静的分割fにおける幾何平均は1.005、フルオプティマルfにおける算術平均HPRは1.0265である。

これまでの考察からはいくつかの重要なポイントが導き出される。まず、**fの分割割合が小さいほど、そして幾何平均が大きいほど、動**

的分割 f 戦略が静的分割 f 戦略をアウトパフォームする速さは速い、ということが言える。つまり、当初のアクティブな資産の総資産に対する割合が0.1（動的戦略、静的戦略ともに）のときに動的戦略が静的戦略をアウトパフォームする速さは、割合0.5を使ったときよりも速いということである。一般に、当初のアクティブな資産の総資産に対する割合が小さいほど、動的分割 f 戦略が静的分割 f 戦略をアウトパフォームする速さは速い。あるいは、当初のアクティブな資産の総資産に対する割合が0.1のポートフォリオが静的バージョンをアウトパフォームする速さは、当初のアクティブな資産の総資産に対する割合が0.2のポートフォリオが静的バージョンをアウトパフォームする速さよりも速いと言ってもよい。また、当初のアクティブな資産の総資産に対する割合が100％（つまり、1.0）のとき、動的分割 f 戦略は静的分割 f 戦略をアウトパフォームすることはない（同じ速さで成長する）。さらに、動的分割 f 戦略が静的分割 f 戦略をアウトパフォームする速さは、ポートフォリオの幾何平均にも左右される。幾何平均が大きいほど、動的戦略が静的戦略をアウトパフォームする速さは速い。また、幾何平均が1.0のときは動的戦略が静的戦略をアウトパフォームすることはない。

　さらに、時間がたてばたつほど、静的分割 f 戦略と動的分割 f 戦略のパフォーマンスの差は拡大する。つまり、漸近的に見れば、動的分割 f 戦略は静的分割 f 戦略よりも無限に大きな富を形成することができるということである。

　図10.1に関してもうひとつ注目すべき点は、一定枚数戦略ラインはほかの2つのラインが交差する前にこれらのラインと交差しているという点である。

　長期的には、資産配分には動的分割 f 戦略を使ったほうがよい。動的分割 f 戦略をまとめると、まず全資産のうち非アクティブな資産に割り当てる最初の割合を決める。残りが非アクティブな資産になる。

日々の資産変動はアクティブな資産にのみ反映される。非アクティブな資産には手をつけないので常に一定である。したがって、全口座資産から非アクティブな資産を毎日差し引くことで日々のアクティブな資産が求められる。オプティマルfの値に基づいてトレード量を決めるのに用いる資産がこのアクティブな資産である。

構築したポジションに対する委託証拠金を計算するとアクティブな資産とは一致せず、アクティブな資産よりも多くあるいは少なくなるが、気にする必要はない。委託証拠金率が口座資産の100％でもないかぎり、全保有期間を通じて口座に幾ばくかのキャッシュが残るはずだ。このように、あなたの口座の一部は無意識のうちに常にキャッシュ（またはキャッシュ相当物）に配分されているのである。キャッシュまたはキャッシュ相当物に対するシナリオスペクトルが不要なわけはこれでお分かりだろう。口座をアクティブな口座と非アクティブな口座に分ければ幾ばくかの資産は必ずキャッシュに配分されるのである。

再配分

図10.1を見ると分かるように、動的分割f戦略でトレーディングした場合、非アクティブな口座資産に対するアクティブな資産の比率は増大し、アグレッシブなトレーディングになりすぎる。これはちょうど、フルオプティマルfでトレーディングしようと思ったときに最初に直面する状態と同じ状態である。したがって、将来のある時点で、アクティブな資産を当初のアクティブな資産の一定水準に戻す**再配分**という作業が必要になる。

例えば、口座資産が10万ドルで、当初のアクティブな資産を10％に設定したとすると、当初のアクティブな資産——オプティマルfでのトレードにフルに使える金——は１万ドルである。毎日、口座の全資

産から９万ドルを差し引いた残りが日々のアクティブな資産になる。フルオプティマルｆでトレードできる金がこのアクティブな資産である。

さて、口座の全資産が100万ドルになったとしよう。100万ドルから非アクティブな資産の９万ドルを差し引くと91万ドルなので、これがその日のアクティブな資産である。これは全資産の91％を占める。ｆを希薄化して10％の当初のアクティブな資産でスタートしたのは大きなドローダウンを避けるためであったが、いまや活動資産は全口座の91％にまで膨れ上がり大きなドローダウンに直面する危機が生じている。

１回トレードするたびに、あるいは毎日再配分するケースを考えてみよう。静的分割ｆによるトレーディングがこれに当たる。ここで特定の目標値に達するまでにかかる時間の式を思い出してみよう。

例えば、アクティブな資産が20％、幾何平均1.01933でトレードする場合と、0.2静的分割ｆおよび幾何平均1.005でトレードする場合を比べてみよう。当初口座資産が10万ドルで、口座資産が11万ドルになったら再配分する予定にしている場合、0.2静的分割ｆによるトレーディングでは口座資産が11万ドルになるまでにかかる日数（幾何平均が日次ベースなので、計算結果は日数として表される）は以下のとおりである。

$$\frac{\ln(1.1)}{\ln(1.005)} = 19.10965$$

これに対して、全口座資産10万ドルのうち２万ドルをフルオプティマルｆで運用する場合、口座資産が11万ドルになるということはアクティブな資産が３万ドルになることを意味するので目標値は1.5になる。したがって、口座資産が11万ドルになるまでにかかる日数は以下のとおりである。

$$\frac{\ln(1.5)}{\ln(1.01933)} = 21.17804$$

　目標値が小さい場合は、静的分割 f 戦略のほうが動的分割 f 戦略よりも資産の増加速度は速いが、時間がたつにつれて動的戦略が静的戦略をアウトパフォームし、やがては静的戦略を無限大に上回る。静的分割 f 戦略と動的分割 f 戦略の間のこの関係は**図10.1**に示したとおりである。

　再配分を頻繁に行いすぎれば、動的戦略は静的戦略をアンダーパフォームするため墓穴を掘ることになる。資産配分に動的分割 f 戦略を使ったほうが有利なのは長期的に見た場合であることを考えれば、アクティブな口座と非アクティブな口座との間の資産の再配分頻度はできるだけ少なくしたほうがよい。これはあくまで理想だが、アクティブな口座と非アクティブな口座との間の資産配分はできればプログラム開始時の１回だけにするのがよい。

　再配分を頻繁に行いすぎてもメリットはない。できれば再配分はしないに限る。今使っているオプティマル f の分割割合はいじらないで口座資産の増加とともにそのまま１に近づけさせるのが理想である。しかし現実には、将来のどこかの時点で再配分が必要になることが多い。したがって再配分の頻度はなるべく少なくするように心がける以外にない。

　資産が増加したらアクティブな資産を減らし、減少したら増やすという再配分の性質を考えると、再配分はまるでわれわれの望むことと反対のことをやっているように思える。

　要するに再配分とは妥協なのである。理想と現実との間で妥協することなのである。これまでに述べてきたテクニックはこの妥協を最も効果的に行う方法である。再配分はできればしないほうがよい。小さな１万ドル口座が1000万ドル口座に成長するのであれば、再配分など

必要ないだろう。大きなドローダウンによって口座資産が1000万ドルから5万ドルに減少したあと再び2000万ドルにまで増加するのを、何もしないで見ていられたらどんなによいだろう。アクティブな資産が枯渇して1ドルになったとしても、1枚の分割買い（ミクロ買い？）ができればどんなに便利だろう。理想世界ではこれらのすべてが可能だ。しかし、現実世界では口座資産が増加あるいは減少したらある時点で再配分を行わなければならない。どうせ行わなければならないものならば、有利になるようなシステマティックな方法で行ったほうがよい。

再配分、つまり妥協を行う場合、まずそのプログラムを異なる資産水準で最初からやり直すと仮定して、すべてを**リセット**する。次に、動的分割f戦略でトレードしながらトレード結果に応じて再配分を何度か行う。すると、fの分割割合は次第に大きくなる。わずか5％のアクティブな資産でスタートしても、レバレッジは瞬く間に増大することもある。この5％のアクティブな資産はフルオプティマルfで運用していることに注意しよう。したがって、プログラムがそこそこ良いものであれば、全口座資産額と比べた場合のトレード量は短時間でかなり多くなることもある。

再配分において最も重要なことは**図10.1**に示されている。**図10.1**中の矢印は、式（10.05）を満たすTの値の位置を示している。この時間Tは非常に重要だ。時間T以前に再配分を行えば、静的分割fでトレードしているときよりもパフォーマンスは大幅に下がるだろう。

再配分における2つ目の重要ポイントは、資産の減少率で見た最大ドローダウンを再配分によってある程度コントロールできる点である。あなたはアクティブな資産をその額の口座が実際に存在するかのように、全額をオプティマルfでトレードしていることに注意しよう。フルオプティマルfでトレードしていれば資産がほぼ100％減少することもあるため、アクティブな資産の100％が一瞬のうちに吹き飛ぶこ

図10.2　ポートフォリオ保険

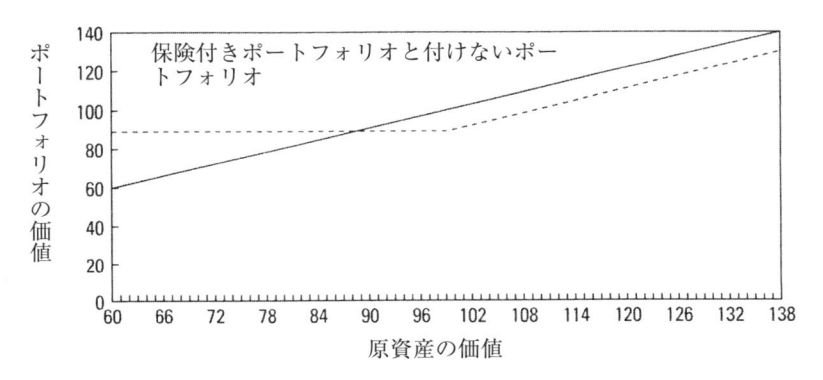

```
ポートフォリオの価値
140 ┤
120 ┤  保険付きポートフォリオと付けないポー
100 ┤  トフォリオ
 80 ┤
 60 ┤
 40 ┤
 20 ┤
  0 └─┬──┬──┬──┬──┬──┬──┬──┬──┬──┬──┬──┬──┬──┐
    60 66 72 78 84 90 96 102 108 114 120 126 132 138
                    原資産の価値
```

とがあることも想定しておかなければならない。

過去数十年にわたって動的分割 f 戦略でトレードしてきたトレーダーたちはひとつの経験則を見いだした――**当初のアクティブな資産は自分が耐えられる最大ドローダウンの半分に設定せよ**。例えば、20％のドローダウンまでなら耐えられるというのであれば、当初のアクティブな資産は10％に設定する（ただし、どんどん儲かってアクティブな資産が20％を超え始めると、ドローダウンは20％を超える可能性が高い）。

もっと分かりやすい例を示そう。ポートフォリオの場合、エクスポージャを決定するときに用いる f 値としてはポートフォリオの各構成要素の f 値の合計を用いなければならない。例えば、３つの要素からなるポートフォリオを持っていて、各要素の f 値がそれぞれ0.5、0.7、0.69だとすると、 f 値の合計は1.89である。これがポートフォリオ全体の f 値になる。さて、各要素の結果がすべて最悪の結果になったとしよう。その場合、アクティブな資産に対するドローダウンは189％になる。ポートフォリオでトレードする場合、当初のアクティブな資産への配分を決めるときには、こういったことも十分視野に入れたうえで決めることが重要である。

再配分について重要なポイントがもうひとつある。それはポートフォリオ保険という概念、それとオプティマル f との関係である。

ポートフォリオ保険とオプティマル f

今しばらく、自分を株式ファンドマネジャーだと思ってもらいたい。**図10.2**は典型的なポートフォリオ保険戦略（ダイナミックヘッジともいう）を示したものだ。この例におけるフロアは今のポートフォリオの価値である100（ドル/株）である。典型的なポートフォリオは株式市場に1対1で追随する。**図10.2**の実線で表されたものがこれである。**図10.2**の点線は保険付きポートフォリオを表している。ポートフォリオが初期価値（100）以上では、点線は実線の下方に位置することに注目しよう。この差がポートフォリオ保険のコストである。別の言い方をすれば、ポートフォリオの価値が下がったときに、望む水準（このケースでは現在価値の100）からコストを差し引いた水準にポートフォリオ価値のフロアを設定してくれるのがポートフォリオ保険である。

ポートフォリオ保険のひとつのアプローチとして、ポートフォリオを原資産とするプットオプションを買うという方法がある。例えば、あなたの運用するファンドの構成銘柄がひとつだけだとしよう。この銘柄の現在株価は100ドルである。この株式を原資産とするプットオプションは行使価格が100ドルで価格は10ドルである。このプットオプションを買うということは、**図10.2**の点線で表されたポートフォリオを複製することに等しい。この場合の最悪の事態は、ポートフォリオ価値が100ドル以下に下落することである。価値が100ドルのまま変わらないとき、オプションを行使すれば10ドルの損失になるが、価値が100ドルをどんなに下回っても、損失は10ドルを超えることはない。

ポートフォリオの価値が上昇した場合も、プット代金の10ドルだけ

のコストがかかるので、保険付きポートフォリオも無傷というわけにはいかないが、最大損失は10ドルに抑えられる。

また、コールオプションの買いのペイオフカーブは、同じ行使価格、同じ満期のプットオプションの買いのペイオフカーブと原資産の買い持ちのペイオフカーブを合成することで作ることができる。つまり、2つのポジションのペイオフカーブが同じであるということは、現資産価格が異なっていても、リスク・リワード特性が同じであることを意味する。したがって、行使価格100ドルのコールオプションを買った場合のペイオフカーブも、**図10.2**の点線と同じものになる。

さて、**ダイナミックヘッジ**によってポートフォリオはどう守られるのだろうか。それをこれから見ていこう。例えば、あなたのファンドを構成する唯一のその株式を株価100ドルで100株買うとする。次にこの原資産株を使ってコールオプションを複製する。方法は、まずこの株式の当初フロアを決定する。フロアは例えば100にする。また、これから作ろうとしているこの仮想オプションの満期日を決める。満期日としては例えば当四半期末日に設定する。

次に行使価格100のこのコールオプションの設定した満期に対するデルタ（原資産価格の変化に対するコールオプション価格の瞬間変化率）を計算する。デルタを計算すると0.5になったとする。これはこの株式に対する投資比率は50％にすべきであることを意味する。つまり、ポートフォリオ保険戦略を用いなければ100株買うところを、その半分の50株だけ買うということである。株価が上がればデルタも上昇するため、それに伴って買うべき株数も増える。投資比率の上限はデルタ＝1のときで、そのときの投資比率は100％になる。今考えている例では、デルタ＝1のときに買うべき株数は100株である。

逆に、株価が下がればデルタも下落するため、買うべき株数も減少する。投資比率の下限はデルタ＝0のときで、これはこの株式には投資しない（ポジションを持たない）ことを意味する。

株式ファンドマネジャーたちがこれまでダイナミックヘッジの方法として用いてきたのが**非侵略的手法**である。このテクニックでは、株価指数の現物ではなく先物を用いてプットオプションを構築し、そのポジションを現在のデルタに基づいて調整する。先物を用いるテクニックのメリットは、コストが安い点である（現物の取引コストよりも先物の取引コストのほうが安い）。

そのポートフォリオの先物を空売りすることは、そのポートフォリオの一部を売って現金にするのと等価である。ポートフォリオ価値が下がれば、先物の売りを増やし、ポートフォリオ価値が上がればこれらの空売りポジションを買い戻す。ポートフォリオ価値が上昇して空売りポジションを買い戻すことで生じる損失がポートフォリオ保険のコスト、つまり複製したプットオプションのコストになる。ダイナミックヘッジでは、このコストを最初にかなり正確に推定することができる。マネジャーとしては、ポートフォリオそのものには手を付けないで、先物を利用することで資産配分を適切に変えることができる。先物を利用したこの非侵略的テクニックは、資産配分とポートフォリオのアクティブ運用とを分離できるというメリットがある。

このポートフォリオ保険では、ポートフォリオは常に適切なデルタに合わせて調整しなければならない。つまり、オプション価格付けモデルに現在のポートフォリオ価値、満期までの時間、金利水準、ポートフォリオのボラティリティを入力して複製しようとしているプットオプションのデルタを毎日計算しなければならないということである。このデルタの値（0と－1の間の値を取る）を1に加えると対応するコールのデルタの値が得られる。このコールのデルタの値がヘッジ比率、つまりあなたが運用しているファンドに対する投資比率である。

今のヘッジ比率が0.46だと仮定しよう。また、あなたが運用しているファンドのサイズはS&P500先物50単位と等価であるとする。46％投資するということは、54％を売るということである。50単位の54％

は27単位である。したがって、この時点におけるこのファンドの現在の価格水準、そのときの金利水準およびそのときのファンドのボラティリティで、このファンドはS&P500先物を27単位空売りすると同時に、現物を買わなければならない。

デルタの値は定期的に調整が必要で、デルタが変化するたびにポートフォリオを調整しなければならないことから、この戦略をダイナミックヘッジ戦略という。

この戦略に先物を用いることの問題点は、先物市場が現物市場に完全に連動しない点である。さらに、売ろうとする先物の原資産となるポートフォリオも株価指数に連動するとは限らない。こうしたトラッキングエラーによって、ポートフォリオ保険のコストは上昇する。また、複製しようとしているオプションが満期に近づき、ポートフォリオ価値が行使価格に近づくと、複製オプションのガンマは大幅に上昇する。ガンマとはデルタ、つまりヘッジ比率の微小区間における変化率である。つまり、ガンマはデルタのデルタである。デルタが急激に変化すると（つまり、複製オプションのガンマが高くなると）、ポートフォリオ保険戦略は実行しにくくなる。この問題点を解決する方法は多数あり、非常に効果的なものもいくつかある。最も簡単な方法は永久オプションを利用する方法である。例えば、複製しようとしているオプションの満期はいつも3カ月後と仮定し、毎日満期を1日ずつ延長する。しかしこの場合も、満期が近づき、ポートフォリオ価格と複製したオプションの行使価格が近づくとガンマが急に高くなるという問題は発生する。

オプティマルfとポートフォリオ保険の間には非常に興味深い関係がある。あるポジションを建てるとき、全資金のf%がそのポジションに投資されるということができる。例えば、オプティマルfが0.5、最大損失が−1、元手が1万ドルのギャンブルを考えてみよう。この場合、最大損失の−1をオプティマルfの負数である−0.5で割る

と２なので、元手２ドルにつき１ドル賭けるのが最適な賭け方である。１万ドルを２で割ると5000ドルだ。したがって、次の賭けには5000ドル賭けることになる。これは元手のｆ％（50％）に当たる。元手の１万ドルにｆ（0.5）を賭けても、結果は同じ5000ドルである。つまり、元手のｆ％賭けたということになる。

同様に、最大損失が250ドルでほかの条件は同じだとすると、－250ドル÷－0.5＝500ドルなので、元手500ドルにつき１ドル賭けることになる。１万ドルを500ドルで割ると20なので、賭ける回数は20回になる。１回の賭けで被る最大損失は250ドルなので、20回の賭けで取ったリスクは元手のｆ％、つまり50％（250ドル×20＝5000ドル）である。

つまり、ｆは全資産のうちリスクにさらされる率、あるいはヘッジ比率に等しいということができる。ポートフォリオのｆ値はポートフォリオを構成する各要素のｆ値の合計に等しい。動的分割ｆ戦略では、ｆが適用されるのはポートフォリオのアクティブな部分のみなので、ポートフォリオのヘッジ比率Hは次式で表すことができる。

$$H = \left(\sum_{i=1}^{n} f_i\right) \times \frac{アクティブな資産}{全資産} \qquad (10.06a)$$

ただし、
H＝ポートフォリオのヘッジ比率
f_i＝ポートフォリオの要素ｉのｆ値
アクティブな資産＝全口座資産のうち運用に使える資産
ｎ＝ポートフォリオを構成する要素の数

式（10.06a）は動的分割ｆ戦略で運用しているポートフォリオのヘッジ比率を求めるための式である。ポートフォリオ保険は静的分割ｆ

戦略にも適用することができる。この場合のヘッジ比率は式（10.06a）の（アクティブな資産÷全資産）の部分を、用いているｆの分割割合で置き換えればよい。したがって、静的分割ｆ戦略のヘッジ比率は次式で表される。

$$H = \left(\sum_{i=1}^{n} f_i \right) \times FRAC \tag{10.06b}$$

　動的分割ｆ戦略でトレードしているということは、ポートフォリオ保険戦略を使っていることを意味する。この場合、フロアは当初の非アクティブな資産＋保険コストで事前に分かっている。しかし、当初の非アクティブな資産としては動的分割ｆ戦略のフロアを用いたほうが簡単である。

　式（10.06a）や式（10.06b）はポートフォリオ保険の文脈でいうコールオプションのデルタに等しい。また、このデルタはディープ・アウト・オブ・ザ・マネーで満期までの期間が長いコールオプションの価格の変動に応じて変化する。したがって、金額が常に一定の非アクティブな資産を使うことによって、口座を動的分割ｆ戦略でトレードすることは、ディープ・イン・ザ・マネーで満期までの期間が長い、ポートフォリオを原資産とするプットオプションを保有することと等価になる。また、動的分割ｆ戦略でトレードすることは、ディープ・アウト・オブ・ザ・マネーで満期までの期間の長い、ポートフォリオを原資産とするコールオプションを保有することとも等価である。

　ポートフォリオ保険はパフォーマンス向上のための再配分テクニックとして使うことも可能だ。これはボートのオールでタンカーのかじ取りをするようなものだが、再配分テクニックとしては有効だ。このテクニックではまずプログラムのパラメーターを設定する。まず決めなければならないのがフロアの値だ。フロアの値が決まったら、次は

満期日、ボラティリティなど、用いるオプション価格付けモデルへの入力量を決める。任意の時点におけるオプションのデルタもこれらの入力量から計算することができる。デルタの値を計算したら、アクティブな資産の額も決まる。その口座のデルタ、つまり式（10.06a）の変数Hは複製しようとしているコールオプションのデルタに等しくなければならない。

$$H = \left(\sum_{i=1}^{n} f_i\right) \times \frac{アクティブな資産}{全資産}$$

より、

$$\frac{H}{\sum_{i=1}^{n} f_i} = \frac{アクティブな資産}{全資産} \qquad H < \sum_{i=1}^{n} f_i \text{ のとき} \qquad (10.07)$$

$$H = \frac{アクティブな資産}{全資産} = 1 \qquad それ以外のとき$$

アクティブな資産÷全資産はアクティブな資産の全資産に占める割合なので、全口座資産のうちアクティブな資産に割り当てるべき割合は、コールオプションのデルタをポートフォリオの各構成要素のf値の合計で割ったものに等しい。しかし、Hの値がf値の合計よりも大きい場合、それは全口座資産の100％以上をアクティブな資産に割り当てることを意味する。これは不可能なので、全口座資産のうちアクティブな資産に割り当てる割合の上限は100％になる。

ポートフォリオ保険は理論的には素晴らしいものだが、実践ではあまり役立たない。1987年の米国株式市場の大暴落で証明されたように、ポートフォリオ保険の問題点は、株価が急落したときには市場に流動性がなくなるため、先物を売ろうにも売れない点である。ただし、こ

こではこの問題点には触れない。われわれが関心があるのは、アクティブな資産と非アクティブな資産との関係、およびこの関係が数学的にポートフォリオ保険に等しいことを確認することにあるからだ。

すでに述べたように、ポートフォリオ保険を再配分テクニックとして利用するうえでの問題点は、再配分を常時行わなければならない点である。これでは、動的分割 f 戦略が漸近的に見ると静的分割 f 戦略より優れているという事実に反することになる。したがって、動的分割 f 再配分戦略としてポートフォリオ保険を利用してパフォーマンスを向上させようという考えはあまりよい考えとはいえない。しかし、静的であれ動的であれ、分割 f 戦略を用いるということは、一種のポートフォリオ保険を用いていることになる。

アクティブな資産の上限と委託証拠金による制約

トレーディングしているマーケットシステムがひとつの場合であっても、委託証拠金が問題になることは多い。ドル価オプティマル f が当初証拠金を下回ることは少なくはない。そのときに使っている f の分割割合と、静的分割 f 戦略と動的分割 f 戦略のどちらを使っているかにもよるが、f の分割割合が大きすぎれば追証が発生することもある。

マーケットシステムがひとつのときでもこうなのだから、マーケットシステムをポートフォリオでトレーディングしている場合にはなおさらである。

問題は、委託証拠金の範囲内で最適ポートフォリオを構築するにはどう折り合いをつければよいかである。その方法はいたって簡単で、あなたが用いることのできる f の分割割合の上限を見つければよい。この f の分割割合の上限 L は次式によって求めることができる。

$$L = \frac{\underset{i=1}{\overset{n}{\text{MAX}}}(f_i\$)}{\sum_{k=1}^{n}\left(\left(\underset{i=1}{\overset{n}{\text{MAX}}}(f_i\$) \div f_k\$\right) \times 委託証拠金_k\$\right)} \quad (10.08)$$

ただし、

L＝fの分割割合の上限。追証が発生することなく最適ポートフォリオをできるだけアグレッシブにトレードできるfの割合

$f_k\$$＝マーケットシステムkのドル価オプティマルf

委託証拠金$_k\$$＝マーケットシステムkの当初証拠金

n＝ポートフォリオを構成するマーケットシステムの数

式（10.08）は見た目ほど難しくはない。分子と分母の両方に現れるMAXはポートフォリオを構成する各要素のf$のなかで最大のものを意味する。

2つの要素からなるポートフォリオを考えてみよう。各要素をスペクトルAおよびBと呼ぶことにする。アクティブな資産の上限を求めるのに必要な情報は以下のとおりである。

要素	f$	委託証拠金	最大f$÷f$
スペクトルA	2500ドル	11000ドル	2500÷2500＝1
スペクトルB	1500ドル	2000ドル	2500÷1500＝1.67

これらの数値を式（10.08）に代入する。各要素のf$は2500ドルと1500なので、MAXは2500ドルである。したがって、

$$L = \frac{2500}{1 \times 11000 + 1.67 \times 2000}$$

$$= \frac{2500}{11000+3340}$$
$$= \frac{2500}{14340}$$
$$= 17.43375174\%$$

したがって、アクティブな資産の全口座資産に対する最大比率は17.434％ということになる。

全口座資産が10万ドルだとすると、アクティブな資産の最大比率は17.434％なので、アクティブな資産額は１万7434ドルになる。分割買いが可能だと仮定すると、スペクトルＡは6.9736単位（17,434÷2,500）、スペクトルＢは11.623単位（17,434÷1,500）買うことができる。この場合の委託証拠金額は次のようになる。

$6.9736 \times 11,000 = 76,709.60$

$11.623 \times 2,000 = 23,246.00$

委託証拠金の合計＝99,955.60ドル

しかし、静的分割ｆ戦略（著者としてはこの戦略の使用は勧めないが）を使っている場合もアクティブな資産の全口座資産に対する最大比率は動的戦略と同じく17.434％なので、委託証拠金額は上記の数字と同じである。

この結果によって、式（10.08）によって求めたｆの最大の割合はどのマーケットシステムでも同じであり、この割合を使えば追証が発生することなくトレーディングすることができる。

本書で前に述べたように、マーケットシステム（シナリオスペクトル）の数を増やすほどポートフォリオ全体の幾何平均は上昇する。しかし、マーケットシステムがひとつ増えてもポートフォリオ全体の幾何平均はそれほど上昇するわけではない一方で、結果が順次ではなく

同時に発生することによる効率ロスは増えるため、マーケットシステムの数をただやみくもに増やせばよいというわけにはいかない。したがって、これまでにも見てきたように、シナリオスペクトルの数は無限に増やしても意味はない。さらに、理論的に最適なポートフォリオは現実世界において委託証拠金による制約という問題が発生する。つまり、式（10.08）によって計算した非常に小さなｆ値で10個のシナリオスペクトルをトレードするよりも、フルオプティマルｆで３つのシナリオスペクトルをトレードしたほうがよいということである。特に発注量が多く過ちを犯す確率が高いときは、トレードすべきシナリオスペクトルの最適数は非常に少ないのが普通だ。

ｆのシフトと堅牢なポートフォリオの構築

　ｎ＋１次元地形は多様な形を持つ。つまり、起伏地形であるため、市場とそのトレードに用いるテクニックの性質が変わればピークも変わる。このｆのシフトはどのトレーダーにとっても厄介な問題だ。ｆが多くの軸に沿ってゼロの方向にシフトした場合、つまりシナリオスペクトルが弱まった場合、一定枚数ベースでは勝てたはずのプログラムが負けるプログラムになるという問題が発生する。なぜなら、ｆがゼロの方向にシフトすればトレーダーは必然的にｆカーブのピークの右側の負けポジションの位置にシフトしてしまうからだ。

　ｆのシフトはどの市場でも、どのアプローチでも発生する。ｆのシフトは、最適ポートフォリオにおいてある期間では配分を与えられ、その次の期間で配分を与えられなかったシナリオスペクトルが多数あるときに発生することが多い。つまり、アウト・オブ・サンプル・パフォーマンスは大幅に低下する傾向があるということである。あるいは逆に、最適ポートフォリオを決定するときにはポートフォリオに含まれる要素の候補にはならないが、その次の期間には候補になる場合

も同じである。つまりこれらのシナリオはポートフォリオに含むべき候補としての基準を満たしていないということである。

シナリオとシナリオスペクトルを決めるときには、これまでパフォーマンスの良かった市場は次の期間ではパフォーマンスが低下し、逆にこれまでパフォーマンスの悪かった市場は次の期間ではパフォーマンスが向上する傾向があるというこの特徴によく注意する必要がある。この点に留意したうえでシナリオおよびシナリオスペクトルを決めることで堅牢なポートフォリオの構築が可能になるだけでなく、fのシフトも抑制することができる。

再配分によるトレーディングプログラムの調整

保有期間数が式（10.05）で特定される数値よりも少ないにもかかわらず、静的f戦略よりも動的f戦略のほうがポートフォリオ保険を実装しやすいという理由だけで動的f戦略を用いるマネーマネジャーは多い。

重要なのは、式（10.05）が満たされるまでは、つまり動的戦略が静的戦略をアウトパフォームするのに十分な保有期間数が経過するまでは再配分してはならないということである。

トレーディングプログラムをマネーマネジャーの目標に合うように調整するうえで重要なポイントは、一定の目標を達成するためには再配分はアップサイド（アクティブな資産が増加したある時点）で行わなければならないということである。そして、その時点は一定の条件を満たす最大時間（保有期間数）が経過した時点でなければならない。

図10.1をもう一度見てみよう。矢印で示された位置は動的f戦略が静的f戦略をアウトパフォームするときのTの値（横軸座標）を示しており、このTの値が、静的f戦略よりも動的f戦略を用いたほうが有利になる保有期間数である。式（10.05）からTの値が分かれば、

動的f戦略と静的f戦略の交点の縦軸座標Yは次式によって求めることができる。

$$Y = FRAC \times 幾何平均^T - FRAC \qquad (10.09)$$

ただし、
T＝式（10.05）によって求めた変数Tの値
FRAC＝当初のアクティブな資産の全口座資産に対する比率
幾何平均＝未調整幾何平均HPR。式（5.07）では調整幾何平均が使われているが、ここでは未調整幾何平均が用いられる

数値例を見てみよう。

当初のアクティブな資産の全口座資産に対する比率＝5％（0.05）
1期間当たりの幾何平均HPR＝1.004171
T＝316

式（10.05）によって、動的f戦略が同じf値の対応する静的f戦略をアウトパフォームするのにかかる期間は平均で316日である。つまり、当初のアクティブな資産の全口座資産に対する比率が5％のとき、アクティブな資産が13.63％（$0.05 \times 1.004171^{316} - 0.05$）上昇したら、動的f戦略が同じf値の対応する静的f戦略をアウトパフォームし始めるということである。

つまり、動的分割f戦略が対応する静的分割f戦略をアウトパフォームするためには、経過しなければならない最低保有期間数が存在するということである（**この保有期間数が経過する前に再配分を行って動的分割f戦略に移行すれば不利に働き、またこの保有期間数が経過しても依然として静的分割f戦略を使い続ければこれもまた不利に働**

く)。この最低保有期間数(横軸座標)は縦軸座標の値に換算することもできる。つまり、最低保有期間数の代わりに最低利益目標を使ってもよいということである。

実は、T(横軸座標)に基づく再配分よりも、資産がこの目標値以上になったときに再配分したほうが、よりスムーズな資産カーブを得ることができる。つまり、マネーマネジャーとしては経過保有期間よりも資産上昇に基づいて再配分したほうが有利だということである。

ここで最も興味深いのは、幾何平均HPRまたはTの値としてどんな値を用いても、任意の当初のアクティブな資産に対する資産の目標上昇率は常に一定という事実である。したがって、当初のアクティブな資産の全口座資産に対する比率が5%のとき、動的戦略が静的戦略をアウトパフォームするのは常に13.63%の利益を達成したときということになる。

資産の最適な目標上昇率があるのであれば、当然ながらポートフォリオのデルタに対する最適上昇率も存在するはずである。その式は式(10.06a)および式(10.06b)から導き出すことが可能で、資産の目標上昇率の値としては式(10.09)を使って計算した値を用いる。したがって、求める式は、

$$\text{FRAC} = \frac{(当初のアクティブな資産比率 + 資産の目標上昇率)}{(1 + 資産の目標上昇率)} \quad (10.10)$$

となる。

したがって、当初のアクティブな資産比率が5%のとき、動的戦略が静的戦略をアウトパフォームし始める資産の目標上昇率は13.63%なので、次式で求めたFRACを式(10.10a)および式(10.10b)に代入すれば、式(10.13)によって与えられる目標資産額Yにおけるヘッジ比率を求めることができる。

$$\begin{aligned}
\text{FRAC} &= \frac{(0.05 + 0.1363)}{(1 + 0.1363)} \\
&= \frac{0.1863}{1.1363} \\
&= 0.1639531814
\end{aligned}$$

これより、口座資産が13.63％増加し、当初のアクティブな資産比率が5％のときのアクティブな資産比率は16.39531814％になることが分かる。

勾配トレーディングと継続的優位

　本書ではこれまで、任意のマーケットシステムまたはシナリオスペクトルに対するオプティマルf（または複数のシナリオスペクトルまたはマーケットシステムを同時にトレーディングするときは各シナリオスペクトルまたは各マーケットシステムのfの合計）でトレーディングすることで漸近的には（長期的に見ると）最大の成長率を達成でき、この成長率は保有期間数が大きくなればなるほど大きくなることを見てきた。しかし、第5章では「幾何閾値が存在すること」、および第6章では保有期間数が有限で、その保有期間数が分かっていれば、真に最適なf値はオプティマルfよりもさらにアグレッシブな値になることが分かった。つまり、期待平均複利成長（EACG）を最大化するのはそのアグレッシブなf値ということになる。

　われわれは永遠に生きられるわけではないので、結局は有限の保有期間数しかトレーディングすることはできない。しかも、きわめてまれなケースを除き、その有限の保有期間数の正確な数値を知ることはできない。したがって、有限保有期間数のベストな近似値としては漸近的な限界値を用いるしかない。

　しかし、これから見ていくように、有限保有期間数のベストな近似

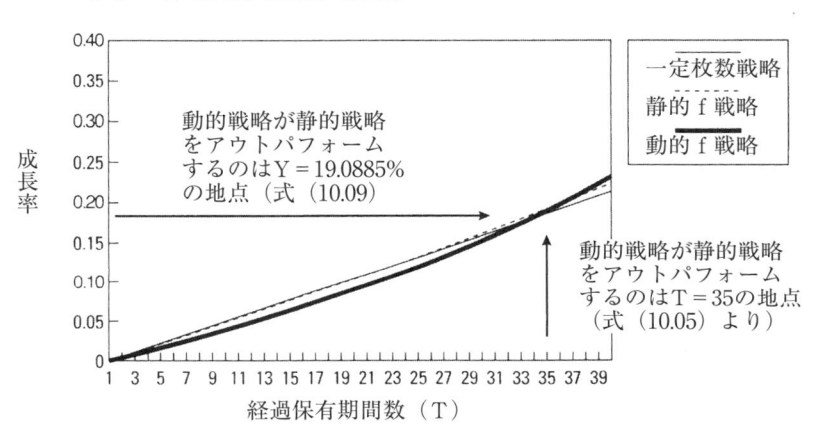

図10.3　ある戦略が別の戦略をアウトパフォームする地点は時間または リターンで見ることができる

グラフ内の記述：
- 一定枚数戦略
- 静的ｆ戦略
- 動的ｆ戦略
- 動的戦略が静的戦略をアウトパフォームするのはY＝19.0885％の地点（式（10.09））
- 動的戦略が静的戦略をアウトパフォームするのはT＝35の地点（式（10.05）より）

縦軸：成長率
横軸：経過保有期間数（T）

値として漸近的な限界値の保有期間数（つまり、オプティマルｆ値）でトレードするときに用いることができるテクニックは、希薄化ｆ（静的、動的のいずれでも）を使ってトレードすれば、漸近的に優位であるばかりでなく、**将来における任意の保有期間数**に対しても優位なテクニックでもある。

　つまり、これから紹介する希薄化ｆに対するテクニック（現実世界においてドローダウンに対する顧客の要望を満足させるためにほぼすべてのマネーマネジャーに必要なテクニック）は長期的に口座資産を確実に最大化できるだけでなく、近い将来あるいは遠い将来における任意の時点においても口座資産を最大化することができるテクニックである。オプティマルｆ（広い意味では、この新しい枠組み）にこだわりのある人も、長期的に見れば優位なオプティマルｆという概念にもはや甘んじる必要はない。これから説明するテクニックはいかなる時点においても優位でいられるのだから。

　ｆ値の存在を知っているか否かにかかわらず、いかなるトレーダーや投資家もいずれかのｆ値の位置にいる。ほぼすべての人はオプティ

図10.4　当初資産に対するパーセンテージで表した成長率

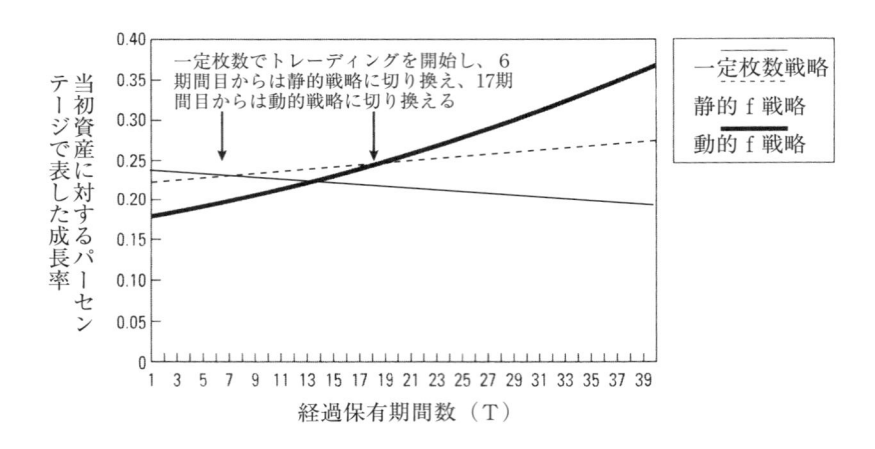

グラフ内の注釈:
- 一定枚数でトレーディングを開始し、6期間目からは静的戦略に切り換え、17期間目からは動的戦略に切り換える
- 一定枚数戦略
- 静的 f 戦略
- 動的 f 戦略

縦軸: 当初資産に対するパーセンテージで表した成長率
横軸: 経過保有期間数（T）

マル f を希薄化するという操作を意識的に、あるいは知らないがために無意識的に行っている。幾何平均の最大化は必ず口座資産を最大化することができるが、それは長期的に見た場合のみである。しかし、オプティマル f の希薄化による口座資産の最大化は、長期的に見た場合のみならず、任意の時点において可能なのである。

　ここで再び、成長関数と成長率に目を転じる必要がある。**図10.3**を見てみよう。このグラフでは成長（成長関数）が初期資産の倍率として表されている。次に**図10.4**を見てみよう。このグラフでは成長率が当初資産のパーセンテージで表されている。

　これらのグラフはいずれも当初のアクティブな資産比率が20%で、静的戦略および動的戦略でトレードしたときの経過時間と資産成長率の関係を示している。いずれの戦略においてもトレーディング開始時におけるトレード単位数は同じである。このトレード量でずっとトレーディングし続けたときの関係を示したものが細い直線で表された一定枚数戦略である。このグラフの作成に用いた（フルオプティマル f での）幾何平均HPRは1.005で、フルオプティマル f での算術平均HPRは1.0265である。

常に最大の勾配を持つ戦略でトレーディングすれば、いかなる時点においても最大の資産成長が得られる。したがって、最初は一定枚数ベースでトレーディングを始める。そのときのトレード単位数は分割fでトレードすると仮定した場合の当初単位数である。

トレーディング開始からしばらくすると静的f戦略の勾配が最大になるので、その時点（つまり、静的f戦略の資産成長率が一定枚数戦略よりも大きくなる時点）で静的f戦略に切り換える。そしてまたしばらくすると今度は動的f戦略の勾配が最大になり、その時点で動的f戦略に切り換える。その時点における勾配が最大の戦略に切り換えながらトレードするということは、**図10.3**の3つのラインの最も高い位置に常に存在することを意味する。

一定枚数戦略の成長関数Yは次式で与えられる。

$$Y = 1 + (AHPR - 1) \times FRAC \times T \tag{10.11}$$

（式（10.05）は動的戦略が静的戦略をアウトパフォームするときの横座標値Tの値を与えるものである。これと同様に、式（10.11）と式（10.12）からは静的戦略が一定枚数戦略をアウトパフォームするときの横座標値Tを計算することができる。

$$1 + (AHPR - 1) \times FRAC \times T \geq FGHPR^T$$

この式によって求めた横座標値Tもまた縦座標値Y（口座総資産が何％増加したら一定枚数戦略から静的戦略に切り換えればよいかを示す値）に変換することが可能で、次式がその変換式である。

$$Y = FGHPR^T - 1$$

この式のTにはその上の式で求めたTの値を代入する）

式（10.05）において、左辺は静的fの成長関数を表し、右辺は動的fの成長関数を表している。したがって、静的fの成長関数は次式で表される。

$$Y = FGHPR^T \tag{10.12}$$

一方、動的fの成長関数は次式で表される。

$$Y = 幾何平均^T \times FRAC + 1 - FRAC \tag{10.13}$$

式（10.11）～式（10.13）は、任意の経過保有期間数Tにおける、当初資産の倍率で表した成長関数である。したがって、式（10.11）～式（10.13）から1を引けば、**図10.3**の成長率が得られる。

図10.4に示したグラフの傾きを求めるには、式（10.11）～式（10.13）のTについての1次導関数を計算すればよい。したがって、傾きは次式で与えられる。

一定枚数戦略の場合は、

$$\frac{dY}{dT} = (AHPR - 1) \times FRAC \tag{10.14}$$

静的f戦略の場合は、

$$\frac{dY}{dT} = FGHPR^T \times \ln(FGHPR) \tag{10.15}$$

最後に、動的f戦略の場合は、

$$\frac{dY}{dT} = 幾何平均^T \times \ln(幾何平均) \times FRAC \tag{10.16}$$

ただし、

T＝保有期間数

FRAC＝当初のアクティブな資産比率

幾何平均＝オプティマルfにおける未調整幾何平均HPR

AHPR＝フルオプティマルfにおける算術平均HPR

FGHPR＝式（5.06）で与えられる分割fにおける幾何平均HPR

ln()＝自然対数関数

シナリオ（シナリオスペクトル）と用いる確率が保有期間ごとに変化する場合はどうなるのだろうか。この場合、最適配分は各保有期間の直前に決定しなければならないことに注意しよう。まず、上記の変数の値（FRAC、幾何平均、AHPR、FGHPRを求めるための式（5.06）の入力量）を計算するのに必要なデータを準備する。次に、これらの数値を式（10.14）、式（10.15）、式（10.16）のそれぞれに代入して1次導関数の値を求める。求めた数値のなかで最大の数値を持つ式のテクニックがその時に用いるべきテクニックになる。

すでにお馴染みの2：1のコイン投げで考えてみよう。シナリオスペクトルはひとつで、それは2つのシナリオ（表と裏）からなる。そして、0.2分割f（オプティマルfの5分の1）でトレードするものとする。したがって、FRACは0.2である。また、幾何平均は1.06066、AHPRは1.125である。FRACとAHPRはすでに分かっているので、式（5.06）からFGHPRを求めるために必要な入力量はあとSD（HPRの標準偏差）のみで、これは0.375である。したがって、FGHPRは次のように計算できる。

$$\sqrt{((1.125-1)\times 0.2 + 1)^2 - (0.375 \times 0.2)^2} = 1.022252415$$

これらの値を傾きを表す式（10.14）～式（10.16）に代入すると、次の値が得られる。

T	式（10.14）一定枚数	式（10.15）静的 f	式（10.16）動的 f
1	0.025	0.022498184	0.012492741
2	0.025	0.022998823	0.013250551
3	0.025	0.023510602	0.014054329
4	0.025	0.02403377	0.014906865
5	0.025	0.024568579	0.015811115
6	0.025	0.025115289	0.016770217
7	0.025	0.025674165	0.017787499
8	0.025	0.026245477	0.018866489
9	0.025	0.026829503	0.02001093
10	0.025	0.027426524	0.021224793
11	0.025	0.02803683	0.022512289
12	0.025	0.028660717	0.023877884
13	0.025	0.029298488	0.025326317
14	0.025	0.02995045	0.026862611
15	0.025	0.030616919	0.028492097
16	0.025	0.03129822	0.030220427
17	0.025	0.031994681	0.032053599
18	0.025	0.03270664	0.03399797
19	0.025	0.033434441	0.036060287
20	0.025	0.034178439	0.038247704

上の表から、最初の5期間は一定枚数ベースでトレードし、6期間目から静的 f 戦略に切り換え、17期間目からは動的 f 戦略に切り換えなければならないことが分かる。**図10.5**は最初の20プレー（または20期間）については最初から動的分割 f 戦略を使い続けるよりも、傾きが最大の戦略に次々と切り換えたほうがパフォーマンスが上がるこ

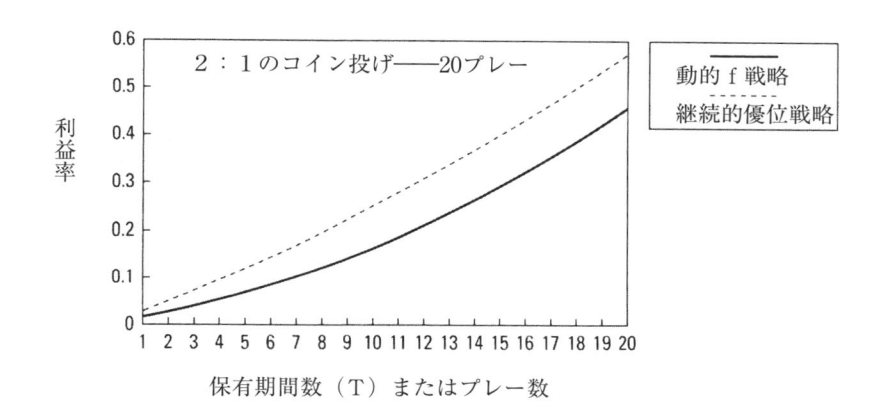

図10.5 継続的優位戦略対動的f戦略のパフォーマンス比較

（グラフ：2:1のコイン投げ——20プレー、縦軸＝利益率、横軸＝保有期間数（T）またはプレー数、凡例：動的f戦略、継続的優位戦略）

とを示したものである。

図10.5を見ると分かるように、それぞれの期間（またはプレー）において有利な戦略に切り換える方法のほうが動的f戦略をもアウトパフォームすることが分かる。17期間目以降はどちらのラインも動的f戦略を使っているため傾きは同じである。つまり、動的f戦略のラインが継続的優位なラインを上に交差することはない。このように、マネーマネジャーは常に傾きが最大の戦略でトレードすることによって継続的優位を達成することで、単に長期的に見た場合だけではなく、将来のどの時点においても口座資産を最大化することができるわけである。

この点をもっとはっきりさせるために、2:1のコイン投げゲームの別の例を見てみよう。口座の当初資産は200ドルとする。また、オプティマルfは0.25である。したがって、0.2f（fの5分の1）はf値として0.05を使ってトレードすることを意味する。つまり、コイン投げゲームでは元手20ドルにつき1ドル賭けることを意味する。したがって、最初のプレーの賭け金は10ドルである。各プレー後の口座資産がいくらになろうと、一定枚数ベースでトレードしているので、静

的ｆ戦略に切り換えるまでは各プレーの賭け金は10ドルで変わらない。静的ｆ戦略に切り換えるのは6回目のプレーからである。したがって、6回目のプレーではそのときの口座資産をチェックし、口座資産20ドルにつき1ドル賭ける。そして16回目のプレーまでは静的ｆ戦略を使い、17回目のプレーから動的ｆ戦略に切り換える。このように、6回目から16回目のプレーまでは静的ｆ戦略を使うので、口座資産を20ドルで割って各プレーの賭け金を計算する。

5回目のプレーが終わった時点での口座資産が210ドルになっていたとしよう。したがって、6回目のプレーの賭け金は10ドル（210÷20＝10.5。これを整数に丸めると10）。16回目のプレーまでこういった具合に賭け金を計算する。

17回目で動的ｆ戦略が静的ｆ戦略をアウトパフォームするので、17回目のプレーからは動的ｆ戦略に切り換える。動的ｆ戦略では、アクティブな資産を20％（フルオプティマルｆの5分の1）にすることに決めた。当初資産は200ドルだったので、1回目のプレーに使えるアクティブな資産は40ドルで、残りの160ドルが非アクティブな資産になる。

アクティブな資産の40ドルを4ドル（ドル価オプティマルｆ）で割った値が17回目のプレーの賭け金である。このあとのプレーの賭け金もプレーを行う前に同様に算出し、これを永久に続ける。

16回目のプレーが終わった時点での口座資産が292ドルだったとすると、これから非アクティブな資産の160ドルを差し引くとアクティブな資産は132ドルになる。これを4ドル（ドル価オプティマルｆ）で割ると33になるので、17回目のプレーの賭け金は33ドルということになる。

次のレベルの戦略に切り換える時期は、その戦略に切り換えるのに達成しなければならない利益率で計算することもできる。この方法のほうが好ましいようだ。式（10.05）を満たすＴ（横軸座標）を式（10.09）

に代入すれば、そのT値に対応するY（縦軸座標）を求めることができるが、これと同じように、式（10.14）～式（10.16）に対応する縦軸座標を求めることも可能だ。一定枚数戦略から静的f戦略に切り換えるのは式（10.15）の値が式（10.14）の値よりも大きくなるときのT値なので、そのT値を式（10.12）に代入して、得られた値から1を差し引けば求める縦軸座標が得られる。この値が、一定枚数戦略から静的f戦略に切り換えるのに必要な、当初資産に対する利益率である。

また、静的f戦略から動的f戦略に切り換えるT値は式（10.16）の値が式（10.15）の値よりも大きくなるときのT値なので、このT値を式（10.13）に代入して、得られた値から1を差し引けば、静的f戦略から動的f戦略に切り換えるときの当初資産に対する利益率が得られる。

n＋1次元地形のピークから左側へのシフトに関する留意点

希薄化fでトレードする（意識的か無意識的かとは無関係に）――つまり、用いている複数のシナリオスペクトルまたはマーケットシステムのオプティマルfよりも小さいf値でトレードする――マネーマネジャーにとって、これから議論することはきわめて重要だ。これを**ピークの左側にいる**という。ひとつのシナリオスペクトルをトレードするとき、そのトレードパフォーマンスは2次元平面上の曲線で表現できる。2次元平面に描いた曲線の頂点がオプティマルfの位置であり、そのピークよりも左側でトレードするということは最適な単位数よりも少ない単位数でトレードすることを意味する。**ピークの左側にいる**とはこの状態のことをいう。さらに、シナリオスペクトルの数が2つになったときにはトレードパフォーマンスは3次元地形で表現さ

れる。このとき、この3次元地形の南北座標、東西座標のいずれにおいても**ピークの左側**にあるとき、そのマネーマネジャーは最適な単位数を下回る単位数でトレードしていることになる。これは次元数が増えても同じである。次元数とは無関係に、**左側にいる**とはその空間のいずれの座標（シナリオスペクトル）においてもフルオプティマルよりも左に位置することを意味する。

　マネーマネジャーは富の最大化追求者**ではない**。つまり、彼らの効用関数、あるいは彼らの顧客や業界が好む効用関数（$U''(x)$）はゼロを下回るということである。したがって、彼らはオプティマルfの左側にいるということになる。

　実際の資産カーブはフルオプティマルなものよりもなだらかになるという性質があるうえ、オプティマルfでトレードすると非常に大きなドローダウンが発生する可能性がある。これは致し方ないことだが、あまりにも理想から離れすぎれば顧客はそのマネーマネジャーから資金を引き上げてしまうだろう。そこで問題となるのが、（彼らの$U''(x)$を満足させるには）ピークの左側のどの辺りが適切な位置なのか、である。この適切な位置が見つかれば、常に継続的優位な戦略でトレードを進めることが可能になる。ピークの左側のその適切な位置でトレードすることで、口座資産のそれ以降の期待値は常に最大になる。ただし、フルオプティマルfの組でのトレードパフォーマンスを上回るわけではないので、この点には注意してもらいたい。

　それではさっそくこの新しい枠組みを見てみることにしよう。この節のポイントは2つある。ひとつは、ピークの左側に優位点が存在することを示すこと、そしてもうひとつは、こちらのほうが重要なのだが、この新しい枠組みの使い方を実例を使って示すこと、の2つである。

　ピークの左側には多くの優位点が存在するが、ここではすべての優位点を求めることはしない。読者がこの新しい枠組みを理解するうえでの出発点を提供する程度に留める。

一定枚数ベースでは、口座資産額の変化にかかわらず常に同じサイズでトレードするため、ピークの左側でトレードすることからは逃れられない。マネーマネジャー候補の人はこれを単純な問題と考えてほしくはない。なぜなら、**損失を出したあとで賭け金を増やすことで、将来の任意の時点において口座資産が利益を生み出す確率は最大化する。口座資産額によってトレード量を変えることで利益率は最大化する（ただし、利益を出す確率は最大化するわけではない）**、からである。

　常に一定量でトレードする場合の問題点は、ピークの左側にシフトするばかりでなく、口座資産が増えるにつれて、各ｆ軸座標上をゼロに向かって移動していく、ということである。

　２：１のコイン投げで考えてみよう。ピークはｆ＝0.25の位置にある。つまり、口座資産４ドルにつき１ドル賭けるのが最適な賭け方である。口座資産が20ドルで、口座資産が変動しても常に２ドル賭けることにしたとする。こうしてf\$＝10ドルでゲームをスタートする。f\$＝－BL÷ｆ　より　ｆ＝－BL÷f\$なので、f\$＝10ドルはｆ＝0.1を意味する（幸いシナリオスペクトルがひとつしかないのでこれは２次元のケース）。賭け金は毎回２ドルなので、例えば口座資産が30ドルになったとすると、f\$は15ドルになるので、ｆ値は0.067になる。口座資産が増えるにつれ、われわれのｆ値は左側へとシフトしていく。ｆ値の移動は逆方向にも発生する。つまり、利益を出したあと今度は損を出せば、ｆ値は右側に移動し、そのまま損を出し続ければピークを通り過ぎてピークの右側にシフトする。したがって、一定枚数ベースでトレードしているとき、いったんは左側にシフトしたｆ値がピークまで戻ったら一定枚数ベースでのトレードをストップしなければならない。このように、ｆ値は地形内のいろいろな点を通りながらあちこちに移動するわけである。これらの点のなかにはまだ議論していない点も含まれる。

　もうひとつの方法は、まず自分が許容できる最悪のケースのドロー

図10.6　2：1のコイン投げのGRR（T＝1のとき）

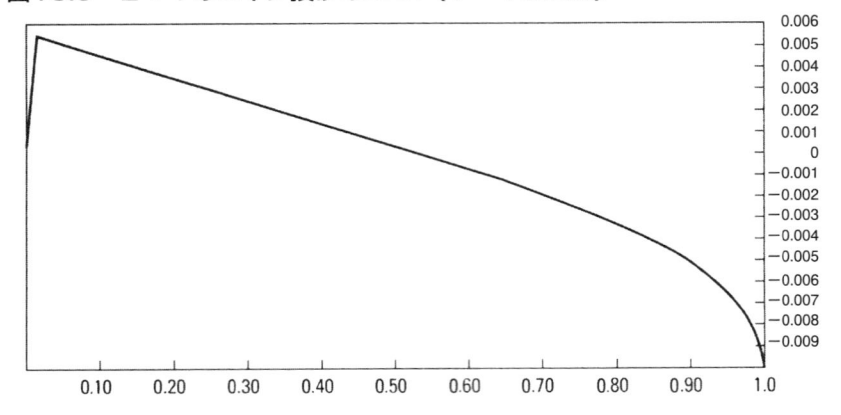

ダウンを決める。ドローダウンは資産減少率で表す。そしてオプティマルfの代わりにこのドローダウンを使ってf$を決める。

$$f\$ = \frac{\text{abs(最大損失シナリオ)}}{\text{最大ドローダウン\%}} \qquad (10.17a)$$

したがって、例えばあるマネーマネジャーにとって許容できる最大ドローダウンが20％で、最大損失シナリオの損失が1000ドルだとすると、f$は次のようになる。

$$f\$ = \frac{1000ドル}{0.2} = 5000ドル$$

したがってこのマネーマネジャーが用いるべきf$は5000ドルということになる。しかし、これではまだ最悪のケースのドローダウンを20％に制限できたわけではない。彼がやったことは、1回の壊滅的イベントの発生によって被り得るドローダウンを事前に決めたにすぎない。

このテクニックを用いるときにマネーマネジャーが注意しなければならないことは、最大ドローダウンがオプティマルfよりも大きくならないようにすることである。最大ドローダウンがオプティマルfよ

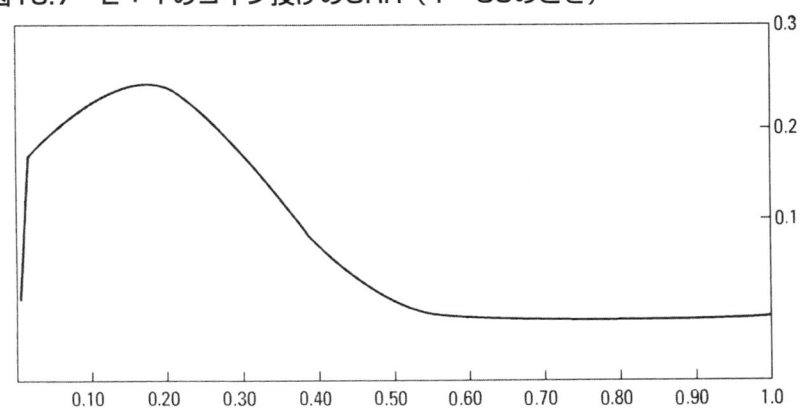

図10.7　2：1のコイン投げのGRR（T＝30のとき）

りも大きければ、このテクニックは彼をピークの右側に追いやってしまうことになるからだ。例えば、オプティマルfが0.1のとき、最大ドローダウンを0.2としてこのテクニックを使えば、オプティマル水準ではf\$を1万ドルにしなければならないところをf\$を5000ドルとしてトレードしていることになるため、トラブルに陥るのは明白だ。

この例はシナリオスペクトルがひとつのときの例である。2つ以上のシナリオスペクトルをトレードする場合、この事実を反映するために分母を、最大ドローダウンをn（nはシナリオスペクトルの数）で割ったものに変更する必要がある。

$$f\$ = \frac{abs(最大損失シナリオ)}{(最大ドローダウン\% \div n)} \tag{10.17b}$$

ただし、
　n＝ポートフォリオを構成する要素（シナリオスペクトルまたはマーケットシステム）の数

これはそれぞれのシナリオスペクトルの最悪のケースのシナリオが同時に発生した場合を想定したものであり、ポートフォリオ全体の最

大ドローダウン％は変わらない。

　ピークの左側にいるときに考えなければならないもうひとつの重要な問題が**成長リスクレシオ**（GRR）（**図10.6**を参照）であり、マネーマネジャーによってはきわめて重要な問題となることもある。TWRを成長率とし、用いるｆ値（ポートフォリオの場合は各要素のｆ値の合計）をリスク（ｆ値は最悪のシナリオが発生した場合の資産減少率を意味することより）とするとき、成長リスクレシオは次式によって表される。

$$GRR_T = \frac{TWR_T}{\sum_{i=1}^{n} f_i} \tag{10.18}$$

　これはその名前が示すとおり、成長（TWR_T。T回プレーしたあとの初期資産に対する期待倍率）のリスク（ｆ値の合計。リスクにさらした資産の割合）に対する比率を表している。TWRがTの関数なので、GRRもTの関数になる。つまり、Tが増加すると、GRRは無限小のｆ値からオプティマルｆに向かって増加する（**図10.7**を参照）。Tが無限大のとき、GRRはオプティマルｆに等しくなる。EACG同様、どういったTの値に対してGRRを最大化しようとしているのかが事前に分かっているのであれば、そのｆ値でトレードすることでGRRを最大化することができる。

　図10.6と**図10.7**はシナリオスペクトルがひとつのときのケースを示しているが、GRRは実際にはすべての軸において、T＝1における無限小のｆ値からT＝無限大におけるオプティマルｆに向かって移動する。したがって、2つのシナリオスペクトルを同時にトレードする場合、GRRのピークはTの増加に伴って、両方のｆ値がほぼ0,0の地点から両方のｆ値がオプティマルｆの地点（2：1のコイン投げ

図10.8　２：１のコイン投げの幾何平均HPR（Ｔ＝１におけるTWR）

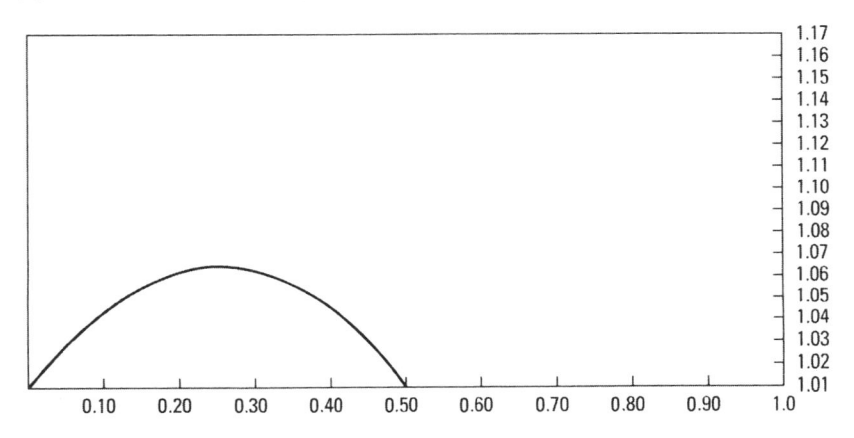

図10.9　２：１のコイン投げを40回プレーしたとき（Ｔ＝40）のdTWR/df。左側の山と右側の谷が変曲点

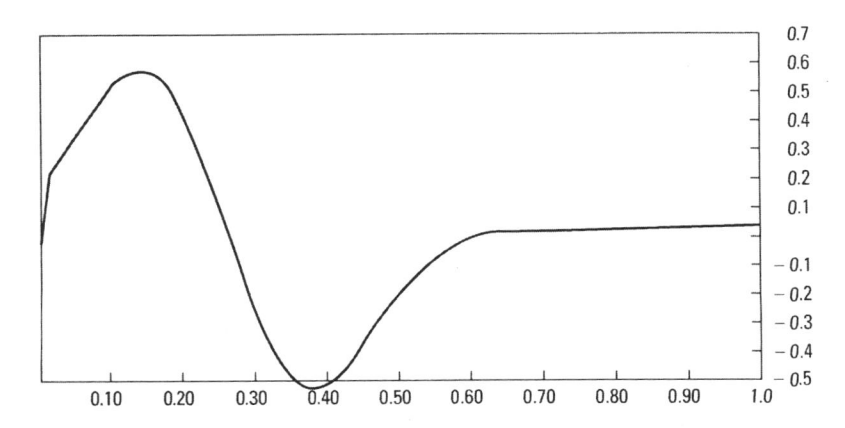

では0.23,0.23の地点がオプティマル f の地点）まで３次元地形のなかを移動することになる。

　GRRの式（10.18）はシナリオスペクトルがいくつに増えても使える。

　左側へのシフトに関する最後の留意点は、TWRのＴに対する変曲点である。マネーマネジャーにとってこれを知っておくことはきわめ

図10.10　２：１のコイン投げを800回プレーしたとき（Ｔ＝800）のdTWR/df。左側の山と右側の谷が変曲点。また、左側の山はｆ＝0.23

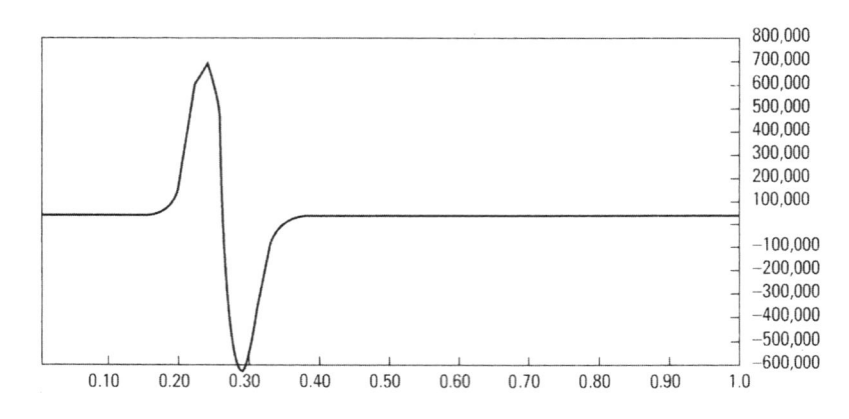

て重要だ。

　第９章の**図9.2**をもう一度見てみよう。ｆ値が０から増加するにつれTWRはある地点までは右肩上がりに増加する。つまり、リスクの直線的な上昇に伴って利益もどんどん増えていくということである。しかし、ある地点を境に、ｆが上昇してもTWRはそれほど増えなくなる。関数が上に凹の状態から下に凹の状態に変わるこの点を**変曲点**といい、左へのシフトに関してマネーマネジャーが必ず知っておかなければならない重要な点である。リスクの増加に対してわずかながらも増加していた利益が、この変曲点を境に一転して減少し始める。したがって、変曲点はマネーマネジャーにとってはきわめて重要な点であり、その点において何が最大化されるかによってマネーマネジャーにとっては最適点にもなり得る。

　しかし、**図9.2**は40プレーしたあとのTWRを示している点に注意しよう。**図10.8**を見てみよう。これは２：１のコイン投げを１回プレーしたあとのTWR、つまり幾何平均HPRを示したものだ。

　この曲線は曲線全体が上に凹の状態になっているため、上に凹の状態から下に凹の状態、あるいはその逆の状態変化を示す変曲点はない

算術期待値が正の場合、幾何平均は変曲点を持たない。しかし、T＞1のときTWRはピークの左側と右側にひとつずつ変曲点を持つ。われわれが関心があるのは言うまでもなくピークの左側の変曲点である。

ピークの左側の変曲点はT＝1のときには存在しない。左側の変曲点はTが大きくなるにつれてオプティマルfに近づき（**図10.9**および**10.10**を参照）、Tが無限大になるとオプティマルfに収束する。

残念ながら、GRRと同様、左側の変曲点がオプティマルfに近づくのはTが無限大のときである。したがってEACGと同様、トレーディングを開始する前にトレードする有限Tの値が分かっていなければ、左側の変曲点は最大化できないということになる（しかし面白いことに、任意のTに対するEACGを最大化しようとするとき、fカーブのピークの**右側の**点を探すことになる。なぜなら、Tが無限大に近づくにつれ、EACGを最大化するf値は右側からオプティマルfの方向に移動するからである）。

2：1のコイン投げにおいて、Tの値（プレー数）が増えるにつれ左側の変曲点がオプティマルfの方向にどう動いていくかを示したものが以下の表である。

2：1のコイン投げ

プレー数（T）	左側の変曲点の位置
1	0
30	0.12
40	0.13
80	0.17
800	0.23

この表からは、オプティマルfから外れることは、時間の経過とと

もに、つまりTが増えるにつれて、大きなペナルティーを伴うことが分かる。漸近的には、EACGも、GRRも、左側の変曲点も含め、あらゆるものが最大化される。Tが増えれば、すべてがオプティマルfに収束する。つまり、Tが増えるにつれ、優位点とオプティマルfとの距離は次第に縮まっていくということである。

例えば、あるマネーマネジャーが日次HPRを使って、当四半期（63日間）において（変曲点つまりGRRに対して）最適化を図ろうとしているとすると、Tの値として63を使い、その座標値を自分の位置に設定することで、彼はどの四半期においても最適でいることができる。

扱う空間が3次元以上になった場合、つまりシナリオスペクトルが2つ以上になった場合、問題はさらに複雑になる。

これを数学的に表現すると、TWR（式（9.04）を変曲点に対応する保有期間数T乗したもの）のそれぞれのfについての2次偏導関数がゼロになる点で、かつ（その軸上の）ピークよりも左側の点がわれわれの求める点になる。TWRのそれぞれのfについて2次偏導関数がゼロになる点は、シナリオスペクトルのパラメーターやTの値によっては存在しない場合もあることを考えると、この問題は一筋縄ではいかない複雑さを内包している。T＝1の場合、TWRは幾何平均HPRに等しい。このときグラフは上に凸の放物線を描くため、変曲点は存在しない。しかしTが無限大になると、変曲点はオプティマルfに近づく。しかしTが無限大にならないかぎり、どの軸にもそういった便利な変曲点などほとんどの場合は存在しないのである（分散化、つまり2つ以上のシナリオスペクトルをトレードしたり、3次元以上の空間を扱うことの最大の利点は、任意の期間内における保有期間数が増えることであって、リスクが減ることではないことに注意しなければならない。この点を踏まえれば、リスクの限界的な増加に対する限界的な利益［リスクを1単位増加させたときに得られる利益の増加］を最大化したい人はトレードするシナリオスペクトルはひとつにした

ほうがよいかもしれない)。

　ここで、レバレッジスペースにおけるn＋1次元地形を振り返ってみよう。各軸が異なるシナリオスペクトルのf値に対応するとするならば、このn＋1次元地形は、ポートフォリオの構築と時間とともに変化するレバレッジを決定するための**枠組み**として機能するものとなる。この新しい枠組みに関してはやるべきことはまだまだたくさんある。本章で述べたことはこの新しい枠組みのすべてではなく、資産配分を決定するうえで従来の方法よりも優れていると私が信じる、まったく新しい方法の序章にすぎない。ポートフォリオストラテジストも、応用数学者も、資産配分の専門家も、プログラマーも、資産配分の新たな手法を生み出すにはまだ至っていないことは確かである。もちろん、この新しい枠組みも完璧ではなく、さらなる分析・研究が必要であり、得られる成果も未知数である。レバレッジスペースモデルを積極的に採用するか否かは個人の自由である。しかし、人々の意思とは無関係に、この新しい枠組みの原理はいかなる人の上にも作用していることだけは紛れもない事実である。

ドローダウンの管理と新しい枠組み

　ドローダウンが発生する要因には3つある。もっとも一般的なものが、1回のトレードで壊滅的な損失を被るケースである。私は歩合制外務員としてこの世界に入った。何百という顧客口座をチェックするのが私の仕事だった。また、大口トレーダーのプログラマ兼コンサルタントを務めたこともある。成人してからの人生の大半をトレーディングの世界で生きてきたと言ってもよい。その間、人々が市場でやっていることを常に観察してきた。たった一度のトレードで破滅に追いやられた人も数多く見てきた。もちろん私自身も、一度のトレードで破滅した経験は一度や二度ではない。

たった一度のトレードで破滅したケースの共通点は、**市場に流動性がなかったことに原因がある場合がほとんどである**。市場の流動性の重要性はいまさら改めて言う必要もないだろう。流動性ほど定量化が難しいものはない。取組高と出来高さえ分かれば予測できるという代物ではない。さらに、流動性の欠如が甚大な被害を及ぼすのにそれほど時間はかからない。1987年、もっとも流動性の高い市場は米国Tボンド先物市場だった。その市場でさえ、1987年10月の数日間はまったく流動性がなくなったのである。この例からも分かるように、流動性に関しては一瞬の油断も禁物である。

　次のケースもよくあるケースだが、これは最初のケースよりも悲劇的だ。市場が逆方向に大きく動くまで巨大なポジションを取りすぎていることに気づかないというのがこのケースである。これが悲劇的というのは、避けられたにもかかわらず避けることができなかったからである。とはいえ、このケースは非常に多い。いかなる市場においても自分のポジションを常にウオッチすることが重要だ。

　ドローダウンが発生する3つ目の要因は、もっとも恐るべきものである。しかし結果は前の2つとさほど変わらない。連敗が長期化することで大きな損失を被るのがこのケースである。必ずしも負けてばかりではなく、ときどき勝つこともあるが全体的には負けが圧倒的に多い。ほとんどのトレーダーは長期化する連敗の恐怖を常に感じている。とくにシステムトレーダーは連敗が長期化すると自分のシステムを信じられなくなる。しかし、このドローダウンはコントロールが可能で、新しい枠組みを使えばかなり緩和できるはずである。

　資産配分の新しい枠組みの最大の関心事は、最適成長を達成することである。しかし、マネーマネジメントの世界では一般に最適成長は最大の関心事ではない。彼らにとっての最大の関心事は**資産の保護**である。

　これはマネーマネジャーに限ったわけではなく、ほとんどの投資家

も同じように考えている。資産を保護するにはドローダウンの低減が不可欠である。本書で提示した新しい枠組みではドローダウンを直接的に最小化するのではなくまず数学的な操作を行う。その結果、図らずもドローダウンは低減される。新しい枠組みでは思いがけない結果が得られることが多いが、ドローダウンの低減もそのひとつである。

本書と私のこれまでの著書は成長の最適化に重点を置いている。しかし、成長の最適化という観点で物事を見るための枠組みを構築するプロセスのなかで発見したことは、ドローダウンの最適化という観点で物事を見ることも同じ枠組みのなかで可能だということである。これは別の方法では達し得なかっただろう。

理論的すぎる、あるいは概念的すぎると批判されてきたオプティマル f はいまや資産配分の新しい枠組みへと進化し、マネーマネジャーや個人投資家が現実世界での目標を達するうえで十分使えるものになった。

従来の平均分散モデルではドローダウンの管理という概念がすっぽり抜け落ちていた。その第一の理由は、リスクがリターンの分散という簡単な概念に還元されてしまっていたからである。リターンの分散を減らすことは可能で、実際にもよく行われているが、リターンの分散を減らしてもドローダウンを減らすことはできない。

例えば、負の相関を持つ2つの株式を考えてみよう。株式1は月曜と水曜に上昇し、火曜と木曜に下落する。株式2はこれとはまったく逆で、月曜と水曜に下落し、火曜と木曜に上昇する。金曜日にはどちらの株価も下落する。両方の株式を同時にトレードすれば、リターンの分散は減らすことができるが、金曜日のドローダウンはどちらかの株式だけをトレードするときよりも大きくなる。**なぜなら、相関が1になるからである**。このように、平均分散モデルはリターンの分散を最小化することだけを考えたモデルであり、ドローダウンという概念は一切含まれていない。もちろん、ドローダウンの多くは緩和できる

図10.11 ドローダウンの最適化点と成長最適化点は地形上の異なる場所に位置する

2：1のコイン投げ──10回プレーしたとき

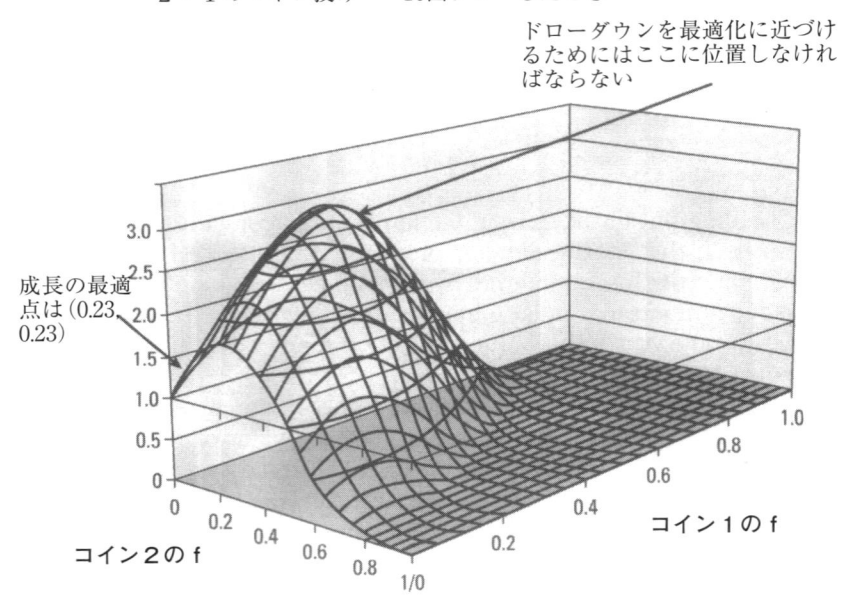

ドローダウンを最適化に近づけるためにはここに位置しなければならない

成長の最適点は(0.23, 0.23)

コイン2のf

コイン1のf

かもしれないが、大きなドローダウンには無防備である。

　しかし、新しい枠組みの下でドローダウンを考えると、非常に有効な情報が得られる。例えば、ドローダウンはトレードしない（つまり、f＝0）ことで最小化できる。したがって、2：1のコイン投げを2ゲーム同時にプレーする場合、どちらのゲームもf＝0.23でプレーすれば成長は最大化できるが、ドローダウンを最小化するためにはどちらのゲームもf＝0でプレーしなければならない。

　ドローダウンの最適化（つまり、ドローダウンの最小化）においてまず認識しなければならないことは、ドローダウンはトレーディングすることで**最適化に近づけることができる**ということである。最適成長点とは異なり、ドローダウンの最適点はトレーディングによって達成することはできないが、近づくことはできる。したがって、ドロー

ダウンを最小化するためには、つまり、ドローダウンを最適化に近づけるためには、すべての要素のｆ値としてできるだけ小さな値を使わなければならない。つまり、すべてのｆ値がゼロにかぎりなく近い、地形の隅っこの辺りにわが身を置かなければならないということである。

　図10.11は２：１のコイン投げの地形図を示したものである。２：１のコイン投げのようなケースではピークはあちこちに移動しない。これは理論上の理想モデルとして、従来のモデルに勝るポートフォリオモデルとして用いることができる。

　しかし、本書で前にも述べたように、実際のトレーディングでは市場は理論上の理想にぴったり一致することはない。ここに示した２：１のコイン投げとは違って、リターン分布が市場の状態変化に伴って時間とともに変わるからである。市場の状態が変われば、地形も波状にうねりながら変動する。地形が変動すれば、ピークの近くにいるほどマイナス効果は大きい。なぜなら、ピークに近いほど地形は急峻な形状をしているからである。どちらのシステムも負けている期間の市場の地形図を描けば、高度（TWR）はｆ座標が（0,0）の位置で1.0になり、そこから放物線状に滑り落ちていくような形状になるだろう。

　つまり、ドローダウンを最適化に近づけるためには、すべての要素のｆ値がかぎりなくゼロに近い位置にいなければならないわけである。**図10.11**で言えば、すべてのｆ値がゼロに近い、左端のやや上方の隅っこがその位置になる。地形が波状にうねりながら変動すれば、それに伴ってピークもあちこちに移動する。ピークが移動したときにマイナス効果が一番小さいのがこの位置なのである。つまり、市場の状態が**変化**したときにトレーダーが影響をもっとも受けにくいのがこの隅っこの位置ということである。

　地形の隅っこにいることでドローダウンは最適化に近づくが、それと引き換えに成長は犠牲になる。しかもこの成長の犠牲は指数関数

的な形で現れる。しかし、この問題はトレーディング基本式——成長、つまりTWRは保有期間全体における幾何平均リターンをプレー回数Tだけ累乗したもので表される——によって解決することができる。

$$TWR = G^T \qquad (10.19)$$

地形の隅っこにいることでGは小さくなるが、T（トレード回数）を増やせば、成長の指数関数的減少は抑制できる。

つまり、ドローダウンを最小化したいのであれば、ｆ値にはなるべく小さい値を使い、同じ時間枠で保有期間数を増やせばよいということになる。

例えば、２：１のコイン投げを１ゲームだけプレーするとしよう。40保有期間後のオプティマルｆは0.25、幾何平均HPRは1.060660172で、TWRは10.55である。このゲームをｆ＝0.01でプレーすれば、幾何平均HPRは1.004888053になり、これを484乗すると10.59となり10.55を上回る。したがって、40プレーするのと同じ時間内に484プレー（保有期間数）すればほぼ同じ成長を達成できるうえ、ドローダウンも大幅に低減することができる。さらに、地形変化の影響もほとんど受けずに済む。つまり、市場の状態変化の影響をほとんど受けずに済むということである。

おそらく今あなたは、２つ以上の要素（シナリオスペクトル）を同時にトレードしたいと思っていることだろう。つまり、Tを増やすには、より多くの要素を同時にトレードすればよい、というわけだ。これは要素をひとつだけトレードしたほうがよいとする変曲点の議論とは逆である。しかし、同時にトレードする要素数を増やせば、ポートフォリオ全体のｆは大きくなる。例えば、ｆ値がそれぞれ0.005のシナリオスペクトルを20個同時にトレードするとした場合、ポートフォリオ全体のｆ値は0.1になる。このｆ値では、20のシナリオスペクト

ルで最悪のシナリオが同時に発生すれば、資産減少率で見たドローダウンは10％にもなる。それよりも、同じ時間枠で20保有期間と等価な保有期間が得られるただひとつのシナリオスペクトルをトレードしたほうがよい。これは不可能かもしれないが、ドローダウンを最小化するための方向性としては正しい。

　最後に、ドローダウンをできるだけ最小に近づけたい場合、継続的優位の概念を用いることができる。継続的優位という概念は理論上の理想モデルとして非常に優れたモデルである。しかし、地形変化に敏感に反応するという欠点もある。つまり、市場の状態変化に応じて入力量として用いるシナリオを変化させれば、この概念はうまく機能しなくなる。期間ごとに状態の変わらないギャンブルでは、この概念は機能するが、現実世界におけるトレーディングでは地形図が刻一刻と変化するため、地形図の変化の影響を受けないようにしなければならない。したがって、ドローダウンの最小化は、この概念の機能する新しい枠組みのなかで行うのがよいという結果になる。

　これでドローダウンの最適化と新しい枠組みとの関係についての説明はひととおり終了した。レバレッジスペースの地形を描き、その地形上の成長最適点を見つけ、ドローダウンの最小化と資産の保護という現実世界における最大の制約と成長最適点との間のトレードオフ問題を解決することで、ドローダウンをできるだけ抑えながら、できるだけ大きな成長を達成する。どういった方法であれ、指数Tを大きくしさえすれば、高い成長は達成できる。指数Tは任意の時間枠における保有期間数なので、任意の時間枠における保有期間数をできるだけ多くすればよい。しかしこれは、できるだけ多くの要素数をトレードするという意味では必ずしもない。なぜなら、すべての相関が1になるからだ。さらに、トレードしている要素の最悪のケースのシナリオが同時に発生することがあることも念頭に入れておかなければならない。その場合、同時にトレードしている要素のf値の合計が被るドロ

ーダウンになる。したがって、ドローダウンを最適化に近づけると同時に、成長最適点と等価な成長を目指したいのであれば、トレードする要素をできるだけ少なくし、各要素のf値にできるだけ小さな値を用いながら、任意の時間枠における保有期間数をできるだけ多くすればよいということになる。

　成長最適点は危険な場所ではあるが、その場所を見事射止めることができれば、つまりピークを見つけることができれば、大きな成長が望める。しかし同時に大きなドローダウンも覚悟しなければならない。しかし、この新しいレバレッジスペースの枠組みは、ドローダウンの最小化を図りながら高い成長を望むにはどうすればよいのかを、レバレッジスペース内の特定の場所として示してくれる。さらに、指数Tを大きくすることで高い成長を達成するという別の方法も提供してくれる。従来の枠組みでは数学的に明確にできなかったこの戦略は、この新しい枠組みのなかで初めて数学的に明確にされた。

　この戦略はレバレッジスペースモデルにおいてドローダウンを緩和するひとつの手段にすぎず、まだ完璧なものとは言えない。第12章では、投資家の効用選好に対してドローダウンが大きくなりすぎる確率の高いいわゆる「ホール」をレバレッジスペースの地形上で特定する方法について見ていく。

　第12章で述べるテクニックによって本章で述べたドローダウンの緩和テクニックはさらに補強され、「ホール」に陥る危険性はなくなるかもしれないが、その代償としてレバレッジスペースのどのカーブ上でもピークよりも左側に位置することからは避けられない。本章では、レバレッジスペース内で「ホール」に陥らない安全な場所として(0,...,0)座標を挙げたが、第12章ではもっと安全な場所を見つける方法について見ていく。

第2部
実践編

第11章
プロたちのテクニック

What the Professionals Have Done

　本章では、成功している商品ファンドに共通するポートフォリオおよびシステムのマネジメントテクニックを取り上げたいと思う。

　これまで本書で見てきた理論の世界からはしばし離れて、現実の世界をのぞいてみることにしよう。現実世界ではファンドマネジャーたちはどういったテクニックを駆使しているのだろうか。本章ではファンドマネジャーとして、目新しいテクニックを用いるマネジャーではなく、長期トレンドフォロワーに注目する。

　ここでいう**成功している長期トレンドフォロワー**とは商品ファンドを実際に運用しているCTA（商品投資顧問業者）で、特にこの分野に長年携わり、高いファンド運用成績を誇るとともに、ファンドへの投資資金調達能力にも優れたマネジャーを中心に彼らのテクニックを見ていく。彼らはすべて本書執筆時点において名の知れたつわものたちばかりである。

　模範例としてなぜ彼らを選んだのかというと、第一に彼らは最大規模の先物投機マネーを運用しているからである。本書執筆時点およびその前の数十年にわたり、マネージドフューチャーズの資産の半分以上は**長期トレンドフォロー**によって運用されてきた。

　第二の理由として、大口投資家、つまり機関投資家は巨額の運用資産のほんの一部しか先物や代替投資に配分しないが、彼らはそのわず

かな一部の資産の運用をこういったファンド(マネジャー)に委託してきたという事実が挙げられる。この事実からも分かるように、これらのファンド(マネジャー)の運用成績は非常に高く、多くのファンドマネジャーたちの羨望の的にもなっている。

そして最後の理由は、これまで大きな成功を収めてきたファンド(マネジャー)たちがやっていることと、本書でこれまで述べてきたオプティマルf・レバレッジスペースモデルの枠組みとの間には大きな違いがあり、これは議論に値するものであると考えたからである。

まず、成功してきた長期トレンドフォロー型ファンド(マネジャー)の共通点から見ていくことにしよう。

共通点

1. 任意のマーケットシステムにおける1トレード当たりのリスクをxパーセントに設定する。xは通常0～2の範囲の値である。xの値は基本的にはストップアウトの位置と、その口座のリスクマネーの額によって決められる。したがって、1トレード当たりのリスクが1％で、口座資産が1000万ドルのとき、1トレード当たりのリスク額は10万ドルということになる。仕掛けから1000ドルの位置にストップオーダーを入れた場合、仕掛け枚数は100枚である。
2. ストップアウトの位置は直近のボラティリティによって決定するのが一般的だ。その前のXバーの平均レンジの数倍(通常は3倍など定数倍)や、過去Xバーの最安値(これもまた直近のボラティリティの関数)に設定されることが多い。**直近のボラティリティ**は枚数計算にも必ず用いられているようだ。したがって、市場のボラティリティが高いほどトレード枚数は減り、低いほどトレード枚数は増える。

3．株式トレーダーとは違って、トレンドフォロー型ファンド（マネジャー）は相関には無関心である。とりわけドル円、ドルポンド、ドルユーロを主体に運用するマネジャーは、円、ポンド、ユーロがドルと同じ動きをしているとき、これら３つの市場におけるポジションをそれぞれ１％ずつにすることもあれば、ドルに対するネットリスクを１％にするためにこれらの３市場のうちひとつの市場だけでポジションを持つこともある。こういったやり方は成功しているファンドマネジャーたちの間ではそれほど珍しいことではない。この例で言えば、例えばこれら３つの市場がすべて上昇していて、これら３つの市場を別々のマーケットシステムとしてトレードしているとするならば、この時点では３つの市場で同時にポジションを建ててドルに対して３％のリスクをとるべきである。

もしあなたが１ポジション当たりのリスクを20％に設定しているのであれば、当然ながらあなたはこのルールには従わず、資産の60％をドルと反対の動きをするものに投資するはずだ。相関を考慮することでむしろオプティマルｆから大きく外れる可能性の高い場合は相関を無視するほうがよいこともある。これもまた理論と実践の大きな相違点のひとつである。

相違点

　ストップを入れる位置以外の彼らの大きな相違点はトレードする市場である。基本的に、長期トレンドフォロワーは急激な上昇相場ではトレーダブルなものであればどんなものでも買う。ストップやトレードする市場の違いは、彼らの考え方の違いによる。

1. 常にポジションを建てた状態にするか否か。これは２段階アプローチ（買い・空売り）を用いるか、３段階アプローチ（買い・マル・空売り）を用いるかによって異なる。通常は、これら２つのアプローチを組み合わせて利益をひねり出す。しかし、２段階アプローチの長期トレンドフォローシステムでは、３段階アプローチのシステムよりもストップを市場から離れた位置に入れるのが普通だ。市場からどれくらい離れた位置にストップを入れるかでトレード量が決まるため、２段階アプローチのシステムはトレード量が非常に少なくなるのが一般的だ。
2. トレードする市場。優れた長期トレンドフォローシステムを使っているマネジャー（大きなファンドのマネジャー）たちのほとんどは通常およそ20±6市場をトレードする。これらの市場は、彼らの望むトレード量をさばける十分な流動性を持った市場がほとんどだ。これが、一握りの手ごろな市場だけを選んで自分をごまかそうとするその他もろもろのトレーダーたちと異なる点だ。ファンドマネジャーたちは顧客の金はこういった市場でのみトレードするが、自分の金はすべての市場でトレードすることが多い。

マネジャーのなかにはコメ、菜種などを含めた**すべての市場をトレードする**者もいる。大きなトレンドは必ずどこかの市場に現れるはずであり、そのときにそのトレンドに乗る唯一の方法はすべての市場でトレードしていることであるというのが彼らの考え方である。

　もちろん、穀物だけあるいは通貨だけといった変わったやり方もあるが、こういったやり方はわれわれの関心事ではないので議論はしない。

長期トレンドフォロワーのその他の特徴

　彼らがポジションサイズをどれくらいの頻度で変更するかは、前述の「共通点」や「相違点」を読めば分かるはずだ。

　ファンドマネジャーたちに聞いてみると、変更コストがかからないのならできるだけ頻繁にポジションサイズを変えたいというのが彼らの考え方のようだ。実際、コストがかからないのであれば、彼らはひっきりなしにポジションサイズを調整するだろう。これはちょうど何らかのポートフォリオ保険をかけている人がやること——そのシステムが非常に儲かるシステム（つまり、システムの資産カーブがディープ・イン・ザ・マネーということ）であると仮定した場合のそのシステムの資産カーブにデルタを乗じた量がポジションサイズとなるようなオプションを複製する——と同じである。つまり、そのマーケットシステムの資産カーブに対するオプションを複製するということである。

　しかし、マネジャーたちは実際のトレーディングではこれとはまったく違うことをやっている。（何らかの市場に常にポジションを持っている）最も成功しているマネジャーのひとりはロールオーバーのときだけポジションサイズを変更する。

　仕掛けや手仕舞いを時間差で実行するというのも彼らがよくやるやり方だ。これらのファンドのほとんどは巨大ファンドであり、発注量も大きい。したがって特定価格での売買の必要が生じたとき、その価格で一気にオーダーを出して市場を大きく動かす代わりにオーダーを複数の小さなオーダーに分割し、想定した発注価格近辺の異なる価格でオーダーを出す。もちろん、この方法を使うマネジャーもいれば、使わないマネジャーもいる。驚いたことに、この方法を使うか使わないかは、ファンドの大きさにはよらないようだ。巨大なオーダーを一気に出すファンドもある。

この方法は同一市場で複数のシステムを用いる場合にも使われる。簡単な例を考えてみよう。私がファンドマネジャーで、ひとつのパラメーターを持つひとつのシステムを持っているとしよう。そのシステムは今日、ある市場に100で仕掛けるようにシグナルを出してきた。

　このような場合、システムは物理的にはひとつしかないが、パラメーターは複数設定するのが一般的であり、結果的に私は「複数のシステム」を持つことになり、仕掛けや手仕舞いは必然的に時間差で実行されることになる。

　スリッページを低減するために仕掛けや手仕舞いを時間差で実行するというこのやり方は必ずしも意識的に行われるとは限らず、同一のマーケットシステムで複数のパラメーターを設定した結果として図らずも仕掛けや手仕舞いを時間差で実行することになるというケースが非常に多い。

　多くのパラメーター値を用いれば、ヒストリカルテストに基づいて将来的に用いるパラメーター値を一意的に決めなければならないというわずらわしさから開放されると多くの人は考えている。将来どういったパラメーター値を用いるのがベストなのかをピンポイント的に決めるのは彼らにとっては難しい作業なのである。これらのシステムのほとんどは、広域にわたるパラメーター値に対して程度の差こそあれ正のパフォーマンスを提供するという意味で**堅牢な**システムであるため、多くのパラメーター値を用いることで悲惨なリターンを生む外れ値を選ばないようにしたいというのがファンドマネジャーたちの考え方である。多くのパラメーター値を用いることで、許容できる水準のパフォーマンス、つまり過去の平均的なパフォーマンスが得られる可能性は高まるわけである。

　パラメーターの最適化は多くの疑問をはらんでいる。パラメーターの最適化はこのビジネスでは実質的には避けて通れないものではあるが、長年このビジネスに携わってきた経験者として言わせてもらえば、

パラメーターの最適化はそれほど効果があるとは思えない。入手可能なデータのすべてを**堅牢さを基に**最適化することで、その期間における最適パラメーターを見つけ出そうとする人は多いが、最適化によって彼らが手にしたパラメーターは必ずしも最適なパラメーターとは限らず、適度なパフォーマンスを生む数多くあるパラメーターのひとつに過ぎない。さらに、最適化は長期履歴データを3等分あるいは4等分して行われる傾向がある。例えば、28年分のデータがあったとすると、それを7年分ずつに分けて、同じ基準で最適化するということである。しかし、問題はどの市場でも同じパラメーター値を使うのか、ということである。皆が皆そうというわけではないが、パラメーター値は市場によって異なる値を用いるのが一般的である。

　加えて、最適化の頻度も各人によって異なる。年に一度の人もいれば、もっと頻繁に行う人もいる。結局、頻度の違いもパフォーマンスや相関にはほとんど影響はないように思える。

　最近のトレンドとして、それぞれの市場の価格の特徴をつかみ、その特徴を基に新しい仮想的なデータを作り上げるといったことが行われている。これは将来的に期待できる研究分野である。

　勝っているポジションに増し玉する、いわゆる**ピラミッディング**は、大きなファンドのマネジャーたちの間では今はほとんど行われていない。大きなファンドが、トレードの進行に伴って何らかのスケジュールに沿って勝ちポジションに増し玉することはない。しかし、複数のトレンドフォローシステムを使ったり、任意のマーケットシステムに多数のパラメーター値を設定している場合、意図せずして増し玉することになるので、まったくないとは言えない。ピラミッディングは外部からは分からないため、正直言って実態は分からない。

　大きなファンドのマネジャーたちは、利益目標を設定しその利益に達したら手仕舞う、といういわゆる利食いもほとんど行わない。しかし、トレーリングストップはほとんどのトレードで設定され、これに

よってポジションを手仕舞いするか反転させる（しかし個人投資家のなかには、利食いで大成功してきた人もいる。短期指向のトレーダーが多く、特にベイルアウトタイプの手仕舞い手法を用いるのが彼らの特徴だ。このタイプの手仕舞い手法には、負けトレードや、やり方を間違えなければ勝ちトレードになっていたはずの負けトレードを効果的に抹消することで、トレードごとのリターンの標準偏差のバラツキを抑えるというメリットがある。本書で前述したピタゴラスの定理によれば、ベイルアウトは口座の成長で表した算術平均トレードを上昇させるのと同じ効果を持つ）。

　所定の目標値でポジションを手仕舞いするという考え方に近いのが、資産カーブの平滑化である。しかし、これらのテクニックの効果はまちまちで、それほど大きな成果は上がっていない。

　これらのテクニックは、トレンドのない市場で利益を上げることを目指すいわゆる**アンチトレンドシステム**のようなものである。成功するファンドはトレンドのあるときに儲ける。したがって、トレンドがなければなすすべはない。そこで登場したのが、オプションの売り（カバードの場合もあればアンカバードの場合もあるが、バタフライスプレッドのような組み合わせにするのが一般的。基本的には、ポジションを建てた時点でプレミアムを受け取れるものなら何でもよい）や、転換社債裁定取引などのアンチトレンドシステムである（アンチトレンドシステムは例を挙げればきりがないほどいろいろなものが作れる。近年創案されたアンチトレンドシステムの例を挙げた長いリストがある）。

　ファンドマネジャーたちにとって最も理想的なものは、相関のない、あるいはむしろ負の相関を持つトレンドフォローシステムなのだが、こういったシステムはなかなかない。もしこういった性質を持つものが見つかったとしても、相関を発生させる原因が明確でなければ、期待する成果とは逆の成果しか得られないだろう。

アンチトレンドシステムは、資産カーブを平滑化することでドローダウンを緩和すると同時に、安定したリターンを得る――つまり、パフォーマンスに一定の**回復力**を持たせる――ことを目的に用いられてきた（本書執筆時点においては、金利は総じて過去40年の底値水準にあった。当時、これらのファンドの多くは長期化するドローダウンに苦しめられており、それに低金利が重なり、アンチトレンドシステムに対する関心が高まったように思える）。機関投資家をファンドに引き付けるにはドローダウンを低く抑えたうえで月1～1.5％のリターンを上げなければならない、というのがこの業界の昔からの常識である。ファンドマネジャーたちがアンチトレンドシステムを資産運用に採用しようと考えたのは、当然ながらこの目標を意識してのことである。しかし結局は、（操作が自動化された以外は）成功するファンドマネジャーたちのマーケット戦略は昔とほとんど変わっていない。アンチトレンドシステムの導入は今のところあまり成果は上がっていないようだ。

1984年にノントレーダーから選抜され高度な投資教育を受けて短期間でエリートトレーダー集団へと成長した**タートルズ**が、自らの受けた教育内容を暴露し始めてから、本書でこれまでに見てきた成功する長期トレーダーの共通点が次々と明らかになっていった。このトレーダー集団はリチャード・デニスが同僚のウィリアム・エックハートと「優れたトレーディング技術は教えることが可能か」どうかを実験するために創設した集団である。

おそらくはタートルズのオリジナルメンバーのなかには成功した者と失敗した者がいたはずだ。これまで多くの調査が行われたが、その明暗を分けたものが何だったのかはいまだに分かっていない（少なくとも私は知らない）。しかし、長期的には利益を出すシステムが損を出したのは、トレードをやめた資産サイクルの位置が悪かったからに

ほかならない。適度なレベルのf値においてでさえ、予想されるドローダウンはきわめて大きい。例えば5年後に大きな利益を出すようなシステムでも、それまでには予想を超える身の毛もよだつような大きなドローダウンを何度か出す確率は非常に大きい。そういったドローダウンの最中にトレードをやめれば、そのシステムは失敗とみなされるのである。

別の例、例えばカジノを考えてみよう。あなたの経営するカジノにある人がやってきて何度かプレーする。プレーヤーは大儲けする。カジノを開始してから多くの損失を出してきたあなたがその時点ではカジノをたたんだら、あなたは間違いなくカジノビジネスにおける敗北者になる。

本書執筆時点の2006年2月、長期トレンドフォロワーたちはおおむね何年にもわたるドローダウンの最中にいた。ファンドの多くは50％以上も資産が目減りしている状態だった。そして、人々は「長期トレンドフォローはもうダメだ」と口々に言った。

次章「レバレッジスペース・ポートフォリオモデルの現実世界への応用」を読むと分かるように、この種のドローダウンは必ず起こり得るものであり、むしろ正常なのである。実際にはドローダウンから回復する前にもっと悪くなることもあるだろう。

資産配分はまだまだ改善の余地はあるが、とりあえずこういった基本さえ分かっていれば、優れた商品ファンドを作ることができる（事実多くの人がこの基本に基づいて優れた商品ファンドを作ってきた）。相関はまったく無視し、性質の異なると思われる20の市場（市場のなかには流動性の低いものもあり、ファンドの規模によっては限られた市場にしか投資できない場合もある。その場合、投資先がすべて異種の市場というわけにはいかない）に口座資産の1％を投資するだけで、何年にもわたって高いリターンを上げてきたファンドもある（相関を無視するという資産配分方法もまんざら悪い方法とは言えない。相関

は常に一定ではないからだ。価格スイングの大小によって変化することもある。相関を組み込んだ資産配分モデルを使っていれば、すべての市場があなたの思惑と逆方向に動けば、20％の損失を被ることにもなる）。

　ある巨大ファンドは組成以来、数十年にわたってこの方法だけでドローダウンを完全に消化可能なサイズに抑えながら大きなリターンを上げてきた。また、資産規模が10億ドルの別の長期ファンドはおよそ12の市場で資産運用を行い高いリターンを上げているが、各市場の設定パラメーターは３つ、使っているモデルはただ１つである。

　これに対して、資産規模がほぼ同じ競合ファンドの１つと、前述のファンドと高い相関を持つファンドは運用市場は60を超え、各市場の設定パラメーターは数十にも及び、使っているモデル数も６～８と多い。お分かりかと思うが、これらのファンドのリターン曲線は前述のファンドよりも平滑ではあるが、人々の期待するリターンは上げていない。

　しかし、大部分の商品ファンドでは、20％（損失）が５％になることもあれば、50％にもなることもある。しかし、20％は分布曲線の最も厚い部分に属するため、かなり優秀なほうである。また、ストップアウト水準は口座資産の２％未満あるいは、口座資産のうちトレーディングに割り当てる割合（この場合も20％水準は分布曲線の厚い部分に属する）をトレードした市場数で割った数値というのが圧倒的に多い。

　つまり、平均分散モデルは使われていないということだろうか。これは一般論だが、個人ファンドでは平均分散モデルはほとんど使われていないが、規模の大きいファンドやファンド・オブ・ファンズでは使われていることが多い。つまり、単独ファンド（１つのマーケットシステム）の場合は平均分散モデルは使われないことが多く、複合ファンド（複数のマーケットシステム）の場合は平均分散モデルが使わ

れることが多いと言える。

　では、個人ファンドは相関のない市場を組み合わせて運用したり、平均分散モデルを使って資産カーブを平滑化しようとはまったくしないのか、というとそういうわけではない。近年になって大きな個人ファンドの間でよく見られるようになった傾向は、資産配分に**バリュー・アット・リスク**を採用したり、**許容可能な**ドローダウンの範囲内で最大のリターンを上げようという考え方である。

　市場別にドローダウンを予測し、次にポートフォリオ全体のドローダウンを予測する場合もあるが、大きなファンドのほとんどはまず各市場のリスクをすべて同額に設定し、次にポートフォリオ全体のリスクが許容レベルになるようにポートフォリオのサイズを調整したうえでリターンを予測する。

　また、各市場に対するリスクを別々に設定するファンドも依然として存在する。この場合、ｙ％のドローダウンの確率をｘ％にすることを目指すため、パフォーマンスの良かった市場においては資産に対するリスク比率はほかの市場よりも高くなる。次に各市場の対資産リスク比率を比較したうえでひとつのポートフォリオを作り上げ、ポートフォリオ全体においてｙ％のドローダウンの確率をｘ％にするようにポートフォリオのサイズを調整する。この方法でポートフォリオを構築する場合、パフォーマンスが２倍の市場の構成比率は２倍になる。

　（各市場のリスクを同額に設定し、ポートフォリオ全体のリスクが許容水準になるようにポートフォリオのサイズを調整する方法に対して）この方法の興味深い点は、まず各市場のリスクを個別に設定するという前処理を施したあとで、ポートフォリオ全体のリスクが許容水準になるようにポートフォリオのサイズを調整するため、マーケットシステムごとの資産配分が異なるという点だ。したがって、実質的には平均分散モデルを直接的に用いたことになる。つまり、この方法は平均分散モデルとバリュー・アット・リスクを組み合わせた方法と言

えよう。

　この方法の具体的なやり方を見てみよう。用いるデータは25年分のヒストリカルデータとする。まず、各市場別にデータを分析し、各市場の対資産リスク比率を計算する。例えば、損失が20％を上回った月が全体（25×12＝300カ月）の１％（３カ月）になるように対資産リスク比率を計算する。これがトレーディングにおけるバリュー・アット・リスクの一般的な算出方法である。各市場の対資産リスク比率を求めたら、この期間のリターンを計算して、そのマーケットシステムをポートフォリオに含めるべきかどうかを決定する。

　ポートフォリオの構成要素と各要素の相対リスク比率を求めたら、次のステップに進む。第２ステップでは、ポートフォリオを全体的に見て、各要素のリスク比率に乗ずるスケールファクターを決定する。各マーケットシステムのリスクを同額に設定するファンドはこの第２ステップだけを行う。

　トレードを開始する前に、そのトレードの１枚当たりのストップアウト水準を決めておかなければならない。次にポートフォリオ価値（現在の値、昨夜の値、その月初めにおける値など、用いる数値は人によって異なる）をポートフォリオのスケールファクターで調整したこの市場のリスク比率で割り、得られた数値をこのトレードの１枚当たりのリスクで割って、このトレードの枚数を計算する。

　数値例として、例えば100万ドル口座で、このトレードの１枚当たりのストップアウトとして5000ドルを設定したとすると、リスクの相対比率は４％（この市場において過去25年にわたってｙ％のドローダウンの確率がｘ％以下になる数字）、ポートフォリオのスケールファクターは0.7（過去25年にわたってポートフォリオ全体としてｙ％のドローダウンの確率がｘ％以下になる数字）になる。したがって、この市場に対するトレード枚数は以下のように計算できる。

$$1{,}000{,}000 \times 0.04 \times 0.7 \div 5{,}000 = 5.6 枚$$

　ほとんどのファンドにとってこの0.04という数字はマーケットシステム間で一定だが、各マーケットシステムごとに異なる数字を設定するファンドもある。

　もうひとつ注目すべき数字はポートフォリオのスケールファクター0.7である。すべての市場が完全相関の関係にあったとすると、この数字は1をポートフォリオを構成するマーケットシステム数で割った値になる。したがって、この数字が高いほど、ポートフォリオを構成するマーケットシステム間の相関は小さいということになる。ポートフォリオの構成要素が2つで、その構成要素が負の相関関係にあったとすると、ポートフォリオのスケールファクターは1よりも大きくなる。

　しかし、すべてのマーケットシステムの最悪のケースが同時に発生することも将来的にはあり得ないことではないため、ポートフォリオのスケールファクターは単に1をポートフォリオを構成するマーケットシステム数で割った数値としても**間違いではない**。

　これまでに見てきたように、これらの概念を現実世界に応用することはそれほど難しいことではない。問題は、資産のトラッキング、ロールオーバーなどをやってくれるソフトウエアがあるかどうかである。つまり、概念そのものは簡単だが、それを正確にやってくれるツールを探すのは困難ということである。

　さらに、本書でこれから見ていくように、本章で述べた方法は、これらのファンドマネジャーたちが本当に望む正確な方法ではないということである。ここで述べたテクニックによって求めたリスクは、潜在的リスクを過度に楽観的に評価した数字にすぎない。

　本書では、オプティマルf・レバレッジスペースモデルの枠組みと

長年にわたって高いリターンを達成してきた優れたファンドのテクニックとの相違点を細かく見てきた。それと同時に、ファンドマネジャーたちが今目指しているもの――対数関数以外の効用選好曲線に対応できるようにするという、マネージドフューチャーズに課せられた課題を解決するために平均分散モデルとバリュー・アット・リスクを組み合わせる――についても見てきた。

　第8章では、平均分散モデルとオプティマル f との関係について詳しく見た。第12章では、平均分散モデル、バリュー・アット・リスク、およびレバレッジスペースモデルを関連づけることで、ファンドマネジャーたちが模索しているものを実現する方法について見ていく。これが第12章のメインテーマである。

第12章
レバレッジスペース・ポートフォリオモデルの現実世界への応用

The Leverage Space Portfolio Model in the Real World

　注意　本章では、第1部の理論編で説明した「オプティマルfの枠組み」をベースにしたポートフォリオモデル、「レバレッジスペースモデル」（第10章）の現実世界への応用について解説する。本章で用いる用語はこの新しいモデルに準拠したものを用いる。したがって、マーケットシステムはシナリオスペクトルに、トレードやプレー、あるいは一定期間における結果はシナリオに置き換えられていることに注意してもらいたい。しかし、これらの言葉は互換性を持つものであることを忘れないでもらいたい。

　レバレッジスペースモデルを現実世界に応用するに当たっては問題が2つある。ひとつは、大量の数値計算が必要である点だ。幸いこの問題点は、コンピューターの処理速度の向上と優れたソフトウエアのおかげで克服可能だ。したがって、大量の数値計算が必要だからという理由でレバレッジスペースモデルの使用をあきらめる必要などもはやない。かつては困難であった株式のベータや相関係数も今では計算が可能になった。シナリオスペクトル、各スペクトルを構成するシナリオ、各シナリオ間の同時確率もまた、今の時代にあっては計算は十分可能である。
　もうひとつの問題点は、投資家の効用選好曲線が対数関数ではない

場合の対処方法である。投資家が最大化したいのは単なるリターンではなく、許容できるリスクの範囲内でのリターンなのである。

　本章ではリスクを任意の水準内に抑えながらリターンを最大化する方法について説明する。従来の平均分散モデルに比べると、レバレッジスペースモデルは現実世界により即した方法と言えるだろう。また、古典的ポートフォリオ構築ではリスクは「リターンの分散（またはセミバリアンス）」で代用される。これに対してレバレッジスペースモデルではリスクは、破産リスク、または一定のドローダウンを被るリスクと定義される。つまり、レバレッジスペースモデルではドローダウンそのものをリスク尺度とするわけである。任意の水準のドローダウンの発生確率に対する利益を最大化する。これが、レバレッジスペースモデルの目指すものである。

　まず、フェラーの「ギャンブラーの破産問題」[William Feller, "An Introduction to Probability Theory and Its Applications,"Volume 1 (New York: John Wiley & Sons, 1950), pp.313-314（邦訳『確率論とその応用<1>』）]について考えてみよう。ギャンブラーが１単位儲かる確率をｐ、１単位損失する確率を（１－ｐ）とする。また、ギャンブラーの当初手持ち資金をｚ、対戦相手の当初手持ち資金を（ｕ－ｚ）とする。したがって、両者の当初手持ち資金の合計はｕである。

　ゲームは手持ち資金がｚのギャンブラーの資金がｕに増加するかゼロになるまで続く。ギャンブラーの資金がゼロになったとき、彼は**破産した**という。われわれが知りたいのはギャンブラーが破産する確率であり、それはフェラーによれば次式で与えられる。

$$RR = \frac{((1-p) \div p)^u - ((1-p) \div p)^z}{((1-p) \div p)^u - 1} \tag{12.01}$$

　この等式が成り立つのは、（１－ｐ）≠ｐのときのみである（（１－ｐ）＝ｐのとき分母は０になる）。（１－ｐ）＝ｐのときの破産確率は

次式で与えられる。

$$RR = 1 - \frac{z}{u} \qquad (12.01a)$$

次の表は上の式において変数の値を変化させたときの結果を示したものである。RRは破産リスク、したがって1－RR（＝P）は成功確率を意味する（本書では一貫性を保つため、フェラーの式で使われている変数の名前は本章に合わせて一部変更している）。

	p	(1－p)	z	u	RR	P（成功確率）
1	0.5	0.5	9	10	0.1	0.9
2	0.5	0.5	90	100	0.1	0.9
3	0.5	0.5	900	1000	0.1	0.9
4	0.5	0.5	950	1000	0.05	0.95
5	0.5	0.5	8000	10000	0.2	0.8
6	0.45	0.55	9	10	0.210	0.790
7	0.45	0.55	90	100	0.866	0.134
8	0.45	0.55	99	100	0.182	0.818
9	0.4	0.6	90	100	0.983	0.017
10	0.4	0.6	99	100	0.333	0.667
11	0.55	0.45	9	10	0.035	0.965
12	0.55	0.45	90	100	0.000	1.000
13	0.55	0.45	99	100	0.000	1.000
14	0.6	0.4	90	100	0.000	1.000
15	0.6	0.4	99	100	0.000	1.000

表の2行目と7行目の違いに注目しよう。2行目は50対50のゲーム、7行目はギャンブラーが若干不利なゲームである。7行目は勝率がわずかに小さいだけだが、RRは急激に上昇している。

次に、6行目と7行目を比べてみよう。確率pおよび（1－p）は同じだが、手持ち資産（z）と目標値（u）が異なる（1単位ではなく10単位賭ければ、6行目と7行目は実質的に同じ）。これによって、

6行目の破産リスクは7行目の破産リスクの4分の1になっている。これから言えることは、期待値が一見して負のゲームにおいては、トレード量を多くし、ゲームからできるだけ早く撤退したほうがよいということである。これをフェラーは次のように述べている。

賭け金が常に一定のゲームでは、ギャンブラーは事前に決めた目標値とほぼ同じ手持ち資金を持つことで破産確率を最小化する。これは経験によって証明された結論であるにもかかわらず、「不公平な」ゲームはやるべきではないと主張する人々からは批判されてきた。彼らの主張が正しいとするならば、保険ビジネスは成り立たなくなる。なぜなら、損害賠償保険をかけている安全ドライバーは明らかに不公平なゲームをプレーしていることになるからだ。しかし実際には安全ドライバーに保険をかけさせないようにするような確率論など存在しない（前出のフェラーの著書の316ページ）。

しかし、われわれが扱うケースはギャンブルのようなシナリオが2つしかないシンプルなものよりもはるかに複雑である。したがって、複雑なケースに対応できるような式が必要になる。しかし、扱うケースがいかに複雑になろうと、原理はフェラーの古典的な破産問題と同じである。

それでは、さまざまな結果を含み、その結果が、ゲームの進行に伴い増減する手持ち資産の関数として表される場合、それを数学的に表現するにはどうすればよいだろうか。それをこれから見ていく。

2：1のコイン投げ（$f = 0.25$）で考えてみよう。

+2　　-1　　（結果）
1.5　　0.75　　（HPR）

第12章 レバレッジスペース・ポートフォリオモデルの現実世界への応用

シナリオが2つのコイン投げを2回続けて行った場合の結果の順列（順序を考慮した組み合わせ）は4通りであり、それぞれのTWRは以下のとおりである。

$1.5 \times 1.5 = 2.25$
$1.5 \times 0.75 = 1.125$
$0.75 \times 1.5 = 1.125$
$0.75 \times 0.75 = 0.5625$

このコイン投げを3回続けて行った場合については第6章を参照してもらいたい。

ここで、手持ち資金が当初資金の60％（$b=0.6$）になったら破産したと定義する。この例を取り上げたのは読者の直観的な理解を促すためである（当初は本章にすべての項目を織り込んで1冊の本にするつもりであったが、量的な問題もあり、**破産**と**ドローダウン**に焦点を当てることにした）。上記の4つの順列のうち、TWRが破産ラインの0.6を下回るのは1つだけ（4番目の順列）である。したがってこのケースでは、手持ち資金が当初資金の60％以下に減少する破産リスクは常に4分の1である。

$RR(0.6) = 1 \div 4 = 0.25$

したがって、このシンプルなケースにおいては、手持ち資産が当初資産の60％以下に減少する確率は25％ということになる。

ゲームのどの段階においても（1回目終了時点、または2回目終了時点）、$\leq RR(b)$ となった時点を破産とみなす。

したがって、この例では、

RR(0.8) = 2 ÷ 4 = 50%

となる。

つまり、2：1のコイン投げのシナリオスペクトルではf＝0.25でゲームを行うと、HPRの可能な組み合わせの半数において手持ち資金が当初資金の80％を下回るということになる（前述の4通りの順列において、最後の2つのシナリオでは1回目のコイン投げを終えた時点で手持ち資金は当初資金の80％を下回る）。

これは数学的に言えば、式（12.02）でiがいかなる数値のときでも≦0となった時点で破産したとみなす、ということになる。

$$\sum_{i=1}^{q} \left(\left(\prod_{t=0}^{i-1} HPR_t \right) \times HPR_i - b \right) \quad (12.02)$$

ただし、
$HPR_0 = 1.0$

q＝発生し得るシナリオの数（このケースの場合は2。これはnと同じ。今のところはqはnと同じであると考えてよいが、本章ではこのあとqとnは異なる2つの変数として扱われる）

b＝当初資産にこの値を乗じた数値が破産発生を判断する閾値となる（0≦b≦1）

任意のiにおいて式（12.02）≦0となったとき、その時点を破産発生時点とみなす。

これを数学的に表現するひとつの方法が以下の式である。

$$\mathrm{int}\left(\frac{\sum_{i=1}^{q}\left(\left(\prod_{t=0}^{i-1} \mathrm{HPR}_t\right) \times \mathrm{HPR}_i - b\right)}{\sum_{i=1}^{q}\left|\left(\left(\prod_{t=0}^{i-1} \mathrm{HPR}_t\right) \times \mathrm{HPR}_i - b\right)\right|}\right) = \beta \qquad (12.03)$$

ただし、

$\mathrm{HPR}_0 = 1.0$

q = 発生し得るシナリオの数

$$\sum_{i=1}^{q}\left|\left(\left(\prod_{t=0}^{i-1} \mathrm{HPR}_t\right) \times \mathrm{HPR}_i - b\right)\right| \neq 0$$

　式(12.03)において β の取り得る値は1（破産は発生していない）か0（破産が発生した）の2つしかないことに注意しよう。

　式(12.03)の分母はゼロになることもあり、その場合は $\beta = 0$ となる。

　数値例を見てみることにしよう。一連のHPRが次のようになったとする。

0.9

1.05

0.7

0.85

1.4

　また、当初資産に乗じて破産発生を判断する閾値を設定するときの乗数bは0.6とする。下の表は式(12.03)の各数値を示したものである。表より、q = 4のときに破産が発生したことが分かる。したがってこの一連のHPRでは破産するということになる（q = 5の時点では破

産は発生していないが、途中のどの時点で破産が発生しても、HPRがこの順序で発生したときには、破産が発生することを示すのに十分である)。

q	1	2	3	4	5
HPR	0.9	1.05	0.7	0.85	1.4
TWR	0.9	0.945	0.6615	0.562275	0.787185
TWR − 0.6	0.3	0.345	0.0615	− 0.03773	0.187185
(TWR − 0.6) ÷ (| TWR − 0.6 |)	1	1	1	− 1	1

　上の表の一番下の数値の和を、一番下の数値の絶対値の和で割り、得られた値の整数を取る（式 (12.03) より）と、$\beta = \text{int}(3 \div 5) = \text{int}(0.6) = 0$ となり、破産が発生することが分かる。もし、一番下の行の 4 番目の列の数字が − 1 ではなく 1 の場合は、$\beta = 1$ となって破産は発生しない。

　式 (12.03) では HPR はただひとつの順序で発生しているように思えるが、この例では HPR の発生する順序は 4 通りあるため、β はそれぞれの順序に対して計算しなければならない。

　オプティマル f を決めるときは順序は無関係のため、HPR は組み合わせで考えればよいが、破産リスクを計算するときには**順序が重要になる**ため、HPR は順列で考えなければならない。ある順序のときには $\beta = 0$ でも、順序を変えると $\beta = 1$ になることもある（あるいはその逆）。ちなみに、HPR が n 個（$HPR_1 ... HPR_n$）あるときの順列（重複順列。以下、同様）の数は n^n 個である。

　したがって、β は n 個のものから n 個を選んで並べる場合の順列の数だけ計算しなければならない。n 個のものから n 個を選んで並べる場合の順列の数を記号を使って表すと次のようになる。

$${}_n\Pi_n = n^n \tag{12.04}$$
（訳注　Πは数列の積と同じ記号なので混合しないこと）

この一般形は「n個のものからq個選んで並べる並べ方」で、これは次のように表現する。

$${}_n\Pi_q = n^q \tag{12.04a}$$

今のところはn = qとする。また、n個のものからq個選んで並べる並べ方はn^q通りであることに注意しよう。

（n個のものからq個選んで並べた場合の）それぞれの順列に対するβ値を合計し、それを順列の数で割ったものが実際の破産確率RR(b)である（ただし、前述のとおり今のところは、n = qとする）。ただし、**破産**とは資産が当初資産にbを乗じた額にまで下落することと定義される。

$$RR(b,q) = \frac{\forall {}_n\Pi_q \sum_{k=1}^{n^q} \beta_k}{n^q} \tag{12.05}$$

（訳注　式中の∀は「任意の」を意味する）

これが任意のbの値に対する破産確率を求める式である。例えばHPRが2つの場合、起こり得る結果の順列は2×2 = 4通りあり、それぞれの順列に対するβ値を（RR(0.6)を使って）求める。次にすべてのβ値を合計し、それを順列の数4で割ったものが値bに対する破産確率である。

ここで入力パラメーターに注目しよう。RR(b)の入力パラメーターはb（初期資産のうち残った資産の割合）である。当然ながら、bの値が変われば結果も変わる。さらに、HPRを使っているのでf値

も入力パラメーターのひとつになる。したがって、f値が変われば HPRの値も変わり、βの値も変わってくる。ここで注意しなければ ならないのは、bの値を一定としたうえで、許容できるRR(b)が得ら れるf値を求めるのがわれわれの目的ということである。つまり、任 意の破産リスクの許容できる発生確率を与えてくれるf値を求めると いうことである。

　この点を明確にしておこう。各プレー結果を当初資産の倍率で表す という概念は今しばらく忘れて（つまり、結果をHPRやTWRでは考 えないということ）、コイン投げを3回続けて行った場合の結果だけ が与えられた場合について考えてみることにしよう。この場合、得ら れる結果の順列は8通り（$_2\Pi_3=2^3$）である。

　HHH
　HHT
　HTH
　HTT（破産）*
　THH
　THT
　TTH（破産）
　TTT（破産）

　裏が2回続けて出たら破産するとしよう。したがって、「破産確率」 を求めるには、8つの順列のうち2回続けて裏が出る順列の個数を求 め、それを順列の総数である8で割ればよい。

　これに、各プレー結果を資産の倍率で表すという概念を採り入れる と、問題は複雑になる。例えば、前述のコイン投げの例では、最初に 表が出て、次に2回続けて裏が出ても、最初のプレーで得た利益が次 の2回のプレーによる損失を補えるほど大きいものであれば、破産は

免れる（*印の付いた4番目の順列）。

ここで、オプティマル f = 0.25、b = 0.6として、コイン投げの各プレー結果をHPRで表してみることにしよう。

プレー回数を増やす（このケースの場合、2回（q = 2）から3回（q = 3）に増やす）と、どういうことになるだろうか。

$_2\Pi_3 = 2^3 = 8$

1.5	×	1.5	×	1.5	= 3.375	
1.5	×	1.5	×	0.75	= 1.6875	
1.5	×	0.75	×	1.5	= 1.6875	
1.5	×	0.75	×	0.75	= 0.84375	
0.75	×	1.5	×	1.5	= 1.6875	
0.75	×	1.5	×	0.75	= 0.84375	
0.75	×	0.75	×	1.5	= 0.84375	（破産）
0.75	×	0.75	×	0.75	= 0.421875	（破産）

プレー回数が3回の場合、最後の2つの順列のときだけ資産が当初資産の0.6倍を下回って破産する。したがって、破産確率は次のようになる

RR(0.6) = 2 ÷ 8 = 0.25

プレー回数が4回の場合は、

$_2\Pi_4 = 2^4 = 16$

1.5	×	1.5	×	1.5	×	1.5	= 5.0625
1.5	×	1.5	×	1.5	×	0.75	= 2.53125
1.5	×	1.5	×	0.75	×	1.5	= 2.53125
1.5	×	1.5	×	0.75	×	0.75	= 1.265625
1.5	×	0.75	×	1.5	×	1.5	= 2.53125
1.5	×	0.75	×	1.5	×	0.75	= 2.53125

1.5	×	0.75	×	0.75	×	1.5		= 1.265625		
1.5	×	0.75	×	0.75	×	0.75		= 0.6328125		
0.75	×	1.5	×	1.5	×	1.5		= 2.53125		
0.75	×	1.5	×	1.5	×	0.75		= 1.265625		
0.75	×	1.5	×	0.75	×	1.5		= 1.265625		
0.75	×	1.5	×	0.75	×	0.75		= 0.6328125		
0.75	×	0.75	×	1.5	×	1.5		= 1.265625		（破産）
0.75	×	0.75	×	1.5	×	0.75		= 0.6328125		（破産）
0.75	×	0.75	×	0.75	×	1.5		= 0.6328125		（破産）
0.75	×	0.75	×	0.75	×	0.75		= 0.31640625		（破産）

プレー回数が4回の場合、最後の4つの順列のときだけ資産が当初資産の0.6倍を下回って破産する。したがって、破産確率は次のようになる。

RR(0.6) = 4 ÷ 16 = 0.25

プレー回数が5回の場合は、

$_2\Pi_5 = 2^5 = 32$

1.5	×	1.5	×	1.5	×	1.5	×	1.5	= 7.59375
1.5	×	1.5	×	1.5	×	1.5	×	0.75	= 3.796875
1.5	×	1.5	×	1.5	×	0.75	×	1.5	= 3.796875
1.5	×	1.5	×	1.5	×	0.75	×	0.75	= 1.8984375
1.5	×	1.5	×	0.75	×	1.5	×	1.5	= 3.796875
1.5	×	1.5	×	0.75	×	1.5	×	0.75	= 1.8984375
1.5	×	1.5	×	0.75	×	0.75	×	1.5	= 1.8984375
1.5	×	1.5	×	0.75	×	0.75	×	0.75	= 0.94921875
1.5	×	0.75	×	1.5	×	1.5	×	1.5	= 3.796875
1.5	×	0.75	×	1.5	×	1.5	×	0.75	= 1.8984375
1.5	×	0.75	×	1.5	×	0.75	×	1.5	= 1.8984375
1.5	×	0.75	×	1.5	×	0.75	×	0.75	= 0.94921875
1.5	×	0.75	×	0.75	×	1.5	×	1.5	= 1.8984375

1.5	×	0.75	×	0.75	×	1.5	×	0.75	= 0.94921875	
1.5	×	0.75	×	0.75	×	0.75	×	1.5	= 0.94921875	
1.5	×	0.75	×	0.75	×	0.75	×	0.75	= 0.474609375	（破産）
0.75	×	1.5	×	1.5	×	1.5	×	1.5	= 3.796875	
0.75	×	1.5	×	1.5	×	1.5	×	0.75	= 1.8984375	
0.75	×	1.5	×	1.5	×	0.75	×	1.5	= 1.8984375	
0.75	×	1.5	×	1.5	×	0.75	×	0.75	= 0.94921875	
0.75	×	1.5	×	0.75	×	1.5	×	1.5	= 1.8984375	
0.75	×	1.5	×	0.75	×	1.5	×	0.75	= 0.94921875	
0.75	×	1.5	×	0.75	×	0.75	×	1.5	= 0.94921875	
0.75	×	1.5	×	0.75	×	0.75	×	0.75	= 0.474609375	（破産）
0.75	×	0.75	×	1.5	×	1.5	×	1.5	= 1.8984375	（破産）
0.75	×	0.75	×	1.5	×	1.5	×	0.75	= 0.94921875	（破産）
0.75	×	0.75	×	1.5	×	0.75	×	1.5	= 0.94921875	（破産）
0.75	×	0.75	×	1.5	×	0.75	×	0.75	= 0.474609375	（破産）
0.75	×	0.75	×	0.75	×	1.5	×	1.5	= 0.94921875	（破産）
0.75	×	0.75	×	0.75	×	1.5	×	0.75	= 0.474609375	（破産）
0.75	×	0.75	×	0.75	×	0.75	×	1.5	= 0.474609375	（破産）
0.75	×	0.75	×	0.75	×	0.75	×	0.75	= 0.237304688	（破産）

プレー回数が5回のときの破産確率は$10 \div 32 = 0.3125$に上昇する。プレー回数が増えるにつれて破産確率が上昇するというのは非常に不安である。

しかし幸いなことに、破産確率には漸近線が存在する。この2：1のコイン投げを各プレーともにオプティマル$f = 0.25$でプレーした場合の破産確率は以下のとおりである。

プレー回数	RR（0.6）
2	0.25
3	0.25
4	0.25
5	0.3125
6	0.3125
7	0.367188

8	0.367188
9	0.367188
10	0.389648
11	0.389648
12	0.413818
13	0.413818
14	0.436829
15	0.436829
16	0.436829
17	0.447441
18	0.447441
19	0.459791
20	0.459791
21	0.459791
22	0.466089
23	0.466089
24	0.47383
25	0.47383
26	0.482092

詳しくはのちほど説明するが、このコイン投げの破産リスクの漸近線、つまり**長期的に見た場合の破産リスク——ゲームを無限に続けた場合の破産リスク**は0.48406になる（ただし、資産が当初資産の60％以下に減少することを破産と定義する）。

図12.1を見ると分かるように、qが無限大に近づくにつれてRR(b)は水平な漸近線に近づく。つまり、長期的に考えた場合のRR(b)は**ある値に収束する**ということである。

$q = 1$からqの値を徐々に増やしていけばRRはやがてひとつの値に収束する。それが漸近線である。

前章の終わり近くで、成功を収めてきた大きなトレンドフォローファンドが使っているひとつの方法を紹介した。それは「平均分散モデルとバリュー・アット・リスクを融合させた手法」である。その方法は、われわれの手法で言えば、$n = q$としてひとつのkの値に対して

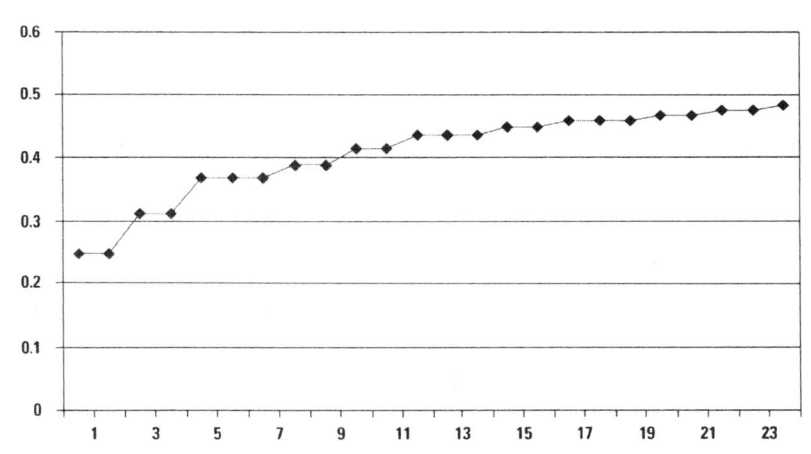

図12.1　2：1のコイン投げのRR(0.6)（f＝0.25）

のみデータを分析することに等しい。例えばコイン投げの例では、コインを2回投げたときの1通りの結果だけを見るのと同じである。こういった原始的なやり方では、漸近線を求めることはできない。

　この分析を行うに当たっては重要な注意点がひとつある。これまでにも示してきたように、シナリオの結果がどういった順序で発生するかについては統計学的な従属関係はないことを仮定するということである。したがって、シナリオがどのような順序で発生するかは分析には一切無関係で、時間的な順序を入れ替えても結果には影響しない。つまり、過去の結果は現在の結果には何の影響も与えないということである

　シナリオスペクトルが2つ以上の場合はどうだろう。これは異なるシナリオスペクトルにおいて同時期に発生するHPRを考えることで簡単に対処できる。つまり、翌月、あるいは翌日といった具合に、各シナリオスペクトルで同時期に発生するHPRの組み合わせを考えればよいということである。

　したがって、異なるシナリオスペクトル間におけるシナリオのすべての組み合わせを考えなければならないことになる。例えば2：1の

コイン投げにおいて2つのシナリオスペクトルを想定した場合、シナリオスペクトル間のシナリオのすべての組み合わせは次に示す4通りになる。

| ゲーム1 | +2 | +2 | -1 | -1 |
| ゲーム2 | +2 | -1 | +2 | -1 |

シナリオの組み合わせが4通りあるのは、シナリオスペクトルが2つあって、各シナリオスペクトルがそれぞれ2つずつシナリオを含んでいるからである。したがって、このケースにおいては、n＝4となる。

シナリオスペクトルが2つ以上ある場合のnは次式によって求めることができる。

$$n = \prod_{i=1}^{m} (シナリオスペクトルiのシナリオ数) \qquad (12.06)$$

ただし、
m＝シナリオスペクトルの個数

つまり、nは扱っているシナリオスペクトルのそれぞれに含まれるシナリオ数の積ということである。

今の例では、シナリオスペクトルは2つ（m＝2）で、各シナリオスペクトルには2つのシナリオが含まれるので、n＝4となるわけである。

したがって、これら4つの結果に対するHPRは（1＋その期間のHPRの合計－m）になる。

したがって、今の例において f 値として0.25,0.25を使ってトレードする場合、結果の組み合わせは、

第12章　レバレッジスペース・ポートフォリオモデルの現実世界への応用

| ゲーム1 | ＋2 | ＋2 | －1 | －1 |
| ゲーム2 | ＋2 | －1 | ＋2 | －1 |

これを f ＝0.25,0.25のときのHPRに換算すると、

| ゲーム1 | 1.5 | 1.5 | 0.75 | 0.75 |
| ゲーム2 | 1.5 | 0.75 | 1.5 | 0.75 |

したがって、（1＋その期間のHPRの合計－m）は

    2 1.25 1.25 0.5

　こうして、n＝4、4つのHPRの値として2、1.25、1.25、0.5が得られ、これらの値を使って分析を行うことになる。

　われわれがこれまで議論してきたのは、マーケットシステムまたはシナリオスペクトルが1つ以上の場合の破産確率についてである。破産リスクRR(b)は、残った資産がb×当初資産で表される最低バリアラインを割り込む確率を表している。したがって、資産が増加してもこの最低バリアラインは**上がらない**。つまり、口座資産が2倍になっても、このバリアラインは変わらないということである。例えば、b＝0.6で口座資産が100万ドルだとすると、最低バリアラインは60万ドルである。たとえ口座資産が2倍の200万ドルになっても、最低バリアラインは60万ドルのまま**変わらない**。

　要素間の相対f値、つまり配分を決めるとき、多くの人はこの最低バリアラインを使いたがるかもしれないが、われわれが知りたいのは、資産が今日から――実際には、資産の最高値から――この最低バリアラインを割り込む確率がどれくらいあるのか、である。つまり、われ

われが関心があるのはほとんどの場合は破産リスクというよりも、ドローダウンリスクなのである。したがって、口座資産が2倍の200万ドルに増加した場合、われわれが注目する資産の最低バリアラインは60万ドルではなく、その倍額の120万ドルである。

今述べたリスクの定義、つまり「ドローダウン確率」、もっと正確に言えば、資産が最高値から（1－b）％減少する確率（これをRD(b)とする）こそが、トレーダー、ファンドマネジャーをはじめとするリスク管理に携わる人々にとってのリスクの事実上のそして本来の意味である（リスク関連における書籍では、この分野の人々が定義したリスクのこの本来の意味が**無視される**ことがあまりにも多い。われわれはリスクに関しては本末を転倒することなく、現実世界における本来の定義を用いる）。

幸いにもドローダウンリスクRD(b)は破産リスクRR(b)と密接な関係があるため、式（12.03）を破産リスクではなくてドローダウンリスクを反映するように手直しすることで式（12.05）はRD（b）を求める式として使える。式（12.03）をドローダウンリスクを反映するように手直ししたものが次式である。

$$\text{int}\left(\frac{\sum_{i=1}^{q}\left(\min\left(1.0,\left(\prod_{t=0}^{i-1}\text{HPR}_t\right)\right)\times\text{HPR}_i-b\right)}{\sum_{i=1}^{q}\left|\left(\min\left(1.0,\left(\prod_{t=0}^{i-1}\text{HPR}_t\right)\right)\times\text{HPR}_i-b\right)\right|}\right)=\beta \quad (12.03a)$$

ただし、
$\text{HPR}_0 = 1.0$
$$\sum_{i=1}^{q}\left|\left(\min\left(1.0,\left(\prod_{t=0}^{i-1}\text{HPR}_t\right)\right)\times\text{HPR}_i-b\right)\right|\neq 0$$

式（12.03a）を使って求めた β は、破産リスクではなくてドローダウンリスクを計算するときに用いる β 値である。

式（12.03a）と式（12.03）の大きな違いは、式（12.03a）ではHPRの積を計算している途中で積が1.0を上回った場合、その時点における積を1.0で置き換えるという操作が行われる点である。

以下に示すコードはシナリオスペクトルが2つある以上の場合の破産リスクRR(b)またはドローダウンリスクRD(b)を計算するための式（12.05）の簡易的なJavaコードである。

```
import java.awt.*;
import java.io.*;
import java.util.*;


public class MaxTWR4VAR{
    String lines [];
    String msnames [];
    double f [];
    double b;
    boolean usedrawdowninsteadofruin;
    double plays[][];
    double hprs [][];
    double hpr [];//the composite (arithmetic average per time period) of the hprs
    int N; //the number of plays.Capital used to correspond to variables in the book
    long NL;// N as a long to avoid many casts
    public MaxTWR4VAR(String[] args){
        try{
            b=Double.parseDouble(args[1]);
        }catch(NumberFormatException e){
            System.out.println("Command Line format: MaxTWR4VAR inputfile riskofdrawdown(0.0..1.0) calculateRD(true/false)");
            return;
        }
        if(args.length>2){
 usedrawdowninsteadofruin=Boolean.valueOf (args[2])
.booleanValue();
        }
        getinputdata(args[0]);
        createHPRs();
        control();
    }
```

```java
    public static void main(String[] args){
        MaxTWR4VAR maxTWR4VAR = new MaxTWR4VAR(args);
    }

    protected void getinputdata(String fileName){
        String filetext = readInputFile(fileName);
        lines = getArgs(filetext,"\r\n");
        N=lines.length-2;
        NL=(long)N;
        plays=new double[N][];
        for(int i=0;i<lines.length;i++){
            System.out.println("line "+i+" : "+lines[i]);
            if(i==0){
                msnames = getArgs(lines[i],",");
            }else if(i==1){
                f =
convertStringArrayToDouble(getArgs(lines[i],","));
            }else{
                plays[i-2]=
convertStringArrayToDouble(getArgs(lines[i],","));
            }
        }
        System.out.println("b       : "+b);
        if(usedrawdowninsteadofruin){
            System.out.println("pr of : drawdown");
        }else{
            System.out.println("pr of : ruin");
        }

    }

    protected void  createHPRs(){
        //first find the biggest loss
        double biggestLoss[] = new double [N];
        hprs = new double [plays[0].length][N];
        Arrays.fill(biggestLoss,Double.MAX_VALUE);
        for(int j=0;j<msnames.length;j++){
            for(int i=0;i<N;i++){
                if(plays[i][j]<biggestLoss[j]){
                    biggestLoss[j]=plays[i][j];
                }
            }
        }
        //fing the hpr for each msnames for each associated
f
        for(int j=0;j<msnames.length;j++){
```

第12章 レバレッジスペース・ポートフォリオモデルの現実世界への応用

```
            for(int i=0;i<N;i++){
                    hprs[j][i]= 1.0 + f[j]   (-plays[i][j]/
biggestLoss[j]);
            }
        }
        //take the arithmetic average of the hprs
        hpr = new double[N];
        for(int i=0;i<N;i++){//go through each play
            for(int j=0;j<msnames.length;j++){//go through
each msnames
                hpr[i] += hprs[j][i];
            }
        hpr[i]=1.0+hpr[i]-msnames.length;
            }
}

    protected String readInputFile(String fileName){
        FileInputStream fis = null;
        String str = null;
        try {
            fis = new FileInputStream(fileName);
            int size = fis.available();
            byte[] bytes = new byte [size];
            fis.read(bytes);
            str = new String(bytes);
        } catch (IOException e) {
        } finally {
            try {
                fis.close();
            } catch (IOException e2) {
            }
        }
        return str;
    }

    protected String[] getArgs(String parameter, String
    delimiter){
        String args[];
        int nextItem=0;
        StringTokenizer stoke=new
    StringTokenizer(parameter,delimiter);
        args=new String[stoke.countTokens()];
        while(stoke.hasMoreTokens()){
            args[nextItem]=stoke.nextToken();
```

```java
            nextItem=(nextItem+1)%args.length;
        }
        return args;
    }

    protected double [] convertStringArrayToDouble(String [] s){
        double [] d = new double[s.length];
        for(int i = 0; i<s.length; i++){
            try{
                d[i]=Double.parseDouble(s[i]);
            }catch(NumberFormatException e){
                d[i]=0.0;
            }
        }
        return d;
    }

    protected int B(double [] hprset,boolean drawdown){
        double interimHPR=1.0;
        double previnterimHPR=1.0;
        double numerator=0.0;
        double denominator=0.0;
        for(int i=0;i<hprset.length;i++){
            double useinvalue = previnterimHPR;
            if(drawdown && previnterimHPR>1.0)
                useinvalue = 1.0;

            interimHPR = useinvalue x hprset[i];
            //interimHPR = previnterimHPR x hprset[i];
            double value = interimHPR - b;
            numerator += value;
            denominator += Math.abs(value);
            previnterimHPR = interimHPR;
        }
        if(denominator==0.0){
            return 0;
        }else{
            double x = (numerator/denominator);
            if(x>=0){
                return (int)x;
            }else{
                return 0;
            }
        }
    }
```

```
//n things taken q at a time where q>=n
//we really cannot use this as we get OutOfMemoryError early on
//because we try to save the whole array. Instead, use nPq_i()
 protected double[][] nPq(int nopermutations, int q){
     double hprpermutation[][]=new double[nopermutations][q];
     for(int column=0;column<q;column++){ // go through column x column
         for(int pn=0;pn<nopermutations;pn++){ // go through permutation x permutation
             if(column==0){
                 hprpermutation[pn][column] =  hpr[pn % N];
             }else{
                 hprpermutation[pn][column] = hpr[(pn/(int)(Math.pow((double)N,(double)column))) % N];
             }
         }
     }
     return hprpermutation;
 }

 //n things taken q at a time where q>=n to return the i'th item
 protected double[] nPq_i(int q, long pn){
     double hprpermutation[]=new double[q];
     int x = 0;
     for(int column=0;column<q;column++){ // go through column x column
         if(column==0){
             x = (int)(pn  % NL);
         }else{
             x = (int)((pn/(long)(Math.pow((double)N,(double)column))) % NL);
         }
         hprpermutation[q-1-column] =  hpr[x];
     }
     return hprpermutation;
 }

 protected void control(){
     int counter=1;
```

```
        while(1==1){
            long passed=0;
            long nopermutations = (long)
    Math.pow((double)hpr.length,(double)counter);
            for(long pn=0;pn<nopermutations;pn++){
                double hprpermutation[]=nPq_i(counter,pn);

    passed+=(long)B(hprpermutation,usedrawdowninsteadofruin);
            }
            double result=1.0-
    (double)passed/(double)nopermutations;
            System.out.println(counter+" = "+result);
            counter++;
        }
    }
}
```

このコードは何らの保障もない「現状渡し」で提供するものである。各自の目的に応じて使用してもらいたい。前述のように、これは式(12.05)を簡易的に実装したものにすぎない。このコードは多言語に簡単に移植できるように、Javaのできるだけ一般的な形で書いた。したがってオブジェクト指向は使わず、また構文も言語間に共通する構文を心がけた。ここに示したコードは読者が本書の概念をプログラミングするときの参考になればと思って提示したものであり、まだまだ改善の余地はある。

入力ファイルはASCII形式のテキストファイルでフォーマティングする。1行目にはシナリオスペクトル名、2行目にはそのシナリオスペクトルで用いるf値、それ以降の行にはシナリオ結果を順に入力する。例えば、次のように入力する。

Coin Toss 1
0.25
−1
2

これは、シナリオスペクトル「Coin Toss 1」を示しており、ｆ値は0.25、シナリオ結果は－1と＋2の2つ、という意味である。

シナリオスペクトルが複数ある場合は、1行目にシナリオスペクトルをコンマで区切って入力し、2行目にそれぞれのｆ値をコンマで区切って入力し、それ以降の行には複数のシナリオスペクトルが同時に発生したときの結果の組み合わせを1行ずつコンマで区切って入力する。

Coin Toss 1,Coin Toss 2
0.25,0.25
2,2
2,－1
－1,2
－1,－1

したがって、このファイルでは、最初の結果はいずれのシナリオスペクトルも2単位の利益、2番目の結果はCoin Toss 1が2単位の利益、Coin Toss 2が1単位の損失、3番目の結果はCoin Toss 1が1単位の損失、Coin Toss 2が2単位の利益、そして最後の結果はいずれのシナリオスペクトルも1単位の損失である（したがって、このファイルではn＝4。どのファイルでも、最初の2行がシナリオスペクトル名とそれぞれのｆ値を表し、n＝ファイルの行数－2である）。

ここまでは、シナリオ結果の確率については考えてこなかった。簡単にするために、シナリオ結果として一連のトレード結果またはコイン投げの一連の結果を想定し、どのシナリオ結果の起こる確率も同じであると想定してきた。つまり、どのシナリオ（または、複数のシナリオスペクトル間で同時発生するシナリオの組み合わせ）についても、n^q個の結果のうちｋ番目の結果が発生する確率は一律に次式で表さ

れると想定してきたことになる。

$$p_k = 1 \div n^q \tag{12.07}$$

しかし残念ながら、通常はすべてのシナリオの発生確率が同じになることはない（しかし、シナリオがコイン投げ、もしくは任意の日に任意のマーケットシステムをトレードした結果であるとするならば、あるいはシナリオスペクトルとその確率を純粋に経験的なデータを使って導き出すのであれば、発生確率の計算には式（12.07）が使える。例えば、直近24カ月のトレーディング月におけるABCの株価を調べたのであれば、それぞれのビンが24カ月間のうちに発生するひとつの結果を含み、それぞれの結果の発生確率が式（12.07）で与えられる24ビンからなるシナリオスペクトルを作成することができる）。

この問題を解決するために、式（12.05）に戻って考えてみよう。まずはシナリオスペクトルが1つの場合を考える。この場合、各シナリオの結果（βを計算するための式（12.03）または式（12.03a）で使われているHPRで表される）と、それぞれの結果の発生確率pは分かっているものとする。

$$RX(b,q) = \frac{\forall_n \Pi_q \sum_{k=1}^{n^q} (\beta_k \times p_k)}{\forall_n \Pi_q \sum_{k=1}^{n^q} p_k} \tag{12.05a}$$

ただし、
β = 式（12.03）または式（12.03a）で求めた値
p_k = k番目のシナリオの組み合わせが発生する確率

式（12.05a）でも各kに対するβ（つまり、β_k）を計算するのは式（12.05）と同じである。ただし、式（12.05a）では式（12.03）または式（12.03a）でβを計算するに当たりHPR_iを i = 1 から q まで次々と掛け合わせていくときにHPR_iの値として確率$Prob_{k,i}$を掛け合わせた値を用いる。また、HPR_iの各確率を i = 1 から q まですべて掛け合わせたものがp_kである。例えば、コイン投げを例に考えてみると、どちらのシナリオの確率も常に0.5なので、シナリオのいかなる順列に対しても q = 2 のときには$p_k = 0.5 \times 0.5 = 0.25$、q = 3 のときには$p_k = 0.5 \times 0.5 \times 0.5 = 0.125$となる。したがって、シナリオスペクトルがひとつのときのp_kの一般式は次式で表される。

$$p_k = \prod_{i=1}^{q} Prob_{k,i} \tag{12.07a}$$

頭の中を整理するために、コイン投げを1回行う場合に戻って変数について確認しておくことにしよう。

- シナリオスペクトルがひとつ　m = 1
- そのシナリオスペクトルに含まれるシナリオ数は2つ　n = 2（式（12.06）より）
- コイン投げを3回続けて行った場合、q = 3 となり、i = 1 から q までの値を次々と掛け合わせていく（例えば、式（12.02））
- q = 3 のとき、起こり得る結果の順列の数は$n^q = 2^3 = 8$。したがって計算は、k = 0 からn^qまでの各kについて計算しなければならない（例えば、式（12.05））

シナリオスペクトルが複数になると、$Prob_{k,i}$はスペクトル間における結果の同時確率になるので計算は若干複雑になる。スペクトル数が

m個のとき（m＞1）、スペクトル間における結果の同時確率については第9章で説明したのでそちらを参照してもらいたい。

したがって、シナリオスペクトルが複数ある場合、m個のスペクトル間の特定のシナリオの組み合わせiが発生する確率が$Prob_{k,i}$となる。したがって、p_kは$Prob_{k,i}$をi = 1からqまですべて掛け合わせた値になる。また各kのp_kは次のように表される。

$Prob_{1,1} \times Prob_{1,2} \times ... \times prob_{1,q} = p_1$

...

$Prob_{n,1}^q \times Prob_{n,2}^q \times ... \times Prob_{n,q}^q = p_n^q$

注意 結果間に従属性がある場合、p_kの値はそれに影響される。

一例として、結果が2つの簡単なコイン投げを考えてみよう。結果が2つなのでn = 2で、2つの結果（表と裏）はそれぞれ＋2および－1に対応している。このコイン投げを2ゲーム（q = 2）同時に行った場合、起こり得る結果の順列の個数は以下の4つ（＝n^q）である。

			p_k
結果1（k = 1）	H H	0.25
結果2（k = 2）	H T	0.25
結果3（k = 3）	T H	0.25
結果4（k = 4）	T T	0.25

ここで、それぞれの結果に負の完全相関があるとしよう（つまり、勝ったあとは必ず負け、負けたあとは必ず勝つ）。この理想的なケースにおいては、p_kは次のようになる。

			p_k
結果1（k = 1）	H	H	0
結果2（k = 2）	H	T	0.5
結果3（k = 3）	T	H	0.5
結果4（k = 4）	T	T	0

　結果が前の結果の影響を受け続ける場合、p_kの合計は残念ながらここに示したような理想的な値（1.0）にはならない。しかし、結果が前の結果に影響を受け続けることはめったになく、起こるとしても「偶然」である場合が多い。したがってそういった可能性は0と考えることができる。しかし、「偶然」よりも高い確率で起こる可能性がある場合は、p_kの値にその事実を反映させなければならない。

　また、この分析では「2回続けて負けた場合はトレードはするな」といった従属性に関連するルールを導入することも可能で、その場合、

H H T H T T H H

という一連の結果は、

H H T H T T H

に変わる。したがって、計算式においては各結果の確率は変えずに、修正した一連の結果を用いればよい。

　式（12.05a）のRX(b,q)は破産リスクRR(b,q)の計算にもドローダウンリスクRD(b,q)の計算にも使えることを意味することに注意しよう。
　また、式（12.05a）の分母は確率の和であるため、小数点以下の数字に若干の誤差がある場合を除き1になるが、このあと説明する簡易的な方法を使った場合は1にはならない。したがって式（12.05a）の

分母をここで1に書き換えることはしない。

任意のqの値に対するドローダウンリスクの計算式を完全形で書いたものが式（12.05b）である。

$$RD(b,q) = \frac{\left(\forall_n \Pi_q \sum_{k=1}^{n^q} \left(\text{int}\left(\frac{\sum_{i=1}^{q}(\min(1.0,(\prod_{t=0}^{i-1}HPR_t)) \times HPR_i - b)}{\sum_{i=1}^{q}|(\min(1.0,(\prod_{t=0}^{i-1}HPR_t)) \times HPR_i - b)|}\right)_k \times \prod_{i=1}^{q} \text{prob}_{k,i}\right)\right)}{\forall_n \Pi_q \sum_{k=1}^{n^q} \left(\prod_{i=1}^{q} \text{prob}_{k,i}\right)}$$

（12.05b）

ただし、

$HPR_0 = 1.0$

$$\sum_{i=1}^{q} \left|\left(\min\left(1.0,\left(\prod_{t=0}^{i-1} HPR_t\right)\right) \times HPR_i - b\right)\right| \neq 0$$

これがドローダウン確率を計算するときに用いる式になる。非常に複雑そうに見えるが、必要な入力量は任意のドローダウン水準（（1 − b）で表される。したがって、例えば、ドローダウンとして20％を考えている場合、bの値として1 − 0.2 = 0.8を用いる）、各シナリオスペクトルのf値（ここからHPRの値が導き出される）、およびスペクトル間のシナリオの同時確率のみである。

式（12.05b）が重要なのは、ポートフォリオの各要素（HPRを導出するシナリオスペクトル）のf値以外はすべて一定だからである。

つまり、式（12.05b）を使えば、RD(b)の任意の許容範囲内で最大成長を達成できるポートフォリオを決定することができるのである。つまり、「1 − bを上回るドローダウンを被る確率をx％以下に抑え

たい」という観点から、最大成長を達成できるポートフォリオを決定できるということである。

したがって、新しいモデルを一言で言うならば次のように言うことができる。

RD(b)（資産が当初資産のb倍になる確率）を許容水準以下に抑えながらTWRを最大化する　　　　　　　　　　　　　　　　　　　　(12.08)

あるいは、

式（12.05b）を許容水準以下に抑えながら式（9.04）を最大化する

つまり、ポートフォリオの資産配分比率を、新たな最適配分比率であるかどうかを調べるための遺伝的アルゴリズムなどによって判断するときには、ドローダウンを1－bとして、ポートフォリオの候補となる構成要素の各f値を式（12.05）に代入して、得られた数値RD(b)が許容できる数値かどうか（つまり、RD(b)≦xかどうか）を調べればよい、ということになる。

式（12.05b）は、シナリオスペクトルをファンドと置き換えて考えることも可能だ。この場合、式（12.05）、式（12.05a）、および式（12.05b）を使って、ポートフォリオの構成要素の相対的な重みづけではなく、最大ドローダウンおよび最大破産リスクの確率という観点でファンドの配分を決める。前者が、ドローダウン確率や破産確率が自分の許容範囲内になるような個別のf値を求め、および・またはこれらの許容値を達成することのできる理論的な資産配分を求めるのに対して、後者は、同様の許容値を達成することができるようにポートフォリオのm個の要素のf値の組を求める。

漸近線やドローダウンリスクを求めるのに、qの値はどれくらいの

値であれば十分と言えるのだろうか。

　式(12.05)、式(12.05a)、式(12.05b)の漸近線を求めるには、qの値を増やしてもRX(b)の値がほとんど増えなくなるような点を求めればよい。任意のqの値に対するRX(b)、つまりRX(b,q)がある小さな値aよりも小さくなったとき、漸近線はRX(b,q)の「すぐ上」に位置するとみなすことができる。

　しかし、**図12.1**を見ると分かるように、実際のRX(b)はスムーズな曲線を描くとは限らず、通常は階段状に増えていく。したがって、RX(b,q) − RX(b,q − 1) ≦ a を満たす q に達するまでに非常に多くの回数(z回)の繰り返し計算をしなければ、漸近線はRX(b,q)の「すぐ上」に位置するとは言えない。

　したがって、漸近線の位置を特定するには、つまり、漸近線がRX(b,q)の「すぐ上」に位置すると言えるためには、任意のaおよびzの値に対して次式が成り立たなければならないということになる。

RX(b,q) − RX(b,q − 1) ≦ a、……、RX(b,q) − RX(b,q − z) ≦ a

(12.09)

ただし、

q > z

　式(12.05a)または式(12.05b)の問題点(式(12.05a)と式(12.05b)の値はk番目の結果の発生確率が同じであれば式(12.05)の値と同じになる)は、qの値の増加に伴って増加し、qの値が相当に大きくならなければ漸近線に達しないという点である。

　2：1のコイン投げのような単純なケースでは、つまり、q = 2のようなケースでは、563〜564ページのような表から**図12.1**のような

グラフを作って漸近線を見つけるのは比較的簡単だ。しかし、プレー回数が26になると、つまり、q = 26になると、順列の数は$n^q = 2^{26} =$ 67,108,864にもなる。つまり、β値を6700万回以上も計算しなければならない。

しかも、これはシナリオスペクトルがひとつしかない場合である。シナリオスペクトルが複数になり、それぞれのシナリオスペクトルに含まれるシナリオ数が3つ以上になると、n（式（12.06）がnの計算式）はとてつもなく大きな数になるため、計算速度と必要メモリーを考えると相当に高性能なコンピューターが必要になる。

例えば、シナリオ数が10のひとつのシナリオスペクトルを考えてみよう。q = n のときだけでも順列の数は10^{10} = 10,000,000,000（100億）個になる。これが複数のシナリオスペクトルになると、順列の数は指数関数的に増える。

これほどの計算ができるような高性能なコンピューターを持っている人はほとんどいないだろう。そこで、計算時間、必要メモリーを大幅に削減するために簡易的な方法を採用することにする。

具体的には、100億の順列から標本を無作為に抽出して、それを母集団の代理として用いる。標本サイズを決めるには、二項分布に従う量の標本サイズを決めるときに用いる統計量を用いる（βは最低バリアラインに到達するかしないか、あるいは真か偽かの2値の値である）。

標本サイズを決めるのに用いる式としては、二項分布に従うデータから導き出した次式を用いる。

$$\left(\frac{s}{x}\right)^2 \times p \times (1-p) \tag{12.10}$$

ただし、
s = 誤差xに対する信頼度（シグマ（標準偏差）数で表す）
x = 誤差

p＝帰無仮説の成り立つ確率

　最後のパラメーターpについては循環論法的な問題があって、pが分かっているのになぜサンプリングしてpを求めなければならないのかという疑問があるかもしれない。

　しかし、式（12.10）を見ると分かるように、pがp＝0.5から少しでも外れれば式（12.10）の答えはp＝0.5のときよりも小さくなる。したがって、sおよびxの任意の値に対する必要な標本サイズは小さくなる。慎重を期すのであれば、p＝0.5とするのが無難だ。こうすれば、たとえ間違えたとしても慎重な方向（つまり、標本サイズが大きくなる方向）にしか間違えないからだ。

　したがって、標本サイズを決めるのに必要な入力量はsとxだけである。例えば、s標準偏差の信頼度で、標本サイズを0.001の誤差で求めると、次のようになる。

$$2\sigma = \left(\frac{2}{0.001}\right)^2 \times 0.5 \times (1-0.5) = 1{,}000{,}000$$

$$3\sigma = \left(\frac{3}{0.001}\right)^2 \times 0.5 \times (1-0.5) = 2{,}250{,}000$$

$$5\sigma = \left(\frac{5}{0.001}\right)^2 \times 0.5 \times (1-0.5) = 6{,}250{,}000$$

　ここで読者諸氏は、「標本サイズは母集団のサイズとは無関係なのだろうか」という疑問を持つことだろう。式（12.10）の任意のパラメーターに対する標本サイズは、母集団のサイズが1000であろうと1000万であろうと、そのサイズとは無関係に一定である。
　「これは一度だけやればいいのだろうか。つまり、qを増やしながら繰り返し計算する必要はないのだろうか」
　残念ながら一度だけというわけにはいかない。式（12.10）を使って、qの値を増やしながら各qの値に対する最小の標本サイズを求めなけ

ればならない。というのは、本章で前述したように、二項分布はqの値によって異なるからである。

　式（12.10）で注意すべき点のひとつは、この式で求める標本は「ランダムに抽出した」標本でなければならないという点である。とはいえ、この式で求めるランダムな標本の最小サイズはかなり大きなものになる。注意しなければならないのは、標本を抽出するために乱数をコンピューターで発生させるとき、ランダムさを損なわないためには乱数は矢継ぎ早に生成してはならない、また発生させた乱数は均等に分布したものでなければならない、という点である。

　この概念をプログラミングしようと考えている意欲的な読者諸氏には、できるだけ高性能な乱数発生器を用いることをぜひともお勧めする。ここ数年の乱数発生器の開発は目覚ましく、年を追って優れたものが開発されている。今後もこうあってほしいものだ。今現在私が最も気に入っているのがメルセンヌ・ツイスター（Mersenne Twister）という疑似乱数生成アルゴリズムである（松本眞と西村拓士によって開発された623次元に均等分布する擬似乱数発生器。ACM Transactions on Modeling and Computer Simulation, Vol.8, No.1 ［January 1998］, pp.3-30）。どんな乱数発生器を使ってもよいが、得られる結果の精度はその乱数発生器の出力のランダムさに依存することに注意してもらいたい。

　現実世界への応用では、小数点以下を丸めた際に発生する誤差を考慮するために浮動小数点数を何百万回も足し合わせなければならないという点も厄介な問題である。結局、RRやRDの曲線の精度は、漸近線が得られるだけの精度があればよいわけである。

　そこで、任意のqの値に対する順列の数が必要な標本サイズを超えたときのみ、簡易的な方法を用いることにする。それ以外のときは、すべての順列についてRRやRDを計算する。例えば、q = 1のとき、順列の数は$10^1 = 10$しかない。したがって、すべての順列につい

て計算する。次にq = 2のとき、順列の数は$10^2 = 100$なので、この場合もすべての順列について計算する。しかし、q = 7では順列の数は$10^7 = 10,000,000$となり、必要な標本サイズ6,250,000を上回るので、q = 7からはこの標本サイズと同数の順列についてだけRRやRDを計算する。

それでは、これまで議論してきたことを実際にやってみることにしよう。シナリオスペクトルは、次のシナリオを含むひとつのシナリオスペクトルを想定する。

結果	確率
−1889	0.015625
−1430.42	0.046875
−1295	0.015625
−750	0.0625
−450	0.125
0	0.203125
390	0.078125
800	0.328125
1150	0.0625
1830	0.046875

この10のシナリオを含むひとつのシナリオスペクトルのケースでは、q = nのときの順列の数は$n^q = 10^{10} = 10,000,000,000$（100億）個である。

それでは、破産リスクを計算してみよう。ただし、この場合の破産とは資産が当初資産の60％にまで減少することを意味する。

f = 0.45で100億回計算した結果、破産リスクは次のようになる。

RR(0.6,10) = 0.1906955154

標本サイズとして6,250,000（式（12.10）を s ＝ 5、 x ＝ 0.001、 p ＝ 0.5として計算）を用いたので、実際に計算したのは100億回ではなく625万回である。破産リスクをqの各値に対して625万回計算して得られる結果が上の数字である（計算にかかった時間は、例えばq ＝ 10では0.000625倍）。

q	RR(0.6)
1	0.015873
2	0.047367
3	0.07433
4	0.097756
5	0.118505
6	0.136475
7	0.150909
8	0.16485
9	0.178581
10	0.191146
11	0.202753
12	0.209487
13	0.21666
14	0.220812
15	0.244053
16	0.241152
17	0.257894
18	0.269569
19	0.276066
20	1

　q ＝ 20のときRR（0.6）＝ 1になっている。これはJavaのlongデータ型の値の範囲をオーバーフローしたためである（前にも述べたよう

に、本書に提示したコードは現在のJavaに基づいて作成したものだが、まだまだ改善の余地はある。これらのコードは本書の概念をプログラミングしたい人の参考のために提示したにすぎない）。q = 20ではまだ漸近線に到達するにはほど遠い。

また、q = 1においても浮動小数点の四捨五入誤差があることに注意しよう。q = 1におけるRR(0.6)の値は実際には0.015873ではなく0.015625である。

上の表の値は、前出のJavaコードのクラスを拡張して計算したものだ。その拡張コードは以下のとおりである。

```java
import java.awt.*;
import java.io.*;
import java.util.*;

public class MaxTWR4VARWithProbs extends MaxTWR4VAR{
    double probs[][];
    double probsarray[];
    double probThisB;

public MaxTWR4VARWithProbs(String[] args){
    super(args);
}

public static void main(String[] args){
    MaxTWR4VARWithProbs maxTWR4VARWithProbs = new MaxTWR4VARWithProbs(args);
  }

  protected void getinputdata(String fileName){
      String filetext = readInputFile(fileName);
      lines = getArgs(filetext,"\r\n");
      N=lines.length-2;
      NL=(long)N;
      plays=new double[N][];
      probs=new double[N][lines.length-2];
      for(int i=0;i<lines.length;i++){
          System.out.println("line "+i+" : "+lines[i]);
          if(i==0){
              msnames = getArgs(lines[i],",");
          }else if(i==1){
              f = convertStringArrayToDouble(getArgs(lines[i],","));
          }else{
```

```
                    plays[i-2]=
convertStringArrayToDouble(getArgs(lines[i],","),i-2);
            }
        }
        System.out.println("b : "+b);
        if(usedrawdowninsteadofruin){
            System.out.println("pr of : drawdown");
        }else{
            System.out.println("pr of : ruin");
        }

    }

    protected double [] convertStringArrayToDouble(String
[] s,int lineno){
        double [] d = new double[s.length];
        probs[lineno]= new double[s.length];
        for(int i = 0; i<s.length; i++){
            String ss[] = getArgs(s[i],";");
            try{
                d[i]=Double.parseDouble(ss[0]);
                probs[lineno][i]=Double.parseDouble(ss[1]);

            }
        }
        return d;
    }

    protected int B(double [] hprset,boolean drawdown){
        double interimHPR=1.0;
        double previnterimHPR=1.0;
        double numerator=0.0;
        double denominator=0.0;
        probThisB=1.0;
        for(int i=0;i<hprset.length;i++){
            double useinvalue = previnterimHPR;
            if(drawdown && previnterimHPR>1.0)
                useinvalue = 1.0;

            interimHPR = useinvalue ×  hprset[i];
            //interimHPR = previnterimHPR ×  hprset[i];
            double value = interimHPR - b;
            numerator += value;
```

```
            denominator += Math.abs(value);
            previnterimHPR = interimHPR;
            probThisB *= probsarray[i];
        }
        if(denominator==0.0){
            return 0;
        }else{
            double x = (numerator/denominator);
            if(x>=0){
                return (int)x;
            }else{
                return 0;
            }
        }
    }

   //n things taken q at a time where q>=n to return the
  i'th item
    protected double[] nPq_i(int q, long pn){
        double hprpermutation[]=new double[q];
        probsarray=new double[q];
        int x = 0;
        for(int column=0;column<q;column++){ // go through
column x column
            if(column==0){
                x = (int)(pn % NL);
            }else{
                x =
(int)((pn/(long)(Math.pow((double)N,(double)column))) %
NL);
            }
            int a = q-1-column;
            hprpermutation[a] = hpr[x];
            probsarray[a] = probs[x][0];//it's zero here
because we are only figuring one MS
        }
        return hprpermutation;
  }


   protected void control(){
        double sigmas = 5.0;
        double errorsize = .001;
        double samplesize = Math.pow(sigmas/errorsize,2.0)
x .25;
        long samplesizeL = (long)(samplesize+.5);
        int counter=1;
```

```
        RalphVince.Math.MersenneTwisterFast generator = new
RalphVince.Math.MersenneTwisterFast(System.currentTime
Millis());
        java.util.Random random = new java.util.Random();
        while(1==1){
             long permutationcount = 0L;
             double passed=0.0;
             double sumOfProbs=0.0;
             long nopermutations = (long)
Math.pow((double)hpr.length,(double)counter);
             if(nopermutations<(long)samplesize){
                   for(long pn=0;pn<nopermutations;pn++){
                        double
hprpermutation[]=nPq_i(counter,pn);
                        double theB =
(double)B(hprpermutation,usedrawdowninsteadofruin);
                        if(theB>0.0){
                              theB *= probThisB;
                              passed += theB;
                        }
                        sumOfProbs += probThisB;
                        permutationcount++;
                   }
             }else{

                do{
                        generator.setSeed(random.nextLong());
                        long
pn=(long)(generator.nextDouble()*(double)nopermutations);
                        double
hprpermutation[]=nPq_i(counter,pn);
                        double    theB =
(double)B(hprpermutation,usedrawdowninsteadofruin);
                        if(theB>0.0){
                             theB *= probThisB;
                             passed += theB;
                        }
                        sumOfProbs += probThisB;
                        permutationcount++;

                   }while(permutationcount<samplesizeL);
             }
             double result=1.0-passed/sumOfProbs;
             System.out.println(counter+" = "+result);
             counter++;
        }
    }
}
```

前出のコードとは違って、この拡張コードはマーケットシステムがひとつの場合に特化したものである。また、入力ファイルのフォーマットも前出のものとは異なり、3行目以降は結果と確率をセミコロンで区切って入力する。

　したがって、この拡張コードの入力ファイルは例えば次のようになる。

```
Real-world example file of a single scenario spectrum
.45
-1889;0.015625
-1430.42;0.046875
-1295;0.015625
-750;0.0625
-450;0.125
0;0.203125
390;0.078125
800;0.328125
1150;0.0625
1830;0.046875
```

　ランダムな標本を用いるというこのテクニックでは、qの最初のいくつかの数値に対するRXの数値を高精度かつ短時間で得ることができる。

　2番目のテクニックがこれから説明するテクニックだ。このテクニックは最初のテクニックで得られたRX曲線を外挿して水平漸近線を求めようというものである。幸い、式 (12.05)、式 (12.05a)、式 (12.05b) から導き出される曲線には漸近線が存在し、次式によって表される。

$$RX'(b,q) = 漸近線 - 変数A \times EXP(-変数B \times q) \tag{12.11}$$

　$RX'(b,q)$は、デカルト座標上のx軸上の任意のqに対するy軸の値の代理点を表すものである。

　qの値が大きくなって計算が困難になったときには式（12.05）、式（12.05a）、式（12.05b）の変わりに式（12.11）を代理式として用いることができる。

　代理点の計算に必要な変数は、漸近線と変数AおよびBのみである。

　これらの値は数学的最小化法によって求めることができる。観測値と式（12.11）による計算値のそれぞれの差を2乗して足し合わせる。その和が最小になるような直線が漸近線の代理直線である。

　やり方は簡単で、RX（b,q）について計算できた値のそれぞれと、それに対応する式（12.11）の計算値との差を取り、それを2乗した値を足し合わせる。次に、数学的最小化法（パウエル法、ダウンヒルシンプレックス法、あるいは最も効率的な方法とは言えないが、遺伝的アルゴリズムなど。数学的最小化法については詳しくは『Numerical Recipes: The Art of Scientific Computing』[Press, William H.; Flannery, Brian P.; Teukolsky, Saul A.; and Vetterling, William T., New York: Cambridge University Press, 1986]を参照）を使って、差の2乗和が最小になるように各変数の値の組を決める。

　2：1のコイン投げを例に取ってやってみよう。式（12.05）を使って求めたq = 26までのRR（0.6）の数値と、式（12.11）による計算値は表に示したとおりである。そして、マイクロソフトのエクセルのSolver関数を使って2乗の和が最小になるような変数の値の組を求めると次のような値の組が得られる。

　漸近線　　0.48406
　変数A　　0.37418

変数B　　　0.137892

プレー番号	式（12.05）による観測値	式（12.11）による
2	0.25	0.200066
3	0.25	0.236646
4	0.25	0.268515
5	0.3125	0.296278
6	0.3125	0.320466
7	0.367188	0.341538
8	0.367188	0.359896
9	0.367188	0.375889
10	0.389648	0.389822
11	0.389648	0.40196
12	0.413818	0.412535
13	0.413818	0.421748
14	0.436829	0.429774
15	0.436829	0.436767
16	0.436829	0.442858
17	0.447441	0.448165
18	0.447441	0.452789
19	0.459791	0.456817
20	0.459791	0.460326
21	0.459791	0.463383
22	0.466089	0.466046
23	0.466089	0.468367
24	0.47383	0.470388
25	0.47383	0.472149
26	0.482092	0.473683

　得られた曲線（求めた変数を式（12.11）に代入して得られた曲線）を図12.1に重ね合わせたものが図12.2である。

　3つのパラメーターが求められたので、例えばq＝300として、これらの値を式（12.11）に代入すると、破産リスクRR（0.6）は0.484059843

になる。

　q＝4000のときの値とq＝300のときの値はほぼ同じである。したがって、漸近線はq＝300当たりに位置すると考えてよいだろう。

　式（12.11）によって与えられる曲線はスムーズな曲線なので、この線を式（12.09）を満たす漸近線と考えてよい。

　ここで、10のシナリオを含むひとつのシナリオスペクトルの例に戻って漸近線を計算してみることにしよう。q＝1から19までの各qの値に対して625万サンプルを取ってRR(0.6)の値を計算し、これら10のデータ点（q＝1...19)を入力量として、式（12.11）による計算値と式（12.05）による計算値との差の2乗の和が最小になるようにパラメーターの値を求めると、次のような値の組が得られる。

　漸近線＝0.397758
　指数関数＝0.057114
　係数＝0.371217

　これらのデータ点と対応する式（12.11）の関数値をグラフ化したものが**図12.3**である。

　漸近線が見られるようにこのグラフを拡張して縮小したものが**図12.4**である。

　これまでに述べてきた2つのテクニックを用いることで、RX()の関数を推定し、漸近線を特定するとともに、qをどこまで大きくすれば良いか(qの数は時間の代理とみなすことができる)を知ることもできる。

　破産確率RR(b)にフィットする曲線を見つけるには、今やってきたように、その曲線が最もフィットする曲線になるような3つのパラメーターの値の組を見つければよい。

　しかし、ドローダウンリスクRD(b)の場合、変数AとBについては

フィットする値は見つけることができるが、漸近線については見つけることはできない。この場合は、漸近線の値を1.0に設定したうえで、変数AとBの値を決める。

分かりづらい人がいるかもしれないので、ここで確認しておこう。

長期的に見れば、(その大きさにかかわらず)ドローダウンが発生する確率は1に近づく。トレード期間が長くなるほど(つまり、qが増加するほど)、ドローダウンはほぼ確実に発生する。

$$\lim_{q \to \infty} RD(b,q) = 1.0 \tag{12.12}$$

これは一見矛盾するように思えるかもしれないが、RR(0.6) = 0.397758の現実世界の例を考えてみよう。qが無限大になると任意の大きさのドローダウン(例えば、99%のドローダウンとしよう)が発生する確率は1に近づくが、資産が当初資産の60%にまで減少する確率はおよそ40%しかない。つまり、qの値が非常に大きくなったために、たとえ99%のドローダウンが発生しても当初資産の60%が残せるくらいにまで口座資産が増大した、ということである。

任意のqの値に対するドローダウン確率を計算するための式(12.05b)は、例えば、次の四半期におけるドローダウン確率を知るのに利用することができる。

さらに、式(12.05b)の各値に対する幾何平均HPRも分かっているので、特定の成長率を達成するためにはどれくらいの期間(T)かかるのかを予想することもできる。

$$T = \log_G(目標) \tag{5.07b}$$

ただし、
目標 = 目標TWR

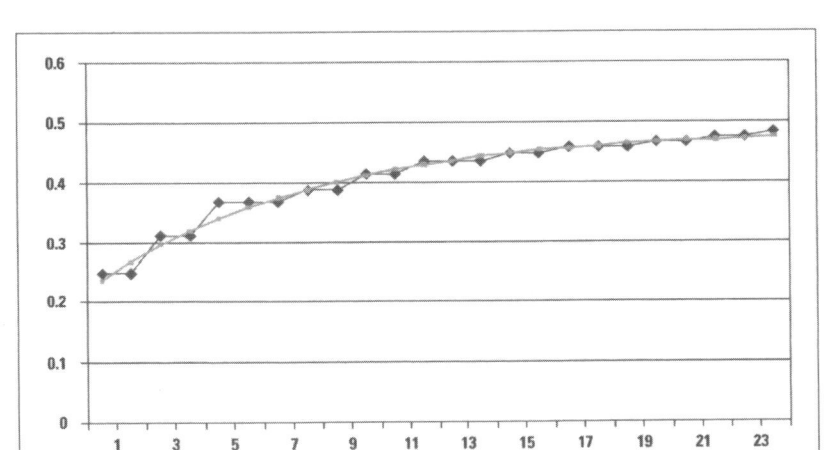

図12.2　2：1のコイン投げのRR(0.6)の観測値と計算値（f＝0.25）

　　G＝式（12.05b）に用いた資産配分に対応する幾何平均HPR

　したがって、例えば目標が50％のリターン（つまり、目標TWR＝1.5）で、式（12.05b）に用いた資産配分に対応する幾何平均HPRが1.1だとすると、目標TWRを達成するのにかかる期間Tは次のように計算できる。

　　T＝$\log_{1.1}(1.5)$＝4.254164

　したがって、このケースの場合、RD(b,4.254164)が自分の閾値ドローダウン確率を下回るようにすればよいわけである。
　われわれが今考えているのは、ドローダウン（または破産）リスクと最高バリアライン（目標TWRまたは式（12.01）のu）に達する確率との関係である。式（12.05）の入力量として用いるためのTを式（5.07b）から導き出すことは、式（12.01）で与えられるフェラーの

図12.3　現実世界の例におけるRR(0.6)（f =0.45）

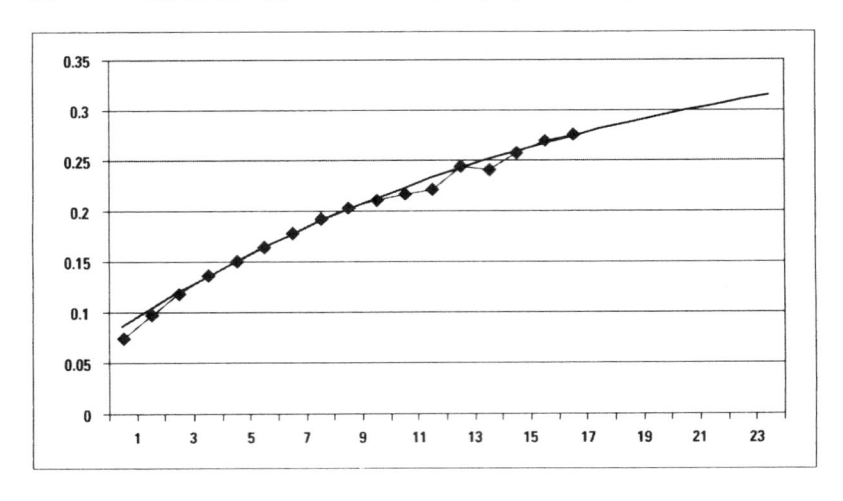

図12.4　図12.3のグラフを拡張して縮小したグラフ

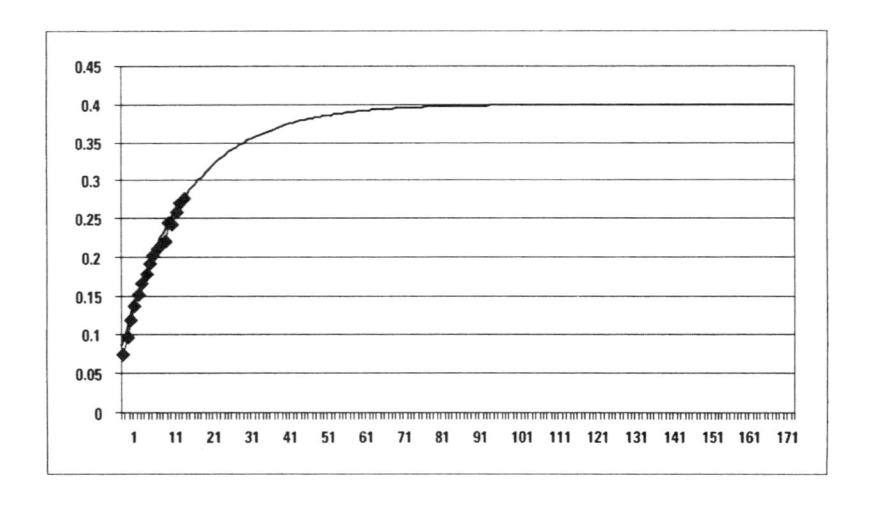

破産確率を次のようなもっと複雑なケースでも使えるようにするのと同じである。

1．最低バリアラインがゼロではないケース。
2．シナリオが２つしかない単純なギャンブルとは違って、シナリオが多数あるケース。
3．しかも、多数のシナリオを含むシナリオスペクトルが複数存在し、各シナリオスペクトルのシナリオが同時に発生するため、同時確率が複雑になる可能性のあるケース。
4．結果が２つ（勝つか負けるか）しかなく、勝ったときの儲けと負けたときの損失が同額であるギャンブルとは違って、われわれがここで扱っているような幾何成長を扱うケース。

　Tを次の重要期間の長さ（１四半期、１年など）、あるいは一定の目標に到達するのに必要な予想プレー数として求めることによって、その期間にわたってドローダウンを一定の許容水準以下に維持しながらポートフォリオの最適成長が得られるような資産配分をどのように決めればよいかが決まる。
　本章で説明した概念を用いれば、レバレッジスペースの地形にはあばたのような小さな**ホール**があり、そのホールの位置にいてはいけないことが分かる。これらのホールの位置は、自分にとって許容できないドローダウンが許容できない確率で発生する位置、つまり、効用選好によって決まる（第10章の終りで述べたように、本章で述べた分析を行わなくても、$f_1 = 0 \cdots f_n = 0$の位置に近づくほどレバレッジスペース地形内のホールに陥る確率は減少するが、これは本章で述べた分析の優れた代理にはなり得ない。なぜなら、レバレッジスペースにおけるすべての軸上で左側に偏りすぎれば支払うべき代償が大きくなるからだ）。自分の足の下で表面が動かないような最も高い地点を求め

るためのテクニックが本章で説明した分析手法である。

　本章で説明した分析は、任意の期間において任意の水準のドローダウンが発生する任意の確率——つまり、**リスク**——に対するリターンを最大にすることを可能にするものである。この分析はこれまでにも直観に基づく方法で行われた例があり、成功したものもあればあまりうまくいかなかったものもある。あるいは、リスクとしてドローダウンや破産リスク以外の尺度を用いて行われた例もある——一般に**バリュー・アット・リスク**と呼ばれるものがこれである。

　n個の要素を持つn＋1次元地形における最も高い地点（ポートフォリオの幾何平均HPRまたはTWRとして決定される高度）を見つけることで、その地形上において最適な候補とならないような領域を、破産リスクまたはドローダウンリスクが一定水準を超える領域として明確に区別することを可能にしてくれるのが、このレバレッジスペースモデルなのである。

あとがき

　長期的に見れば、その大きさにかかわらずドローダウンが発生する確率は1に近づく。これは、トレード期間が長くなるほど、つまり、qが増加するほど、ドローダウンはほぼ確実に発生することを意味する。

　これは直観的に分かりやすいはずだ。例えば、人間が雷に打たれなければ死なないのであれば、人間は必ず雷に打たれて死ぬ。トレーディングは、朝ベッドから出るのと同じで、危険を承知でやるものである。もちろん危険な目に遭うのが好きな人はいないだろうが、それが人生というものである。そうでなければ、人生において最良なことは何もしないこと、ということになってしまう。

　何もしないのも、これまた難しいものである。

　リスクを知ることは、忌み嫌うべきものではなく、真実を知ることなのである。太陽がいつか燃え尽きる日が来ることを知ることは悪いことではない。時速80キロの運転でクラッシュしたときに受ける衝撃は、その4分の1のスピードで運転しているときの16倍であることを知っていることは、リスクを自分の許容範囲内に収めることができるという意味で、有意義なことなのである。

ラルフ・ビンス

訳者あとがき

　われわれトレーダーは、気づいていようといまいと、レバレッジスペースのどこかの位置にいるという事実を喚起することで、本書で紹介する新しい枠組みの重要性を説くとともに、リスクを一定の範囲内に抑えながら利益の最大化を目指すという一貫した姿勢と斬新なアイデアには大変興味をそそられるものがあります。自ら立てた仮説を基に、多少複雑ではありながら詳細な説明を経て、最後にはシンプルな数式に帰結するという手法は科学的手法そのものであり、読後には一種の清涼感さえ感じます。

　ただ、残念なのは原書にエラーが多かったことです。数値もさることながら、数式にも誤りがあったり、有効ケタ数が一致していなかったり、計算にπやe（指数関数）を使わず直接数値を使ったり、数学記号の誤りがあったりなどなど、数え上げればきりがないくらいのエラーが認められました。特に困惑したのは数式の誤りです。

　一般的な数式ならば確認できますが、特殊な数式の場合で、しかも幾重ものカッコが入れ子式になっている式の場合、正しいと思う数式を推定し、そのなかに数値を代入して推定した数式が正しいかどうかを確認し、最後に著者に正誤を確認するというプロセスを取らざるを得ません。幸い、あとから届いた著者からのエラーノートに正しい数式が提示されており、数式の誤りはすべて修正されています。

　この日本語版では読者のみなさまが本書内の計算を再現できるように、訳者の認識できるかぎりの修正は施しています。とはいえ、あとあとの整合性を考えると原文どおりにせざるを得ない部分もあり、そういった部分につきましては訳注を入れ、読者のみなさまにはご不便をご容赦いただく形になったことをお詫びいたします。

　原文にエラーは多々あったものの、内容そのものは斬新かつユニー

クで、エラーによってその内容が損なわれることがないことだけは付言させていただきたいと思います。訳出にはベストを尽くしましたが、読者のみなさま方におかれまして、もし不備な点にお気づきの際はご教示いただければ幸いです。

2009年2月

山下恵美子

■著者紹介
ラルフ・ビンス（Ralph Vince）
トレーディング業界へは歩合制外務員として入り、のちには大口の先物トレーダーやファンドマネジャーのコンサルタント兼プログラマーを務める。著書には本書のほかに、『投資家のためのマネーマネジメント』（パンローリング）、『The Mathematics of Money Management』『The New Money Management』などやDVDに『資産を最大限に増やすラルフ・ビンスのマネーマネジメントセミナー』『世界最高峰のマネーマネジメント』（いずれもパンローリング）などがある。多数のソフトウエア会社が彼のアイデアを製品に採用している。また、ウルトラマラソンや柔術（黒帯級）の腕も一流。

■監修者紹介
長尾慎太郎（ながお・しんたろう）
東京大学工学部原子力工学科卒。日米の銀行、投資顧問会社、ヘッジファンドなどを経て、現在は大手運用会社勤務。訳書に『魔術師リンダ・ラリーの短期売買入門』『タートルズの秘密』『新マーケットの魔術師』『マーケットの魔術師【株式編】』『デマークのチャート分析テクニック』（いずれもパンローリング、共訳）、監修に『ゲイリー・スミスの短期売買入門』『バーンスタインのデイトレード入門』『究極のトレーディングガイド』『投資苑2』『投資苑2 Q&A』『マーケットのテクニカル秘録』『高勝率トレード学のススメ』『スペランデオのトレード実践講座』『フルタイムトレーダー完全マニュアル』『投資苑3』『投資苑3　スタディガイド』『バーンスタインのトレーダー入門』『新版　魔術師たちの心理学』『トレーディングエッジ入門』『デイリートレード入門』『フィボナッチ逆張り売買法』（いずれもパンローリング）など、多数。

■訳者紹介
山下恵美子（やました・えみこ）
電気通信大学・電子工学科卒。エレクトロニクス専門商社で社内翻訳スタッフとして勤務したあと、現在はフリーランスで特許翻訳、ノンフィクションを中心に翻訳活動を展開中。主な訳書に『EXCELとVBAで学ぶ先端ファイナンスの世界』『リスクバジェッティングのためのVaR』『ロケット工学投資法』『投資家のためのマネーマネジメント』『高勝率トレード学のススメ』『勝利の売買システム』『フルタイムトレーダー完全マニュアル』『新版　魔術師たちの心理学』『資産価値測定総論1、2、3』『テイラーの場帳トレーダー入門』（以上、パンローリング）、『FORBEGINNERSシリーズ90　数学』（現代書館）、『ゲーム開発のための数学・物理学入門』（ソフトバンク・パブリッシング）がある。

```
2009年3月1日   初版第1刷発行
2016年1月5日      第2刷発行
2021年2月5日      第3刷発行
```

ウィザードブックシリーズ ⑮

ラルフ・ビンスの資金管理大全
——最適なポジションサイズとリスクでリターンを最大化する方法

著 者   ラルフ・ビンス
監修者   長尾慎太郎
訳 者   山下恵美子
発行者   後藤康徳
発行所   パンローリング株式会社
        〒160-0023 東京都新宿区西新宿 7-9-18-6F
        TEL 03-5386-7391   FAX 03-5386-7393
        http://www.panrolling.com/
        E-mail   info@panrolling.com
編 集   エフ・ジー・アイ（Factory of Gnomic Three Monkeys Investment）合資会社
装 丁   パンローリング装丁室
組 版   パンローリング制作室
印刷・製本 株式会社シナノ

ISBN978-4-7759-7118-5

落丁・乱丁本はお取り替えします。
また、本書の全部、または一部を複写・複製・転訳載、および磁気・光記録媒体に
入力することなどは、著作権法上の例外を除き禁じられています。

本文 ©Emiko Yamashita／図表 © PanRolling 2009 Printed in Japan

ウィザードブックシリーズ286

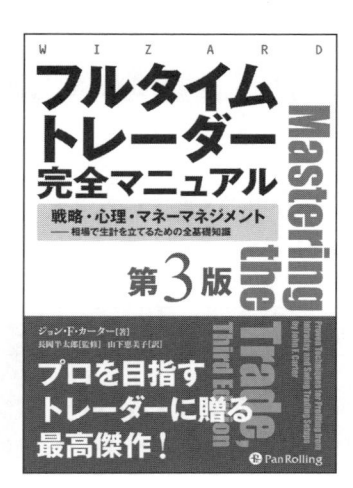

フルタイムトレーダー完全マニュアル【第3版】

ジョン・F・カーター【著】

定価 本体5,800円+税　ISBN:9784775972557

トレードで生計を立てるための必携書！

トレードに用いるハードウェアやソフトウェアから、市場のメカニズム、仕掛けと手仕舞いパラメーター、ポジションサイジングなど、競争に打ち勝つためのツール一式が本書にはぎっしり詰まっている。本書を読めば、あなたにとってうまくいくもの、いかないものを選別する能力が身につき、株式トレードであろうが、オプション、先物、FXであろうが、あなたに合った堅実なポートフォリオを作成できるはずだ。読者がプロとしてトレードの最前線で活躍でき、トレードで生計を立てられる近道を伝授するのが本書の最大の目的である！

ウィザードブックシリーズ108

高勝率トレード学のススメ
小さく張って着実に儲ける

マーセル・リンク【著】

定価 本体5,800円+税　ISBN:9784775970744

あなたも利益を上げ続ける少数のベストトレーダーになれる！

夢と希望を胸にトレーディングの世界に入ってくるトレーダーのほとんどは、6カ月もしないうちに無一文になり、そのキャリアを終わらせる。この世でこれほど高い「授業料」を払う場があるだろうか。こうした高い授業料を払うことなく、最初の数カ月を乗り切り、将来も勝てるトレーダーになるためには、市場での実績が証明されたプログラムが不可欠である。本書はこのような過酷なトレーディングの世界で勝つためのプログラムを詳しく解説したものである。

関連書

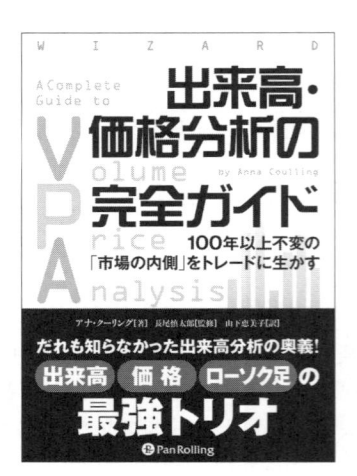

ウィザードブックシリーズ 223
出来高・価格分析の完全ガイド
100年以上不変の「市場の内側」をトレードに生かす

アナ・クーリング【著】

定価 本体3,800円+税　ISBN:9784775971918

FXトレーダーとしての成功への第一歩は出来高だった！

本書には、あなたのトレードにVPA Volume Price Analysis（出来高・価格分析）を適用するために知らなければならないことがすべて書かれている。それぞれの章は前の章を踏まえて成り立つものだ。価格と出来高の原理に始まり、そのあと簡単な例を使って２つを１つにまとめる。本書を読み込んでいくと、突然、VPAがあなたに伝えようとする本質を理解できるようになる。それは市場や時間枠を超えた普遍的なものだ。

ウィザードブックシリーズ 298
出来高・価格分析の実践チャート入門

アナ・クーリング【著】

定価 本体3,800円+税　ISBN:9784775972694

出来高と価格とローソク足のパターンから近未来が見える！ 206の実例チャートのピンポイント解説

アナ・クーリングのロングセラーである『出来高・価格分析の完全ガイド』が理論編だとすると、本書は実践編と言えるものだ。本書を完璧にマスターすれば、5分足であろうが、1時間足であろうが、日足や週足や月足であろうが、いろんな時間枠に対応できるようになるので、長期トレーダーや長期投資家だけでなく、短期トレーダーにも本書の刊行は朗報となるだろう。

関連書籍

ウィザードブックシリーズ 183
システムトレード 基本と原則
著者：ブレント・ペンフォールド

定価 本体4,800円+税　ISBN:9784775971505

大成功しているトレーダーには「ある共通項」があった!!

本書は勝者と敗者を分かつトレーディング原則を明確に述べる。トレーディングは異なるマーケット、異なる時間枠、異なるテクニックに基づく異なる銘柄で行われることがある。だが、成功しているすべてのトレーダーをつなぐ共通項がある。トレーディングで成功するための普遍的な原則だ。

ウィザードブックシリーズ 216
高勝率システムの考え方と作り方と検証
著者：ローレンス・A・コナーズ

定価 本体7,800円+税　ISBN:9784775971833

あふれ出る新トレード戦略と新オシレーターとシステム開発の世界的権威！

ギャップを利用した株式トレード法、短期での押し目買い戦略、ETFを利用したトレード手法、ナンピンでなく買い下がり戦略の奥義伝授、ボリンジャーバンドを利用した売買法、新しいオシレーター コナーズRSIに基づくトレードなど、初心者のホームトレーダーにも理解しやすい戦略が満載されている。

ウィザードブックシリーズ 217
トレードシステムの法則
著者：キース・フィッチェン

定価 本体7,800円+税　ISBN:9784775971864

利益の出るトレードシステムの開発・検証・実行とは

自分のリスク・リワード目標に一致し、リアルタイムでもバックテストと同様のパフォーマンスが得られるトレーダブルな戦略を開発するのは容易なことではない。しかし、正しい方法で行えば、トレーダブルな戦略を開発することは可能である。

ラリー・R・ウィリアムズ

50年のトレード経験を持ち、世界で最も高い評価を受ける短期トレーダー。トレーダー教育の第一人者としても有名で、これまで何千人というトレーダーを育ててきた。

10000%の男

ウィザードブックシリーズ196

ラリー・ウィリアムズの短期売買法【第2版】
投資で生き残るための普遍の真理

定価 本体7,800円+税　ISBN:9784775971604

短期システムトレーディングのバイブル！

読者からの要望の多かった改訂「第2版」が10数年の時を経て、全面新訳。直近10年のマーケットの変化をすべて織り込んだ増補版。日本のトレーディング業界に革命をもたらし、多くの日本人ウィザードを生み出した教科書！

ジェイソン・ウィリアムズ

ジョンズ・ホプキンス大学で訓練を受けた精神科医。顧客のなかには、良い精神状態を保つことで資産の運用効率を最大にしたい富裕層も含まれている。ラリー・ウィリアムズの息子。

ウィザードブックシリーズ210

トレーダーのメンタルエッジ
自分の性格に合うトレード手法の見つけ方

定価 本体3,800円+税　ISBN:9784775971772

最強のトレード資産である
あなたの性格をトレードに活用せよ！
己を知ることからすべてが始まる！

トレードには堅実な戦略と正確なマーケット指標が欠かせない。しかし、この2つがいざというときにうまく機能するかどうかは、その時点におけるあなたの心の状態で決まる。つまり、不利な状況で最高のトレードシステムが砂上の楼閣のごとく崩壊するかどうかは、あなた次第なのである。

ローレンス・A・コナーズ

TradingMarkets.com の創設者兼 CEO（最高経営責任者）。1982年、メリル・リンチからウォール街での経歴をスタートさせた。著書には、リンダ・ブラッドフォード・ラシュキとの共著『魔術師リンダ・ラリーの短期売買入門（ラリーはローレンスの愛称）』（パンローリング）などがある。

ウィザードブックシリーズ1
魔術師リンダ・ラリーの短期売買入門
リンダ・ブラッドフォード・ラシュキ／ローレンス・A・コナーズ【著】

定価 本体28,000円+税　ISBN:9784939103032

ウィザードが語る必勝テクニック基礎から応用まで

本書P.240で検証されている移動平均からのプルバックは『魔術師リンダ・ラリーの短期売買入門』P.91で公開された「聖杯」がその概念の原型になっている。

ウィザードブックシリーズ169
コナーズの短期売買入門

定価 本体4,800円+税　ISBN:9784775971369

短期売買の新バイブル降臨!
時の変化に耐えうる短期売買手法の構築法
世の中が大きく変化するなかで、昔も儲って、今も変わらず儲かっている手法を伝授。また、トレードで成功するために最も重要であると言っても過言ではないトレード心理について、決断を下す方法と自分が下した決断を完璧に実行する方法を具体的に学ぶ。

ウィザードブックシリーズ180
コナーズの短期売買実践
定価 本体7,800円+税　ISBN:9784775971475

システムトレーディングを目指すトレーダーにとって、最高の教科書。トレーディングのパターン、デイトレード、マーケットタイミングなどに分かれて解説され、現在でも十分通用するヒントが満載。

ウィザードブックシリーズ197
コナーズの短期売買戦略
定価 本体4,800円+税　ISBN:9784775971642

常識に反して、マーケットは不変だという信念に基づき、過去20数年のデータをもとにあらゆる角度から検討。株式市場から一貫して利益を上げる方法が手に取るようによく分かるだろう。

勝てない原因はトレード手法ではなかった
FXで勝つための資金管理の技術

伊藤彰洋、鹿子木健【著】

定価 本体1,800円+税　ISBN:9784775991701

損失を最小化し、利益を最大化するための行動理論

どんなに素晴らしい手法でも、根底に資金管理がなければ、いずれは崩れ去ります。逆に「これでは勝てないな」と感じていたような手法が、資金管理によって輝き始め、地味でも確実に利益をもたらしてくれるツールに変身することもよくあります。要するに、手法を生かすも殺すも資金管理次第なのです。資金管理の学びは、私たちを裏切りません。資金管理を学ぶということは、トレードで勝つ方法を学ぶということでもあるのです。「聖杯」のような絶対に勝てる手法はこの世に存在しませんが、あえて言うなら資金管理こそ聖杯です。この機会に、資金管理という技術を究めてはいかがでしょうか?

ウィザードブックシリーズ 200
FXスキャルピング
ティックチャートを駆使した
プライスアクショントレード入門

ボブ・ボルマン【著】

定価 本体3,800円+税　ISBN:9784775971673

無限の可能性に満ちたティックチャートの世界! FXの神髄であるスキャルパー入門!

日中のトレード戦略を詳細につづった本書は、多くの70ティックチャートとともに読者を魅力あふれるスキャルピングの世界に導いてくれる。そして、あらゆる手法を駆使して、世界最大の戦場であるFX市場で戦っていくために必要な洞察をスキャルパーたちに与えてくれる。

ウィザードブックシリーズ 228

FX 5分足スキャルピング
プライスアクションの基本と原則

ボブ・ボルマン【著】

定価 本体5,800円+税　ISBN:9784775971956

132日間連続で1日を3分割した5分足チャート【詳細解説付き】

本書は、トレーダーを目指す人だけでなく、「裸のチャート（値動きのみのチャート）のトレード」をよりよく理解したいプロのトレーダーにもぜひ読んでほしい。ボルマンは、何百ものチャートを詳しく解説するなかで、マーケットの動きの大部分は、ほんのいくつかのプライスアクションの原則で説明でき、その本質をトレードに生かすために必要なのは熟練ではなく、常識だと身をもって証明している。

トレードでの実践に必要な細部まで広く鋭く目配りしつつも非常に分かりやすく書かれており、すべてのページに質の高い情報があふれている。FXはもちろん、株価指数や株や商品など、真剣にトレードを学びたいトレーダーにとっては、いつでもすぐに見えるところに常備しておきたい最高の書だろう。

世界の"多数派"についていく「事実」を見てから動くFXトレード

正解は"マーケット"が教えてくれる

定価 本体2,000円+税　ISBN:9784775991350

「上」か「下」かを当てようとするから当たらない

一般的に、「上に行くのか、下に行くのかを当てることができれば相場で勝てる」と思われがちですが、実は、そんなことはありません。逆説的に聞こえるかもしれませんが、上か下かを当てようとするから、相場が難しくなってしまうのです。なぜなのか。それは、「当てよう」と思った瞬間は、自分本位に動いているからです。

「当てたい」なら、正解を見てから動けばいい

では、当てにいこうとしてはいけないなら、どうすればよいのでしょうか？ 私たち個人投資家がやるべきことは、「動いた」という事実を客観的に確認することです。例えば、世界中のトレーダーたちが「上だ」と考えて、実際に買いのポジションを持ったと確認できてから動くのです。正解がわかったら、自分も素早くアクションを起こします。自分の意思は関係ありません。世界の思惑に自分を合わせるのです。

ウィザードブックシリーズ257

マーケットのテクニカル分析
トレード手法と売買指標の完全総合ガイド

ジョン・J・マーフィー【著】

定価 本体5,800円+税　ISBN:9784775972267

世界的権威が著したテクニカル分析の決定版！

1980年代後半に世に出された『テクニカル・アナリシス・オブ・ザ・フューチャーズ・マーケット（Technical Analysis of the Futures Markets）』は大反響を呼んだ。そして、先物市場のテクニカル分析の考え方とその応用を記した前著は瞬く間に古典となり、今日ではテクニカル分析の「バイブル」とみなされている。そのベストセラーの古典的名著の内容を全面改定し、増補・更新したのが本書である。本書は各要点を分かりやすくするために400もの生きたチャートを付け、解説をより明快にしている。本書を読むことで、チャートの基本的な初級から上級までの応用から最新のコンピューター技術と分析システムの最前線までを一気に知ることができるだろう。

ウィザードブックシリーズ194

利食いと損切りのテクニック
トレード心理学とリスク管理を融合した実践的手法

アレキサンダー・エルダー【著】

定価 本体3,800円+税　ISBN:9784775971628

自分の「売り時」を知る、それが本当のプロだ！

本書は、「売りの世界」について、深く掘り下げており、さまざまなアイデアを提供してくれる。しかも、2007～2009年の"超"弱気相場での具体的なトレード例が満載されており、そこからも多くの貴重な教訓が得られるはずだ。さらに、内容の理解度をチェックするため、全115問の確認テストと詳細な解説も収められている。本書をじっくり読み、売る技術の重要性とすばらしさを認識し、トレードの世界を極めてほしい。